Kunst-Reiseführer in der Reihe DuMont Dokumente

Zur schnellen Orientierung – die wichtigsten Orte und Tempelanlagen Thailands und Burmas (Myanmar) auf einen Blick:
(Auszug aus dem ausführlichen Ortsregister S. 399)

In der Umschlagklappe: Übersichtskarte von Thailand

In der hinteren Klappe: Stadtplan von Bangkok

Johanna Dittmar

Thailand

und Burma

Tempelanlagen und Königsstädte
zwischen Mekong und Indischem Ozean

DuMont Buchverlag Köln

Umschlagvorderseite: Bangkok, Wat Phra Keo (Foto I. und A. von der Ropp, Köln)
Umschlagrückseite: Pagan (Burma), kleine Heiligtümer im Bezirk der Schwezigon-Pagode (Foto: H. Dittmar, Leinfelden)
Umschlagklappe vorn: Bangkok, Wat Phra Keo, ein Tor zur Plattform mit der Bibliothek der heiligen Schriften (Foto: I. und A. von der Ropp, Köln)
Frontispiz S. 2: Kinnara; Kinnara und Kinnari (weiblich) sind Vogelmenschen, die in den Wäldern des mythischen Himalaya wohnen. Häufig sind sie als Musikanten dargestellt.
Die Schwarzweiß-Aufnahmen (mit Ausnahme der Nr. 1, 3, 6, 7, 11, 12) und ein großer Teil der Farbaufnahmen stammen von Hans Dittmar. Sie wurden speziell für dieses Buch fotografiert.

7. Auflage 1991

Satz: Boss-Druck, Kleve
Druck: Interdruck GmbH, Leipzig
Buchbinderische Verarbeitung:
Leipziger Verlags- und Druckereigesellschaft mbH

Printed in Germany ISBN 3-7701-1206-7

Inhalt

Allgemeine Grundlagen

Geographische Gliederung

Über die hinterindische Halbinsel ziehen sich in drei Gebirgsketten die Ausläufer des Minya Konka-Massivs, das sich zwischen den Ebenen Assams im Westen und Szetschuan im Osten erhebt. Die westliche Linie bildet das Arakan-Gebirge im Westen Burmas, in der Mitte erstrecken sich zwischen Burma und Thailand die Zentral-Kordilleren bis auf die Malayische Halbinsel, im Osten erheben sich die Gebirge von Annam. Eingeschlossen von den Gebirgszügen dehnen sich weite, fruchtbare Flußtäler aus. In der westlichen, der Ebene des Irrawaddy, liegt Burma, in der östlichen, viel weiter ausgebreiteten Niederung des Menam Chao Phaya, Thailand.

Das Königreich Thailand umfaßt eine Fläche von rund 513500 km^2, das ist mehr als doppelt so viel wie die Bundesrepublik Deutschland. Es liegt in der Äquatorialzone zwischen dem 6. und 21. Grad nördlicher Breite und dem 97. und 106. Grad östlicher Länge. Seine größte Nord-Süd-Ausdehnung beträgt ca. 1700 km, die größte Breite rund 770 km. Die Thai vergleichen das Bild ihrer Heimat auf der Landkarte gern mit einem Elefantenkopf, dessen langer Rüssel die Malayische Halbinsel bildet. Für sie bietet sich der Vergleich an, denn in den Dschungelgebieten lebten früher viele wilde Elefanten. Gezähmt waren sie als Reittiere für Transport und Verkehr genau so wichtig wie als Arbeitstiere in den Wäldern. Fast hundert Jahre (bis 1916) war der Elefant das Wappentier Thailands; sein Bild zierte die ersten thailändischen Münzen. Heute noch gelten die seltenen ›weißen‹ Elefanten als heilige Glückssymbole des Königreiches. Ursprünglicher Anlaß dieser Verehrung ist die Legende, daß Buddha in Gestalt eines weißen Elefanten in den Schoß seiner Mutter eingegangen sei.

Im wesentlichen deckungsgleich mit den physiographischen Regionen sind die vier kulturhistorisch wichtigen Zonen Thailands: die Menam-Ebene, Nord-Thailand, das Khorat-Plateau und die Malayische Halbinsel.

Die *Menam-Ebene* mit dem Flußsystem des Menam Chao Phaya (Menam = Mutter des Wassers, Chao Phya = hoher Adelstitel) ist das Herzstück Thailands. Der fruchtbare Boden läßt sich leicht bearbeiten und bringt hohe Erträge. Hier breiten sich die bedeutendsten landwirtschaftlichen Gebiete aus, hier ist die Bevölkerungsdichte am größten, das Straßennetz am dichtesten.

In ihrem unteren Teil, zu dem außer dem Menam-Delta noch die Flußmündungen des Prachin und Meklong gehören, ist die Menam-Ebene echtes Schwemmland. Durch die

Ablagerungen der Flüsse schiebt sich das Land alljährlich 4,5 bis 6 m in den Golf von Thailand vor. Da das Gebiet nur wenig über dem Meeresspiegel liegt und allmählich nach Norden ansteigt, machen sich die Gezeiten noch in der Gegend von Ayuthia, rund 95 km von der Küste entfernt, im Wasserstand der Flüsse bemerkbar. Während der großen Überschwemmungen, die jedes Jahr, meist im Oktober und November, die Bangkok-Niederung überfluten, werden fruchtbare Schlammassen als natürliche Düngung abgesetzt.

Die obere Menam-Ebene hat, wie die Randgebiete am Fuß der Zentral-Kordilleren eine dünnere Alluvialschicht, die im ganzen höher liegt als das Delta. Niedrige Berge und nord-südlich verlaufende Hügelketten, Ausläufer der angrenzenden Gebirge, beleben die Landschaft.

Das Landschaftsbild *Nordthailands* unterscheidet sich wesentlich vom südlich liegenden Menam-Becken. Mehrere parallele Gebirgszüge, zwischen denen die Flüsse Ping, Wang, Yom und Nan nach Süden fließen, um sich ungefähr auf der Höhe von Nakhon Sawan zum Menam zu vereinigen, prägen den Charakter des Landes. Hohe Gebirge mit Bergspitzen über 2000 m bilden im äußersten Norden Thailands einen Querriegel, der die Wasserscheide zwischen Menam und Mekong darstellt.

Die tief eingeschnittenen, zerklüfteten Gebirgstäler weiten sich gelegentlich zu Talmulden aus. Nach dem Tiefland hin werden sie zu breiten Ebenen, die in Größe und Höhenlage erheblich variierend, fruchtbares Siedlungsland bieten.

Dem Verlauf der Täler folgend, stiegen seit Jahrtausenden bis in die Neuzeit immer wieder Völkerwellen, aus den riesigen Lebensräumen Innerasiens kommend, in die fruchtbaren Ebenen hinab. So wanderten auch die Thai und ihre Verwandten, die Lao und Shan, auf den vorgegebenen Wegen nach Thailand bzw. Laos und Burma ein. Von den Chinesen aus ihrer ursprünglichen Heimat Yünnan vertrieben, bedrängten die Thai nun ihrerseits die alteingesessene Mon- und Khmer-Bevölkerung im Gebiet des heutigen Thailand. Während die Hauptmasse der letzteren nach Kambodscha auswich, wurden die Mon fast vollständig von den Thai assimiliert.

Zu den Volksstämmen, die auf ihrer Südwanderung erst in jüngster Zeit thailändisches Staatsgebiet erreichten, gehören Meo, Yao, Akha, Lahu und Lisu. Sie stehen alle auf der relativ primitiven Entwicklungsstufe von halbnomadischen, viehzüchtenden Hackbauern. Da sie durch ihren Brandrodungsbau erhebliche Schäden in den wertvollen Wäldern des Nordens anrichten, versucht die Regierung in Bangkok mit wechselndem Erfolg, die Stämme seßhaft zu machen. Auf den Märkten der kleinen, grenznahen Ortschaften kann man die Frauen der verschiedenen Stämme in ihren Trachten einkaufen sehen. Wirtschaftlich und kulturell haben die ›Bergvölker‹ keine Bedeutung.

Nordthailand hat lange Zeit in politischer und künstlerischer Hinsicht eine eigene, von der des thailändischen Kernlandes abweichende Entwicklung durchgemacht. Abgesehen vom Mon-Erbe, dessen Fortwirken bis ins 13. Jahrhundert bestand, weil die Khmer ihr Reich nicht über die Menam-Ebene hinaus nach Norden ausdehnen konnten, waren dafür vor allem die Beziehungen zum benachbarten Burma ausschlaggebend. Trotz der hohen Gebirge, die zwischen den beiden Regionen liegen, war der kulturelle Austausch rege.

Schon die Mon-Reiche Burmas hatten mit dem Mon-Königtum Haripunchai in Verbindung gestanden, und die Burmesen versuchten immer wieder das Land ihrem Reich einzugliedern.

Das *Khorat-Plateau*, die nordöstliche Region Thailands, ist eine tellerförmige, flache Ebene, durchschnittlich 100 bis 200 m hoch gelegen, die nach Norden und Osten leicht abfällt. Fast die ganze Landschaft wird vom Flußsystem des Mun entwässert, nur im Norden und Osten wenden sich einige kleine Flüsse direkt dem Mekong zu. Über das wellige Gelände sind niedrige Hügel verstreut. Häufige Überschwemmungen ließen zahlreiche Seen und Teiche entstehen, die sich während der Regenzeit ausdehnen und in den Trockenmonaten wieder zusammenschrumpfen. Obgleich der Boden karg ist, die Ernten zudem oft von Überschwemmung oder Dürre bedroht sind, ist das Plateau ziemlich dicht besiedelt. Es ist eine arme Region, die wohl schon in der Ayuthia-Zeit vom wirtschaftlichen und kulturellen Leben der Hauptstadt abgeschnitten war. Erst seit jüngster Zeit versucht die Regierung in Bangkok, durch Staudämme, Bewässerungsprojekte und Industrieansiedlung den Lebensstandard der Bevölkerung zu heben, mit der Gründung einer Universität in Khon Khaen einen kulturellen Mittelpunkt zu schaffen und durch den Ausbau des Straßennetzes die Region an Zentralthailand anzubinden..

Während der Khmer-Herrschaft war die Khorat-Hochebene eine blühende Provinz, deren wichtigste Stadt Phimai mit der Metropole in Kambodscha durch eine direkte Straße verbunden war. Zahlreiche Überreste von Tempeln, teils völlig verfallen, teils einigermaßen erhalten, bezeugen das rege geistige und künstlerische Leben in dieser Periode.

Aber auch aus weiter zurückliegender Zeit sind bedeutende Plätze archäologisch nachgewiesen worden, so die weitgehend unausgegrabenen Reste einer ausgedehnten Stadt der Mon (6.–11. Jh.) bei dem Dorf Muang Sema, ca. 40 km westlich von Nakhon Ratchasima. Überraschend war die Entdeckung eines vorgeschichtlichen Gräberfeldes mit weit entwikkelter, schön bemalter Keramik in Ban Chieng (1966), einem kleinen Dorf 44 km von Udon Thani, nicht weit von der Straße nach Sakon Nakhon, gelegen.

Die am weitesten nach Süden vorgeschobenen Provinzen Thailands liegen auf dem nördlichen und mittleren Abschnitt der *Malayischen Halbinsel.* Ausläufer des Tenasserim-Gebirges bilden das Rückgrat des Landes, die Ebenen und Täler sowie die Küstenzone sind meist fruchtbares Siedlungsland. Die Gebirge ziehen sich nicht in zusammenhängenden Ketten hin, sondern fächern sich auf, verschieben sich kulissenartig gegeneinander.

Langgestreckte, seichte Buchten mit weißen Sandstränden kennzeichnen die Ostküste. Zahlreiche Wasserläufe lagern Schwemmaterial ab, die Küstenzone damit allmählich verbreiternd. Hinter dem Küstensaum entstanden fischreiche Binnenseen. Im Gegensatz hierzu fallen die Gebirge an der Westküste meist steil zum Meer ab. Unzählige Buchten und Einschnitte zerklüften die Küstenlinie, vor den schmalen Küstenebenen lagern sich kleine und kleinste Inseln.

Ta Kuapa, vermutlich auch Trang und möglicherweise noch andere Orte wurden offenbar schon früh von indischen Schiffen angelaufen. Über Handelsstraßen, die die Malayische Halbinsel seit altersher überqueren, vermittelten sie indische Kultur weiter auf die Ost-Seite der Halbinsel, wo sich eine Reihe wohlhabender Staaten herausbildeten, die mächtigsten um Chaiya und Nakhon Si Thammarat. Anscheinend unterhielten sie Beziehungen zu Oc-eo (Funan) auf der anderen Seite des Golfes von Siam, sicherlich zu den Mon-Städten Zentral-Thailands.

Wegen ihrer für die Schiffahrt zwischen Indien und China eminent wichtigen geographischen Lage war die Halbinsel stets Einflüssen von Seiten der Seemächte Indonesiens ausgesetzt, geriet auch zeitweilig unter deren politische Vorherrschaft. Jedoch gingen die Verbindungen zum übrigen Thailand in dieser Zeit nicht verloren, vielmehr strahlten künstlerische Tendenzen des Südens dorthin aus.

Wie der Norden hat sich auch der Süden Thailands manche kulturellen Eigenheiten bewahrt. Je mehr man sich der Grenze Malaysias nähert, desto deutlicher werden fremde, malayische Züge im Gepräge der Landschaft. In den südlichsten Provinzen sind Gummiplantagen häufiger als Reisfelder, und das Bild der Ortschaften bestimmen eher die vergoldeten Kuppeln der Moscheen als die geschwungenen Dächer buddhistischer Tempel.

Geschichtliche Entwicklung

Über die Völker und Kulturen, die in den ersten Jahrhunderten unserer Zeitrechnung im Gebiet des heutigen Thailand lebten, ist bis jetzt sehr wenig bekannt. Es existieren keine schriftlichen Quellen und auch die archäologischen Zeugnisse sind recht bescheiden. Das einzige, was mit Sicherheit gesagt werden kann, ist, daß in dieser Zeit indische Einflüsse die Menam-Ebene, die Malayische Halbinsel wie auch andere Gebiete Südostasiens erreicht haben.

Die Verbreitung indischen Kulturgutes erfolgte im wesentlichen nicht durch kriegerische Unternehmungen mit dem Ziel der Kolonisierung der eroberten Gebiete, sondern auf friedlichem Wege sowohl durch Handelsbeziehungen als auch durch missionarische Aktivitäten.

Entlang der Schiffahrtswege und Landstraßen, auf denen sich der Fernhandel abwickelte, entstanden anscheinend schon früh Niederlassungen, in denen sich fremde Kaufleute in größerer Zahl ansiedelten und mit der ansässigen Bevölkerung vermischten.

Buddhistische Mönche zogen, angetrieben von missionarischem Eifer, auf denselben Wegen nach Südostasien. Nach der Legende soll dies bereits zu Lebzeiten des Kaisers Ashoka (ca. 268–232 v. Chr.) geschehen sein, zahlreiche Fakten machen es jedoch wahrscheinlich, daß die Ausbreitung des Buddhismus über den Golf von Bengalen erst Jahrhunderte später erfolgte. In keinem der betroffenen Gebiete zerstörte die Indisierung die einheimische Wesensart, vielmehr führte sie in der Regel zur Bereicherung, ja Weiterentwicklung der bodenständigen Kulturen.

Auch für Thailand sollte die Berührung mit Indien entscheidenden Einfluß auf Kunst und Kultur erlangen. Nach den Funden, die in Thailand gemacht wurden, zeichnen sich

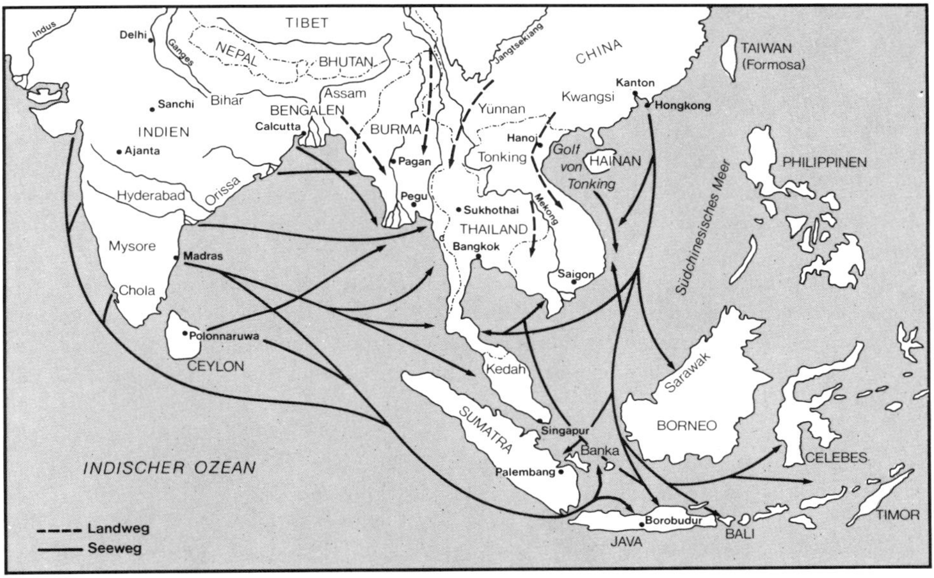

Die alten Verbindungswege zwischen Indien und Südostasien

verschiedene Wege ab, über die indische Einflüsse gleichzeitig oder nacheinander das Land erreichten. Entsprechend ihren Ausgangsorten brachten die Einwanderer unterschiedliche indische Stile und religiöse Anschauungen mit.

Vermutlich gingen die ersten Züge von Amaravati aus, einem wichtigen Einschiffungshafen buddhistischer Missionare im 2. und 3. Jahrhundert n. Chr. Ziele waren Arakan und die Deltas der beiden Ströme Burmas. Von Martaban (beim heutigen Moulmein) an der Mündung des Salween aus führte der Weg über den ›Drei-Pagoden-Paß‹ in das südliche Zentral-Thailand. Zeugnisse der indischen Missionstätigkeit sind Buddhafiguren im Amaravati-Stil, die wahrscheinlich importiert wurden.

Im 4. bis 6. Jahrhundert, der Zeit des Gupta-Reiches in Indien, dürften die Fahrten über das Meer von dem damals bedeutenden Hafen Tamralipti ausgegangen sein. Wieder liefen die Schiffe Akyab in Arakan an und Thaton, das zu dieser Zeit ein Mittelpunkt der Mon-Kultur war. Von dort aus wurden Gupta-Einflüsse nach Thailand getragen, wo sie in der Kunst der Mon-Reiche für uns greifbar werden.

Etwa zur gleichen Zeit florierte das südindische Pallawa-Reich mit seiner Hauptstadt Kanchipuram (Conjeevaram); Merkmale seines Stiles sind an mehreren Fundstücken, hauptsächlich aus Süd-Thailand, erkennbar. Daraus hat man auf eine direkte Route Kanchipuram – Ta Kuapa (oder Trang) geschlossen, die sich über den Isthmus von Kra fortsetzte und von der Ostküste der Malayischen Halbinsel, von der Region Chaiya /

Nakhon Si Thammarat zur anderen Seite des Golfes von Thailand an die Küste Kambodschas führte.

Waren auch mit diesen ersten Immigrationswellen vorwiegend Glaubensvorstellungen des Theravada-Buddhismus nach Burma und Thailand eingeströmt, so fehlte es doch nicht an brahmanischem Gedankengut. Es scheint, als habe die breite Mehrheit der Bevölkerung dem Buddhismus angehangen, während gewisse hochgestellte Einwanderer sowie höfische Kreise das brahmanische Erbe weiterführten. Dafür spricht, daß bis in die Neuzeit hinein das offizielle königliche Zeremoniell der indochinesischen Staaten auf Hindu-Traditionen beruhte.

Mit den letzten unmittelbaren, indischen Einflüssen, ausgehend vom Pala-Reich in Bengalen und Bihar mit der berühmten Universität Nalanda, kam im 8. bis 12. Jahrhundert der Mahayana-Buddhismus nach Südostasien. Er konnte hauptsächlich in Indonesien Fuß fassen. Auf dem Gebiet des heutigen Thailand tritt er fast ausschließlich zur Zeit des Srivijaya-Reiches in Erscheinung.

Im ganzen gesehen kann man sagen, daß der indische Einfluß vom 2. bis etwa 10. Jahrhundert auf die Völker Südostasiens einwirkte. Die Quellen, aus denen er hervorging, erweisen sich als vielfältig; die Wege, die er nahm, können nur zum Teil mit Sicherheit verfolgt werden. Gerade was den Bereich der Malayischen Halbinsel betrifft, eröffnen die vereinzelten, weit verstreuten Funde ein breites Feld für Theorien. Die archäologische Forschung sieht sich hier großen Aufgaben gegenüber, die durchaus manche Überraschungen bringen können.

Ebenfalls unbekannt ist die rassisch-völkische Zugehörigkeit der Menschen, die die Anregungen Indiens aufgriffen, um sie zu eigenständigen Kulturen weiterzuentwickeln. Sie müssen eine bereits verhältnismäßig weit fortgeschrittene Zivilisation gehabt haben, die es ihnen ermöglichte, von den indischen Impulsen zu profitieren. Bemerkenswert ist in diesem Zusammenhang, daß die neuen Kulturen in den Landschaften erblühten, die den Menschen günstige Lebensbedingungen boten – in den fruchtbaren Flußniederungen Indochinas und Malayas.

Erste Nachrichten von indisierten Königreichen am Golf von Thailand und auf der Malayischen Halbinsel übermitteln chinesische Quellen. Sie berichten von Gesandtschaften der Reiche Tambralinga und Lankasuka, die beide bereits im 2. Jahrhundert n. Chr. bestanden haben sollen. Das ›Geschichtswerk der Liang‹ aus dem 6. Jahrhundert liefert einige Details vom Leben in der Hauptstadt Lankasuka. Danach umgaben Ziegelmauern die Stadt; der König thronte hoch auf einem Elefanten unter einem weißen Baldachin, wenn er seinen Palast verließ. Bewaffnete Krieger begleiteten ihn, Trommelschläger und Bannerträger gingen dem Zug voran. Die Edelleute gürteten ihre ärmellosen Gewänder mit goldenen Bändern, in den Ohren trugen sie goldene Ringe. Prachtvolle, edelsteinbestickte Schärpen schmückten die Damen des Hofes. Aber die Lage des Landes bleibt umstritten. Im Gespräch sind Kedah und Perak an der Westseite der Halbinsel und Pattani an ihrer Ostseite, möglicherweise erstreckte es sich über die ganze Landenge von Küste zu Küste. 515 schickte der König von Lankasuka eine Gesandtschaft nach China, woraus man geschlossen hat, daß er sich um diese Zeit von der Oberhoheit Funans befreien konnte. Seine günstige Lage am Seewege nach Indien verschaffte Lankasuka im 7. Jahrhundert hohe Bedeutung.

Tambralinga, das auch frühe buddhistische Texte erwähnen, hatte seine Hauptstadt in Nakhon Si Thammarat; noch im 6. Jahrhundert erscheint der Name auf einer Sanskrit-Inschrift, die dort gefunden wurde.

Andere, nicht mit Sicherheit lokalisierbare Kleinstaaten waren P'an-P'an, vermutlich am Golf von Thailand – vielleicht bei Chaiya – gelegen, Takkola bei Ta Kuapa oder Trang und ein von den Chinesen Tsche-t'ou genanntes Fürstentum in der Region von Phattalung. Ihre Existenz im 4. und 5. Jahrhundert belegen chinesische Texte, die über ihre Gesandtschaften berichten, sowie wenige Inschriften auf der Malayischen Halbinsel selbst. Über Geschichte, Dauer und Lebensbedingungen dieser Reiche ist bisher nichts bekannt. Trotzdem läßt sich aus den mageren Fakten ablesen, daß auf der Halbinsel, begünstigt durch ihre geographische Lage an den Handelswegen zwischen China und Indien, eine ganze Reihe von Städten zu Wohlstand gekommen war.

Gegen Ende des 7. Jahrhunderts etablierte sich auf Sumatra eine überragende Seemacht namens Srivijaya, deren Hauptstadt sehr wahrscheinlich Palembang gewesen ist. Der chinesische Gelehrte I-ching, der zwischen 689 und 695 längere Zeit im Lande zubrachte, berichtet, daß es ein buddhistischer Staat war. Außer dem Mahayana-Buddhismus, der die dominierende Rolle spielte, wurde auch der Theravada praktiziert. In den zahlreichen Klöstern wurde, eingeführt durch die Verbindungen zur Pala-Universität in Nalanda, die Vajrayana-Variante des Mahayana gepflegt.

Innerhalb eines Jahrhunderts erlangten die Herrscher von Srivijaya die Oberhoheit über ganz Sumatra, den westlichen Teil Javas und den größten Teil der Malayischen Halbinsel. Die Sanskrit-Inschrift einer Stele aus dem Wat Sema Muang in Nakhon Si Thammarat gedenkt der Gründung buddhistischer Heiligtümer in der Stadt durch den König von Srivijaya im Jahre 775. Von da an konnte Srivijaya die Herrschaft über die Landstriche bis zum Isthmus von Kra bis ins 13. Jahrhundert halten. Kultureller Mittelpunkt im thailändischen Teil der Malayischen Halbinsel scheint Chaiya gewesen zu sein, dessen archäologische und künstlerische Hinterlassenschaft so reichlich ist, daß sich eine Abfolge verschiedener Stilrichtungen feststellen läßt.

Mit dem Niedergang der Macht Srivijayas verstärkte sich der Einfluß der Khmer, die sich seit dem Ende des 8. Jahrhunderts immer weiter nach Thailand vorschoben. Unter Jayavarman VII. (ca. 1181–1218) scheinen sie mindestens bis in den nördlichen Teil der Halbinsel eingedrungen zu sein. In all den Jahrhunderten sind jedoch die politischen Verhältnisse im gesamten besprochenen Bereich äußerst unklar, so daß die einzelnen Forscher recht unterschiedliche Meinungen vertreten. Erst mit der Eingliederung der heute noch zu Thailand gehörenden Gebiete der Malayischen Halbinsel in das Reich von Ayuthia unter Rama Thibodi (1350–1370) betreten wir festen Boden.

Ebenso unsicher wie auf der Malayischen Halbinsel sind die politischen Verhältnisse in den übrigen Regionen Thailands bis ins 11. Jahrhundert hinein.

1927 hat man in dem Dorf Pong Tük in der Nähe von Kanchanaburi außer den Grundmauern mehrerer Gebäude die Basis eines frühen Tempels ausgegraben. Die abgestufte Plattform mißt ca. 24,5 × 14,5 m, auf die an einer Seite eine Treppe hinaufführt. Vom Heiligtum selbst sind nur Bruchstücke von Pfeilern und Stuckdekorationen übriggeblieben. Stiluntersuchungen der Plattform sowie der Beifunde erlauben es, die Anlage dem 3. Jahrhundert und dem Amaravati-Stil zuzuordnen. Da keine Gegenstände im Khmer- oder Thaistil gefunden wurden, liegt der Schluß nahe, daß hier ein buddhistisches Heiligtum vom Beginn unserer Zeitrechnung bis ins 6. oder 7. Jahrhundert bestanden hat. Erwähnt sei als bemerkenswertestes der Fundstücke eine griechisch-römische Lampe im pompejanischen Stil. Da Pong Tük an der alten Handelsstraße liegt, die über den Drei-Pagoden-Paß Zentral-Thailand mit Burma und weiter über den Hafen von Thaton mit Indien verband, kann man die Ergebnisse der Ausgrabung wohl als Beweis für das sehr frühe Vorhandensein indischer Einwanderer gelten lassen.

Khmer-Inschriften in den östlichen Provinzen und Si Tep, sowie buddhistische in Nakhon Pathom, U Thong und Dong Si Maha Pot deuten darauf hin, daß diese Städte schon im 5. bzw. 6. Jahrhundert Bedeutung erlangt hatten.

Im Laufe des 7. und 8. Jahrhunderts erwähnen chinesische Reiseberichte mehrmals ein Königreich T'o-lo-po-ti – der Name wurde von Coedès als Dvaravati rekonstruiert –, das zwischen Burma und Kambodscha gelegen haben soll. Erst in jüngster Zeit konnte durch Funde von Silbermünzen, auf denen ein ›Edler von Dvaravati‹ genannt wird, die Existenz dieses Staates belegt werden. Über die politische Organisation, die Ausdehnung und die Dauer des Reiches ist freilich nichts bekannt. Aber im 7. Jahrhundert erreicht ein neuer Kunststil seinen Höhepunkt, der auf Gupta-Einflüssen fußend, ganz eigenständige Charakteristika entwickelt. Man hat ihm deshalb den Namen ›Dvaravati-Stil‹ gegeben. Aus mehreren ikonographischen Zeugnissen weiß man, daß die Träger dieser Kultur zur Völkergruppe der Mon gehörten. Konzentrationspunkte der Dvaravati-Kunst waren Nakhon Pathom und Lopburi, ersteres wird heute allgemein als Hauptstadt des Reiches angesehen. Während Lopburi, das eigene Münzen prägen ließ, anscheinend selbständig gewesen ist.

Dank der archäologischen Forschung hat sich jedoch der Geltungsbereich des Dvaravati-Stiles inzwischen so sehr erweitert, daß man zu zweifeln beginnt, ob die kulturellen mit den politischen Grenzen deckungsgleich waren. Einige Fachgelehrte glauben heute eher an das Vorhandensein mehrerer kleiner Mon-Fürstentümer, von denen allerdings das von Davaravati möglicherweise das bedeutendste war, als an ein einziges mächtiges Reich. Zum Herrschaftsbereich Dvaravatis gehörte sicher das Gebiet westlich des Menam mindestens von Petchaburi bis Suphanburi. Sein Ende oder, wie man vielleicht mit größerer Berechtigung sagen kann, das der Mon-Staaten Zentral-Thailands kam mit der Annexion des Landes durch die Khmer.

Alle Anzeichen sprechen dafür, daß der kulturelle Einfluß Dvaravatis weit über seine territoriale und zeitliche Ausdehnung hinausging. So verbreitete sich der Theravada-Buddhismus vom Menam-Becken über ganz Zentral-Indochina bis zum Gebiet der großen

Seen. Die Wechselbeziehungen zu den Nachbarstaaten waren mannigfaltig. Zweifellos stand Dvaravati im Austausch mit den Mon-Reichen Burmas, vor allem mit Thaton. Sein Verhältnis zu anderen Nachbarn läßt sich nur aus dem Auftauchen verschiedener Stilrichtungen und einzelnen Inschriften rekonstruieren, wobei naturgemäß keinerlei Sicherheit über politische Gruppierungen gewonnen werden kann. So ist eine mehr oder weniger große Abhängigkeit Dvaravatis von Funan, dessen Mittelpunkt in Oc-eo an der Westküste Kambodschas lag, angenommen worden.

Nach dem Zusammenbruch der meerbeherrschenden Stellung Funans gewinnt das Reich von Srivijaya, das seinen Mittelpunkt auf Sumatra bei Palembang und der vorgelagerten Insel Bangka hatte, als Seemacht Bedeutung. Vom 8. Jahrhundert an machte sich der kulturelle Einfluß Srivijayas weit nach Nordwesten bemerkbar; im 8. und 9. Jahrhundert schlagen sich Tendenzen seines Kunststiles in brahmanischen und Mahayana-Bronzen nieder, die im Kerngebiet Thailands gefunden wurden. Wie weit seine politische Macht in Thailand reichte, läßt sich nicht rekonstruieren. Eine Stele von 755 erinnert an die Gründung dreier buddhistischer Schreine durch den König von Srivijaya in Nakhon Si Thammarat (=Ligor), das demnach damals zu seinem Herrschaftsbereich gehörte, und das Verschwinden Dvaravatis aus chinesischen Berichten zu eben dieser Zeit könnte sehr wohl mit der Ausdehnung Srivijayas in Zusammenhang stehen. In der Kunst ebbt der Srivijaya-Einfluß bald ab, aber der Höhepunkt des Dvaravati-Stiles war überschritten, ein deutlicher Niedergang setzte ein, bis zu Beginn des 10. Jahrhunderts die Khmer Lopburi und das Menam-Becken unterwarfen.

Problematisch erscheint die Stellung eines Fürstentums um Sri Tep südlich Petchabun, wo hervorragende Skulpturen mehrheitlich brahmanischen Charakters ausgegraben wurden. Als ihre Entstehungszeit nimmt Le May das 5. oder 6. Jahrhundert an, während Boisselier für das 7. oder 9. plädiert. Ebenso unterschiedlich ist die Beurteilung der Plastiken hinsichtlich ihrer Abhängigkeit von Einflüssen der Srivijaya- oder Khmer-Kunst.

Dagegen gibt es mehrere Inschriften aus dem frühen 7. Jahrhundert, welche die Präsenz der Khmer im östlichen Thailand bezeugen. Wie groß ihre politische Macht in diesem Gebiet damals war, läßt sich daraus allerdings nicht ablesen. Le May hält die Inschriften für Zeugnisse militärischer Expeditionen, die nicht zu einer dauernden Annexion führten. Betrachtet man die Struktur des Khmer-Staates in der fraglichen Zeit, erscheint freilich eine engere Verbindung der Region um den Mun mit Chen-la nicht als unwahrscheinlich: Nach der Unterwerfung Funans bestand das Khmer-Reich aus den Bruderstaaten ›Chen-la des Wassers‹ um den Thonle Sap und den Unterlauf des Mekong und ›Chen-la des Binnenlandes‹, das die Lao-Gebiete bis zum westlichen Annam umfaßte, beide setzten sich aus kleineren Fürstentümern zusammen. Ein im Mun-Becken gelegenes Fürstentum, das von Chen-la abhängig war, ist demnach leicht vorstellbar.

Über lange Zeit fehlen dann die ikonographischen Belege für die Anwesenheit der Khmer im östlichen Thailand, aber es ist mit Sicherheit anzunehmen, daß sie im stetigen Vordringen waren. So zeigen Funde in der Provinz Udon Thani Merkmale des Koh Ker-Stiles (921–945).

Von einem Canâśa-Reich, das anscheinend vom ausgehenden 7. bis zur Mitte des 10. Jahrhunderts auf dem Hochland von Khorat bestanden hat, geben einige Inschriften Kunde; ihre Angaben reichen jedoch nicht aus, um ein deutliches Bild dieses Landes zu zeichnen. Über seine zeitliche und räumliche Ausdehnung ist bis jetzt keine sichere Aussage möglich.

Gegen Ende des 10. Jahrhunderts ergriff ein Fürst aus dem Süden Thailands, vermutlich aus Nakhon Si Thammarat, die Macht im Mon-Königreich von Lopburi. Sein Sohn usurpierte 1006 als Suryavarman I. den Thron von Angkor. Damit kam der nördliche Teil des Menam-Beckens und das Hochland von Khorat endgültig unter die Herrschaft der Khmer, Lopburi wurde Sitz eines Vizekönigs.

In der Folgezeit dehnten die Könige von Angkor ihren Machtbereich weiter nach Norden und Westen aus. Bereits Suryavarman II. (1113–1145) hielt das Land mindestens bis Sakon Nakhon und Sukhothai fest in der Hand. Die unruhigen Jahre nach seinem Tode nutzte Lopburi, Gesandtschaften nach China zu schicken, aber die Zeit relativer Unabhängigkeit kann nur kurz gewesen sein. Denn mit Jayavarman VII. bestieg 1181 ein kraftvoller Herrscher den Thron von Angkor, der dem Staat neue Festigkeit gab und seinen Machtbereich noch erweiterte. Er annektierte den größten Teil des Menam-Beckens bis in die Gegend von Nakhon Pathom, im Norden hinterließ er eine Inschrift in der Nähe von Vientiane, im Süden errang er mindestens nominell die Oberhoheit über Teile der Malayischen Halbinsel. Unter dem Nachfolger Jayavarmans VII. – sein genaues Todesjahr ist nicht bekannt – begann der Verfall des Khmer-Reiches.

Das erste Fürstentum auf dem Gebiet des heutigen Thailand, das seine Selbständigkeit erlangte, war Tambralinga mit der Hauptstadt Nakhon Si Thammarat, dessen unabhängigen König eine Inschrift des Jahres 1230 aus Chaiya erwähnt.

Während der ca. dreihundert Jahre dauernden Herrschaft der Khmer sickerten, von Norden kommend, Thai-Stämme in das Land ein. Ihre ursprünglichen Wohnsitze lagen vermutlich im westlichen Yünnan, wo sie um das 8. Jahrhundert ein relativ hoch entwickeltes Königreich – Nan-Chao – gegründet hatten. Erster urkundlich nachgewiesener König dieses Reiches war P'i-lo-ko (729–748). Von seinem Sohn Ko-lo-feng ist eine Stele aus dem Jahre 766 erhalten, die – in chinesischer Schrift – seine Siege über die Chinesen feiert, die er als Verbündeter der Tibeter errungen hatte. Die meiste Zeit unterhielt Nan-Chao jedoch freundschaftliche Beziehungen zu China, von dessen Kultur es wesentliche Impulse empfing. Es scheint, als habe das Reich, ähnlich wie andere sinisierte Staaten dieser Zeit, über eine verhältnismäßig gute Organisation mit Beamtenhierarchie und allgemeiner Wehrpflicht verfügt. In seiner Blütezeit umfaßt es fast ganz Yünnan, dazu Teile von Szetschuan. Nan-Chao konnte seine Selbständigkeit bis 1253 wahren, dann zerschlugen es die Mongolen unter Kublai Khan.

Aber schon einige Jahrhunderte vor dem Zusammenbruch dieses großen Thai-Reiches setzte die Wanderung verschiedener Stämme nach Süden ein. Sie folgten damit der uralten Bewegungsrichtung asiatischer Völker, die von den Bergen in die reichen Täler und Ebenen Indochinas herabzusteigen pflegten.

Eine Gruppe, die Thai-Yai oder Großen Thai, zog ins Tal des Salween; es sind die Vorfahren der heutigen Shan-Völker. Andere, die Thai-Noi oder Kleinen Thai, wendeten sich mehr nach Süden und Südosten, um sich in Laos und dem nördlichen Thailand anzusiedeln.

Das Eindringen der Thai in ihren heutigen Lebensraum vollzog sich im wesentlichen friedlich. In kleinen Verbänden unterwanderten sie im Laufe der Jahrhunderte die alteingesessene Bevölkerung und assimilierten sie. Vom 9. Jahrhundert an errichteten Thai-Häuptlinge in den Flußtälern, in denen sie sich niederließen, kleine Fürstentümer. Eine der ersten nachweisbaren Ansiedlungen war Chai Praka im Bezirk von Chieng Rai, der Thai-Häuptling Brahma soll sie gegen 860 gegründet haben.

Den Beweis für die Existenz von Thai-Staaten im 11. Jahrhundert erbringt eine Darstellung im Tempel von Angkor Wat, wo bei einem Aufmarsch der Vasallen auch eine Thai-Abteilung auftritt. Ihr Anführer reitet einen prächtig geschmückten Elefanten, acht Ehrenschirme unterstreichen seinen hohen Rang. Aber die ohne klare Ordnung dahinziehenden Lanzenträger seiner Begleitung heben sich deutlich von den in strenger Formation marschierenden kambodschanischen Verbänden ab.

Offenbar hat es zu Beginn des 13. Jahrhunderts bis hinunter ins nördliche Zentralthailand eine ganze Reihe kleiner Thai-Fürstentümer gegeben, die unmittelbar dem kambodschanischen Gouverneur in Satchanalai unterstanden. Der Machtverfall des Khmer-Reiches bot ihnen Gelegenheit, ihre Unabhängigkeit zu erkämpfen.

Bald nach dem Tod Jayavarmans VII. verbündeten sich die Häuptlinge zweier unter Khmer-Herrschaft stehender Ortschaften zum gemeinsamen Feldzug gegen Sukhothai – Satchanalai, dem engeren Regierungsbereich des kambodschanischen Bevollmächtigten. Entscheidend für den Erfolg der Revolte wurde wohl der persönliche Einsatz des einen der beiden Anführer: Bang Glang Tao besiegte den Kommandeur der Garnison von Sukhothai in einem Zweikampf auf Elefanten und warf die kambodschanischen Besatzungstruppen vollständig nieder. 1238 wurde die Unabhängigkeit Sukhothais proklamiert, Ban Glang Tao bestieg als Sri Indraditya den Königsthron. Um die Gestalt des ersten Königs von Sukhothai, der mit dem sagenhaften Phra Ruang identifiziert wird, ranken sich viele Legenden und Sagen. Übernatürliche Kräfte wurden ihm zugeschrieben, aber auch die Verdienste anderer Fürsten. So wird von ihm erzählt, daß ein ins Wasser geworfenes Fischskelett auf seinen Befehl hin wieder Leben gewann und davonschwamm. Auf diese Legende spielt der Ausdruck ›er hat die Zunge Phra Ruangs‹ an, der sagen will, daß jemand durch bloßes Aussprechen Ereignisse heraufbeschwören kann.

Der bedeutendste König des Sukhothai-Reiches war Ram Kamheng, ein Sohn Sri Indradityas und der dritte König des Landes. Um 1270 wurde die Geschichte seiner Thronbesteigung zusammen mit einer Darstellung des Lebens in jener Zeit auf einer Steinstele eingehauen; sie ist heute im National-Museum in Bangkok aufgestellt. Der Bericht schildert, wie der junge Prinz im Krieg durch seinen mutigen Angriff mit seinem Elefanten dem Vater das Leben rettete und der schon verloren geglaubten Schlacht die siegreiche Wendung gab. Sein Vater ehrte ihn mit dem Titel Ram Kamheng (Ram der Mutige). Nach

Die thailändischen Könige

(nach S. Diskul)

Könige von Sukhothai

1	Sri Indraditya	ca. 1235–
2	Ban Müang (Sohn)	–1279
3	Ram Kamheng (Bruder)	1279–1299
4	Lö Thai (Sohn)	
5	Ngua Nam Tom (Bruder?)	–1347
6	Lü Thai (Mahadharmaraja I.) (Sohn von Nr. 4)	1347– ca. 1368
7	Mahadharmaraja II. (Sohn)	1368– ca. 1399
8	Sai Lü Thai (Mahadharmaraja III.) (Neffe von Nr. 6)	1399–1419
9	Borom Pan (Mahadharmaraja IV.) (Sohn)	1419–1438

Könige von Ayuthia

1	Rama Thibodi I. (U Thong)	1350–1369
2	Ramesuen (Sohn)	1369–1370
3	Boromaraja I. (Schwager von Nr. 1)	1370–1388
4	Tong Lan (Sohn)	1388
	Ramesuen (derselbe wie Nr. 2)	1388–1395
5	Ramaraja (Sohn)	1395–1409
6	Nakhon In (Indraraja) (Neffe von Nr. 3)	1409–1424
7	Boromaraja II. (Chao Sam Praya) (Sohn)	1424–1448
8	Boroma Trailokanat (Sohn)	1448–1488
9	Boromaraja III. (Sohn)	1488–1491
10	Rama Thibodi II. (Bruder)	1491–1529
11	Boromaraja IV. (Sohn)	1529–1533
12	Rajadhathirat (Sohn)	1533–1534
13	Chai Raja (Bruder von Nr. 11)	1534–1546
14	Yod Fa (Sohn)	1546–1548
15	Mahachakrapat (Bruder von Nr. 13)	1548–1568

16	Mahin (Sohn)	1568–1569
	Ayuthia von Burmesen erobert, 1569	
17	Mahadharmaraja (Neue Dynastie, vielleicht mit den Königen von Sukhothai verwandt)	1569–1590
18	Naresuen (Sohn)	1590–1605
19	Ekathosaroth (Bruder)	1605–1610
20	Si Sauvaphak (Sohn)	1610
21	Song Tham (älterer Bruder)	1610–1628
22	Chetthathirat (Sohn)	1628–1629
23	Atitayavong (Bruder)	1629
24	Prasat Thong (Neue Dynastie)	1629–1656
25	Chai (Sohn)	1656
26	Si Sutham (Bruder von Nr. 24)	1656
27	Narai (Sohn von Nr. 24)	1656–1688
28	Petraja (Neue Dynastie)	1688–1702
29	Sue (Sohn?)	1702–1708
30	Tai Sa (Sohn)	1708–1732
31	Boromakot (Bruder)	1732–1758
32	Utumporn (Sohn)	1758
33	Ekatat (älterer Bruder)	1758–1767
	Zerstörung Ayuthias durch die Burmesen 1767	

Bangkok-(Chakri-)Dynastie

1	Rama I.	1782–1809
2	Rama II. (Sohn)	1809–1824
3	Rama III. (Sohn)	1824–1851
4	Mongkut (Rama IV.) (Bruder)	1851–1868
5	Chulalongkorn (Rama V.) (Sohn)	1868–1910
6	Vajiravudh (Rama VI.)	1910–1925
7	Prajadhipok (Rama VII.) (Bruder)	1925–1934
	Konstitutionelle Monarchie seit 1932	
8	Ananda (Rama VIII.) (Neffe)	1934–1946
	Während des Zweiten Weltkrieges Änderung des Namens ›Siam‹ in ›Thailand‹	
9	Bhumibol (Rama IX.) (Bruder)	seit 1946

dem Tod des Vaters und des älteren Bruders ging die Königswürde auf ihn über. Weiter preist die Inschrift den Reichtum des Landes an Fischen und Reis, die persönliche Freiheit des einzelnen (es gab keinerlei Steuern) sowie das Interesse des Königs am Wohlergehen seiner Untertanen. Klagen konnten in öffentlichen Sitzungen dem König selbst vorgetragen werden, der dann nach eingehender Prüfung das Urteil sprach. Die Freizügigkeit von Handel und Gewerbe werden erwähnt, ebenso die Tatsache, daß »König und Prinzen wie Prinzessinnen, Männer wie Frauen, Adlige und Häuptlinge, alle ohne Ausnahme, ohne Unterschied von Stand und Geschlecht, sich zur Religion Buddhas« bekannten. Zweifellos waren zu dieser Zeit nicht alle Thais Buddhisten, aber die Lehre wurde von der Regierung nach Kräften unterstützt. Zur Erläuterung des von den Mon übernommenen Theravada-Buddhismus rief der König sogar singhalesische Mönche ins Land.

Unter Ram Kamheng erreichte der Staat Sukhothai seine größte Ausdehnung, sein Einflußbereich umfaßte fast das ganze heutige Thailand bis zur Höhe von Nakhon Si Thammarat, Viengchan (Vientiane), Luang Prabang und Pegu im südlichen Burma. Nur Nordthailand, damals unter einem fähigen Herrscher vereint, und ein großes Gebiet östlich des Menam Chao Phaya, vermutlich Lavo, das seit 1289 anscheinend wieder selbständig war, erkannten seine Oberhoheit nicht an.

Mit China unterhielt Ram Kamheng diplomatische Beziehungen. Zweimal empfing er chinesische Abordnungen an seinem Hof, die durch Gesandtschaften in den Jahren 1294 und 1300 erwidert wurden. Der Überlieferung zufolge führte der König die Missionen selbst nach China und brachte von seiner zweiten Reise außer einer Prinzessin für seinen Harem eine Gruppe chinesischer Handwerker mit, die sich auf die Herstellung von Porzellan verstanden. Sicher ist, daß gegen Ende des 13. Jahrhunderts chinesische Keramikhandwerker nördlich der Stadt Sukhothai angesiedelt wurden, die eine Keramik, sehr ähnlich der aus den Tz'u-chou – Brennöfen in der Nähe von Peking, produzierten. Eine zweite Gruppe chinesischer Facharbeiter kam wahrscheinlich in den ersten Jahren des 14. Jahrhunderts nach Ban Go Noi, ca. 6 km stromaufwärts von Satchanalai; ihre Erzeugnisse stehen in der Tradition der Lung-chüan-Werkstätten in Chekiang.

Auf einer Stele von 1292, wohl der ältesten in Thai abgefaßten Inschrift, rühmt sich Ram Kamheng, eine neue Schrift erfunden zu haben. Zweifel an dieser Behauptung gründen sich auf einer vermutlich älteren Inschrift aus Chieng Mai. Auf jeden Fall ist ihm das Verdienst der Einführung der neuen Schrift zuzusprechen, denn von da an benutzte man die aus der Khmer-Kursive entwickelten Buchstaben für alle Thai-Inschriften.

Mit Lö Thai, dem Sohn und Nachfolger Ram Kamhengs, bestieg ein König den Thron, dessen Interesse weit mehr der Religion als den staatlichen Belangen galt. 1341 berief er zwei berühmte Thai-Bhikkus, die in Pan bei Martaban die rechte Lehre des ceylonesischen Buddhismus studiert hatten, nach Sukhothai. Der bekanntere der beiden, Sumana, ließ sich im Wat Ba Muang in der Hauptstadt nieder, Anomadassi wählte Wat Ba Deng in Satchanalai als Wohnort. Durch diese hochverehrten Lehrer wurde der Theravada-Buddhismus über die Grenzen des Königreichs Sukhothai hinaus in ganz Thailand verbreitet. Grundlage der Lehre ist der Pali-Kanon – unter König Vattagamani in Ceylon im 1. Jahrhundert v. Chr.

niedergeschrieben –, der die Lehrreden Gautama Buddhas entsprechend der ältesten Tradition wiedergibt. In politischer Hinsicht erwies sich der fromme Herrscher als unfähig, der größte Teil seines Reiches ging im Laufe seiner langen Regierungszeit (1299 oder 1316–1346) verloren. Es scheint, als seien ihm schließlich nur noch die Provinzen Sukhothai und Satchanalai untertan gewesen.

Kraftvoller als sein Vater führte Lü Thai (seit 1347) die Regierungsgeschäfte. Um das Königtum und die Konzentration der Macht in seinen Händen zu festigen, versuchte er, den Hindu-Kult wiederzubeleben, obwohl er persönlich gläubiger Buddhist war. Denn in den von den Khmer übernommenen hinduistischen Vorstellungen von der Göttlichkeit des Herrschers lag eine wesentliche Stütze des Königtums. Offenbar gelang es ihm, die Städte am Ping, einschließlich Nakhon Sawans, die sich unter seinem Vorgänger selbständig gemacht hatten, wieder unter seine Kontrolle zu bringen. Aber im Süden war ihm ein starker Gegner erwachsen.

Durch Erbschaft waren einem Fürsten von U Thong zwei Fürstentümer zugefallen, die er zu einem mächtigen Reich zusammenschloß. Von seinem Vater übernahm er Lopburi mit den südlichen Ländereien bis zum Golf von Siam, von seinem Schwiegervater Suphanburi, Ratchaburi, Petchaburi und Teile der Malayischen Halbinsel – alles ehemals Vasallen Sukhothais. 1350 wurde er als Rama Thibodi I. in der neu gegründeten Hauptstadt Ayuthia zum König des gleichnamigen Reiches ausgerufen.

Ayuthia, das über weit größere Ressourcen verfügte, war Sukhothai von vornherein überlegen. An eine Rückgewinnung der von der neuen Macht annektierten Ländereien konnte Lü Thai nicht denken. Aber mit diplomatischem Geschick brachte er es fertig, den Bestand und die Souveränität seines Landes zu bewahren.

Erst sein Thronerbe Mahadharmaraja II. (sein persönlicher Name ist nicht bekannt) mußte, zumindest nominell, die Oberhoheit Ayuthias anerkennen (ca. 1376).

Sai Lü Thai, der als Mahadharmaraja III. 1398 Nachfolger seines Vaters wurde, regierte als Vasall Ayuthias, ebenso Mahadharmaraja IV., Ban Muang. 1438, vermutlich beim Tode Ban Muangs, wurde das Gebiet des Sukhothai-Staates endgültig dem Königreich Ayuthia einverleibt und Phitsanulok zur Provinzhauptstadt erhoben. Die Legende berichtet, daß beim Einzug des ersten Vizekönigs das Bild des Buddha Jinaraj blutige Tränen geweint habe.

Die Thailänder betrachten heute das Reich von Sukhothai als den ersten staatlichen Zusammenschluß am Beginn ihrer Geschichte. Diese Auffassung ist in vieler Hinsicht berechtigt, denn erst seit Sukhothai manifestiert sich das Staatsbewußtsein der Thai in eigener Sprache und Schrift; dabei wurden durchaus Einflüsse der indischen und chinesischen Kultur aufgenommen, aber eben doch unter spezifisch thailändischen Akzenten. Im Gegensatz zu Nan-Chao, das sehr stark chinesisch geprägt war, trugen Kunst und Kultur jetzt eigenständige Züge.

Obwohl die Lebensdauer des Reiches von Sukhothai nur verhältnismäßig kurz war, begründete es die politische und kulturelle Führungsrolle des Thai-Volkes in Hinterindien. Die Einführung eines eigenen Schriftsystems für die Thai-Sprache, die Verbreitung des Theravada-Buddhismus im Volke und nicht zuletzt die Entwicklung eines neuen Kunststils waren die Grundlagen, auf denen die folgenden Generationen aufbauen und ihre völkische Eigenheit entfalten konnten.

Fast zur selben Zeit wie der souveräne Sukhothai-Staat entstand im Norden ein anderes bedeutendes Thai-Königreich. Sein Gründer war Meng Rai, ein Zeitgenosse Ram Kamhengs. 1239 in Chieng Sen geboren, wurde er als Nachfolger seines Vaters Fürst dieser Stadt (1259). Drei Jahre später gründete er eine neue Hauptstadt, die seinen Namen erhielt – Chieng Rai. Damit zeichnete sich bereits die Stoßrichtung seiner Expansion ab. Sein Bündnis mit Sukhothai ermöglichte ihm nach langjährigen Kämpfen die Einnahme der alten Stadt Lamphun, der Hauptstadt des Mon-Königreiches Haripunchai, des kulturellen Mittelpunktes Nordthailands (1292). Der Überlieferung zufolge hatte Chama Devi, eine Tochter des Königs von Lavo (Lopburi) Haripunchai im 7. oder 8. Jahrhundert gegründet. Von Thaton aus, mit dessen König sie verheiratet war, unternahm sie angeblich eine Missionsreise nach Lamphun, ließ sich dort nieder und begründete das buddhistische Mon-Königtum.

Als einziger der Mon-Staaten auf dem Gebiet des heutigen Thailand konnte sich Haripunchai dem Zugriff der Khmer entziehen. Seine Verbindung zu den Mon-Reichen Burmas, die epigraphisch bezeugt ist, schlug sich in der Kunst nieder, so daß in der Folgezeit ein eigenwilliger Stil entstand, der sich vom Sukhothai-Stil deutlich abhebt. Auch unter Meng Rai, der bereits 1290 von einer Reise (oder einem Feldzug?) nach Pagan Künstler und Handwerker mitgebracht hatte, sowie unter seinen Nachfolgern rissen die kulturellen Beziehungen Nord-Thailands zu den Staaten des heutigen Burma nicht ab.

Als Hauptstadt des neugegründeten Königreichs Lan Na (= ›Land der Millionen Reisfelder‹) erbaute Meng Rai die Stadt Chieng Mai, die sich zur wichtigsten Stadt Thailands nach Bangkok entwickeln sollte.

Alle Herrscher Lan Nas bekannten sich zum Hinayana-Buddhismus, mit einer Ausnahme: Tissaraja führte den Geisterkult in seinem Reich wieder ein. Mit der Thronbesteigung seines Sohnes Tilokarat endete die animistische Episode (1442), eine neue Welle der Rückbesinnung auf buddhistische Glaubensvorstellungen setzte ein. Einige der damals geschaffenen Werke gehören noch heute zu den Grundlagen des religiösen Systems in Thailand. Nach seinen Siegen über Nan (1449) und Satchanalai (1459) ließ Tilokanat Künstler und Kunsthandwerker, darunter auch die Hersteller der Sawankhalok-Keramik, aus diesen Städten nach Chieng Mai umsiedeln. Auf diese seinerzeit allgemein gebräuchliche Weise verschaffte er den Künsten seines Landes neue Anregungen.

Die politische Unabhängigkeit konnte Lan Na trotz wiederholter Angriffe von seiten Ayuthias und Burmas lange Zeit bewahren. Erst 1558 gelang es dem König von Pegu, Chieng Mai zu erobern. Bis zum Ende des 18. Jahrhunderts blieb das Land mit Unterbrechungen unter burmesischer Oberherrschaft, die schließlich mit Hilfe des Königs von Bangkok abgeschüttelt werden konnte.

Um die Mitte des 14. Jahrhunderts übernahm eine starke Herrscherpersönlichkeit die Führung in Zentralthailand: Ein Prinz von U Thong, wahrscheinlich von Mon-Thai-

Abstammung, der die Tochter eines im Raum von Suphanburi regierenden Fürsten von Chieng Sen geheiratet hatte, gründete gegen 1350 die Stadt Ayuthia und das gleichnamige Königreich, dessen Thron er als Rama Thibodi I. bestieg. Er »hatte sein Königreich wenige Jahre vorher aufgebaut, indem er zwei reiche Erbschaften vereinigte. Die eine, die ihm anscheinend sein Vater vermacht hatte, bestand aus der Provinz von Lopburi und dem Gebiet südlich davon bis zum Golf von Siam. Die andere, von seinem Schwiegervater ererbte, war aus Provinzen zusammengestellt, die zu Ram Kamhengs Zeit Untertanen Sukhothais gewesen waren: Suphanburi, Ratchaburi, Petchaburi und die Malayische Halbinsel. Offensichtlich mußte Lü Tai, der König von Sukhothai, jeden Gedanken an eine Wiedergewinnung dieser Territorien fallen lassen, denn das Königreich Ayuthia besaß weit größere Reserven an Menschenpotential und fruchtbaren Ländereien. Rama Thibodis mächtigster Vasall war sein Schwager Po Ngua, Prinz von Suphanburi.«[1]

Zwischen den beiden Fürsten gab es tiefgreifende Meinungsverschiedenheiten hinsichtlich der Politik, die das Königreich Ayuthia verfolgen solle. Für Rama Thibodi war die Eroberung Kambodschas vorrangig, die ihm nur gelingen konnte, wenn Sukhothai wohlwollende Neutralität wahrte. Po Ngua hingegen hielt es für lebenswichtig, die Hegemonie über die Thai zu gewinnen, indem Sukhothai zum Vasallen reduziert würde.[2] In den folgenden Jahrzehnten führten diese differierenden Ansichten, neben persönlichen Ambitionen, zu dauernden Streitigkeiten der beiden Fürstenhäuser um den Thron von Ayuthia.

Rama Thibodi gelang es, durch erfolgreiche Feldzüge den jungen Staat in kurzer Zeit zur bestimmenden Macht Zentralthailands auszubauen. Während er mit Sukhothai ein Stillhalteabkommen schloß, konnte er die Khmer entscheidend schlagen. 1352 zog sein Heer in Angkor ein. Auf den Thron des besiegten Landes wurde ein Marionettenkönig gesetzt, der die Oberhoheit Ayuthias anerkennen mußte.

Ramesuen, Rama Thibodis Sohn, konnte die Königswürde nur ein Jahr lang gegen Po Ngua halten, bereits 1370 bestieg dieser als Boromaraja I. den Thron. Sofort versuchte er, seinem Staat das kulturell bedeutende Königreich Sukhothai anzugliedern. 1371 rückten seine Truppen zum ersten Mal in das Territorium Sukhothais ein, mehrere Ortschaften wurden verwüstet; der Eroberungszug scheiterte jedoch am heftigen Widerstand der Stadt Kampheng Phet. Erst beim dritten Angriff im Jahre 1378 fiel die Stadt. Im Entscheidungskampf konnte Boromaraja I. den König von Sukhothai, der zur Verteidigung seines Landes herbeigeeilt war, gefangennehmen. Mahadharmaraja II. mußte ihm den Treueid schwören; von nun an war Sukhothai Vasallenstaat Ayuthias.

Ein Angriff der Khmer, die das verlorene Gebiet zurückerkämpfen und die siamesische Oberhoheit abschütteln wollten, endete 1393 mit einem abermaligen Einzug der Thai in Angkor. Der Schattenkönig wurde ausgewechselt und eine Besatzungstruppe in der Stadt stationiert, die über seine Loyalität zu wachen hatte.

Vierzig Jahre später zog Boromaraja II. wieder nach Kambodscha, um den gegen die Herrschaft Ayuthias rebellierenden König abzusetzen. Nach siebenmonatiger Belagerung wurde Angkor erobert und geplündert, Indrapatha, ein siamesischer Prinz, auf den kambodschanischen Thron erhoben. Zwar ließ ein Khmer-König den Fremdling schon im

Der Elefant war im alten Thailand das vornehmste Reittier, das der König benutzte, wenn er den Palast verließ. Einige Male wurden kriegerische Auseinandersetzungen durch Elefantenduelle der feindlichen Heerführer entschieden. ›Weiße‹ Elefanten galten als Garanten einer erfolgreichen Regierung. Als Symbolfigur stand der Elefant stets an erster Stelle, heute noch ist der Orden des Weißen Elefanten die höchste Auszeichnung, die der König an Militärs und Regierungsbeamte verleiht.

nächsten Jahr ermorden, aber die Kraft des angkorikanischen Reiches war gebrochen. König Ponhea Yat wich der thailändischen Macht aus, indem er seine Hauptstadt von Angkor nach Pnom Pen verlegte.

1438, vermutlich beim Tode Mahadharmarajas IV., wurde Sukhothai endgültig dem Ayuthia-Reich eingegliedert, der Kronprinz von Ayuthia als Vizekönig in Phitsanulok eingesetzt.

Zehn Jahre später trat Boroma Trailokanat das Erbe seines Vaters an. Seine Regierungszeit ist durch wiederholte Auseinandersetzungen mit Lan Na gekennzeichnet, dessen König sich mehrmals mit Stadtfürsten des ehemaligen Sukhothai-Reiches verbündet hatte, die ihre Unabhängigkeit von Ayuthia wiedergewinnen wollten. Der Norden war der einzige Unruheherd seines Staatsgebietes, deshalb zog der König mit seinem Hof 1463 nach Phitsanulok, das näher an der gefährdeten Grenze lag. Offensichtlich als Wahrzeichen seiner Herrschaft erbaute er in beiden von ihm gestifteten Tempeln, Wat Sulamani und Wat Mahathat, einen Prang im Ayuthia-Stil. Sehr wahrscheinlich stammt auch der Prang des Wat Mahathat in Chalieng von ihm. Trotz aller Bemühungen gelang es Boroma Trailokanat nicht, Lan Na zu erobern. Bei seinem Tod wurde anscheinend der status quo von beiden Seiten akzeptiert; das ehemalige Gebiet Sukhothais blieb eine Provinz des Ayuthia-Reiches, und Lan Na behielt seine Unabhängigkeit.

Boromaraja II. residierte wieder in der eigentlichen Hauptstadt Ayuthia. Er übernahm ein gefestigtes Staatswesen, das fast das gesamte Territorium des heutigen Thailand umfaßte. Die Nachbarländer waren an allen Grenzen zurückgedrängt und geschwächt. Im Inneren sorgte das streng zentralisierte Verwaltungssystem, das Boroma Trailokanat geschaffen hatte, für die Stabilität des Reiches. Auf künstlerischem Gebiet führte die Auseinandersetzung mit Khmer- und Sukhothai-Stil zu einer Periode schöpferischer Dynamik.

Rama Thibodis Staat war in einem Gebiet mit reicher kultureller Tradition entstanden. Besonders die Stadt Lopburi hatte bereits zu Zeiten der Mon-Reiche eine bedeutende Rolle gespielt, unter den Khmer war sie mindestens 250 Jahre lang ein kulturelles und administratives Zentrum gewesen. Bewußt knüpfte der König an diese große Vergangenheit an, der Name ›Krung Thep Dvaravati Sri Ayuthia‹, den er seiner neugegründeten Hauptstadt gab, macht das deutlich. Architektur und Plastik orientierten sich zunächst vollkommen am Khmer-Vorbild. Bis gegen Ende des 15. Jahrhunderts blieb der vom Tempelturm der Khmer abstammende Thai-Prang die charakteristische Bauform. Bei den Buddha-Bildnissen wurde die realistische Gesichtsbildung, die dem angkorikanischen Kunstempfinden entsprach, noch lange beibehalten.

Von weittragender Bedeutung war die Übernahme des kambodschanischen Königsdogmas. In der thailändischen Gesellschaft waren bis dahin die Aufgaben des Königs vorwiegend weltlicher Natur. Die Inschrift Ram Kamhengs, des dritten Königs von Sukhothai, schildert ihn als starken Helden, Anführer seines Volkes im Krieg und als gerechten Richter in Friedenszeiten. Als ›Vater des Volkes‹ sorgte er für seine Landeskinder, schlichtete ihre Streitigkeiten, jedermann konnte sich mit seinen Nöten an ihn wenden.

Bei den Khmer dagegen galt der König als Inkarnation eines Gottes, in der Regel Vishnus oder Shivas, der hoch über dem gemeinen Volk residierte. Die Thai übernahmen nun diese Konzeption, wobei sie buddhistische und brahmanische Vorstellungen synkretistisch verbanden. Aus dem patriarchalischen Fürsten, der jederzeit auf die Stimme des Volkes hörte, wurde der absolute Monarch, dem die uneingeschränkte Macht über Leben und Tod seiner Untertanen zustand. Begrenzt wurde die königliche Gewalt allein durch die ethische Tradition, die sich auf einer von den Hindus überkommenen Sammlung von Maximen über die Tugenden eines guten Herrschers gründete.

Bei der Krönung wurden dem König magische Kräfte übertragen. Als Inkarnation eines Gottes und ›Buddharaja‹ (= Buddha der König) konnte er göttliche Verehrung beanspruchen.

Der Vorteil des Prinzips lag in der Unantastbarkeit der Institution, die eine Festigung des Königtums verbunden mit einer Stärkung der Zentralgewalt mit sich brachte. Eine Gefahr lag darin, daß der Herrscher vom Volk isoliert würde, während die politischen Entscheidungen in die Hände von Hofbeamten übergingen. In Thailand konnte diese Entwicklung dank der ausgeprägten Persönlichkeit vieler Könige die meiste Zeit vermieden werden.

Die Organisation des Hofes wie des Reiches war in Ayuthia nach der brahmanischen Vorstellung vom Universum aufgebaut. Das politische Gebilde des Reiches symbolisierte als irdischer Mikrokosmos den überirdischen Makrokosmos.

Nach dem Glauben der Hindu bestand das Universum aus sieben konzentrischen Kreisgebirgen, in deren innerster Mitte sich der Berg Meru erhob, umgeben von vier niedrigeren Bergen, die den vier Himmelsrichtungen entsprachen. Auf dem Phra Meru lag die Residenz Indras und die Wohnsitze der ›dreiunddreißig Götter‹. Analog dazu wurde die Hauptstadt als Mittelpunkt des Landes angesehen, der Königspalast als Spiegelbild des heiligen Berges. Seine Bewohner, Frauen und Kinder des Königs sowie die hohen Hofbeamten, galten wie die Götter des Meru als sakrosankt. (So durften z. B. niedere Beamte oder Diener bei Androhung der Todesstrafe die heiligen Personen nicht berühren. Diese Vorschrift führte noch 1880 zum tragischen Tod der Gemahlin Chulalongkorns, die bei einem Bootsunglück auf dem Menam ertrank, weil keiner der Begleiter sie zu retten wagte.)

Vor dem König mußte die höchste Ehrerbietung gewahrt werden. Kein Bürger durfte ihm ins Antlitz schauen; strenge Vorschriften regelten die Art, den König anzusprechen oder über ihn und seine Handlungen zu reden. Daraus entwickelte sich schließlich eine eigene Hofsprache, die sich bis zur Unverständlichkeit von der Umgangssprache unterschied.

Auf die Zeit der Konsolidierung folgten dreihundert Jahre kultureller Blüte, die durch die Kriege gegen Burma und die kurze Besetzung Ayuthias nicht wesentlich beeinträchtigt wurden. Kriegerische Verwicklungen spielten sich hauptsächlich an der Peripherie des Landes ab, vor allem an den Grenzen zu Burma und im Süden. Dort waren die wichtigen Seehäfen Mergui und Martaban an der Küste der Andamanen-See ständige Streitobjekte zwischen den Burmesen und den Thai. Im Norden bildete Lan Na ein Gebiet, das in der Interessensphäre beider Länder lag. Im Zuge dieser Konflikte fielen die Burmesen 1549 im

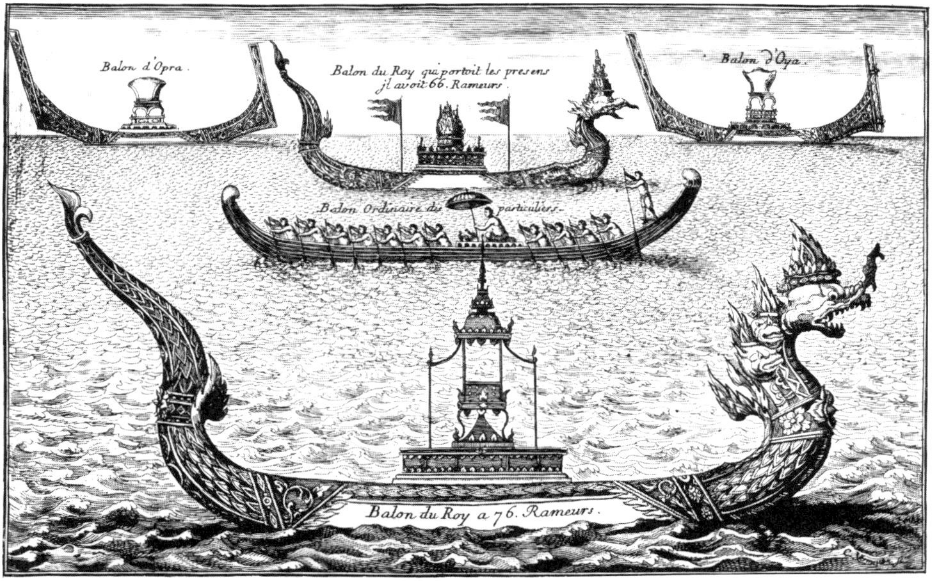

Prunkbarken der Ayuthia-Zeit nach einem zeitgenössischen Stich

Königreich Ayuthia ein und eroberten fünf Jahre später Chieng Mai, das bis ins 18. Jahrhundert unter ihrer Oberhoheit verbleiben sollte. 1569 gelang es dem burmesischen Heer, Ayuthia einzunehmen. Ein willfähriger König wurde eingesetzt, aber dessen Sohn verweigerte noch zu Lebzeiten seines Vaters den Burmesen die Gefolgschaft. 1592 schlug er die burmesische Armee zurück, die unter ihrem Kronprinzen angerückt war, um ihn niederzuwerfen. Bei Don Chedi (in der Nähe von Suphanburi), an der Stelle, wo die berühmte Befreiungsschlacht geschlagen wurde, erinnert ein modernes Denkmal an den Sieg des Kronprinzen Naresuen. Damit war das Reich von Ayuthia in den alten Grenzen wiederhergestellt; fast zweihundert Jahre konnten die Thai nun Frieden und Wohlstand genießen.

Vom Ende des 15. Jahrhunderts an verschwanden die Khmer-Tendenzen aus der Kunst Ayuthias, der Einfluß des Sukhothai-Stiles nahm immer mehr zu. An Stelle der Prang wurden glockenförmige Chedi gebaut, ähnlich den in Sukhothai nach ceylonesischem Vorbild entstandenen. Zu dieser Entwicklung trugen die engen religiösen Kontakte, die Ayuthia in dieser Zeit mit Ceylon verbanden, manches bei.

Während der Anwesenheit der Burmesen wurde im Wat Phu Khao Thong ein burmesisches Chedi errichtet, auf dessen Basis der heutige, von König Boromakot aufgeführte Bau steht. In der thailändischen Kunst hat die burmesische Episode nur geringe Spuren hinterlassen.

Schiffsprozessionen der königlichen Boote, wie die hier vor der Kulisse des alten Ayuthia auf einem zeitgenössischen Stich dargestellte, waren prächtige Schauspiele, die von den Europäern voller Bewunderung geschildert wurden. Einen Abglanz davon vermittelte bis in jüngste Zeit die alljährlich veranstaltete Thot-Katin-Prozession auf dem Menam. Die schönsten der dabei benutzten Prunkbarken kann man in Thonburi besichtigen.

UÉ
DE
SIAM

Um die Mitte des 17. Jahrhunderts kam es zu einer Rückbesinnung auf die Khmer-Tradition, zum ersten Male nach langer Zeit wurde im Wat Chai Wattanaram wieder ein Prang gebaut (Abb. 94). In seinem Grundriß lehnt er sich sehr deutlich an das angkorikanische Vorbild an. Zur Erinnerung an die Eroberung Kambodschas ließ König Prasat Thong am Menam Pasak etwa auf halbem Wege nach Phra Buddhabat eine Nachbildung von Angkor Wat erstellen (1631).

Seit Beginn des 17. Jahrhunderts kamen Europäer regelmäßig nach Ayuthia. Portugiesen, Holländer, Engländer und Franzosen nahmen Beziehungen zu dem Königreich auf. Ihre Handelsniederlassungen in der Hauptstadt lagen am Ostufer des Menam Chao Phaya südlich von Wat Chao Phanan Choeng. Bis dorthin konnten damals die seegehenden Segelschiffe den Fluß hinauffahren. Die Berichte der Europäer zeichnen ein anschauliches Bild der mächtigen Königsstadt im 17. Jahrhundert. Alle Augenzeugen rühmen die Pracht der Paläste und Klöster, deren Zahl und Größe sie mit enthusiastischen Worten schildern. Eine weniger euphorische Beschreibung gibt Kaempfer, ein deutscher Arzt, in seinem 1690 erschienenen Buch. Sie läßt eine reiche thailändische Stadt vor unseren Augen entstehen, »wie sie 1350 und 1690 war und wie man sie bis vor kurzem finden konnte – Pracht, Schönheit und Schmutz ungezwungen miteinander vermischt«.[3]

»Die Straßen laufen gradlinig längs der Kanäle. Einige sind leidlich breit, aber der größte Teil ist sehr schmal und alle im ganzen gesehen schmutzig und schlammig. Einige werden bei Hochwasser überflutet. Im Verhältnis zu ihrer Größe ist die Stadt nicht sehr volkreich. In einigen Teilen ist sie nur dünn bewohnt, besonders auf der Westseite wegen ihrer Abgelegenheit und im Süden wegen des Untergrundes, der so morastig ist, daß die Leute Bretter oder ärmliche Stege benutzen müssen, um darüber hinweg zu kommen. Jenseits der Straßen gibt es eine Menge freie Flächen und große Gärten, in denen sie die Natur gewähren lassen, so daß sie dicht bewachsen sind mit wilden Gräsern, Kräutern, Büschen und Bäumen ... Es gibt sehr viele Tempel, denn das ganze Land ist voller Priester und Mönche. In allen Teilen dieser Stadt wimmelt es von Tempeln, deren Bezirke zwischen den Straßen regelmäßige Felder bilden. Sie sind vollgestopft mit vergoldeten Pyramiden und Säulen verschiedener Formen. In der Größe reichen sie nicht an unsere Kirchen heran, aber an äußerer Pracht übertreffen sie sie bei weitem, wegen ihrer geschwungenen Dächer, vergoldeten Giebel, aufsteigenden Treppen, Säulen, Pfeiler und anderem Schmuck. Im Inneren sind sie ausgeschmückt mit vielen Bildwerken, die kunstvoll aus einer Mischung von Mörtel, Harz, Öl und Haar geformt sind, ihre Oberfläche wird zuerst schwarz lackiert und dann vergoldet.«

Das Verhältnis der europäischen Kolonien zum thailändischen Hof war nicht immer gut, häufig verursachten die Streitereien unter ihnen den Behörden Schwierigkeiten. Zudem wurden die Forderungen der Fremden immer anmaßender, und die Thai suchten sich zu wehren, indem sie die Mächte gegeneinander ausspielten. Unter König Narai erreichte die Entwicklung ihren Höhepunkt. Konstantin Phaulkon, ein griechischer Abenteurer, hatte das Vertrauen des Königs gewonnen; als Ministerpräsident war er zum mächtigsten Manne im Staat aufgestiegen. Um die Ansprüche der Holländer und Engländer abweisen zu können, suchte er die Hilfe Frankreichs. Nachdem Gesandtschaften ausgetauscht worden waren, schickte Ludwig XIV. sechshundert Soldaten, die in Mergui, Bangkok und Ayuthia stationiert wurden (1687). Den Thai wurde damit klar, daß auch die Franzosen auf die Eroberung ihres Landes abzielten. Unmittelbar nach dem Tod König Narais wurde Phaulkon in einer von antiwestlichen Hofbeamten geführten Revolte gestürzt und hingerichtet, die Franzosen gezwungen, ihre Besatzung zurückzunehmen. Thailand entzog sich nach dieser schlechten Erfahrung für lange Zeit dem europäischen Einfluß.

Mit China unterhielt das Ayuthia-Reich freundschaftliche Beziehungen, der Handelsaustausch scheint rege gewesen zu sein. Ein Zeugnis dafür ist das ›Benscharong-Porzellan‹, das in China während des 17. und 18. Jahrhunderts speziell für den Export nach Thailand hergestellt wurde. Frühe Stücke tragen ein fünffarbiges Dekor in reinem Thai-Stil, mythologische Figuren und Tiere, dazu florale Ornamente. Erst bei späteren Exemplaren ist die Innenseite der Schalen gelegentlich mit einer Landschaft in chinesischer Manier bemalt. Darin offenbart sich eine Modetendenz, die sich in der folgenden Periode verstärken sollte: Chinoiserien erfreuten sich Anfang des 19. Jahrhunderts großer Beliebtheit.

Neben dem hohen Stand der bildenden Kunst und des Handwerks, die den Fremden ins Auge fielen, erlebte die Thai-Literatur in Ayuthia eine Glanzzeit. Bei Hofe wurden Poesie und Prosa gefördert, mehrere Herrscher traten selbst als Dichter berühmter Werke hervor. Da das Reich straff zentralisiert war, konzentrierte sich das kulturelle Leben in der Metropole. Das dort geltende Ideal prägte auch das Kunstschaffen in den Provinzen, so daß der Ayuthia-Stil ein recht einheitliches Gesicht erhielt. Vermutlich führten hauptstädtische Künstler auch in Klöstern auf dem Lande Aufträge aus. Obgleich in manchen Provinzstädten lebhafte künstlerische Aktivitäten bestanden haben müssen, die zum Teil an örtliche Traditionen anknüpften (z. B. in Nakhon Si Thammarat), war Ayuthia, die ›goldene Stadt‹, der Sammelpunkt thailändischer Kultur. Verschwenderisch ausgeschmückte Tempel, unzählige vergoldete Chedis und reich verzierte Paläste haben ihr zweifellos einzigartigen Glanz verliehen.

All der hauptstädtischen Pracht bereiteten die Burmesen ein jähes Ende, als sie 1767 Ayuthia einnahmen und so gründlich zerstörten, daß nur niedergebrannte Ruinen übrigblieben. Von den Plünderern wurde alles Wertvolle fortgeschafft, was zurückgelassen werden mußte oder für die Soldaten ohne Interesse war, den Flammen übergeben. Auf diese Weise gingen die Bibliotheken und Archive Ayuthias verloren, von der reichen Literatur blieb nur ein Rest durch Zufall erhalten. Der Verlust sämtlicher Staatsarchive zwingt die Historiker, die 400jährige Geschichte des Landes mühsam an Hand von Dokumenten zu rekonstruieren, die nach und nach in Provinzorten auftauchen.

Nach der Brandschatzung kehrten die Sieger mit ihrer Beute nach Burma zurück. Da keine Besatzungsmacht in Thailand verblieb, entstanden in kurzer Zeit eine Anzahl kleiner Thai-Fürstentümer, die alle die Nachfolge des zerschlagenen Reiches beanspruchten. In dieser Situation ergriff ein verdienter Heerführer, Phaya Tak (Taksin), der mit wenigen Getreuen der Katastrophe von Ayuthia entkommen war, die Initiative. Sehr schnell gelang es ihm, alle Rivalen auszuschalten und das Land wieder zu vereinigen. Als Regierungssitz wählte er Thonburi. Dafür dürften vor allem strategische Überlegungen maßgebend gewesen sein, denn Ayuthia lag, infolge der Schwemmlandablagerungen des Menam, jetzt weitab vom Meer. Trotzdem wird der trostlose Zustand des Ruinenfeldes den Entschluß zur Verlagerung der Hauptstadt begünstigt haben. Der neue Herrscher begann sogleich mit der Rückgewinnung der ehemaligen Vasallenstaaten; Luang Prabang und Vientiane mußten die Oberhoheit der Thai anerkennen. 1775 wurden die Burmesen endgültig aus Chieng Mai vertrieben, die nördliche Provinz dem Königreich angeschlossen.

In Thonburi entstand eine Anzahl bedeutender Klöster, von denen heute das bekannteste das Wat Arun ist (Farbt. 13). Der Tempel gehörte ursprünglich zum Palast Taksins und besaß deswegen damals keine Mönchswohnungen; der Patriarch der buddhistischen Mönchsgemeinde des Landes residierte im Wat Rakhang. Gegen 1780 verfiel Taksin dem religiösen Wahnsinn, daraufhin wurde er durch eine Palastrevolte entmachtet und hingerichtet. Sein designierter Nachfolger, General Chakri, der gerade einen Feldzug in Kambodscha geführt hatte, wurde bei seiner Rückkehr von allen Parteien akzeptiert. 1782 bestieg er als Rama I. den Thron Thailands. Er ist der Begründer der heute noch regierenden Chakri-Dynastie. Seine Residenz wurde am Ostufer des Menam erbaut, am Platz des seit langem bekannten Fischerortes Bangkok.

Erklärtes Vorbild des jungen Staates war das Königreich Ayuthia, in jeder Hinsicht empfanden sich die Herrscher in Thonburi und Bangkok als seine Erben. Ihre Hauptaufgabe sahen sie darin, die Macht des alten Reiches wieder herzustellen und den Glanz der zerstörten Metropole womöglich noch zu übertreffen. Keine Mühe wurde gescheut, die verlorenen Traditionen wiederzubeleben. Schon Taksin hatte das alte Hofzeremoniell nach Augenzeugenberichten rekonstruieren lassen, nun ging man daran, das Recht neu zu kodifizieren. Gelehrte Mönche und Laien erarbeiteten eine Neufassung der grundlegenden buddhistischen Lehren. Mit den vielfältigen Aufgaben, die ihnen zur Ausschmückung der Hauptstadt gestellt wurden, nahmen Architektur und bildende Kunst lebhaften Aufschwung.

Der zweite König der Dynastie, Phra Buddha Loes La Nabhalai, Rama II., machte sich um die Rettung der wenigen Überreste altthailändischer Literatur verdient, die das Ende Ayuthias überdauert hatten. Neben der Dichtung erfuhr der klassische Tanz, aber auch die Architektur neue Anregungen von dem musischen Monarchen.

Unter Phra Nang Klao, Rama III., wandte sich das Interesse vom Traditionellen weg neuen Aspekten zu. Intensive Wirtschaftsbeziehungen zu China rückten die chinesische Kultur verstärkt ins Blickfeld. Eine weitere, einschneidende Neuerung war die allmähliche Öffnung des Landes für westliche Handelspartner. Eine Gruppe einflußreicher Adliger zeigte sich europäischen Anschauungen gegenüber besonders aufgeschlossen. Zu ihr gehörte Prinz Mongkut, der 27 Jahre als Mönch in einem buddhistischen Kloster lebte. Er erlernte die lateinische und die englische Sprache, studierte die westlichen Sitten und verfolgte die Ausbreitung der politischen und kulturellen Hegemonie europäischer Staaten in Südostasien mit kritischer Aufmerksamkeit. Die einzige Chance, Thailand vor der Kolonisierung zu bewahren, sah er in der Übernahme der fortschrittlichen Ideen des

1 Im Meo-Dorf, nördlich Chieng Mai

(Abb. 1, 3–115: Thailand, Abb. 2, 116–125: Burma)

2 Markt in Nyaung U (Pagan, Burma)

3 Schirmmacher in Bo Sang bei Chieng Mai

4 Trocknen der Fische in Ban Kao Seng bei Songkhla

5 Schwimmender Markt

6 Buddhistische Mönche im Tempel

7 Gläubige opfern Kerzen und Räucherstäbchen vor einem Buddhabild

9

8 Rad der Lehre, Mon-Stil, 7./8. Jh., Nat.-Mus., Bangkok

10

11

12

9 Terrakottakopf, Mon-Stil, H. 38 cm, frühes 7. Jh. Nat.-Mus. Bangkok

10 Terrakottafigur eines Buddha, Mon-Stil, 8. Jh., H. 45 cm, Nat.-Mus., Bangkok

11, 12
Bemalte Ban Chieng-Keramik (Lindenmuseum, Stuttgart)

13 Buddha, Mon-Stil, 8. Jh., Bronze, H. 49 cm. National-Museum, Bangkok

14 Stehender Buddha, Mon-Stil, 7. Jh., Kalkstein, H. 173 cm. National-Museum, Bangkok

15 LAMPHUN Detail vom großen Chedi im Wat Kukut (Wat Chama Thevi) ▷

16 Steintorso Vishnus, Stil der Halbinsel, 6. Jh., H. 68 cm. Nat.-Mus., Nakhon Si Thammarat

17 Avalokitesvara, Stil der Halbinsel, spätes 6. Jh., Stein, H. 114 cm. National-Museum, Bangkok

18 Meditierender Buddha, Stil der Halbinsel, 6. Jh., H. 104 cm. National-Museum, Chaiya

19 Avalokitesvara, Stil der Halbinsel, 6./7. Jh., Bronze, H. 21,2 cm. Nat.-Mus., Lopburi

20 NAKHON SI THAMMARAT Chedis im Wat Mahathat

21 Stuckfigur im Vihan Phra Non, Wat Sathing Phra

22 Chedi in Ban Sam Pho bei Sathing Phra

23 Sandsteintorso einer Göttin, Khmer-Stil, spätes 12. Jh., H. 98 cm. National-Museum, Sukhothai

24 Weibliche Gottheit, Khmer-Stil, frühes 11. Jh., Sandstein, H. 69 cm. Nat.-Mus., Bangkok

25 Avalokitesvara, Khmer-Stil, 12./13. Jh., Sandstein, H. 161 cm. National-Museum, Bangkok

26 Maitreya, Khmer-Stil, spätes 8. Jh., Bronze, H. 69 cm. National-Museum, Bangkok

27 Stehender Buddha, Khmer-Stil, 12./13. Jh., Sandstein, H. 147 cm. Nat.-Mus., Phimai

28 Buddha im Schutz der Naga, Khmer-Stil, Sandstein. National-Museum, Bangkok

29 PHIMAI Zentralheiligtum

30 PHIMAI Detail eines Türsturzes im Freilichtmuseum

31 WAT PHANOM WAN

32 PRASAT PHANOM RUNG Skulptur einer fünfköpfigen Naga

33 PRASAT PHANOM RUNG Sanktuarium

34 PRASAT PHANOM RUNG Giebelfeld vor der Restauration

35 PRASAT PHANOM RUNG Prang Noi

36 PRASAT PHANOM RUNG Buddha-Fußspur im Prang Noi

37 MUANG TAM Türsturz

38 Gekrönter Buddha, 1. Lan Na-Stil, 13./14. Jh., Bronze, H. 82 cm. Wat Benchamabopit, Bangkok

39 Fragment eines Buddhakopfes, 1. Lan Na-Stil, 14. Jh., Bronze, H. 61 cm. National-Museum, Lamphun

40 Ständer für Opfergaben, 2. Lan Na-Stil, 1575, Bronze, H. 43 cm. National-Museum, Bangkok

41 Bronzebuddha, 2. Lan Na-Stil, 1500, H. 74 cm. National-Museum, Bangkok

42 CHIENG MAI Holzschnitzerei am Giebel des Bot von Wat Phra Singh

Westens. Folgerichtig knüpfte er bald nach seiner Krönung als Rama IV. diplomatische Kontakte zu europäischen Mächten und den USA. Christliche Missionare waren ihm als Ärzte und Lehrer willkommen; die Umstellung des thailändischen Rechts auf europäische Grundsätze bereitete er vor.

König Chulalongkorn, Rama V., setzte das Werk seines Vaters fort, die Thai verehren ihn als den großen Reformer ihres Landes. Mit Hilfe tüchtiger Berater aus vielen westlichen Ländern ließ er Straßen anlegen, die erste Eisenbahn bauen, den Postdienst organisieren. Schuldhörigkeit und Sklaverei wurden Schritt für Schritt abgeschafft. Durch die Einrichtung ziviler Schulen ermöglichte er den höheren Ständen den Zugang zu moderner Bildung. Seither gehören viele Mitglieder der Adelsfamilien zu den hervorragendsten Vertretern von Kunst und Wissenschaft in Thailand. Schließlich wurde die Umgestaltung von Regierung und Verwaltung nach europäischen Prinzipien eingeleitet (1890).

Außenpolitisch bereiteten die Expansionsbestrebungen der Kolonialmächte den beiden Monarchen außerordentliche Schwierigkeiten. Ihrem diplomatischen Geschick, das die Rivalität zwischen England und Frankreich nutzte, ist es zu danken, daß dem Königreich die Souveränität erhalten blieb, wenn auch einige Gebiete in den Grenzzonen verloren gingen.

Vajiravudh (Rama VI.) und Prachathipok (Rama VII.), die nacheinander den thailändischen Thron innehatten, setzten die konsequente Modernisierungspolitik fort. Als Ergebnis der Reformen während der ersten Jahrzehnte des 20. Jahrhundert bildete sich, vor allem in der Hauptstadt, eine bürgerliche Intelligenzschicht, die eine Beteiligung des Volkes an der Regierung forderte. 1932 gelang es ihr, in einer unblutigen Revolution die absolute Macht des Königs einzuschränken und eine demokratische Verfassung zu erzwingen. In den folgenden Jahren wurden Perioden großer Liberalisierung, in denen sich das demokratische System für Thailand als noch nicht tragfähig erwies, immer wieder von Zeiten unterbrochen, in denen der Premierminister mit beinahe diktatorischer Macht regierte. Häufig übernahmen Militärs die leitenden Positionen im Staat. Bei der Bewertung dieser Tatsache darf jedoch nicht außer acht gelassen werden, daß die Armee, wie in vielen Entwicklungsländern, neben der militärischen eine wichtige bildungspolitische Funktion erfüllt. Dem bürgerlichen Mittelstand war es fast ausschließlich über eine militärische Karriere möglich, in hohe Regierungsstellen vorzustoßen.

Seit März 1980 stehen nach mehreren Militärputschen wieder Generäle an der Spitze des Staates. Allerdings werden noch für 1991 demokratische Wahlen angestrebt. Über allem politischen Hin und Her steht als einigende Kraft der König, Symbolfigur der Zusammengehörigkeit aller Thai. Durch unermüdlichen, persönlichen Einsatz hat König Bhumibol die Stabilisierung der Monarchie erreicht. Die Anwesenheit der königlichen Familie bei unzähligen offiziellen Anlässen, sei es religiöser, sei es profaner Natur, gibt der abstrakten Idee des Staates eine menschliche Dimension. Der König wird heute von allen Gruppierungen respektiert, beim Volk genießt er große Popularität.

Für die thailändische Kunst brachte die Zeit Mongkuts und Chulalongkorns die entscheidende Konfrontation mit westlichen künstlerischen Auffassungen. Am deutlichsten lassen sich die Versuche, eine Synthese beider Anschauungen zu finden, in der Malerei verfolgen, die sich in immer neuen Ansätzen abmühte, die westliche, räumlich-perspektivische Sehweise in die ganz in der Fläche orientierten Thai-Bilder zu integrieren. Keines der Experimente brachte ein ästhetisch befriedigendes Ergebnis. Zu Anfang des 20. Jahrhunderts setzte sich diese Erkenntnis allgemein durch, die Künstler kehrten entweder zum klassischen Malstil zurück oder wandten sich ganz der westlichen Malweise zu. Praktisch bedeutete dies das Ende der klassischen Malkunst.

Was bei der Malerei leicht zu erkennen ist, gilt in gleicher Weise für alle Bereiche künstlerischer Betätigung, ob Architektur, Musik, Dichtung oder Tanz. Der Ansturm moderner Ideen war zu groß, ihre Auswirkung zu tiefgreifend, als daß sie in kurzer Zeit von der einheimischen Mentalität hätten verarbeitet werden können. Noch ist die thailändische Kunst auf der Suche nach neuen Ausdrucksformen, die dem eigenständigen Charakter auf der Basis der modernen Entwicklung Rechnung tragen. Erste Anzeichen einer Rückbesinnung auf altes Kulturgut und seine Einbeziehung in neuzeitliche Architektur lassen sich neuerdings im privaten Hausbau beobachten.

Inzwischen bemüht sich die Regierung, die Kenntnis der alten Techniken zu erhalten. Am Silpakorn-Institut der Schönen Künste werden die thailändischen Traditionen in Malerei, Bildhauerei, Architektur und dekorativer Kunst gelehrt; zur Pflege des klassischen Tanzes unterhält das Fine Arts Department eine eigene Schule, in der die Studenten nach den traditionellen Regeln ausgebildet werden.

Religion

Seit Beginn ihrer Geschichte ist die Kunst Thailands im wesentlichen religiös orientiert. Ihre tragende Kraft war zumeist die älteste Form des Buddhismus, der Theravada, der auch heute die Staatsreligion des Landes ist.

Der Begründer der buddhistischen Religion war ein Königssohn aus Nordindien, Siddharta aus dem Geschlecht der Shakya. Im Palast seines Vaters Shudodana in Kapilavastu wuchs der Prinz in allem erdenklichen Luxus auf, alle Schattenseiten des Lebens wurden ihm verschwiegen. Aber bei einer Ausfahrt begegneten ihm, der bereits bei seiner Geburt zum ›Welterleuchter‹ bestimmt war, vier Gottheiten in Gestalt eines Greises, eines Kranken, eines Toten und eines Asketen. Tief beeindruckt von diesen Erscheinungen, beschloß der Prinz den Palast zu verlassen und sich auf die Suche nach der Wahrheit zu begeben. Um die Selbstlosigkeit seines Entschlusses zu unterstreichen, berichtet die Legende, daß ihm gerade am Tage seines Abschieds ein Sohn, Rahula, geboren wurde.

Siddharta führte nun das Leben eines wandernden Suchers. Zwei brahmanische Asketen, von denen er einen Hinweis auf den Weg zum Heil erhofft hatte, enttäuschten ihn. Nachdem er sich in Uruvela mehrere Jahre strengen Kasteiungen unterzogen hatte, erkannte er, daß die Selbstpeinigung ihn nicht ans Ziel führen würde. Er gab die Askese auf und begann mit intensiven Versenkungsübungen. Daraufhin verließen ihn fünf Asketen, die mit ihm in

Uruvela gelebt hatten, weil sie glaubten, er sei seiner Berufung untreu geworden. In einer Nacht im Mai erlangte Shakyamuni (›Einsiedler aus dem Geschlecht der Shakyas‹), unter einem Feigenbaum sitzend, die Erleuchtung, nachdem er allen Versuchungen Maras (Teufel) widerstanden hatte. Im Alter von 35 Jahren, sieben Jahre nach seinem Weggang aus dem väterlichen Palast, wurde er so zum Buddha (= ›der Erleuchtete‹). In Sarnath setzte er das ›Rad der Lehre‹ in Bewegung, dort hielt er seine erste Predigt vor jenen fünf Asketen, die ihn in Uruvela verlassen hatten. Sie wurden seine ersten Jünger, die ersten Mitglieder des von ihm gegründeten Mönchsordens (Sangha).

Viele Jahre wanderte Bhagavat (›der Erhabene‹) predigend durch Nordindien und gewann seinem ›guten Gesetz‹ (Sad-Dharma) viele Anhänger, bis er mit 80 Jahren in Kushinagara starb. Nach europäischer Forschung geschah das um 460 v. Chr., in den buddhistischen Ländern werden dagegen verschiedene Jahreszahlen genannt. In Thailand gilt 543 v. Chr. als Jahr des Nirvana, mit dem die buddhistische Zeitrechnung einsetzt. Deshalb unterscheidet sich der thailändische Kalender um 543 Jahre vom europäisch-internationalen.

Die Lehre Buddhas fußt auf der hinduistischen Vorstellung vom Karma (eigentlich ›Tat‹). Darunter versteht man ein unpersönliches, dem Kosmos innewohnendes Gesetz, das die automatische Vergeltung aller guten und bösen Taten in neuen Wiedergeburten bewirkt. Gute Taten können im Zyklus der Reinkarnation das Karma verbessern, was in einer höheren oder besseren Existenz zum Ausdruck kommt.

Buddha erkannte nun, daß alles Leben leidvoll sei; als einzig erstrebenswertes Ziel erschien ihm die Befreiung aus der endlosen Folge der Wiederverkörperungen, das Erreichen des Nirvana. Wörtlich bedeutet ›Nirvana‹ ›Verlöschen‹, ›Verwehen‹, es umschreibt den Zustand einer glücklichen Ruhe, in dem alle Faktoren vernichtet sind, die das erneute Entstehen einer sterblichen Existenz möglich machen.

In seinen Lehren weist der Erhabene den Weg, auf dem in stufenweisem Anstieg das Erlöschen aller Wünsche und endlich das Eingehen ins Nirvana erreicht werden kann. Tatsächlich ist es, von Ausnahmen abgesehen, nur den Mönchen möglich, ein Leben zu führen, das allen Forderungen gerecht wird, die als Voraussetzungen für das Erlangen der Erkenntnis angesehen werden. Vom Laien wird ein moralischer Lebenswandel gefordert, der ihm vermöge der Vergeltungskausalität zu einer besseren Existenz in einer zukünftigen Inkarnation verhilft, aber auch bereits im gegenwärtigen Leben Glück und Erfolg verheißt.

Der Buddhismus fand in Indien schnell eine große Anhängerschaft. Sein bedeutendster Förderer war Kaiser Ashoka (272–232 v. Chr.), unter dem fast der gesamte indische Subkontinent zu einem Reich vereint war. Unter seinem Patronat trugen missionierende Mönche die Lehre auch über die Grenzen des Reiches hinaus. Mahendra, der Sohn Ashokas, gewann den König von Ceylon, Tissa, für den Buddhismus. Seitdem blieb die Insel eine Pflegestätte der Lehre in ihrer reinsten Form.

In Ceylon wurden die Lehrreden (Sutras) Buddhas, die bis dahin nur mündlich weitergegeben worden waren, schriftlich fixiert. Da mittlerweile eine ganze Reihe verschiedener Schulen existierten, war es nötig geworden, die Überlieferung gründlich zu prüfen. Nach der ceylonesischen Tradition wurde die verbindliche Fassung von den Anhängern der Lehre der ältesten Mönche (der Theravadins) in drei Konzilien erarbeitet und schließlich (im 1. Jh. v. Chr.) in der Pali-Sprache niedergeschrieben. Heute noch ist der Pali-Kanon, der aus einer ganzen Bibliothek von Büchern besteht, die Grundlage des Theravada-Buddhismus.

In den Jahrhunderten um die Zeitwende setzte sich eine neue Richtung mit dem Namen Mahayana, d. h. ›Das große Fahrzeug‹ zum Heil, durch, die den älteren, nüchternen Lehren eine Reihe von Neuerungen hinzufügte. Seitdem wird der Theravada gewöhnlich als Hinayana, ›Das kleine Fahrzeug‹, bezeichnet, was seine Anhänger als diffamierend empfinden.

Ursprünglich kennt der Buddhismus keine Sakramente, keine Riten, keine magischen Formeln, keine heilige Institution, die den Weg ins Nirvana sichern. Der Einzelne ist ohne mächtige Fürsprecher und Helfer auf sich allein angewiesen. Dagegen gibt der Mahayana seinen Gläubigen mannigfaltige Hilfen mit der Einführung weiterer Buddhas, der Verehrung der Bodhisattvas als Mittler zum Heil, der Entwicklung eines pomphaften Kultes und der Bildung eines philosophischen Systems.

Nach Thailand kam der Mahayana-Buddhismus, vermutlich über das Srivijaya-Reich, spätestens im ausgehenden 8. Jahrhundert, konnte aber keinen bleibenden Einfluß gewinnen.

Mehrmals zogen von Ceylon Mönche aus, um in Burma und Thailand Reformen durchzuführen, die die dort im Laufe der Zeit verwässerten Vorstellungen wieder an den ursprünglichen Lehrsätzen orientieren und von allen fremden Zutaten befreien sollten. Aber trotz angleichender Reformen weist der in Thailand praktizierte Buddhismus viele nationale Eigenheiten auf, die Grundideen wurden mit zahlreichen Fremdelementen verschmolzen.

Diese Verschmelzung wurde erleichtert durch eine gewisse Zweigleisigkeit, die bereits im Pali-Kanon angelegt scheint. In manchen Texten wird der ethische Wert der Religion hervorgehoben, ihre übersinnliche Basis aber geleugnet. Mit einer neuen Auslegung althergebrachter Vorstellungen indischer Philosophie werden die gebildeten Schichten angesprochen. In anderen Passagen wird die Lehre dem einfachen Mann mit Hilfe von bereits bekannten Allegorien und Anekdoten verständlich gemacht. Mit der Zeit wurden diese Geschichten allzu wörtlich genommen, so daß der Buddha als Vollbringer großartiger Wunder auftritt. All jenen, denen die rationale Philosophie zu abstrakt war, zu anspruchsvolle Gedankengänge voraussetzte, wurde die Pilgerfahrt zu den Orten der Höhepunkte des Buddhalebens – Kapilavastu, Uruvela, Sarnath, Kushinagara – und die Verehrung der heiligen Reliquien gestattet.

Um das Leben und Wirken Buddhas ranken sich viele Legenden, die von den Künstlern immer wieder aufgegriffen wurden. So soll Buddha in Gestalt eines weißen Elefanten in den Schoß seiner Mutter eingegangen sein, bei seiner Geburt soll sich eine Lotosblüte geöffnet haben und ein Sonnenschirm am Himmel erschienen sein. Von den früheren Existenzen des Erleuchteten berichten die Jatakas, erbauliche Geschichten mit moralisierender Tendenz, die beliebte Themen der Malerei waren. Die wichtigsten, die zehn kanonischen Jatakas sind aus indisch-ceylonesischer Tradition übernommen worden, sie verherrlichen die zehn buddhistischen Haupttugenden (paramita). Daneben gibt es aber eine große Zahl nicht kanonischer Jatakas, die aus einheimischen Quellen erwachsen sind, sie zeichnen sich durch die thailändische Vorliebe für Wundererscheinungen aus.

Oft werden die Erzählungen in der Kunst mit wenigen, manchmal nur einer einzigen, charakteristischen Szene angedeutet. Jedem Thai ist damit das angesprochene Ereignis gegenwärtig, aber der Fremde kann die Zusammenhänge nicht erkennen. Besonders Malerei und Tanzkunst erfordern, will man sich gründlich damit auseinandersetzen, die Kenntnis der Legenden.

Da der Buddhismus zunächst kein komplettes religiöses System darstellte, absorbierte er allmählich Riten und Vorstellungen anderer Religionen. So ist das buddhistische Weltbild hinduistischen Ursprungs. Einer der ersten Thai-Könige, Lü Thai, faßte die Vorstellungen von der Beschaffenheit der Welt im Traibhumikatha, der ›Geschichte der drei Welten‹ zusammen. Bei seiner Veröffentlichung (vermutlich um 1345) fand das Buch über die Grenzen Thailands hinaus weite Beachtung.

Es schildert eins der zahllosen Weltsysteme, die nach buddhistischer Überzeugung im unendlichen Raum existieren. Jedes zerfällt in drei übereinanderliegende Regionen: die Welt der Sinnlichkeit, die Welt der reinen Formen und die Welt der Nicht-Formen. In der untersten Region liegen die kalten und die warmen Höllen, darüber die als kreisrunde Scheibe vorgestellte Erde mit ihren Kontinenten und Meeren, von niederen Göttern, Menschen, Tieren, Dämonen (Asuras) und Gespenstern (Preta) bewohnt. In der Region der reinen Form leben begierdelose Gottheiten mit feinstofflichen Leibern, in der Nicht-Form-Region solche, die keine äußere, materielle Form mehr haben und jahrtausendelang in Meditation versunken sind.[4]

Über diesen drei Zonen folgt das Nirvana, das nicht beschrieben werden kann, weil es sich dem menschlichen Begriffsvermögen entzieht.

Bei weitem das größte Interesse hat die schöpferische Phantasie der Welt der sinnlichen Wahrnehmung gewidmet. Immer wieder begegnet der Berg Meru, Mittelpunkt und Achse der scheibenförmigen Welt. Ihn umgeben, sich abwechselnd, sieben kreisförmige, konzentrische Gebirgszüge und Meere, deren Höhe bzw. Tiefe mit der Entfernung vom Mittelpunkt abnehmen. Das letzte Meer, der große Salzwasser-Ozean, grenzt an die ›Mauer des Universums‹, eine Gebirgskette aus Eisen. In diesem Ozean schwimmen die vier Kontinente, jeder mit zwei großen und zahlreichen kleinen Inseln. Jambudvipa, der südliche Kontinent, auf dem die Menschen leben, gilt als der einzige, in dem ein Buddha geboren werden kann. Seinen nördlichen Teil nimmt das gebirgige Waldgebiet des Himalaya ein, ein mythischer Ort, in dem allerlei Fabelwesen hausen und Zufluchtsstätte von Eremiten.

Sonne, Mond und Sterne sind Götter, deren Paläste im Luftraum zwischen dem innersten Gebirge (Yugandhara) und der äußeren Mauer kreisen. Unzählige übernatürliche Wesen – Geister, Elfen (Apsaras), Dämonen (Asuras), Schutzgeister (Yakshasas), Halbgötter und Götter – , die in religiösen Erzählungen und Märchen auftreten, bevölkern die Gebirge. Ganz oben auf dem Gipfel des Berges Meru befindet sich der Himmel der ›Dreiunddreißig Götter‹ (Tavatimsa); in einer prächtigen Stadt liegt inmitten ihrer Paläste die unbeschreiblich herrliche Residenz Indras. Er nimmt eine Vorrangstellung in der thailändischen buddhistischen Mythologie ein, man sieht in ihm einen treuen Anhänger Buddhas, oft erscheint er als dessen machtvoller Beschützer. Viele Jatakas nehmen nur dank seines Eingreifens ein gutes Ende. Grüne Hautfarbe und reicher Goldschmuck heben ihn aus der Vielzahl anderer Götter heraus.

Eins der beliebtesten Themen thailändischer Kunst ist die Geschichte des Prinzen Rama (das ›Ramayana‹). Seine thailändische Fassung (Ramakien) unterscheidet sich in vielen Punkten vom Urbild, dem indischen, mythologischen Epos von der siebenten Inkarnation Wischnus. Verschiedene Dichter haben die Vorlage gestaltet, die älteste vollständige Erzählung stammt von König Rama I., der als erster bei seiner Krönung den Namen des Titelhelden annahm.

Animistische Ideen liegen der thailändischen Vorstellung von den drei Bestanteilen des Individuums zugrunde. Danach leben im materiellen Körper (Kaj) die ›freie‹ Seele (Khwan) und die ›eigene‹ Seele (Winyan). Das Khwan kann den Körper verlassen, umherwandern, beschädigt oder verloren werden, die Folgen sind Krankheit und Tod. Nach dem Tod kann es als Geist (Phi) die Erde heimsuchen. Diese Totengeister sind sehr gefürchtet; besonders gewaltsam oder sehr plötzlich Verstorbene vermögen den Lebenden großen Schaden zuzufügen. Mit vielerlei Riten und aufwendigen Zeremonien bei Tod und Verbrennung sucht man sich gegen ihre bösen Einflüsse zu schützen. Eine Ausnahme bilden die Geister bedeutender Personen, deren Phi in kleinen Schreinen verehrt werden. Man glaubt, daß sie in Medien schlüpfen und Orakel sprechen können. Sitzt das Khwan aber fest im Körper, so bringt es Gesundheit, Erfolg, Wohlstand und Reichtum. Deshalb knotet man kleinen Kindern ein Band um das Handgelenk: man bindet das Khwan fest.

Das Winyan ist viel abstrakter. Man versteht darunter einen Teil des kosmischen Geistes, die Seele, die das Bewußtsein, den Willen, Denken und Wahrnehmungsvermögen des einzelnen ausmacht.

Weit verbreitet ist der Glaube an Naturgeister, die in vielerlei Gestalt ihr Wesen in Garten und Hausbezirk treiben. Fast jedes Thai-Haus besitzt ein ›Geisterhäuschen‹, die Wohnstätte für den Hausgeist Phra Phnum (Khmer) oder Chao Thi (Thai). Je nach den Möglichkeiten des Besitzers ist es schlicht oder prächtig ausgestattet. Auf einem mannshohen Pfahl steht eine kleine, abgeschlossene Stube mit dem Bild einer stehenden Gottheit an der rückwärtigen Innenwand. Eine schmale Plattform davor nimmt allabendlich die Opfergaben – Blumen, Räucherstäbchen, brennende Kerzen – auf, die das Wohlwollen des Geistes sichern sollen. Wie das Wohnhaus, so hat auch die Stadt ihren eigenen Schutzgeist (Lak Muang), der im Tempel mit dem Grundstein der Stadt verehrt wird.

Ob Nahrungsfülle oder Mißernte, Regen oder Trockenheit, Glück im Spiel oder in der Liebe, Krankheit oder irgendwelches Mißgeschick – verantwortlich sind die Geister. Sie durch Opfer günstig zu stimmen, nötigenfalls mit Zaubersprüchen zu bezwingen, liegt im Interesse jedes einzelnen.

Auf dem Geisterglauben basiert das Orakelwesen, das im Alltagsleben eine bemerkenswerte Rolle spielt. Regelmäßig werden die Astrologen nach den besten Terminen für

Motiv aus einer thailändischen Bilderhandschrift von 1776

Hochzeiten, wichtige Reisen, Umzüge in Neubauten, Geschäftsabschlüsse befragt. Kaum jemals werden wesentliche Entscheidungen ohne solche Vorsichtsmaßnahmen getroffen.

In den meisten Tempeln kann man Gläubige beobachten, die mit Hilfe von Stäbchen in einem Bambusköcher Voraussagen über die Zukunft zu erhalten suchen. Amulette, die vor schädlichen Einwirkungen der Geister schützen sollen, sind oft mit Buddha-Bildnissen versehen.

Charakteristische Formen thailändischer Kunst

Chedi und Prang

Es gibt in Thailand nur wenige Tempelbezirke, die nicht mit Chedis ausgestattet sind. Das *Chedi* ist die spezifisch thailändische Abwandlung des Stupa, eines buddhistischen Kultmonuments, dessen Urheimat in Indien zu suchen ist.

Von den frühesten Stupas, die in den Texten verschiedentlich erwähnt werden, ist heute nichts mehr erhalten, denn sie waren aus Lehmziegeln aufgeschichtet, die den Witterungseinflüssen nicht widerstanden haben. Ihr Aussehen dürfte aber nicht wesentlich anders gewesen sein als das der im 2. Jahrhundert v. Chr. renovierten Stupas von Sanchi (Indien). Sehr wahrscheinlich geht die Konzeption auf vorbuddhistische Hügelgräber zurück, in denen Fürstlichkeiten beigesetzt worden waren.

Thailand übernahm die Gestalt des Stupa von Ceylon, wo die Urform über Jahrhunderte originalgetreu bewahrt worden war. Der ceylonesische ›Dagoba‹ erhebt sich auf einer quadratischen Basis mit Aufgängen in der Mitte jeder Seite. Den ungefähr halbkugeligen Baukörper (Anda oder Garbha) umrunden am Fuß meist in zwei Stufen die Umwandlungspfade (Pradakshina-Patha) an die, nach den vier Himmelsrichtungen orientiert, vorspringende Kapellen angebaut waren. Auf dem Scheitel des Baues ruhte ein würfelförmiger Schrein (Harmika), aus dessen Mittelpunkt ein Mast mit den Ehrenschirmen (Chattras) aufragte. Bei seiner Wanderung in entfernte Regionen unterlag die Grundform des Monuments mehrfachen Änderungen. Besonders der Pfosten mit den Schirmen ist oft kaum noch zu erkennen, manchmal wird er zu einem Pfahl mit Ringen, oft zu einer langgezogenen, gerillten Spitze, die übergangslos aus dem Anda herauswächst (Burma). Auch der Baukörper selbst wurde abgewandelt, es gibt Ei-, Kuppel-, Glocken-, Blasen-, Lotos- und Zylinderformen. Beim Thai-Chedi – das Wort kommt von sanskrit ›chaitya‹ – setzte sich die Glockenform durch.

Bereits die ältesten Thai-Chedis in Sukhothai zeigen beträchtliche Abweichungen von der ceylonesischen Dagoba. Alle Bestandteile des Vorbildes wurden übernommen, die Silhouette des Ganzen wirkt jedoch schlanker, eleganter (Abb. 63). Meistens schmücken den erhöhten Unterbau Nischen, in denen Buddha-Figuren aufgestellt waren. Bei einigen sind rings um den Sockel Elefanten angeordnet, vermutlich auf Anregung des Mahatupa-Dagoba von Anuradhapura. Säulenreihen auf den Terrassen waren wohl für Öllampen bestimmt.

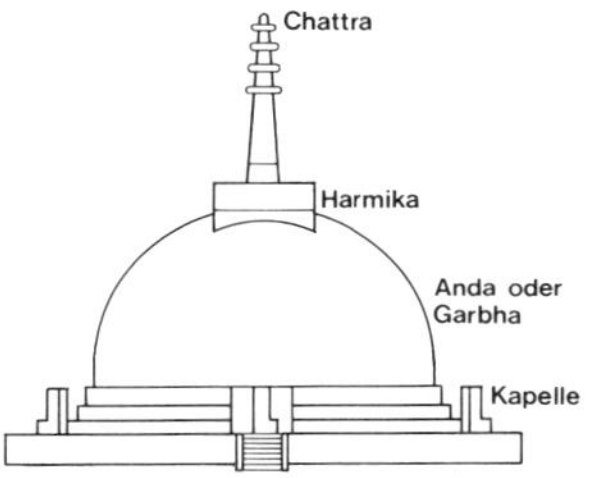

Ceylonesischer Dagoba

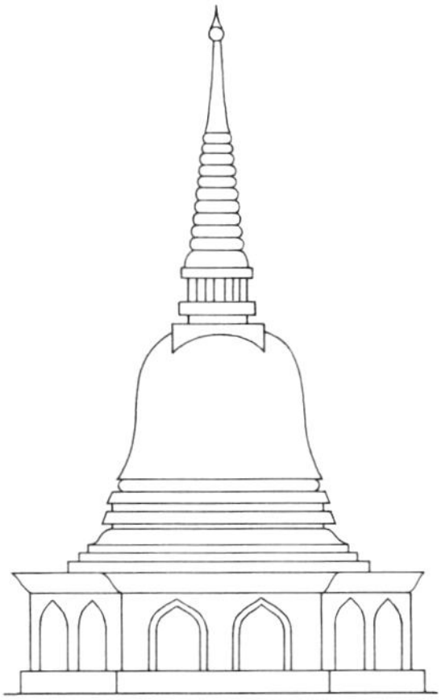
Chedi im Sukhothai-Stil

Chedi im Ayuthia-Stil

In der Ayuthia-Zeit wurden an den Baukörper nach den vier Himmelsrichtungen Schreine angebaut, wie es bei den ceylonesischen Dagobas üblich war. Allerdings sind die vier Kapellen nun weit mehr betont, jede ist von einem kleinen Chedi gekrönt. Die letzte Entwicklungsstufe bilden Chedis mit quadratischem, an den Ecken mehrfach gebrochenem Querschnitt. Bezeichnend für alle thailändischen Chedis ist die Säulenreihe der Harmika.

Anfänglich errichteten die indischen Buddhisten die Stupas über den Buddha-Reliquien, als Erinnerungsmerkmale an den Erleuchteten und Symbole der buddhistischen Religion wurden sie verehrt. Aber bereits zur Zeit Ashokas war es üblich, Votivstupas zu stiften. Die große Masse der Stupas hatte ihre ursprüngliche Heiligkeit eingebüßt.

In Ceylon erlebte der Stupa eine Renaissance, er stand nun wieder im Mittelpunkt des Kultes. So genossen auch die frühen Chedis von Sukhothai den Ruf außerordentlicher Heiligkeit, sie sollen echte Buddha-Reliquien beherbergt haben (z. B. Wat Chang Lom in Si Satchanalai; Abb. 69). Doch sehr bald baute man, analog der indischen Entwicklung, Chedis als Grabmonumente für hochgestellte Persönlichkeiten, schließlich allgemein als Grabmäler und Weihegaben. Damit verloren die Chedi in der Regel ihre zentrale Stellung als heiligster Bau im Wat, an seine Stelle trat der Bot.

In einigen nordthailändischen Wat hat sich die ursprüngliche Bedeutung freilich erhalten, dort kann man allabendlich die Mönche mit Räucherstäbchen und Blumen in den Händen in feierlicher Prozession das Chedi umschreiten sehen. Über das Wat Haripunchai (Lamphun) schreibt Swearer: »Die kosmologische Orientation der Wat-Anlage wird durch die Struktur des Chedi und der unmittelbar umgebenden Baulichkeiten unterstrichen ... Es hat drei hauptsächliche Komponenten: Basis, Kuppel und Spitze. Diese traditionelle Form wurde von Buddhisten oft als symbolisch für Buddha, Dhamma (Gesetz, Lehre) und Sangha (Mönchsorden) angesehen. In kosmologischer Sicht repräsentiert sie jedoch die drei

Tempelturm der Khmer

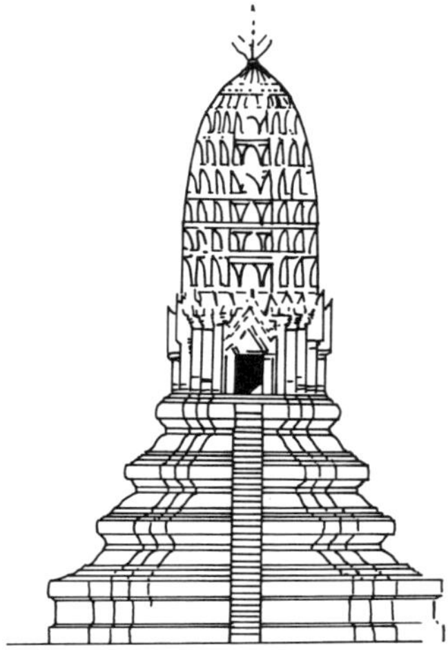

Prang bis zum 16. Jh.

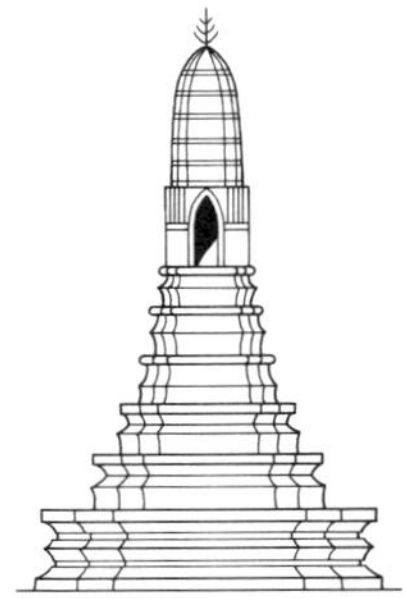

Prang vom 16. Jh. an

Welten‹ (trai bhumi): die Welt der Sinne (kamadhatu), die Welt der Formen (rupadhatu) und die Welt der Nicht-Formen (arupadhatu). Dieser dreifache Aufbau ist für die gesamte buddhistische Kosmologie grundlegend und erhält seine spezifisch thailändische Definition im ›trai-bhumi Phra Ruang‹ ... Das Chedi selbst bietet dann, in seiner Eigenschaft als axis mundi, die drei Welten verbindend, eine vertikale Orientation, während die vier Buddha-Altäre an den Kardinalpunkten und die vier Yaksas (Wächter) an den Zwischenpunkten des Chedi-Umfangs die horizontale Orientation bezeichnen. Der Gesamtkomplex stellt so eine vollständige Kosmologie in horizontaler und vertikaler Ebene dar, die von der Buddha-Reliquie in seinem Kern zusammengehalten und gefestigt wird.«[5]

Der *Prang* ist leicht als Abkömmling des Tempelturmes der Khmer zu erkennen. Wie das Vorbild hat er einen rechteckigen Grundriß, einen hohen Unterbau und eine Cella, auf der der eigentliche Turm sitzt, seine Gestalt ist jedoch wesentlich schlanker. An allen vier Seiten führen sehr steile Treppen zur Kapelle hinauf, die nur eine Tür besitzt. Ihre drei Außenwände schmücken Nischen mit Buddha-Figuren. In der Regel krönt den Prang der dreifache Dreizack Shivas (pinaka). Schöne klassische Beispiele der Ayuthia-Zeit stehen in Chalieng (Abb. 73), Phitsanulok und vor allem in Ayuthia (Abb. 87). Im Bangkok-Stil streckt sich die Silhouette mehr und mehr, der Sockel wird immer höher, während der charakteristische Turm kleiner wird.

Im großen und ganzen dient der Prang den gleichen Zwecken wie das Chedi, man sieht ihn jedoch viel seltener. Seine Erbauer waren fast ausschließlich Könige. Auf Friedhöfen erscheint er weniger, auch als Schmuck des Tempelbezirks nur vereinzelt (z. B. an der

Ostfront des Wat Phra Keo). Der berühmteste Prang ist der des Wat Arun (Farbt. 13) am Ufer des Menam, ein Wahrzeichen Bangkoks. Er symbolisiert das buddhistische Weltbild: in der Mitte der Berg Meru, um ihn herum die vier niedrigeren Bergspitzen. Das Ganze ist von Geistern, göttlichen Wesen und Göttern bevölkert.

Das Wat

Der Begriff ›Wat‹ wird in europäischen Sprachen gemeinhin mit ›Kloster‹ übersetzt. Zwar sind die beiden Institutionen nicht absolut gleichbedeutend, haben aber viele Gemeinsamkeiten, die der Gleichsetzung Berechtigung geben. Wie das mittelalterliche Kloster hat das Wat außer der religiösen eine ganze Reihe anderer Funktionen zu erfüllen; es ist Waisenhaus, Altersheim, Schule, Museum, Festplatz u. a. m. Im Leben der Gemeinde bildet es den geistigen, religiösen und sozialen Mittelpunkt. An religiösen Festtagen verwandelt sich sein Gelände in einen Jahrmarkt mit Verkaufsbuden und Volksbelustigungen aller Art, erfüllt vom fröhlichen Treiben einer vielköpfigen Menge.

Das Wat umfaßt zwei getrennte Bezirke: die eigentliche Tempelanlage und eine abgeschlossene Wohnstadt für die Mönche, die in der Regel keine Kultbauten hat. Oft sind beide Teile deutlich voneinander abgesetzt, manchmal gehen sie für den Fremden kaum merklich ineinander über.

Im *Wohnbezirk (Sanghavasa)* größerer Gemeinschaften gibt es mehrere Gebäudekomplexe *(Khana)* zu denen jeweils eine Anzahl von Mönchswohnungen *(Khuti)* gehört. Manchmal beherbergt ein Haus mehrere Bikkhus (Mönche), jedoch nie mehr als fünf bis sechs, meistens die jüngeren Ordensmitglieder. Ältere, würdige Mönche leben fast immer in ihrem eigenen Khuti. Besonders hervorgehoben ist der Wohnbereich des Abtes, der oft eine eigene Bibliothek besitzt. Zum Mönchsquartier gehören auch Schulräume und Unterkünfte für auswärtige Schüler, sowie Küchen usw. Eine Eigenart der Wat Nordthailands ist die Zuordnung des Bot zum Wohnbezirk der Mönche.

Sonst ist der *Bot* (oder *Ubosoth)* das heiligste Gebäude im Bereich der *Kultbauten (Buddhavasa)*, in ihm finden die feierlichen Zeremonien des Mönchslebens statt, vornehmlich die Mönchsweihe. Acht *Grenzsteine (Sema)* umgeben seinen heiligen Bereich, je einer an den vier Ecken und den Kardinalpunkten der Seiten, einer ist unter dem Bau vergraben. Ursprünglich sind die Sema flache, meist mit Reliefornamenten verzierte Steinplatten, deren Form einer Lanzenspitze ähnelt. Solche einfachen Grenzsteine finden sich auch wie Zinnen angeordnet auf Stadt- und Palastmauern. Wenn sie beim Bot verwendet werden, ist die Basis oft rechts und links mit Schlangenköpfen geschmückt. Um die Steine gegen Witterungseinflüsse zu schützen, errichtet man häufig Tabernakel über ihnen, die in vielen Fällen außerordentlich prächtig gestaltet sind. Ihre Bekrönung bilden Spitzen und Aufbauten, oft ein Phra Chedi. Damit wird die Wirkung der Sema, nämlich die Abwehr schädlicher Einflüsse, verdoppelt, denn Phra Chedis treten auch allein als Grenzsteine auf (z. B. an den Landesgrenzen).

Gegenüber dem Eingang des Bot, in der Regel vor der westlichen Wand, hat das verehrungswürdigste *Buddha-Bild* seinen Platz. Davor steht ein Altar aus verschiedenen Tischen, die Opfergaben, meist Blumen, aufnehmen können. Vasen, Lampen, Uhren, Phra-Chedi-Modelle und Töpfe voller Sand, in die man glimmende Räucherstäbchen steckt, ergeben in wahllosem Durcheinander eine bunte Vielfalt, die für europäische Augen dem Buddha viel von seiner würdevollen Ausstrahlung nimmt. Wände und Decken sind fast immer reich bemalt. Für die Verteilung der Bildthemen – Anbetende, Götter, Dämonen, Szenen aus den Jatakas und dem Buddhaleben – auf den Flächen bestehen traditionelle Konventionen, die nur selten außer acht gelassen werden. – *Den Innenraum des Bot betritt man immer ohne Schuhe!*

Das Gegenstück zum Bot bildet der *Vihan* (oder *Viharn).* Er unterscheidet sich von diesem architektonisch nur durch das Fehlen der acht Sema. In den meisten Fällen ist der Bot prächtiger ausgestattet; es kommt aber auch vor, daß der Vihan reicher geschmückt ist. Im Inneren ist wenigstens ein Buddha-Bild aufgestellt, mitunter aber eine ganze Anzahl. Während der Bot hauptsächlich den Zeremonien der Mönchsgemeinde dient, ist der Vihan für alle Feierlichkeiten bestimmt, an denen Laien teilnehmen können, z. B. die Morgen- und Abendandacht der Mönche, die Sabbath-Andacht für die Laien, die Aufnahme der Novizen usw. Hieraus ergibt sich, daß der Vihan nicht unbedingt für die Anlage des Klosters notwendig ist. Andererseits haben die Wat oft mehr als einen Vihan, die man durch die Namen der darin befindlichen Buddha-Figuren unterscheidet.

In vielen Fällen sind Bot oder Vihan, gelegentlich auch beide, von Wandelgängen eingefaßt. Man schafft auf diese Weise Bezirke der Stille, die die heiligen Gebäude gegen die Unruhe der Außenwelt abschließen. In der Regel sind die *Wandelgänge (Rabieng)* rechteckig, es kommen aber auch kreisrunde vor, besonders wenn ein Phra Chedi im Mittelpunkt steht. Die Zugänge, die immer mit Türen verschließbar sind, durchbrechen den Gang in der Mitte der Viereckseiten. Meistens sind sie durch verzierte Portalbauten betont. Auch die Ecken der Galerien schmückt man häufig durch reichere Gestaltung der Dächer. Der Wandelgang hat nach außen eine geschlossene Mauer, an der inneren, offenen Seite wird das Dach von Säulen oder Pfeilern getragen. Damit die Außenseite nicht zu eintönig wirkt, belebt man sie durch eine reliefierte Basis oder bringt auch hier einen Säulengang an. Der Fußboden der Rabieng liegt stets eine Stufe über dem Hofniveau. An der Innenwand des Ganges reihen sich Buddha-Bilder auf gemauerten Sockeln. Manchmal ist in den Untersätzen die Asche von Verstorbenen beigesetzt.

Mitunter treten an die Stelle der Torbauten sogenannte *Vihan-Thit,* die gewöhnlich eine Wand in zwei Räume teilt, so daß der innere dem umschlossenen Hof zugekehrt ist. Hat der Wandelgang kreisförmigen Grundriß, bildet die Anlage von Vihan-Thit die Regel.

Zur Bereicherung der Gesamtanlage des Wat können Vihan auch an anderen Stellen erbaut werden, so z. B. in der Mitte der vier Seiten der ›Juwelenmauer‹, die den Gesamtkomplex umgibt. Die Achse der Vihan läuft dann parallel zur Mauer. Ebenfalls an die Umfassungsmauer angelehnt stehen die *Vihan-Khot,* im rechten Winkel abgeknickt, bilden sie die Ecken des Hofes.

An verschiedenen Stellen im Wat stehen kleine, offene Hallen, die *Sala.* Als Ruheplätze bieten sie Schutz gegen die heiße Sonne, an den großen Tempelfesten übernachten die Pilger hier, gelegentlich werden sie als Unterrichtsräume benutzt. Auch die Opferspeisen für die Mönche legen die Gäubigen darin nieder.

Im *Kambarien* werden täglich zwischen 12 und 13 Uhr Predigten abgehalten, deshalb ist es für die Mönchsgemeinde unbedingt erforderlich und meist das erste Gebäude, das nach den Wohnungen errichtet wird. Im Inneren steht die Kanzel, von wo ein Mönch sitzend die Predigttexte verliest.

Zur Aufbewahrung heiliger Texte dienen die *Bibliothekshäuschen (Ho Trai).* Da es schwer ist, die empfindlichen Palmblattbündel der Handschriften vor Feuchtigkeit und den gefürchteten Weißen Ameisen zu schützen, stellt man die Gebäude auf Pfähle, so daß der Raum mit den Bücherschränken etwa 3 m über dem Erdboden liegt und umgibt es mit einer Galerie, die den Regen vollständig abhält. Wegen der Ameisen bevorzugt man Ziegelmauerwerk, mitunter verlegt man die Bibliothek sogar in künstlich angelegte Teiche. Jeder Raja Khan (Vorsteher eines Teils der Mönche) besitzt seinen Ho Trai; hat ein Wat mehrere Raja Khan, so finden wir entsprechend viele Bibliotheksgebäude. Kambarien und Ho Trai können sowohl dem Tempelbezirk wie der Wohnstadt zugeordnet sein.

In keinem Wat fehlen ein oder mehrere *Glockentürme (Ho Rakang).* Sie zeigen die unterschiedlichsten Formen; meistens sind sie zweistöckig, im oberen, offenen Teil hängt die Glocke, im unteren, geschlossenen steht oft eine große Trommel. Glocke oder Trommel rufen die Mönche zu Andachten und Mahlzeiten zusammen. Phra Chedi und Phra Prang bilden in der Regel die Bekrönung der Türme.

Das Bild des thailändischen Wat ist unvollständig ohne *Chedi* und *Prang.* In früheren Zeiten waren sie Mittelpunkt, heiligstes Monument der Tempel, weil sie Reliquien von Königen und Heiligen beherbergten. Alte Wat-Anlagen haben diese Konzeption beibehalten, aber seit Chedi und Prang in neuerer Zeit auf die Stufe einfacher Grabdenkmäler abgesunken sind, gaben sie ihren hohen Rang an den Bot ab.

Einige der wichtigen Wat besitzen einen Stupa von besonderer Größe, der eine Buddha-Reliquie umschließt. Diese Klöster heißen Wat Phra Mahathat, d. h. ›Kloster der großen Reliquie‹. Da nach der Tradition eine Königsstadt ein Wat Mahathat haben muß, erkennt man an seinem Vorhandensein einen ehemaligen Regierungssitz. In Bangkok liegt ein Wat Mahathat hinter der Nationalbiliothek, ein zweites (Wat Phra Si Mahathat), in der Nähe des Flughafens, wurde vor rund fünfzig Jahren gegründet.

Die äußere Umfassungsmauer, die alle Kultgebäude eines Wat umschließt, heißt *Kampeng Kheo,* d. i. ›Edelsteinmauer‹. Oft ist sie so hoch, daß nur die Dächer und die Spitzen der Chedis darüber hinausschauen. Eine Ausnahme stellt das Wat Benchamabopit dar, hier ist die Mauer durch ein Gitter ersetzt. In der Regel wird die Mauer reich profiliert, ihre Ecken bilden kräftige Pfeiler, die, vielfach gegliedert, mit schönen Bekrönungen versehen sind.

Noch mehr Sorgfalt ist dem Schmuck der Tore gewidmet, die zumeist in den Hauptachsen des Bot oder Vihan liegen. Manche haben einen horizontalen Sturz, andere einen Spitzbogen, dann bietet das entstehende dreieckige Feld Platz für reichen Ornamentschmuck. Gelegentlich schließen sich Vorhallen nach innen und außen an die Portale an.

Zusätzlich zur äußeren Umfassungsmauer gibt es in den großen Wat noch eine *innere Kampeng Kheo,* die den Bot umzäunt. Das ist besonders dann der Fall, wenn die Anlage keinen Wandelgang besitzt. Es kommen aber auch Kampeng Kheo innerhalb oder außerhalb eines Wandelganges vor, sie sind dann meist recht niedrig und erscheinen eher als ornamentale Brüstungen, die den Gesamteindruck nicht stören.

Buddha-Bildnisse

Seit ihren Anfängen bis heute ist das vorherrschende Thema der thailändischen Plastik das Bild des Buddha gewesen. In der Gestaltung eines Buddha-Bildnisses waren die Künstler strengen ikonographischen Vorschriften unterworfen, ihre künstlerische Individualität konnte sich lediglich in der unterschiedlichen Auslegung der beschriebenen Körpermerkmale des Erleuchteten offenbaren.

Die buddhistische Überlieferung besagt, daß ein Mensch, der die Erleuchtung erreichen kann oder zum Weltenherrscher bestimmt ist, bereits bei der Geburt die Zeichen des ›großen Menschen‹ trägt. Pali- und Sanskrittexte beschreiben diese lakshana genannten physischen Male, die durch Verdienste in unzähligen Existenzen erworben werden müssen. Von den zweiunddreißig Haupt- und den achtzig Nebenzeichen sind einige in der bildenden Kunst nicht sichtbar zu machen; so die den Geschmackssinn und das Gehör betreffenden. Andere sind so unbestimmt, daß sie recht unterschiedliche Deutungen erlauben. Zu den früh festgelegten gesellen sich weitere aus der Tradition indischer Bildhauerschulen entwickelte Merkmale, z. B. die langen Ohrläppchen, Zeichen fürstlichen Standes, denn nur reiche Leute konnten sich die schweren Ohrgehänge leisten, die die Ohrläppchen weit herunterziehen.

Im Laufe ihrer Geschichte baute sich die thailändische Kunst durch Auswahl und Interpretation eine eigenständige Ikonographie auf. So wird im allgemeinen das Haarbüschel zwischen den Augenbrauen, die urna, weggelassen, verschiedentlich aber ein Schnurrbart zugefügt. Aussagen wie »die Körperproportionen sind von vollkommener Harmonie, die Schultern breit, die Hüften schmal. Die Arme sind glatt und gerundet wie ein Elefantenrüssel, die Beine wie die der Gazelle, die Hände gleichen aufbrechenden Lotosknospen, die Fingerspitzen biegen sich nach hinten. Das Haar bildet kurze, rechts herum geringelte Locken, die Ohrläppchen sind lang, das Gesicht hat die ovale Form des Mangokernes. Auf Handflächen und Fußsohlen erscheint das 'Rad der Lehre'«, werden in thailändischem Sinne realisiert. Immer wieder heben die Texte die Ausstrahlung Buddhas hervor, das Licht, das seine ganze Gestalt umflutet. Dieses Phänomen sichtbar zu machen, beschritten die Künstler verschiedene Wege. Nur selten findet sich in Thailand Nimbus oder Mandorla, die in der indischen Kunst üblich sind. Man versucht vielmehr die Strahlkraft des

Körpers durch die Transparenz der Kleidung zu versinnbildlichen, d.h., man stellt das Gewand unter Verzicht auf jeglichen Faltenwurf vollkommen glatt am Leib anliegend dar. Auch die Vergoldung soll das Leuchten der Figur sinnfällig machen.

Als Ausdruck der übernatürlichen, geistigen Kraft Buddhas gilt der ushnisha, eine Protuberanz des Schädels; aus ihr bricht eine Strahlung hervor, die als ›Schmuck der Weisheit, des höchsten Wissens‹ gekennzeichnet wird. Die thailändische Kunst bildet diese, rasmi genannte, Erscheinung als knospenförmigen Edelstein oder, später fast ausschließlich, als Flammenornament. Vorbilder der ersten Form sind in der Pala-Tradition zu suchen; die ›Flamme‹ ist von einem ceylonesischen Urbild abgeleitet, erhält aber ein speziell thailändisches Design.

Grundsätzlich wird der Erhabene im Mönchsgewand dargestellt; der Buddha im Königsornat (song krüang) bleibt trotz seiner langen Tradition und großen Beliebtheit in der Ayuthia-Periode ein Sonderfall. Die Kleidung der Mönche besteht normalerweise aus drei Stoffbahnen, dem Unter-, Ober- und Übergewand (antaravasaka, uttarasanga und sanghati), von denen in Südindien und Südostasien meist nur die ersten beiden getragen werden. Sehr verschiedene Drapierungsweisen charakterisieren die einzelnen Sekten und Landsmannschaften. Solche Eigenarten spiegeln sich, natürlich stark stilisiert, in der Gewanddarstellung der Statuen und geben damit dem Kunsthistoriker wesentliche Hinweise auf Entstehungsort und -zeit der Kunstwerke.

Die Bildnisplastik zeigt den Erleuchteten in verschiedenen Lebenssituationen, die für die Entwicklung seiner Lehre bedeutungsvoll waren. Dabei sind für die Darstellung bestimmte Konventionen verbindlich, die dem gläubigen Betrachter sofort das angedeutete Ereignis vergegenwärtigen. Als Ausdrucksmittel dienen die Körperhaltungen (Posen; indisch = âsana) und die Gesten der Hände (indisch = mudra). Ihre Kombinationen und Bedeutungen entstanden im Indien der Gupta-Zeit, erfuhren aber im Laufe der Jahrhunderte diverse Ergänzungen. Nicht in allen Punkten decken sich die Interpretationen der Gesten innerhalb der buddhistischen Welt, gelegentlich können sie in Thailand anders ausgelegt werden als etwa in Ceylon, die beliebtesten blieben jedoch allgemein gültig.

So groß wie die Zahl der Kombinationen von Posen und Gesten ist auch die Zahl der symbolisierten Begebenheiten, wenngleich in der Praxis nur verhältnismäßig wenige begegnen.

Nach der Tradition kann der Erleuchtete in vier Haltungen dargestellt werden: sitzend, stehend, schreitend und liegend.

Am beliebtesten ist die Sitzhaltung, bei der in Thailand drei verschiedene Sitzweisen vorkommen. Gekreuzte Beine (vajrasana = Diamantsitz, oder padmasana = Lotossitz, manchmal auch vajraparyanka genannt) und übereinanderliegende Beine (virasana = Heldenpose) beim ›asiatischen Sitz‹ sind weitgehend austauschbar und lassen sich mit mehreren Gesten kombinieren. Sie sind wichtige Unterscheidungsmerkmale zwischen einzelnen Stilen und Schulen. Der sogenannte ›europäische Sitz‹ (pralambadasana) mit herunterhängenden Beinen ist dagegen für einige Episoden obligatorisch.

Gesten (mudra) und Posen (âsana)

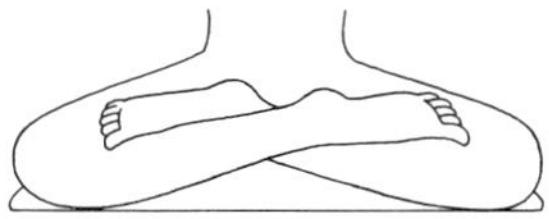

Vajrasana (Diamantpose)

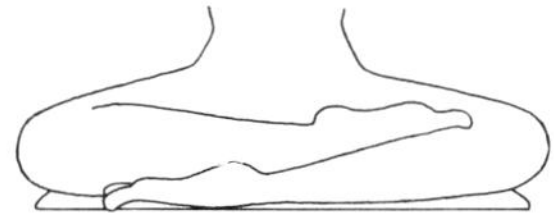

Prayankasana oder Virasana (Heldenpose)

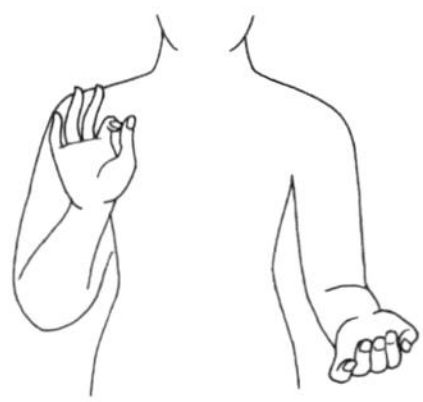

Vitarka-mudra

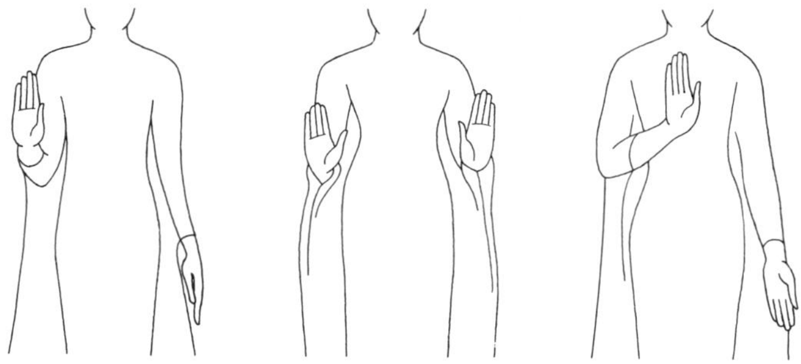

Abhaya-mudra in Thailand a »Den Streit der Verwandtschaft schlichtend« b »Die Fluten besänftigend« c »Mara zurückweisend«

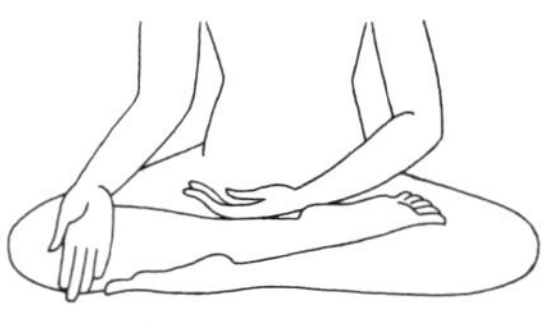

Varadha-mudra

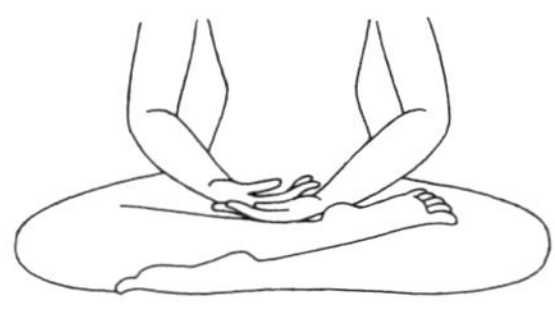

Samadhi-mudra

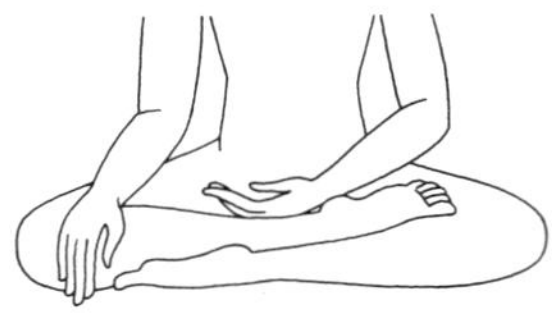

Bhumisparsa-mudra

Folgende Gesten sind bei thailändischen Sitzfiguren am häufigsten anzutreffen:

1 vitarka-mudra, die Argumentationsgeste
2 varada-mudra, die Geste der Gnadenerweisung oder Segensgewährung
3 samadhi-mudra, die Meditationsgeste
4 abhaya-mudra, mit der Rechten ausgeführt, bedeutet die ›Ausstoßung Mayas‹
5 bhumisparsa-mudra, sie stellt Gautama im Moment seiner Erleuchtung dar. Das Bild Buddhas ›Die Erde zum Zeugen anrufend‹ nimmt Bezug auf folgende Legende: Gautama, der Erkenntnis sehr nahe, saß in Meditation versunken. Da trat mara, der Böse, mit den Scharen der Versucher an ihn heran, um die Erleuchtung zu verhindern. Aber Gautama rief die Erdgöttin Thorani als Zeugen seiner Tugend an, indem er mit den Fingerspitzen die Erde berührte. Von den vielen Wasserspenden, die der Erhabene, dem Brauch entsprechend, nach jeder verdienstvollen Handlung der Erde

geopfert hatte, waren Thoranis Haare voller Wasser. Und als sie ihren Zopf auswrang, ergoß sich daraus ein reißender Strom, der alle Kreaturen Maras hinwegspülte. So wurde Buddha zum ›Sieger über Mara‹ (maravijaya).

Stehende Figuren führen meist die abhaya-Geste (der Furchtlosigkeit oder Schutzgewährung) aus, bei der die Hand mit der Innenfläche nach außen erhoben wird. Sind beide Hände in dieser Geste erhoben, so ist die ›Besänftigung der Wasserfluten‹ symbolisiert. Die erhobene Linke spielt auf eine Episode des Besuchs im Himmel der Dreiunddreißig an, wo Buddha einer Sandelholzstatue verwehrte, sich ihm in Verehrung zu nahen. Mit der rechten Hand ausgeführt, versinnbildlicht die abhaya-mudra den Buddha ›den Steit der Verwandtschaft (zwischen Koliya und Shakya) schlichtend‹.

Die abhaya-mudra beim schreitenden Buddha zeigt ihn den ›wütenden Elefanten zähmend‹, den sein eifersüchtiger Vetter Devadatta gegen ihn gehetzt hatte, oder auf einer mythischen Leiter ›vom Himmel herabsteigend‹, wo er seiner verstorbenen Mutter und einer Versammlung von Göttern gepredigt hatte.

Auf der rechten Seite liegend, die Hand unterm Kopf, ›geleitet der Erleuchtete hinüber ins Nirvana‹.

Für die ursprüngliche buddhistische Lehre war das Bild des Buddha nicht ein Objekt der Verehrung, sondern ein Denkmal, angesichts dessen sich der Gläubige den Erleuchteten vergegenwärtigen, meditierend von ihm Belehrung empfangen konnte. Folgerichtig wurde der Buddha in der Frühzeit auch nicht dargestellt; auf Bildern, die Szenen aus seinem Leben schildern, steht an seiner Stelle ein Symbol: Fußspuren, Rad, Ehrenschirm usw. Sobald man dazu überging, den Erleuchteten anthropomorph abzubilden, mußte man versuchen, ihn so wiederzugeben, wie ihn seine Zeitgenossen beschrieben hatten bzw. wie er auf älteren Bildnissen ›porträtiert‹ war.

Niemals machte der Bildhauer einen individuellen Entwurf, vielmehr hielt er sich an ein Vorbild, von dem er eine Vervielfältigung schuf. Auf diese Art wurden die mystischen Qualitäten des Urbildes auf das neue Werk übertragen. Zur Entstehungsweise solcher Repliken, die bis in die jüngste Zeit niemals originalgetreue Kopien waren, gibt Griswold eine überzeugende Erläuterung. »Die Tradition mißbilligte das Arbeiten vor einem Modell. Von einem Künstler, der einen Baum malen wollte z. B., wurde erwartet, daß er ihn studierte, wenn nötig monatelang, bis er ihn genau kannte, um dann wegzugehen und sein Werk aus der Erinnerung zu schaffen. Er sollte nicht malen, was vor seinen Augen war, sondern das, was seine Vorstellung erfaßt hatte. Wenn ein Bildhauer ein Buddha-Bild formen wollte, ist es ihm bestimmt nicht eingefallen, einen Menschen vor sich posieren zu lassen. Sein Modell wurde eine frühere Statue; und wenn er ein erstklassiger Künstler war, hat er sie mit Hilfe meditativer Versenkung gleichzeitig studiert und verehrt, bis sie so fest in seinem Gedächtnis eingeprägt war, daß es sich erübrigte noch einen Blick darauf zu werfen, nachdem er den Meißel zur Hand genommen hatte. Wann immer ein bedeutendes Kunstwerk geschaffen wurde, sind die Qualitäten des Vorbildes indirekt, mittels eines Erinnerungsbildes übernommen worden.«[6]

Buddha-Bildnisse a Mon-Stil 7.–8. Jh. b Khmer-Stil, Lopburi 13. Jh. c Thai-Stil, 2. Lan Na-Stil 15. Jh. d Thai-Stil, Sukhothai 14. Jh. e Thai-Stil, Suphanburi/Sankhaburi 12.–13. Jh. f Thai-Stil, Ayuthia 14.–15. Jh.

In Wirklichkeit ist diese Art, eine ›Kopie‹ herzustellen, ein sehr persönlicher Schöpfungsakt, denn der Künstler wird nur das im Gedächtnis festhalten, was er für wesentlich hält, im übrigen aber, inspiriert durch die ihm bekannten religiösen Texte, seine eigene Vorstellung verwirklichen. Diese Arbeitsweise erklärt einerseits die Verwandtschaft mancher Statuen, andererseits ermöglicht sie eine Stilentwicklung trotz der religiös begründeten Forderung nach ›Kopien‹.

Um sicher zu gehen, daß eine Plastik tatsächlich das Wesen Buddhas vollkommen widerspiegele, wurde der Geist Buddhas in feierlichem Zeremoniell eingeladen, in das Kunstwerk einzutreten. Dazu bildeten sich Konventionen heraus, die ihren Ursprung in brahmanischen Praktiken haben. Durch die Weihezeremonie wurden die Figuren in den Augen des Volkes mit spirituellen und magischen Kräften ausgestattet. Oft erhielten sie einen fast persönlichen Charakter. Man gab ihnen Eigennamen und behandelte sie wie lebende Wesen. So erklären sich die harten Strafen, mit denen in der Ayuthia-Zeit

Zerstörung oder Beschädigung eines Buddha-Bildes geahndet wurden. Auch heute noch werden den Buddha-Figuren an Festtagen Speisen vorgesetzt, am Neujahrstag werden sie gewaschen, und im Winter bindet man ihnen als Kälteschutz ein Tuch um. Diese menschlich-persönliche Betrachtungsweise macht es verständlich, daß bestimmte Skulpturen als Palladium bestimmter Fürstenhäuser angesehen wurden, als magische Schirmherren und Garanten des Bestehens und Wohlergehens einer Dynastie und damit ihres Landes.

Warum sich thailändische Chroniken oft ausführlich mit der Geschichte solcher Bildwerke beschäftigen, begründet Griswold: »Wenn ein Herrscher von einem anderen besiegt worden war, wurde er nicht entthront, sondern gezwungen, dem Sieger den Vasalleneid zu leisten, alle Arten von Unglücksfällen auf sein Haupt herabbeschwörend, falls er ihn jemals brechen sollte. Zugleich mußte er sein Palladium ausliefern und in die Hauptstadt des Siegers schicken. Dort wurde es mit großem Respekt behandelt, aber doch als eine Art Geisel gehalten.

In Sukhothai sind zwei Statuen entdeckt worden, die man vermutlich als Palladien von Fürstentümern, die Ram Kamheng unterworfen hatte, indentifizieren kann. Das erste ist eine Kolossalstatue im Mon-Stil von Dvaravati aus dem Wat Mahathat. Sie ist sehr wahrscheinlich im Königreich Dvaravati entstanden, wurde dann Palladium des Fürstentums von Suphanburi und schließlich als Garant der Loyalität seines Herrschers nach Sukhothai geschickt. Die andere Statue von etwas späterem Datum ist sehr wahrscheinlich ein Werk der Srivijaya-Schule. Sie wurde vor einigen Jahren in Wat Sapan Hin gefunden, dem ›Arannika‹-Kloster, das Ram Kamheng für seinen Sangharaja, dem Patriarchen des Mönchsordens von Sukhothai, baute. Der Patriarch kam von Nakhon Si Thammarat. Falls die Statue des Palladium dieser Stadt gewesen ist, könnte sie von Ram Kamheng als ein Zeichen besonderer Gunst in diesem Kloster installiert worden sein.«[7]

Neue Dynastien übernahmen das Palladium gern von einem unterworfenen Königshaus, wie es die Geschichte des ›Smaragd-Buddha‹, des hochverehrten Palladium der Chakri-Dynastie, lehrt.

Vermutlich im Zusammenhang mit der Machtausdehnung des Srivijaya-Reiches drang mindestens seit Ende des 8. Jahrhunderts der Mahayana-Buddhismus nach Thailand vor. Besonders auf der Malayischen Halbinsel tauchen in seinem Gefolge Bodhisattva-Figuren auf. Während im Theravada der Bodhisattva der historische Buddha kurz vor Erlangen der Erleuchtung ist, gibt es im Mahayana unendlich viele Bodhisattvas. Es sind Wesen, die bereits die Fähigkeit zur Erleuchtung besitzen, aber das Verlöschen im Nirwana zurückstellen, um den leidenden Kreaturen durch die Gnadenkraft ihres Mitleids zur Erlösung zu verhelfen. Sie werden von den Gläubigen als eine Art ›Heilsvermittler‹ angerufen. Die wichtigsten sind der Bodhisattva Maitreya, der Buddha der Zukunft, erkenntlich an einem Stupa-Symbol, das in seinen Kopfschmuck (jatamukuta) eingefügt ist, und der Bodhisattva Avalokiteshvara, der an derselben Stelle ein Bild des mystischen Buddha Amitabha trägt. Avalokiteshvara ist der beliebteste aller Bodhisattvas, in seiner Eigenschaft als Schöpfer sichtbarer Manifestationen im Universum kann er den Gläubigen vor Gefahren schützen.

Als ›Strahlender‹ stellt ihn der Bayon-Stil der Khmer-Kunst dar, bedeckt mit Hunderten kleiner Bodhisattva-Bilder. Seine Gemahlin Tara erscheint gelegentlich, meistens mit vier Armen. In den Händen hält sie Rosenkranz und Buch.

Fußspuren Buddhas (Buddhapada)

Die ›Fußspuren‹ Buddhas (Abb. 34) sind ein in der buddhistischen Welt hochverehrtes Symbol für die Wanderungen des Erleuchteten, auf denen er predigend seine Lehre verbreitete. So wie ein Mensch auf seinem Wege Spuren hinterläßt, so sind die Fußspuren Buddhas Merkmale, daß er entweder tatsächlich persönlich jenen Platz besucht hat, oder späterhin Merkzeichen dafür, daß seine Lehre die betreffenden Orte erreicht hat und von der Bevölkerung angenommen worden ist. Ein unter Buddhisten weit verbreiteter Glaube, der sich auf alte Texte beruft, besagt, daß es fünf echte Fußspuren Buddhas in der Welt gibt, von denen eine auf dem Samantakuta (Adam's Peak) in Ceylon zu finden ist, eine andere in dem Heiligtum Phra Buddha Bath bei Saraburi. Die Auffindung dieser in mystischer Weise entstandenen Abdrücke umgibt die Legende mit phantastischen Ereignissen. Da sie stets als Segen für ein Land galten, waren alle buddhistischen Herrscher bemüht, solche heiligen Male in ihrem Herrschaftsbereich zu besitzen. Eine Fußspur Buddhas auf einem Hügel in der Nähe der Hauptstadt wurde als Garant für das Gedeihen seiner Lehre im Staat und zugleich als Bürge für den Wohlstand der Einwohner gewertet. Die Könige holten sich ›Kopien‹ berühmter Fußspuren z. B. aus Ceylon, die dann in eigens dafür erbauten Klöstern installiert wurden. Natürlich handelte es sich dabei nicht um originalgetreue Kopien im europäischen Sinne, kam es doch nur darauf an, die Heiligkeit des Vorbildes zu übernehmen.

Alte Texte schreiben der Spur bis zu 108 verschiedene Merkmale zu, die als Rad, Baum, Almosenschale, Lotos usw. bezeichnet werden. Ursprünglich dürfte es sich dabei wohl um Namen für bestimmte Linien und Hautunebenheiten auf den Fußsohlen gehandelt haben, so wie sie entsprechend in der Handlesekunst üblich sind. Im Laufe der Zeit wurden die Benennungen wörtlich genommen und auf den kunstvoll geschnitzten ›Fußspuren‹ sowie den Fußsohlen liegender Buddha-Figuren abgebildet. Hauptsignum des Erleuchteten ist immer das Rad, cakra, um das alle anderen Symbole in unterschiedlichen Gruppierungen angeordnet sind. Schließlich unterlegte man den Zeichen mythologische Bedeutung, indem man ein Lexikon buddhistisch-hinduistischer Kosmologie daraus machte. Man zeigte die sechzehn oberen Himmel mit ihren Hindugöttern, die sechs unteren Himmel mit ihren Devadas, Sterne, Planeten und die Erde. Da findet sich der von sieben ringförmigen Meeren eingeschlossene Berg Meru, die vier Kontinente, Insel, Flüsse und Seen. Dazu gesellen sich Pflanzen und Tiere mit guter Vorbedeutung, die Hoheitszeichen auserwählter Könige und die Ritualgeräte heiliger Mönche. Indem alle diese Dinge ›unter seinen Füßen‹ sind, unterliegen sie einerseits der Herrschaft des Erleuchteten, andererseits stützen sie ihn.

Auf den etwa 6 m langen Füßen des liegenden Buddha im Wat Jetubon (Bangkok) kann man die heiligen Zeichen in schöner Schwarzlackmalerei und Perlmutteinlegearbeit bewundern (Farbt. 8).

Phra Phim, die ›heiligen Abdrücke‹

Seit frühester Zeit waren bei den Thai Votiv-Täfelchen, sogenannte ›heilige Abdrücke‹ (phra phim) sehr populär. Sie wurden mit Hilfe von Modeln geformt, gewöhnlich aus Ton, oft vergoldet, manchmal aus Metall, gelegentlich auch aus Gold oder Silber. Ihre Größe variiert von 5 bis 30 cm. Auch heute werden sie noch in großen Mengen hergestellt. Es heißt, daß mancher buddhistische Mönch den größeren Teil seines Lebens mit der Massenproduktion solcher Täfelchen verbrachte. Von den Gläubigen wurden sie gekauft und als verdienstvolle Tat dem Wat geschenkt, zu Hause als Objekt der Verehrung aufgestellt oder einfach als Amulett getragen.

In buddhistischen Ländern war das Prägen dieser heiligen Bilder weit verbreitet. Von praktisch allen buddhistischen Wallfahrtsstätten sind sie bekannt, von Nordindien über Honan bis Indochina und bis zur Malayischen Halbinsel.

Wahrscheinlich waren sie ursprünglich als Erinnerungsstücke an Pilgerreisen gedacht, denn viele zeigen das spezielle Buddha-Bild eines ganz bestimmten Tempels oder Heiligtums. Das National-Museum besitzt ein schönes recht aufschlußreiches Beispiel, eine ca. 20 cm große Platte, die den Erleuchteten in der maravijaya-Pose sitzend zeigt, eingerahmt von einem Dreipaß, über dem sich der Turm des Mahabodhi-Tempels von Bodhgaya erhebt. Den Hintergrund bildet das Geäst eines Bodhi-Baumes; rechts und links sind Stupas verteilt. Charakteristische Merkmale weisen das Modell dieses Abdrucks dem Pala-Stil des 11. Jahr-

Phra Pim aus gebranntem Ton in Form eines Bai Sema

hunderts zu. In Thailand sind zwei Abzüge desselben Models gefunden worden, bei Chaiya und im östlichen Stupa des Wat Si Sanpet (Ayuthia), die zweifellos aus der heiligen Stadt Nordindiens mitgebracht worden waren. Mit der Wanderung solcher Phra Phim bis in entfernte Gebiete wurden naturgemäß gewisse Stilmerkmale verbreitet, so daß sie mitunter den Schlüssel zu neu auftauchenden Tendenzen in einzelnen Kunststilen abgeben.

Ein weiterer Zweck der Abdrücke war es, im religiösen Sinne Verdienste zu erwerben, die eine Wiedergeburt unter günstigeren Lebensumständen sichern halfen. Wohlhabende Personen ließen zu diesem Behufe Buddha-Figuren aus Stein, Bronze oder Holz herstellen, dem weniger Begüterten blieb nur das Abformen eines Tonbildes von einem Model. Schließlich wurde dem abgebildeten Objekt oder der Inschrift magische Kraft zugeschrieben und kleine Phra Phim als Amulette getragen. Unter diesem Aspekt oder als Souvenir werden sie heute hauptsächlich gehandelt. Der Motivschatz umfaßt außer Buddha-Darstellungen Hindugötter und -göttinnen, verehrte Mönche, figürliche Szenen, vereinzelt Stupas oder heilige Stätten.

Brahmanische Götter und mythologische Wesen

Gegenüber der großen Menge von Buddha-Figuren hält sich die Produktion von brahmanischen Götterbildern in engen Grenzen. Ihr Kult kam über Srivijaya und Kambodscha nach Thailand, konnte aber nie weite Kreise erobern. Seit die Könige von Ayuthia das brahmanische Hofritual Angkors übernommen hatten, spielten jedoch brahmanische Priester in der thailändischen Residenz keine geringe Rolle. Shiva, Vishnu und andere Götter wurden in den Buddhismus einbezogen, außerdem praktisch die gesamte Hindukosmologie. Die großen indischen Heldenepen erfreuten sich außerordentlicher Beliebtheit, durch Mahabharata und Ramayana wurden brahmanische Götter und mythologische Wesen weithin bekannt. Die wichtigsten seien im folgenden kurz charakterisiert.

Brahma, der erste Gott der hinduistischen Trinität – Brahma, Vishnu, Shiva – war ursprünglich der oberste Gott, der Schöpfer des Universums. Er wird mit vier Köpfen und meistens mit vier Armen dargestellt. Seine Attribute sind Szepter, Löffel, Perlenschnur, sein Bogen Parivita oder ein Wasserkrug. Später, im Mahabharata, wird er Vishnu untergeordnet. Dort heißt es, daß er aus einer Lotosblüte hervorging, die aus dem Nabel des meditierenden Vishnu erblühte. Als Reittier Brahmas gilt die mythische Gans Hamsa.

Die Verehrer *Vishnus,* des zweiten Gottes der Trinität, sehen in ihm den größten Weltherrn, von dem alle Dinge ausgehen. Als Erhalter und Wiederhersteller ist er mehrfach auf der Erde erschienen, um die Menschheit zu retten oder Dämonen zu vernichten. Im allgemeinen wird von zehn solchen Inkarnationen gesprochen, von denen die als Rama und als Krishna in berühmten Heldenerzählungen verherrlicht werden. Er wird als anmutiger Jüngling von dunkelblauer Hautfarbe abgebildet, gekleidet im Gewand eines antiken Königs. In seinen vier Händen hält er die Attribute Diskus, Lotos, Muschel und Keule. Manche Abbildungen zeigen ihn auf Garuda reitend, andere auf der Weltschlange ruhend.

Vishnus Gemahlin *Lakshmi* oder *Shri,* die Göttin der Schönheit und des Glückes, läßt die Legende aus dem Ozean geboren sein. Da sie auf einer Lotosblüte schwimmend auftauchte, trägt sie fast immer einen Lotos in der Hand.

In der Person *Ramas* erschien Vishnu zum siebenten Male auf der Welt, um den Dämonenkönig Ravana zu vernichten. Die Lebensgeschichte Ramas erzählt das Ramayana, dessen thailändische Version, das Ramakien (›der Ruhm Ramas‹) häufig illustriert wird. Rama wurde als Erbprinz in Ayodhya geboren, wo er mit drei Brüdern aufwuchs. Weil er den Bogen Shivas spannen konnte, gewann er die Königstochter Sita zur Frau. Von seinem Vater ins Exil geschickt, verbrachte er lange Jahre zusammen mit seiner Gemahlin und seinem treu ergebenen Bruder Lakshmana (Phra Lak) in den Wäldern als Einsiedler, während sein Bruder Bharata (Phrot) nach dem Tod des alten Königs als sein Stellvertreter das Reich regierte. Eines Tages wurde Ravana (Thotsakan), der Dämonenkönig von Lanka, auf Sita aufmerksam und entführte sie in Ramas Abwesenheit in sein Reich. Rama und sein Bruder Lakshmana zogen aus, die Entführte zurückzuholen. Nach allerlei Kämpfen gewannen sie die Unterstützung des Königs der Affen, der ihnen seinen Feldherrn Hanuman mit dem Affenheer zur Verfügung stellte. Mit Hilfe übernatürlicher Kräfte errichtete Hanuman eine Brücke, auf der die Armee Lanka erreichen konnte. Der Feind wurde vernichtet, Rama befreite Sita und kehrte mit ihr nach Ayodhya zurück. Später kamen ihm Zweifel an ihrer Unschuld, so daß es zu weiteren Komplikationen kam, die in den verschiedenen Dichtungen unterschiedlich berichtet werden. Auf jeden Fall werden die Liebenden entweder im Himmel oder auf der Erde am Schluß wieder glücklich vereint.

Zu den populärsten Heldengestalten indischer Mythologie gehört *Krishna* ›der Dunkle‹, die achte Inkarnation Vishnus. Vielfach wird er als dessen direkte Manifestation angesehen. Unendlich viele Fabeln und Legenden ranken sich um seine Geburt, Kindheit, Jugend, seine Abenteuer schildern berühmte Dichtungen.

Auch *Shiva,* der dritte der hinduistischen Trinität, gilt seinen Verehrern als höchster Gott. Vereinfacht ausgedrückt verkörpert er das zerstörende Prinzip. Da im Glauben der Hindu die Vernichtung bereits den Wiederbeginn einschließt, ist er gleichzeitig die aufbauende Kraft, die ständig erneuert was vergeht. In dieser Eigenschaft als Erneuerer wird er der Zeugungsherr, den das Lingam, der Phallus symbolisiert. Unter dem Lingam allein oder verbunden mit der Yoni, dem Symbol seiner weiblichen Energie, wird Shiva allgemein verehrt. Als Mensch dargestellt, besitzt er ein drittes Auge, das mit einem Halbmond kombiniert ist. Zu seinen Attributen gehören Dreizack, Trommel und Bogen; oft begleitet ihn sein Reittier, der Stier Nandi.

Devi hat viele Namen, je nachdem unter welchem Aspekt sie auftritt. Als Verkörperung der weiblichen Kraft (Shakti) Shivas zeigt ihr Wesen zwei konträre Seiten. In ihrer milden Gestalt heißt sie *Uma* (Abb. 60) = ›Licht‹ oder *Parvati* = ›Bergbewohnerin‹, denn sie ist die Tochter des Himalaya-Gebirges. Weit häufiger wird sie in Indien in ihrer grimmigen Erscheinung als *Durga* oder *Kali* verehrt.

Harihara ist die Erscheinung der beiden Götter Vishnu und Shiva in einer Person, die die Attribute von beiden aufweist.

Kinnara

Erdgöttin Thorani

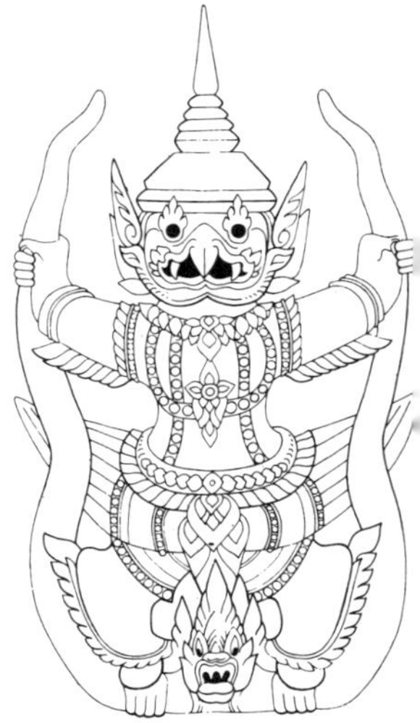

Garuda

Der beliebte *Ganesha,* eine Gottheit niederen Ranges, wird als kleiner, dickbäuchiger Mann mit Elefantenkopf, aber nur einem Stoßzahn wiedergegeben. In seinen vier Händen hält er Muschel, Diskus, Keule und Lotos. Shiva und Parvati werden als seine Eltern genannt. Da er der Gott der Weisheit und gleichzeitig der Beseitiger aller Hindernisse ist, sucht man ihn vor jeder wichtigen Unternehmung günstig zu stimmen. Auch im Vorsatz von Büchern wird er angerufen. Oft begleitet ihn eine Ratte, die er manchmal als Reittier benutzt.

Vishvakarma gilt als Personifikation der künstlerischen Kreativität. So ist er der Architekt der Götter und wird als Gott der Künstler und Handwerker verehrt.

Sehr oft finden sich in Thailand Darstellungen der Nang *Thorani,* einer Personifizierung der Schöpferkraft der Erde. Ihre Erscheinung ruft die ›Versuchung Buddhas durch Mara‹ in Erinnerung, bei der sie von Gautama zum Zeugen seiner Tugend angerufen worden war (bhumisparsa-mudra!). Mit dem Wasser, das sie aus ihren Haaren wrang, wurde das Heer der Dämonen fortgespült.

Von den vielen mythologischen Wesen, die der Hinduismus kennt, sind eine ganze Anzahl in die buddhistischen Glaubensvorstellungen der Thai integriert worden. Aber die thailändische Version entspricht – was Aussehen wie Eigenschaften betrifft – oft nicht genau den indischen Vorbildern. Besonders in der Ikonographie gehen die Thai eigene Wege, wie übrigens auch bei den Hindugöttern.

Da sind in erster Linie die *Kinnara* (männlich) und *Kinnari* (weiblich), himmlische Geschöpfe, gern Musikanten, Fabelvögel mit menschlichem Oberkörper, die thailändische Künstler sehr anmutig zu bilden verstanden (Farbt. 4). Die Eingänge zu Tempeln und Heiligtümern schützen *Dvarapalas* (= Türwächter), ursprünglich immer ein grimmiger und ein wohlwollender. Vom Ende der Ayuthia-Periode an haben alle abschreckende Dämonenfratzen. Ihre Waffe ist eine lange Keule, auf die sie sich meistens stützen (Umschlagvorderseite, Farbt. 1, 3).

Die *Yakschas* bilden zusammen mit den Kinnaras das Gefolge Kuveras, des Herrn des Reichtums. Ihr Charakter kann gutartig oder böse sein, im Buddhismus werden sie in der Regel als Schutzgeister angesprochen.

Rakschasas nennt man bösartige Dämonen, die jedoch nicht alle gleich gefährlich sind. Im Ramayana gehören sie zur Gefolgschaft Ravanas, des Gegenspielers von Rama. An Stelle der Dvarapalas können sie als Türwächter aufgestellt werden.

Mit Zauberkräften ausgestattete weibliche Dämonen aus dem Gefolge Durgas sind die acht *Yoginis.*

Mythische, halbgöttliche Wesen sind die *Nagas,* auf deren Schlangenkörper mitunter ein menschlicher Kopf sitzt als Zeichen dafür, daß sie die Gestalt von Menschen annehmen können. Die unterirdischen Regionen sind ihr Lebensraum, in denen sie ein Reich voll Pracht und Herrlichkeit besitzen. In Thailand sieht man sie meist als Bewacher von Treppen und Aufgängen, wo sie dem Eintretenden mit ausgebreitetem Kobranacken entgegendrohen. Einer ihrer Könige, Mukalinda, schützte den meditierenden Buddha während eines Unwetters, indem er ihn mit den Windungen seines Leibes über das Wasser hob und seine sieben Köpfe fächerartig als Schirm über das Haupt des Erleuchteten ausbreitete.

Nach einem indischen Mythos steht am Anfang der Weltenschöpfung ›Das Buttern des Milchozeans‹ durch die Götter und Dämonen, wobei aus den undifferenzierten Fluten Urmaterie und Urenergie gewonnen werden. Eines der dabei entstehenden Elemente der Schöpfung ist die physische Kraft, die *Erawan,* der ›reine Elefant‹ verkörpert. Indra erhielt ihn als Reittier; in dieser Eigenschaft fungiert er auch als einer der acht Weltenwächter (Lokapala). Er wird dem Osten zugeordnet.

Das Bild *Garudas,* des Königs der Vögel, wird in der thailändischen Kunst, stark stilisiert, häufig als Schmuckelement verwendet. Er wird mit Kopf, Flügeln, Klauen und Schnabel eines Adlers, aber Körper und Gliedern eines Menschen dargestellt. Ursprünglich hat er ein weißes Gesicht, rote Flügel und einen goldenen Körper; das schließt nicht aus, daß er vollständig mit Gold überzogen wird, wie z. B. im Wat Phra Keo. Da er ein erbitterter Feind der Schlangen ist, hält er meist zwei von ihnen in den Fängen. Vishnu benutzt ihn als Reittier.

Zwei beliebte Schmuckmotive in der brahmanischen und buddhistischen Kunst sind *Makara-Masken* und *Kirtimukha.* Letztere, die ›Ruhmesmaske‹, ist ein Symbol der Wohlfahrt. Das glotzäugige Wesen mit kleinen Ohren, kurzen Armen, oft auch Hörnern speit Girlanden von Laubwerk aus. Makara ist ein fabulöses Seeungeheuer, auf dem Varuna, der Gott der Ozeane, die Meere durchstreift.

Stilepochen in Thailand

Vorbemerkungen zur Benennung der einzelnen Kunst-Stile

Bei der Behandlung der Kunstgeschichte wird das von Piriya Krairiksh[8] vorgeschlagene Klassifizierungssystem zugrunde gelegt, das sich in einigen Punkten von dem älteren, noch heute in vielen Publikationen verwendeten, unterscheidet. Der überzeugende Vorteil des neuen Systems ist seine Klarheit, die es dem interessierten Laien erleichtert, die Zusammenhänge von künstlerischer und geschichtlicher Entwicklung zu erkennen.

Krairiksh faßt die Kunststile Thailands in vier Kategorien zusammen, entsprechend den vier kulturellen Gruppen, die ihr Teil zur künstlerischen Tradition des Landes beigetragen haben. In chronologischer Folge sind das die Völker der Halbinsel, die Mon, die Khmer und die Thai.

Die Abweichungen von der alten Einteilung betreffen in der Hauptsache die Bezeichnungen der einzelnen Stilperioden. Sie werden von Krairiksh im einzelnen kurz wie folgt begründet. »Da die Natur der Kunst der Halbinsel exogen ist, wird der Sammelbegriff ›Stile der Halbinsel‹ für alle die verschiedenen Stile benutzt, die man im südlichen Thailand findet, bevor sie von dem seit dem 13. Jahrhundert datierenden Thai-Stil aufgesogen werden. Der bekanntere Terminus ›Srivijaya‹, der bisher benutzt wurde, um lediglich mahayana-buddhistische Kunst im südlichen Thailand, datierbar vom 7. bis zum 13. Jahrhundert, zu bezeichnen, wird vermieden, da er zu eingeschränkt und auch irreführend ist: Der Terminus hört dann auf, einen Sinn zu haben, wenn er auf das ganze Spektrum der Stile, fremde wie einheimische, die man während dieser Periode auf der thailändischen Halbinsel findet, angewendet wird.«[9]

An Stelle von ›Dvaravati-Stil‹ wird der Begriff ›Mon-Stile‹ eingeführt, weil nach neueren Erkenntnissen angenommen werden kann, daß der Stil sowohl zeitlich wie räumlich weit über das Dvaravati-Reich hinaus verbreitet gewesen ist.

Von der früher üblichen Bezeichnung ›Lopburi-Periode‹ für die gesamte im Khmer-Stil in Thailand vom 7. bis 14. Jahrhundert entstandene Kunst wird abgegangen, weil er angesichts des bedeutenden Mon- Königreiches in Lopburi (Lavo) vom 7. bis 10. Jahrhundert Anlaß zu Verwirrung gegeben hat.

»›Lopburi-Stil‹ bezieht sich hier auf Kunstwerke aus Lopburi und anderen Khmer-Zentren Thailands, die deutlich ausgeprägte Khmer-Charakteristika haben und während der Übergangsperiode zwischen dem Verschwinden des Khmer-Einflusses in Thailand und der Ausbildung des Ayuthia-Stiles entstanden. Lopburi-Kunst verkörpert eine Ausdrucksweise des Thai-Gefühls durch Khmer-Idiome.«[10]

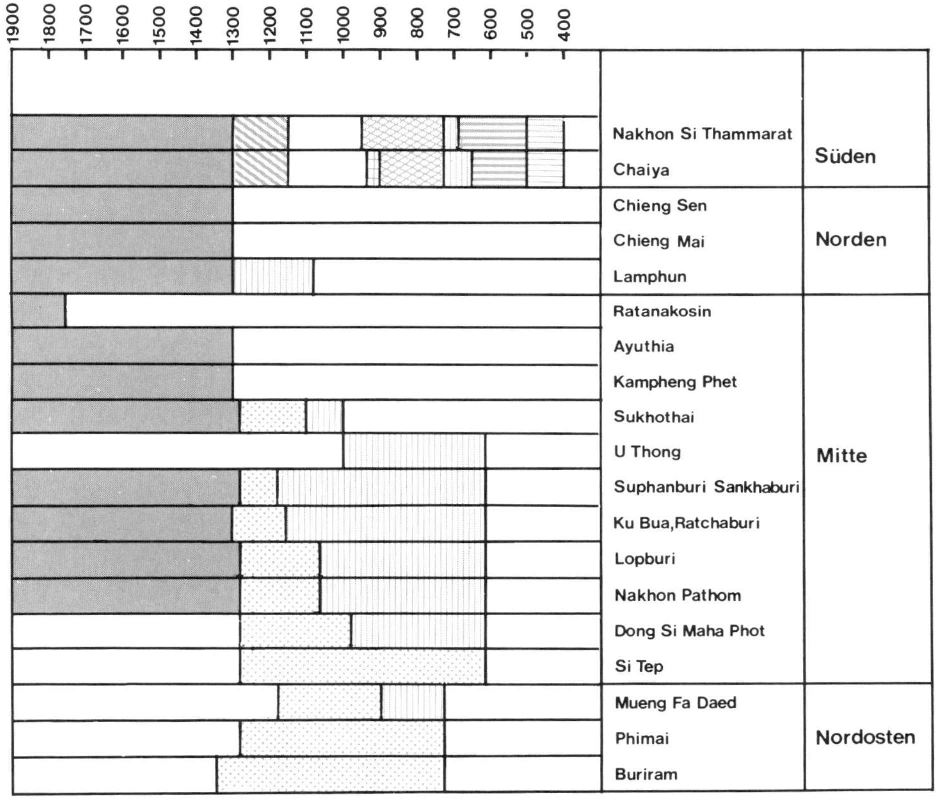

Thailändische Kunststile von 400 n. Chr. bis 1900

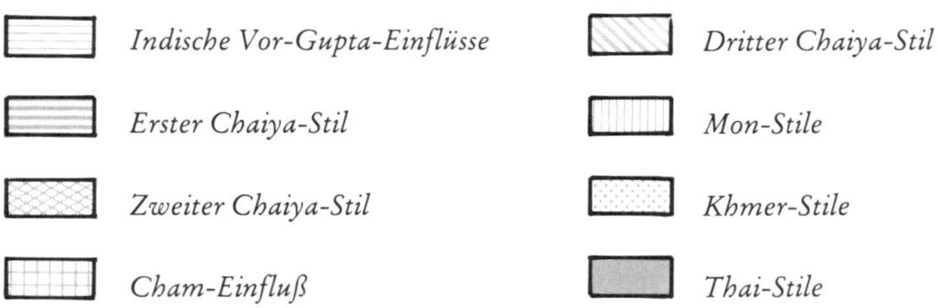

Die vorgeschichtliche Ban Chieng-Keramik

Allgemein wird die Vorgeschichte eines Landes nicht in die Kunstbetrachtung einbezogen, und so soll auch im vorliegenden Band keine Rede sein von alt- oder jungsteinzeitlichen Artefakten und Tonscherben. Es sei nur erwähnt, daß sich die Kulturentwicklung in Thailand nach den neuesten Erkenntnissen der Forschung absolut im Einklang mit der des gesamten südostasiatischen Raumes befindet.

Dagegen muß kurz auf die Ban-Chieng-Keramik eingegangen werden, die seit ihrer zufälligen Entdeckung im Jahre 1966 ins Blickfeld der interessierten Öffentlichkeit getreten ist (Abb. 11, 12).

Die Ware ist nach einer kleinen Siedlung in Nordost-Thailand benannt, aus der die ersten Funde stammen. Inzwischen sind auch in anderen Orten der Region ähnliche Gefäße ans Tageslicht gekommen; im Handel bezeichnet man sie allesamt vereinfachend als ›Ban-Chieng-Gefäße‹. Über die Datierung bestanden anfangs erhebliche Meinungsverschiedenheiten, da man einen so frühen Ansatz, wie ihn die ersten Thermolumineszenz-Bestimmungen nahelegten (4630 ± 520 v. Chr.), nicht für möglich hielt. Heute ist man ziemlich sicher, daß die rotbemalte Keramik mit dem Beginn der Bronzezeit um 3500 v. Chr. einsetzt. Bei Grabungen beobachtete Schichtenfolgen sowie die riesige Zahl der Funde ermöglichten die Aufstellung einer relativen Chronologie von Gefäßform und Ornamentgestaltung. Die Entwicklung verläuft von rundbauchigen Vasen mit breiter, bewegter Bänderung, in die mitunter stilisierte Pflanzen- und Tierformen eingefügt sind, zu kleineren Gefäßen, deren Dekor aus dünnen, linearen Spiralen auf hellem Grund besteht. Für die letzte Phase sind

Ban Chieng-Keramik

Töpfe mit rötlich geschlemmtem Überzug kennzeichnend, auf dem Spiral- und Bandornamente Ton in Ton aufgetragen sind. Oft haben sie abgerundete Böden oder Trichterfüße. Um 400 v. Chr. ist der Ort Ban Chieng offenbar verlassen worden, Tonware aus jüngerer Zeit konnte nicht festgestellt werden.

Das ungeheure Aufsehen, das die Ban-Chieng-Keramik allgemein erregt hat, ist wohl in erster Linie ihrem vollständig überraschenden Auftreten zu danken, hinzu kam die unglaubliche Menge der Funde und ihre hervorragende künstlerische Qualität. Erst in zweiter Linie beeindruckte das Alter der Töpferei.

Betrachtet man die Ban-Chieng-Gefäße unbelastet von wissenschaftlichen Überlegungen allein unter ästhetischem Blickwinkel, so fällt als hervorstechendstes Merkmal der Ornamentik ihr flächendeckender Charakter auf, und eben dies ist auch die Stärke der thailändischen Kunst! Sehr schöne Beispiele der Ban-Chieng-Periode sind im Vorgeschichtssaal des National-Museums in Bangkok ausgestellt; eine kleinere Sammlung ebenfalls erlesener Stücke kann man im Suan-Pakkad-Palast bewundern.

Der Mon-Stil (Dvaravati-Stil) und seine späte Ausprägung in der Haripunchai-Kunst

Bei der Erforschung der thailändischen Kunstgeschichte fiel den Kunsthistorikern schon früh eine große Gruppe von Buddha-Bildnissen auf, die sich durch hervorstechende Besonderheiten von den übrigen Statuen abhebt. Man gab dem Stil, den man für den ersten auf thailändischem Boden hielt, den Namen ›Dvaravati-Stil‹, nach einem legendären Königreich, das im Gebiet zwischen Meklong und Menam vermutet wurde. Die Existenz eines Reiches mit diesem Namen belegen chinesische Quellen, aber erst 1963 erbrachten bei Ausgrabungen von Coedès in Nakhon Pathom gefundene Silbermünzen, die einen ›Edlen von Dvaravati‹ nennen, den Beweis seines Bestehens.

Über die politische Geschichte und territoriale Ausdehnung des Reiches ist nichts bekannt. Fest steht, daß der ›Dvaravati-Stil‹ unabhängig von politischen Verschiebungen über mehrere Jahrhunderte bestand, sich über ein großes Gebiet ausdehnte und von einer Mon-Bevölkerung getragen wurde.

Prachinburi, Lopburi und Nakhon Pathom sind die Orte, um die sich die Fundstätten konzentrieren. Als Hauptstadt des Reiches wird allgemein Nakhon Pathom angesehen, während Lopburi möglicherweise selbständig war. Da hierüber Unsicherheit herrscht, das Dvaravati-Reich zudem in den chinesischen Berichten vom 8. Jahrhundert an nicht mehr erwähnt wird, der Stil sich hingegen bis ins 11. Jahrhundert verfolgen läßt, möchte Krairiksh die Bezeichnung ›Dvaravati-Stil‹ durch ›Mon-Sil‹ ersetzen. Uns scheint der Ausdruck überzeugend gewählt, da er unabhängig von Fundorten die Träger der Kultur bezeichnet.

Bis heute läßt sich die Entwicklung des Mon-Stiles allein an der Plastik ablesen. Von der Architektur haben sich fast nur Fundamente und Grundrisse erhalten, die überdies erst seit

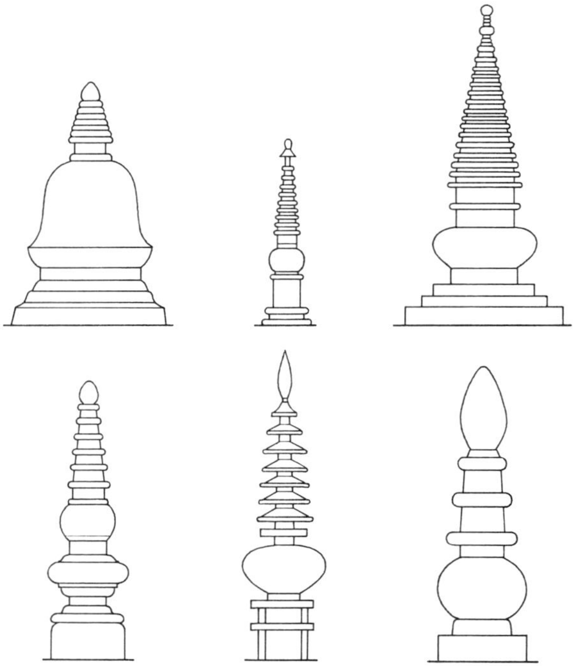

Verschiedene Typen von Mon-Stupas (nach Modellen und Reliefs des National-Museums)

etwa dreißig Jahren bekannt sind. Systematische Grabungen, begonnen mit den Arbeiten Duponts in Nakhon Pathom (1939–1940), haben Anfangsergebnisse gezeitigt. Für die intensive, alle Aspekte der Mon-Kunst – also Architektur, Bauplastik und Skulptur – umfassende Erforschung des Stiles sind weitere sorgfältige Grabungen unerläßlich.

Es scheint, als habe der Mon-Stil in Zentral-Thailand bald nach seinem Entstehen im 7. und 8. Jahrhundert einen Höhepunkt erreicht. In den folgenden zwei Jahrhunderten erlangte der Srivijaya-Stil einigen Einfluß auf die Mon-Kunst, die jedoch zu dieser Zeit so gefestigt war, daß die fremde Einwirkung schnell verblaßte. Die Srivijaya-Impulse regten die Mon zunächst zu neuen Schöpfungen an, aber bald kehrten sie zum Althergebrachten zurück. Damit ging ein allgemeiner Niedergang Hand in Hand, der in allen Fundorten spürbar wird. Stellenweise zog sich der Prozeß des Qualitätsverlustes bis ins 11. Jahrhundert hin, bis zum Eindringen der Khmer, die ihren eigenen Stil ins Land brachten.

Einzig im Norden des heutigen Thailand, im Königreich Haripunchai, blieb der Stil lebendig. Erst mit der Eroberung der Stadt Lamphun Ende des 13. Jahrhunderts löste ihn dort der von den Thai getragene Lan Na-Stil ab. Die Architektur des Mon-Stiles läßt sich nur aus wenigen Grundmauern und Bruchstücken sowie ein bis zwei Monumenten in Lampun erschließen. Eine Vorstellung vom Aussehen der Gebäude vermittelt ein Blick auf die

Bauten in Pagan. Sie gehen auf Prototypen der Architektur zurück, die in allen Mon-Staaten, sowohl in Burma als auch in Thailand, üblich gewesen sein müssen.

Die in Thailand ausgegrabenen Reste deuten auf zwei Grundformen hin. Die eine entwickelte sich aus einem Stupa, dessen Basis aus einem hohen, massiven Kubus mit Statuennischen an jeder Wand bestand, indem man ihn mit einem schmalen, überwölbten Wandelgang umgab. Von dieser Art scheint der Bau gewesen zu sein, dessen Reste man im Wat Phra Men in Nakhon Pathom ausgegraben hat. In den Nischen des zentralen Blockes waren offenbar die berühmten Buddha-Bildnisse im europäischen Sitz, von denen später ausführlich die Rede sein wird, aufgestellt.

Das Vorbild des anderen Typs war der indische Hindu-Tempel, ein quadratischer Bau mit Gitterfenstern an drei Seiten und einem Eingang. Oft ist ihm eine Vorhalle angefügt, das pyramidenförmige Dach meistens gestuft.

Mit dem Aussehen der damaligen Stupas machen kleine Steinmodelle und Basreliefs bekannt.

Ein mehrfach vertretener Typ besitzt ein vasenartiges Anda, das an die buddhistische Almosenschale erinnert. Darüber symbolisiert ein Mast mit übereinander gesteckten, im Durchmesser nach oben hin kleiner werdenden Scheiben den mehrstufigen Ehrenschirm. Als Abschluß erscheint an der Spitze ein knospenförmiges Gebilde.

Der zweite Typ, der die indische Tradition fortführt, sollte sich später zum charakteristischen Thai-Chedi weiterentwickeln. Seine kennzeichnenden Merkmale – der glockenförmige Baukörper und die wie aufgetürmte Reifen stilisierten Ehrenschirme – finden sich noch bei Chedis der neuesten Zeit.

Die beiden einzigen, einigermaßen konservierten Monumente des Mon-Stiles veranschaulichen einen dritten Stupa-Typ. Es handelt sich um zwei Chedis im Wat Kukut in Lamphun. Beide bestehen aus mehreren, sich verjüngenden Stockwerken von quadratischem Grundriß: Nischen, in denen Buddha-Figuren stehen, schmücken sämtliche Wände der einzelnen Etagen (Abb. 15). Als eine gegen Ende des 13. Jh. entstandene Kopie eines Mon-Stupas ist wohl das Chedi Si Liem in der Nähe von Chieng Mai anzusehen (Abb. 51).

Für Gebäudefundamente bevorzugten die Mon-Architekten Laterit, ein Material, daß in frisch abgebautem Zustand fast so weich wie Tonerde ist und sich leicht in Blöcke schneiden läßt. An der Luft verfestigt es sich zu der Härte von Stein. Die Oberbauten errichteten sie aus Backsteinen, die sehr sorgfältig ohne Mörtel verlegt wurden.

Ein wesentliches Element aller Bauten bildete der Gebäudeschmuck, figürliche Szenen und Ornamentbänder. Am häufigsten modellierte man diese Bauplastik aus Stuck, einem in der Hauptsache aus Kalk und Sand in variierendem Verhältnis gemischten Mörtel, dem vermutlich ein pflanzliches oder tierisches Bindemittel zugesetzt war. Flache Reliefs formte man direkt am Bau mit den Händen, wobei die Feinheiten kurz vor dem Hartwerden der plastischen Masse ausgearbeitet bzw. mit Sticheln und Schabern eingeschnitten wurden. Stark hervortretende Kompositionen und große Figuren benötigen ein Gerüst, das, vorwiegend aus Holz oder Bambus hergestellt, in der Regel vergangen ist und nur seine Hohlform im Stuck hinterlassen hat.

In Ku Bua konnten auch eine Anzahl sehr schöner Bauplastiken aus Terrakotta geborgen werden, einem Material, das anderwärts weniger beliebt gewesen zu sein scheint. Der Grund lag sicher in der Notwendigkeit spezialisierter Werkstätten. Einmal läßt sich das Rohmaterial schwieriger verarbeiten als Stuck, zum anderen gehört viel handwerkliche Erfahrung zum Brennen, denn der Ton schrumpft beim Brand und hat die Tendenz, sich zu verformen. Um solche Fehler zu vermeiden, fertigte man größere Figuren als Hohlformen mit einer Wandstärke von 3–5 cm an. Außerdem teilte man Plastiken von mehr als einem Meter Größe in handliche Stücke auf, die sich am Bau ohne Komplikationen zu einem organischen Ganzen vereinen ließen. Schließlich war auch das Befestigen der Terrakotta-Dekorationen am Gebäude nicht leicht zu bewerkstelligen, Holz- und Metallarmierungen mußten zu Hilfe genommen werden. Auf die fertigen Reliefs wurde ein Bewurf aufgebracht, der als Farbträger diente.

Gelegentlich tauchen skulptierte Ziegel als Grundsteine auf, florale oder geometrische Muster bilden ihren Schmuck.

Aus Stein gehauener Gebäudeschmuck ist beim Mon-Stil selten.

Wichtigstes Zeugnis der Plastik ist das Buddha-Bildnis, für das vermutlich um das 7. Jahrhundert eine eigene Ikonographie entwickelt wurde, die sich vom indischen Vorbild unterscheidet. Aber auch von den nachfolgenden Perioden hebt sich die Mon-Kunst klar ab. Ausgeprägtes Kennzeichen aller ihrer Werke ist ein ungewöhnlich starker Hang zur Symmetrie. Er offenbart sich schon in der Einzelfigur, naturgemäß noch deutlicher in Kompositionen auf Stelen und Tafeln, um endlich in der vollkommenen Symmetrie der Gesetzesräder seinen Höhepunkt zu erreichen.

Ein in die Augen springendes Merkmal aller Mon-Bildnisse ist die Ausformung der Augenbrauen als eine durchgehende, doppelt geschwungene Bogenlinie, die an das Bild eines fliegenden Vogels gemahnt, weswegen Le May den Ausdruck ›swallow type‹ einführt.[11]

Die Gesichter werden ziemlich breitflächig gebildet, mit kräftiger Nase und fleischigen Lippen. Die Augen sind mandelförmig, das obere Lid oft verdickt. Hervorstechend ist weiterhin die starke Stilisierung der Gewänder und Gesichter; sie wird namentlich bei Stuckarbeiten und im späten Stil von Haripunchai bis ins Karikaturenhafte übersteigert.

Bei den Buddha-Figuren fällt das glatte, durchsichtig wirkende Kleid auf, das den geschlechtslosen Körper wie nackt erscheinen läßt. Große, spiralige Locken bedecken den Kopf und den kegelstumpfartigen oder halbkugeligen Ushnisha. Auch bei freistehenden Plastiken wird die Rückseite unbearbeitet gelassen oder extrem vereinfacht.

Als Charakteristika des stehenden Buddha, der für den Mon-Stil sehr typisch ist, erweisen sich die frontale Darstellung und die stets gleiche Gestik der Hände. Das Gewand, das beide Schultern bedeckt, umschließt den Körper glatt wie eine Haut. Von den in Ellenbogenhöhe erhobenen Armen fällt das Obergewand rechts und links in gleichartigen Faltengruppen herab. Sein Saum bildet einen regelmäßigen Bogen, unter dem das Untergewand hervorschaut (Abb. 14).

Fast immer zeigen beide Hände den Argumentations-Gestus (vitarka-mudra; Abb. 13). Daß die Hände oft fehlen, erklärt sich aus der schlechten Qualität des Steins, der den Mon-Künstlern zur Verfügung stand. Es ist ein leicht brechender, sich in Platten spaltender, harter, schwärzlicher Schieferkalk, der sich mit der Zeit ins Bläuliche verfärbt. Möglicherweise wurde die Tendenz zu enggeschlossenen Konturen, die den Mon-Statuen innewohnt, durch die Eigenschaften des verwendeten Materials begünstigt. Man versuchte, dem Abbrechen der Hände zu begegnen, indem man sie gesondert anfertigte und mit Zapfen in die ausgehöhlten Unterarme einmontierte.

Eine weniger bedeutende Gruppe stehender Buddha-Bildnisse, zu der vor allem kleinformatige Bronzen gehören, weicht in der Ikonographie von dem vorgenannten Typus ab. Das Oberkleid läßt die rechte Schulter frei, die Gestik zeigt sich variabler, wobei die Hände gern verschiedene Haltungen annehmen, z. B. den Argumentationsgestus rechts und Geste der ›Gunstgewährung‹ (vara- oder varada-mudra) links. Hierin dokumentieren sich wohl Einflüsse des Nach-Gupta- und des indonesischen Stiles.

Gegenüber den sehr einheitlich erscheinenden, stehenden Buddha-Statuen weisen die sitzenden Figuren untereinander größere Verschiedenheiten auf. So ist die Anordnung der Kleidung variabler, meistens bleibt die rechte Schulter frei, das Obergewand wird oft zwischen den Beinen in mehreren Falten zusammengefaßt. Eine Neuerung ist der Gewandzipfel, der mehrfach gefältelt über die linke Schulter fällt.

Die Sitzfiguren präsentieren sich in zwei markanten Grundtypen: der europäischen und der indischen Sitzhaltung. Unter ihnen ist die kleine Gruppe im europäischen Sitz von besonderer künstlerischer Bedeutung. Außer bei den 3,70 m großen Quarzit-Figuren, die aus Wat Phra Men in Nakhon Pathom stammen, begegnet die Haltung bei einem Kolossal-Budhha (4,20 m) aus Schieferkalk in Ayuthia, bei mehreren Bronzen und auf einigen Reliefs. Mit Sicherheit geht die Darstellungsweise auf Vorbilder des indischen Gupta-Stiles zurück; sie sollte in der Kunst Thailands keine Nachfolge finden. Dessenungeachtet ist der sitzende Buddha aus Nakhon Pathom eine der beeindruckendsten Schöpfungen buddhistischer Kunst, die das National-Museum in Bangkok beherbergt.

Buddha-Bildnisse im indischen Sitz nehmen stets die ›Helden-Posse‹ (virâsana) ein, bei der die Beine übereinandergeschlagen sind, das rechte meist über dem linken. Manchmal sind nur die Füße gekreuzt. Die Haltung der Hände ist verschieden, am beliebtesten ist die ›Meditations-Geste› (dhyana-mudra), wobei beide Hände mit den Handflächen nach oben nebeneinander im Schoß liegen (Abb. 10). Daneben kommt der ›Argumentations-Gestus‹ (vitarka-mudra) vor sowie gelegentlich die ›Geste der Anrufung der Erde zum Zeugen‹ (bhumisparsa-mudra).

Wenn die Figuren aus Stein gehauen sind, verzichteten die Mon-Künstler wegen der bereits beschriebenen schlechten Steinqualität auf die vollplastische Gestaltung. Vielmehr trugen sie den Eigenschaften des Schieferkalks Rechnung, indem sie den Erleuchteten reliefartig vor einem mythologischen Hintergrund sitzend darstellten. Auf diese Weise erhielt die Skulptur Festigkeit. Ein Motiv, das später in Indochina, besonders im Khmer-Reich von Angkor, weite Verbreitung erlangen sollte, tritt bei derartigen Bildnissen zum ersten Mal in Thailand auf: Buddha im Schutze der fächerförmig ausgebreiteten Köpfe des Schlangenkönigs Mukalinda meditierend.

Trotz aller Gemeinsamkeiten der Buddha-Bildnisse des Mon-Stiles lassen sich eine Anzahl lokaler Schulen ausmachen. Aus der Gegend von U Thong kommen die meisten Bronzen, bei ihnen fällt die weiche Modellierung des Kopfes auf, den Mund umspielt ein kleines Lächeln (Abb. 13).

Die Stein-Skulpturen aus Nakhon Pathom haben eckige Gesichter, breite, volle Münder, und die Augenbrauen bilden einen kräftigen Wulst.

Plastiken aus dem Gebiet um Lopburi zeichnen sich durch scharf geschnittene Züge in einem leicht gerundeten Gesicht aus (Abb. 14).

In neuerer Zeit entdeckte Flachreliefs zeigen große Vielfalt in der Motivwahl und lebendige Gestaltung. Hier konnten die Künstler, ohne durch ikonographische Zwänge eingeengt zu sein, wesentlich freier arbeiten als bei Buddha-Bildnissen.

Die Szenen der wenigen erhaltenen Steinreliefs interpretieren kanonische Texte mit erstaunlicher Lebensechtheit. Noch weiter gehenden Naturalismus und größere Bewegtheit der Komposition bezeugen Tableaus aus Stuck und Terrakotta, die zum Schmuck von Gebäuden gedient haben. Einige der schönsten Reliefgruppen dieser Art stammen aus den Ruinen des Chedi Chula Paton (früher Wat Phra Paton in Nakhon Pathom), wo sie, dem Grabungsbefund zufolge, bei der zweiten Restauration gegen Ende des 8. Jahrhunderts in den Unterbau des Monuments eingefügt worden waren. Jede Platte maß 80 × 80 cm, in Reihen von achtzehn Stück schmückten sie jede Seite des Bauwerkes. Die meisten Tafeln illustrieren Episoden aus den ›Jatakas‹, den lehrhaften Legenden über die früheren Existenzen des Buddha.

Teile ähnlicher Dekorationselemente konnten auf dem Grabungsfeld von Ku Bua (Provinz Ratchaburi) geborgen werden. Da viele der Figuren stark beschädigt sind, zudem nicht in situ gefunden wurden, lassen sich über die Bedeutung der Darstellungen nur Mutmaßungen anstellen. Anscheinend hatte man hier mythologische Szenen bevorzugt: Schutzgötter, Yakshas, Opfergabenträger, mythische Tiere sind erkennbar, neben Bodhisattva- und Buddha-Bildnissen. Bemerkenswert sind in Ku Bua namentlich die oft sehr großen Terrakotten, die von anderen Orten viel seltener belegt sind (Abb. 9).

Ein dritter, wichtiger Fundort ist Khok Mai Den (oder Muang Bon). Die Figuren der dortigen Schule wirken einfacher als die der beiden vorgenannten. Verzerrte Haltungen und grimassierende Gesichter folgen sehr weitgehend dem Zug zur Karikatur, der den Mon-Plastiken freilich ganz allgemein innewohnt.

Dem Mon-Stil gehören auch annähernd zwanzig eigenartige Reliefplatten (ca. 50 cm hoch), vorwiegend aus Stein, an, deren Zweck und Bedeutung rätselhaft ist. Sie zeigen Buddha auf einem geflügelten Fabeltier stehend oder sitzend, oft in Begleitung zweier Gottheiten. Eine geflammte Aureole, die den Erleuchteten umgibt, symbolisiert seine machtgeladene Ausstrahlung. Man hat die Szene früher für eine Darstellung der Herabkunft vom ›Himmel der Dreiunddreißig‹ gehalten die in der Sukhothai-Zeit mehrfach abgebildet wird. Aber die Texte erwähnen dabei niemals einen Fabelvogel, und auch andere Details

Buddha auf Panasbati

Cakrastambha mit Anbetenden (nach einem Relief aus Bharhut, Indien)

lassen an der Richtigkeit der Hypothese zweifeln. Anscheinend waren die Reliefs an Wänden oder Pfeilern angebracht, denn alle besitzen an ihrer Rückseite einen Zapfen, außerdem ein Loch mitten im Bild zur zusätzlichen Befestigung. Nach einer Bezeichnung für das Fabeltier hat man die Platten ›Buddha auf Panasbati‹ genannt. Sie kommen ausschließlich in Thailand während der Mon-Periode vor und sind sonst im gesamten buddhistischen Kulturraum unbekannt.

Als ganz spezifische Schöpfungen der Mon-Kunst können die ›Gesetzesräder‹ (dharmacakra) gelten, da sie außerhalb ihres Wirkungsbereiches nur sehr selten auftreten. Das Rad symbolisiert die buddhistische Lehre, insbesondere die erste Predigt Buddhas, durch die er ›das Rad der Lehre in Bewegung gesetzt‹ hatte (Abb. 8). In diesem Sinne wurde es in Indien zur Zeit Ashokas verwendet. Auf den Ort der ersten Predigt, den Gazellenpark von Sarnath, deuten die Tierfiguren, die häufig in Verbindung mit dem Rad erscheinen, hin.

Bis heute sind etwa vierzig mehr oder weniger komplette Exemplare entdeckt worden. Lange wußte man nicht, in welchen Zusammenhang die Räder einzuordnen sind, bis 1963 ein glücklicher Fund in U Thong eine vollständige Komposition zu Tage förderte. Er zeigte, daß die Räder zu mehrteiligen Steinmälern gehören, den sogenannten ›cakrastambha‹, die aus Indien bekannt sind. Sie bestehen aus einem Pfeiler mit abschließenden Abakus, der das Rad trägt. Diese Erkenntnis gab nun auch die Erklärung für zahlreiche skulptierte Blöcke und Säulen, deren Funktion unerklärlich gewesen war. Zudem dokumentiert die Säule von U Thong, in welch hohem Maße die technische Konstruktion sich am Holzbau orientierte. Stilistische Kriterien ermöglichen die Datierung des Gesetzesräder ins 7. bis 9. Jahrhundert. Was die Mon in Thailand bewog, das Symbol nach fast tausend Jahren wieder einzuführen, entzieht sich unserer Kenntnis. Ebensowenig wissen wir über den Aufstellungsort und Zweck der Pfeiler innerhalb der Tempel. Bei neueren Grabungen fand man sie in der Regel einem Stupa unmittelbar benachbart, aber damit ist noch keine Gewißheit über ihren Platz im Kultus gewonnen. Rein formal gesehen mußte die geometrische, geschlossene Form des Rades in seiner absoluten Symmetrie die von diesem Gestaltungsprinzip getragene Mon-Kunst besonders inspirieren.

Die meisten Kunstwerke des Mon-Stiles sind im National-Museum in Bangkok zusammengetragen. Terrakotten und Steinplastiken aus dem gesamten Verbreitungsgebiet ermöglichen, unterstützt von Erläuterungstafeln, einen umfassenden Überblick. Einige schöne Beispiele des Mon-Stiles beherbergt das Museum in Nakhon Pathom. Von den drei berühmten, kolossalen Buddha-Figuren in europäischer Sitzhaltung ist eine im National-Museum in Bangkok aufgestellt. Die beiden anderen, im Bot des Phra Pathom Chedi (Nakhon Pathom) bzw. im Vihan von Wat Phra Men (Ayuthia), werden von der Bevölkerung noch heute hoch verehrt (Abb. 90).

Leider sind die beiden bekanntesten Reliefs des Mon-Stiles dem Reisenden in der Regel nicht zugänglich. Das eine, das die Predigt des Erleuchteten vor seiner Mutter im Tavatimsa-Himmel und das Große Wunder von Sravasti darstellt, befindet sich im Vihan von Wat Sutat (Bangkok), der fast stets verschlossen ist. Das andere schmückt eine Wand der Bodhisattva-Grotte, die ca. 20 km östlich Saraburi, etwa 10 km abseits der Fernstraße nach Khorat liegt.

Haripunchai-Kunst

Zu einer Zeit, da in seinem ursprünglichen Kerngebiet der Mon-Stil bereits vom Khmer-Stil abgelöst worden war, lebte er in Nordthailand im Königreich Haripunchai noch fort. Dieser Staat war sehr wahrscheinlich im 8. Jahrhundert von Einwanderern aus Lopburi gegründet worden, seine Hauptstadt Lamphun hatte sich zu einem künstlerischen und religiösen Zentrum entwickelt.

Dort, im Wat Kukut (Wat Chama Thevi), befinden sich auch die einzigen bereits erwähnten Architekturmonumente des Mon-Stiles, die aufrechtstehend erhalten sind. Beispiele der frühen Haripunchai-Kunst sind etliche schöne Buddha-Köpfe, die deutlich die Charakteristika des Mon-Stiles tragen. Sie sind im Museum von Chieng Mai ausgestellt.

In der späteren Zeit nimmt die Kunst Impulse des nordindischen Pala-Sena-Stiles auf, die sicher durch die für das 11. Jahrhundert bezeugten Kontakte mit den Mon-Reichen Burmas vermittelt wurden. Hohe Diademe mit dreieckigen Blumenmustern und reiche Halskragen sind diesem Einfluß zu danken. Andererseits sind gewisse Details, z. B. der durch ein Band begrenzte Haaransatz und die kleinen, spitzen Locken, wohl Anregungen der Khmer-Kunst zuzuschreiben. Im ganzen präsentiert sich die Buddha-Ikonographie als eine Synthese dreier Stilrichtungen – Mon, Pala-Sena, Khmer –, die den Bildnissen einen originalen Charakter verleiht. Gegen Ende der Haripunchai-Periode, im 12. Jahrhundert, entarten die Gesichter oft ins Groteske.

Eine ganze Reihe von Beispielen der Haripunchai-Plastik – neben Buddha-Bildnissen sind Darstellungen von Fürsten und Jüngern bekannt – sind Terrakotten. Bauschmuck aus diesem Material, aber auch Buddha-Figuren, stellte man oft mit Hilfe von Modeln her. Dadurch wurde die Tradition lange gewahrt, die künstlerische Qualität erlitt jedoch Einbußen.

Mit der Eroberung Lamphuns durch Meng Rai (1296) fand die Haripunchai-Kunst ihr Ende. Sie wurde abgelöst durch den von Thai-Merkmalen geprägten Lan Na-Stil, auf den sie sich nur wenig auswirkte.

Lamphun, Wat Kukut

Einer der ältesten Tempel Nordthailands ist das *Wat Kukut* (oder Wat Chama Thevi) in Lamphun. Alte Chroniken schreiben seine Gründung König Mahandayok zu, der angeblich die Asche seiner Mutter, der Königin Chama Thevi, zusammen mit den Stoßzähnen zweier glücksbringender Elefanten, die in ihrer Regierungszeit lebten, in dem Kloster beisetzen ließ. Im Tempelbezirk befinden sich zwei Chedis von großem kunsthistorischem Interesse.

Das größere ist der Überlieferung zufolge vom Mon-König Dittaraja (1120–1150) anläßlich seines Sieges über eine angreifende Armee des Königs von Lavo (Lopburi) erbaut worden. Nach der Zerstörung des ersten Baues durch ein Erdbeben, erhielt es 1218 seine heutige Gestalt. Trotz häufiger Restaurationen dürfte die ursprüngliche Form des Gesamtbaues wie auch der plastischen Details im wesentlichen gewahrt sein (Abb. 15).

Die schlanke, quadratische Ziegelpyramide erhebt sich in Stufen auf einem mächtigen Sockel, ihre Spitze ist abgebrochen. Auf jeder Seite der fünf Stockwerke stehen drei Buddha-Figuren aus Terrakotta in Nischen, die von Stuckdekor umrahmt sind. Miniaturstupas krönen die vier Ecken jeder Plattform. Die Höhe der einzelnen Etagen verringert sich nach oben, und die Nischen mit ihren Figuren werden dementsprechend kleiner. Durch diesen architektonischen Kunstgriff erscheint das Gebäude optisch viel höher, als es tatsächlich ist. Gestik und Gewandgestaltung der sechzig Figuren zeigen Elemente des Mon-Stiles, ebenso weist die Gesamtkomposition Ähnlichkeit mit Bauten der Mon in Pagan auf. Aus diesem Grunde wird das Chedi allgemein als eines der wenigen Architekturdenkmäler Thailands, die dem Mon-Stil angehören, gewertet.

Das zweite, wesentlich kleinere Chedi (Chedi Ratana) ist nach dem gleichen Muster, jedoch mit achteckigem Grundriß ebenfalls im 12. Jahrhundert erbaut worden.

In derselben Tradition steht ein stark beschädigtes Chedi im Bezirk des Wat Haripunchai bei Lamphun.

Die Stile der Halbinsel

Bereits in den ersten Jahrhunderten unserer Zeitrechnung waren, begünstigt durch ihre geographische Lage, auf der Malayischen Halbinsel eine Anzahl kleiner Fürstentümer entstanden. Die kulturelle Entwicklung verdankten sie indischen Anregungen, die über die großen Handelswege ihre Gebiete erreichten. Wenn auch die Namen von mehreren dieser Zwergstaaten zumeist aus chinesischen Quellen bekannt sind, so lassen sie sich doch zum

Teil nicht mit Sicherheit lokalisieren. Zahlreiche Funde von Stein- und Bronzeskulpturen, manche sicherlich Importe, verraten den Einfluß verschiedener indischer Stilrichtungen, vor allem der buddhistischen Pallava- und Gupta- sowie der brahmanischen Cola-Schule.

Vom 8. bis 13. Jahrhundert befand sich der größte Teil der Malayischen Halbinsel, der gesamte Süden von Chaiya an, unter der Herrschaft des Königreichs Srivijaya, dessen Hauptstadt Palembang auf Sumatra war. Hauptsächlich praktizierte Religion dieses hochindisierten Staates scheint der Mahayana-Buddhismus gewesen zu sein. Hinduismus und Theravada müssen jedoch nahezu gleichberechtigt daneben gestanden haben. Die Kunst Srivijavas ist eklektizistisch, sie spiegelt die vielfältigen wirtschaftlichen und kulturellen Beziehungen des Landes zu seinen Nachbarn Dvaravati, Kambodscha, Nord- und Südindien und besonders Java. Auch in ihren Ausstrahlungen auf die Malayische Halbinsel zeigt sie vielerlei Aspekte. Dennoch hat sie es vermocht, deutliche Spuren in der Plastik des Menam-Beckens und der Ostprovinzen Thailands zu hinterlassen.

Bis zur Eingliederung der Halbinsel in das Ayuthia-Reich tauchen beständig neue Impulse auf, die, an verschiedenen Plätzen aufgegriffen und einige Zeit weitergetragen, alsbald wieder verschwinden. In diesem Phänomen spiegelt sich der Wechsel kurzlebiger Stadtstaaten.

Die Datierung der einzelnen Arbeiten ist sehr schwierig, eine chronologische Einordnung nur in großen Zügen möglich. Schon das Fehlen einer ausreichenden Zahl von Fundstücken an den meisten Orten macht es unmöglich, eine kontinuierliche Stilentwicklung zu konstatieren.

Aus der Masse der Kunstwerke seien deshalb nur einige markante Einzelwerke bzw. Serien herausgehoben.

Zu den frühesten, zugleich schönsten in Thailand gefundenen Steinskulpturen des Erleuchteten gehört ein in Meditation versunkener sitzender Buddha aus Chaiya. Ikonographische Details weisen auf südindischen Einfluß hin; die Datierung ins 6. Jahrhundert scheint aus denselben Gründen gesichert (Abb. 18).

Große Schönheit offenbaren zahlreiche, unterschiedlichen Traditionen verhaftete, oft sehr qualitätvolle Bodhisattva-Bildnisse des 8. und 9. Jahrhunderts. In Stein ausgeführt, tragen sie meistens über der linken Schulter ein Antilopenfell, die übrige Kleidung ist sehr sparsam gehalten (Abb. 17). Man hat deshalb vermutet, daß sie ursprünglich mit echten Goldschmiedearbeiten geschmückt worden sind. Bronzen zeigen die Bodhisattva Avalokiteshvara in der Regel als Prinzen im vollen Schmuck. Wohl die berühmteste Darstellung der Art ist der Avalokiteshvara-Torso des National-Museums, ein Meisterwerk, das indonesisches oder Pallava-Erbe nicht verleugnen kann, andererseits aber ganz eigenständige Ausdrucksmittel bekundet.

Überraschend viel Eigencharakter weisen Steinstatuen brahmanischer Götter auf. Offenkundige Verwandtschaft mit der Pallava-Kunst beschränkt sich bei ihnen auf Äußerlichkeiten, so daß man ihnen durchaus Originalität zuerkennen muß. Die größte, ziemlich homogene Gruppe innerhalb der Hindugottheiten bilden die Vishnu-Statuen (Abb. 16), die schon bald die Aufmerksamkeit der Kunsthistoriker auf sich gezogen haben. Gemeinsam ist ihnen ein langer Sarong, dessen Saum vorn in einer Faltenbahn zwischen den leicht gespreizten Beinen bis zum Boden herabhängt. Die vordere linke Hand lehnt auf einer Keule, die rechte hält eine Erdkugel, damit ist der Gott als Schützer der Erde symbolisiert. Zur Unterstützung der rechten Hand wird ein Pfeiler benötigt, der häufig wie das lange Stoffende des Gürtels ausgebildet ist. Diese fünf Stützpunkte – Keule, Füße, zwei Stoffbahnen – hielten die Bildhauer als ausreichend für die Stabilität der Figur. Ebenso optimistisch behandelten sie die oberen Arme; sie arbeiteten sie vollkommen freiplastisch, unter Verzicht auf die sonst in der Vor-Angkor-Kunst übliche Verbindung mit der Haartracht. Freilich hat diese Kühnheit des Entwurfs zur Folge gehabt, daß fast alle Statuen an den Knöcheln abgebrochen sind und ihre oberen Arme verloren haben.

Den Gemeinsamkeiten steht eine Fülle unterscheidender Details gegenüber, sowohl in der Gestaltung der Kopfbedeckung und des Gürtels als auch in der künstlerischen Auffassung. Was sie aber vor allen anderen, aus der indischen Tradition erwachsenen südostasiatischen Kunstschulen auszeichnet, ist die einfühlsame Modellierung des Körpers und die gut beobachtete Wiedergabe des Muskelspiels. Eigenständig wirkt auch der Gesichtsschnitt der Figuren, der keine Verwandtschaft mit zeitgleichen ostasiatischen Stilen erkennen läßt. Sanft, abgeklärt, manchmal lächelnd schauen die oft klassisch schönen Köpfe den Betrachter an.

Die Werkstätten, in denen die Konzeption geboren worden war, lagen auf der Malayischen Halbinsel, aber in Zentralthailand wurde der Typ aufgegriffen. In Dong Si Maha Pot, nicht weit von Prachinburi, entwickelte sich eine Schule, die lange Zeit, vielleicht bis zum Anfang des 11. Jahrhunderts, die von der Halbinsel bzw. Srivijaya übernommene Tradition brahmanischer Götterbilder beibehielt.

Weniger intensiv machen sich Ausstrahlungen der Kunst der Halbinsel in den Gebieten westlich des Menam bemerkbar, verschwinden auch schnell wieder, vermutlich, weil das Kunstgeschehen fest im Theravada und dem damit verbundenen Mon-Stil verankert war.

Erhebliche Schwierigkeiten stehen der Datierung der Vishnu-Statuen von der Halbinsel und aus Dong Si Maha Pot entgegen; nach den neuesten Forschungen plaziert man sie in die Zeit von der Mitte des 7. bis zum Beginn des 9. Jahrhunderts. Aber die Einordnung der Einzelstücke in eine relative Chronologie ist noch nicht gelungen.

Eines der schönsten Buddha-Bildnisse von der Malayischen Halbinsel ist der sogenannte ›Buddha von Grahi‹ (= Chaiya), der im National-Museum in Bangkok zu bewundern ist. Dargestellt ist der Erleuchtete im Schutze der Naga, jedoch, abweichend von der sonst üblichen Ikonographie, in der mahavijaya-Geste. Ungewöhnlich sind auch die Ausführung des Gewandzipfels über der linken Schulter und des Ushnisha. Die Bronzefigur wurde in drei Partien gegossen; dem sitzenden Buddha, dem aufgerollten Schlangenleib und dem geblähten Schlangenhals mit sieben Köpfen. Daraus ist von einigen Kunsthistorikern geschlossen worden, daß die beiden Hauptteile, Buddha-Figur und Schlange, zu verschiedenen Zeiten entstanden sind. Zusätzliche Probleme ergeben sich aus einer schwer lesbaren Inschrift mit Datum, die im Sockel eingraviert ist. Demzufolge differieren die Datierungen, ausgehendes 12. oder ausgehendes 13. Jahrhundert, um hundert Jahre. Le May spricht die interessante Hypothese aus, daß die Teile der Figur, die zweifelsfrei einer Übergangszeit angehört, zwar gleichzeitig, aber von zwei Personen gestaltet wurden: »Ein ›Künstler‹, noch unter Mon-Einfluß stehend, modellierte das Bildnis des Buddha, während ein ›Kunsthandwerker‹ unter Khmer-Einfluß den Naga-König gegossen hat.«

Von ganz anderem Aussehen als das eben besprochene Bildnis ist ein anderes, nicht weniger berühmtes Bildnis der Halbinsel: der ›Phra Buddha Sihing‹. Die Figur, die im 13. Jahrhundert gegossen sein muß, stimmt in vielen Details mit Buddha-Bildnissen des Lan Na-Stiles überein. Während sich aber in Nordthailand dieser Typ serienweise findet, ist der Buddha Sihing zu dieser Zeit auf der Halbinsel einmalig. Ob er ein Importstück aus Lan Na war, unter nordthailändischem Einfluß in einer örtlichen Werkstatt hergestellt wurde oder unabhängig vom Lan Na-Stil unter denselben Pala-Impulsen wie dieser in Nakhon Si Thammarat entstanden ist, läßt sich beim gegenwärtigen Stand der Forschung nicht entscheiden. Das Hauptmerkmal, das ihn von allen nordthailändischen Exemplaren unterscheidet, ist die Stoffbahn, die kurz, aber breit gefältelt über die linke Schuler fällt – ein Detail, das ihn mit der zentraljavanischen Kunst verbindet.

Der Buddha Sihing hat von altersher in hoher Verehrung gestanden, darum wurden zahllose ›Kopien‹ angefertigt, so daß eine regelrechte Schule von Nakhon Si Thammarat daraus hervorging. Freilich, so bedeutsam die Nachbildungen für die Schule waren, so bewahrte sie daneben auch manche Wesenszüge des Mon- und des Srivijaya-Stiles. Noch zu der Zeit, da der National-Stil praktisch alle lokalen Eigentümlichkeiten aufgesogen hatte, existierten auf der Malayischen Halbinsel mindestens in zwei Städten, Nakhon Si Thammarat und Chaiya, Werkstätten, die neben der landesweit uniformen Produktion Buddha-Bildnisse herstellten, die eine gewisse, südthailändische Originalität bezeugen.

Von der Architektur des javanisch beeinflußten Stiles hat fast nichts die Zeiten überdauert. Als einziges Beispiel des sogenannten Srivijaya-Stiles gilt ein Bau (Phra Borom That) im Wat Mahathat in Chaiya, dessen Kern vemutlich aus dem 8. Jahrhundert stammt, der aber 1901 stark restauriert worden ist. Es scheint jedoch, als sei bei der Renovierung das alte Aussehen weitgehend beibehalten worden.

Ein mit Simsen gegliederter Sockel trägt den viereckigen Bau, dessen Eingang vorgezogen und mit einem skulptierten Giebel geschmückt ist. An den übrigen drei Seiten ersetzen ebenso gestaltete Scheintüren das Portal. Das Dach baut sich aus drei Scheinetagen auf, die in der Mitte jeder Seite hufeisenförmige, stark an indische kudus (Scheinfenster) erinnernde Schmuckfelder unterbrechen. Neuere Zutat dürfte das eckige Chedi der Bekrönung sein. Im ganzen zeigt das Monument nahe Verwandtschaft mit einigen kleinen Candi auf Java. Sehr ähnlichen Chrakter hat ein leider recht verfallenes Heiligtum im Wat Keo (Chaiya).

Ein Zentrum des javanisch beeinflußten Stiles muß Nakhon Si Thammarat gewesen sein, wenn auch kein Bauwerk der Zeit mehr vorhanden ist.

Nakhon Si Thammarat

Lange Zeit nahm Nakhon Si Thammarat (s. auch S. 386) unter seinem malayischen Namen ›Ligor‹ oder ›Lakorn‹ eine wichtige Position in der Geschichte ein. Es war die Hauptstadt des Königreichs Tambralinga, von dem bereits Texte des zweiten nachchristlichen Jahrhunderts berichten. Im 8. Jahrhundert mußte Ligor die Oberhoheit Srivijayas anerkennen. Der Herrscher dieses mächtigen Reiches gründete, so verzeichnet eine Stelle aus dem Jahre 775, in der Stadt ein buddhistisches Heiligtum. Die geschichtlichen Zusammenhänge der nächsten Jahrhunderte konnten bisher nicht zweifelsfrei geklärt werden, sicher scheint, daß es den Königen Tambralingas gelang, ihren Machtbereich weit nach Norden bis in die Menam-Ebene auszudehnen.

Vom 11. bis 13. Jahrhundert bestanden enge Beziehungen zum Khmer-Staat. Mit dem Erstarken Sukhotais kam das Land um Nakhon Si Thammarat unter den Einfluß der Thai. In einer Inschrift von 1292 rühmt sich Ram Kamheng, Ligor erobert zu haben; offenbar hat es aber weiterhin eine gewisse Selbständigkeit besessen. Erst Ayuthia setzte seinen Herrschaftsanspruch auch im Süden endgültig durch. Obgleich es seither ganz in die Kulturentwicklung Thailands integriert ist, hat Nakhon Si Thammarat in der Kunst oft einen eigenwilligen Ausdruck bewahrt.

Weil die Stadt vor Jahrhunderten am Meer lag, reihten sich ihre Häuser an einer Uferstraße aneinander, so daß der langgezogene Stadtplan entstand, der praktisch nur eine Längsachse mit kurzen Querarmen aufweist. Heute bildet der nördliche Bezirk, in der Nähe des Bahnhofs, den lebendigsten Teil des Ortes, Geschäfte, Werkstätten, Hotels und Banken konzentrieren sich hier.

Die alte Stadt erstreckte sich weiter im Süden, jenseits des Klong Muang, an dessen Ufer man links der Straße einen Überrest von der nördlichen Flanke der Stadtmauer sehen kann.

Der berühmteste Tempel von Nakhon Si Thammarat ist das *Wat Mahathat,* von dem angenommen wird, daß es seit mehr als tausend Jahren besteht. Keine Chronik überliefert das Gründungsdatum, nur ein gründlicher Umbau im Jahre 1257 wird registriert.

Wie üblich umgibt eine viereckige, nach außen geschlossene Galerie den geweihten Bezirk. Der Eingang befindet sich im Osten, rechts neben dem langen Vihan, der rechtwinklig in den Wandelgang eingefügt ist.

Den Mittelpunkt der Anlage bildet das große Chedi (ca. 77 m hoch), dessen oberste Spitze mit Goldplatten bedeckt ist. Unter dem heutigen Monument, das dem ceylonesischen Typ entspricht, vermutet man ein älteres Heiligtum, ähnlich dem oben beschriebenen Bau in Chaiya. Das Chedi steht auf einem hohen Sockel, an den auf drei Seiten, sichtlich als spätere Zutat, Galerien angebaut sind. In dem niedrigen, recht dunklen Gang sind an der Wand des Chedi-Unterbaus Nischen zu sehen, aus denen Elefanten mit dem Vorderkörper herausschauen. Dazwischen sind Buddha-Statuen aufgestellt; am Anfang der Galerie thront ein Buddha auf einem Altar, vor dem stets Räucherstäbchen und Kerzen brennen.

Auf der Nordseite ist an die Basis des Chedi der heiligste Schrein angefügt. Im Innern des Gebäudes führt eine Treppe (deren Betreten verboten ist) zur ›Glocke‹ des Chedi hinauf, Nagas, Löwen und Yaksas bewachen den Aufgang. Rechts und links, zwischen Treppenwangen und Außenwänden hat man Kapellen eingerichtet. In beiden schmücken, leider von Maschendraht geschützt, sehr hübsche Reliefs der Ayuthia-Zeit die Wände an der Treppe. An den heiligen Schrein schließen sich weitere Gebäude an, von denen zwei den Tempelschatz beherbergen, Geschenke unterschiedlicher Qualität, die Gläubige gestiftet haben. Goldschmiedearbeiten, meist silberne Bäumchen, chinesisches Porzellan, Sawankhalok-Keramik, Plastiken aus Stein, Stuck und Holz verstauben einträchtig nebeneinander. Die beiden einzigen Figuren von wirklich künstlerischem Wert, ein stehender Buddha im Mon-Stil und ein Buddha auf der Naga im Stil der Halbinsel, muß man suchen. Sie befinden sich beide im nördlichen Flügel, ziemlich nahe beim Ausgang.

Eine weitere Kapelle und ein Vihan liegen im nördlichen Abschnitt des Tempelhofes, der als hübscher Garten gestaltet ist. Im südlichen und westlichen Teil stehen Dutzende von kleinen, nahezu identischen Chedi rechtwinklig ausgerichtet, dicht nebeneinander, aber auch um sie herum blühen Blumen und Büsche (Abb. 20).

Außerhalb der Umfassung, nahe an ihrer Südflanke, erhebt sich ein großes Gebäude, das meistens als Vihan Luang bezeichnet wird, aber durch Bai Sema in aufwendigen Tabernakeln als Bot gekennzeichnet ist. Der prächtig ausgestattete Bau mit Staffeldach und Säulenumgang wurde in der frühen Bangkok-Zeit so weitgehend restauriert, daß man nicht mehr entscheiden kann, wieviel vom Original stammt. Ein Charakteristikum des Ayuthia-Stiles, die nach innen geneigten Pfeiler und Wände, ist bei der Konstruktion so stark übertrieben worden, daß das Gebäude geradezu schief wirkt.

Die zweite Sehenswürdigkeit Nakhon Si Thammarats ist der Phra Buddha Sihing, eine Figur, die anscheinend der sogenannten ›Schule von Nakhon Si Thammarat‹ als Vorbild diente. (Wir haben oben darüber berichtet.) Um die Plastik rankt sich eine merkwürdige Legende, derzufolge sie in Ceylon gegossen und auf wunderbare Weise nach Thailand gelangt sein soll. Wegen ihrer segensreichen Kraft entspann sich ein Kampf um ihren Besitz – und nun behaupten drei Tempel den echten Buddha in ihren Mauern zu bewahren! Welche der drei Figuren das Original ist – die in Nakhon Si Thammarat, die im Wat Phra Singh (Chieng Mai) oder die in der Buddhaisawan-Kapelle des National-Museums in Bangkok – läßt sich nicht mehr feststellen. Alle drei unterscheiden sich in Details, aber keiner weist singhalesische Stilmerkmale auf. Man glaubt deshalb, daß es sich bei allen um Arbeiten thailändischer Künstler der Sukhothai-Zeit handelt.

In Nakhon Si Thammarat ist der Phra Buddha Sihing in einem kleinen, modernen Schrein neben einem alten Baum im Hof der Präfektur untergebracht. Da er verhältnismäßig klein ist und man nicht nahe herantreten kann, fällt es schwer, seine künstlerische Qualität zu würdigen. Die Figur sitzt in vajrasana-Haltung, wobei beide Fußsohlen sichtbar bleiben, die Hände vollführen die bhumisparsa-Geste. Den Altar flankieren zwei stehende Buddha-Statuen, von denen eine mit Gold, die andere mit Silber umkleidet ist.

Im neuen Museum, das weit im Süden der Stadt, ein ganzes Stück über Wat Mahathat hinaus, gebaut worden ist, hat man Beispiele aller Kunststile Thailands zusammengetragen. Die Betonung liegt jedoch auf den Objekten, die auf der Malayischen Halbinsel gefunden wurden. Glanzstücke sind die drei brahmanischen Steinskulpturen vom Phra-Narai-Berg bei Ta Kuapa; sie repräsentieren reinen Pallava-Stil (8.–9. Jh.), weswegen sie allgemein als Importstücke gelten.

Eine nach alter Vorlage aus Büffelhaut geschnittene Figur, wie sie in Bangkok als Souvenirs verkauft werden

Die zahlreichen übrigen Tempel Nakhon Si Thammarats, von denen einige schöne, alte Buddha-Figuren besitzen, sind kunsthistorisch nicht besonders bemerkenswert. Seit unvordenklichen Zeiten bestehen drei dicht beieinander liegende Wat im nördlichen Teil der Altstadt. Im ersten, Wat Sema Muang, wurde eine Srivijaya-Inschrift entdeckt, in den beiden anderen gibt es geringe Baureste derselben Epoche. Mindestens einer der Tempel diente übrigens dem brahmanischen Kult.

Früher war Nakhon Si Thammarat wegen seines Kunsthandwerks bekannt, namentlich die Silberschmiede standen im Ruf, die schönsten Niello-Arbeiten Thailands herzustellen. Diese Technik, wahrscheinlich aus China kommend, fand hier zuerst Eingang. Gegenwärtig üben nur noch wenige Werkstätten das Handwerk aus.

So gut wie völlig ausgestorben ist jetzt die Kunst des Schattenspiels (Nang), die ebenso wie der klassische Tanz (Khon) hier im Süden entstanden sein soll. Nang-Figuren aus Tierhaut, in kleinem Maßstab, aber traditionellen Mustern, werden neuerdings als Wandschmuck und Reiseandenken für in- und ausländische Touristen geschnitten. Manche Exemplare sind sehr fein gearbeitet und in der Hell-Dunkel-Verteilung ungemein reizvoll. Einige Hersteller findet man gegenüber von Wat Mahathat, aber in den Souvenirläden Bangkoks (z. B. in Wat Phra Keo und Wat Po) ist die Auswahl ebenso groß.

In den Tempeln der Region dürfte noch mancher alte Bau von kunsthistorischem Interesse existieren, der auf seine Wiederentdeckung wartet. Viele Chedis haben eine spezielle Silhouette, die in anderen Gegenden Thailands unbekannt ist. Als gut erhaltenes Beispiel sei Chedi Phratan im *Wat Sathing Phra* genannt, das im Zentrum des gleichnamigen Ortes, an der Straße Nakhon Si Thammarat – Songkhla liegt und mehrere bemerkenswerte Bauwerke besitzt.

Wenn man in den weiten Klosterhof eintritt, stößt man rechter Hand auf einen Glockenturm, an dessen Sockel Fragmente alter Stuckreliefs zu sehen sind. Der Vihan daneben scheint renoviert, aber nicht neu zu sein; ebenso beweist der mächtige Bodhi-Baum, daß er vor langer Zeit gepflanzt wurde. Das Chedi erhebt sich in der Mitte des Hofes auf einem kreuzförmigen Sockel. Zwei seiner Flügel enthalten tiefe Nischen mit Kultbildern auf Altären, auf den beiden anderen führen Treppen zum Umgang um das Chedi hinauf. Der Baukörper gleicht eher einem Zylinder als einer Glocke, und die Wand ist leicht konkav geschwungen. Chattras und Harmika sehen aus wie ein Pavillon mit spitzem Dach.

Neuerdings gut restauriert, präsentiert sich ein *Vihan Phra Non,* der sicher aus der Ayuthia-Zeit stammt. Unter der Kolonnade vor der Längswand der Eingangsseite, hat man Reste beachtenswerter Stuckfiguren konserviert (Abb. 21). Sie gehören, wie die Skulpturen des Giebelfeldes, dem Ayuthia-Stil an. Von den Malereien des Innenraums, dessen ganze Länge ein liegender Buddha einnimmt, konnte nur wenig gerettet werden. Die Bilder waren vermutlich um die Wende vom 19. und 20. Jahrhundert von ortsansässigen Künstlern in volkstümlicher Art gemalt worden.

Der Khmer-Stil

Vom 6. Jahrhundert an breitet sich die Kunstauffassung der Khmer zunehmend in Thailand aus. Als erste werden die nordöstlichen Landesteile betroffen (vom 10. bis ins 13. Jh.), dann das gesamte Zentral-Thailand. Zumeist lehnen sich die in Thailand geschaffenen Werke, sei es Architektur, sei es Plastik, so stark an das kambodschanische Vorbild an, daß sie sich mühelos in die Abfolge angkorikanischer Stilperioden einordnen lassen. Dennoch klingen in vielen Fällen Töne an, die den Khmer-Arbeiten Kambodschas fehlen. Man sollte solche Kunstwerke nicht einfach pauschal als provinziell abqualifizieren, kommen doch dabei gelegentlich Traditionen des Mon-Stiles zum Durchbruch.

Die zahlreichen Bauten im Khmer-Stil auf thailändischem Territorium zeigen alle die charakteristischen Elemente der Architektur Kambodschas: die ›Prasat‹ genannten Tempeltürme im Mittelpunkt der Anlagen, die manchmal Vorhallen haben, von Galerien mit Baluster-Fenstern umgebene Höfe und mehr oder weniger aufwendige Torgebäude (Gopuram). Reicher Bauschmuck umrahmt Fenster und Türen, auf den Türstürzen beleben mythologische Figuren üppigen Pflanzendekor.

An einigen Orten sind Oberschwellen gefunden worden, die auf Grund ihrer Ornamentik ins 7. und 9. Jh. zu datieren sind. Allerdings müssen die Ruinen, aus deren Bezirk sie stammen, nicht in jedem Falle derselben frühen Zeit angehören. Einen Türsturz, wohl den ältesten (1. H. des 7. Jh.) aus dem Gebiet von Chantaburi, bewahrt das National-Museum in Bangkok, andere befinden sich im Museum von Phimai. So die wertvollsten aus Prasat Hin Muang Khek, einem von mehreren Ruinenplätzen der Umgebung Nakhon Ratchasimas.

Gegen Ende des 10. Jahrhunderts wurde anscheinend mit dem Bau des Komplexes von Prasat Muang Tam begonnen, die Arbeit daran zog sich jedoch fast über hundert Jahre hin, so daß er in seiner Gesamtheit dem 11. Jahrhundert zuzurechnen ist (Farbt. 28).

Die größten und schönsten Tempelanlagen in Thailand errichteten die Khmer im 12. Jahrhundert, zur Zeit der höchsten Kulturblüte und Machtausdehnung ihres Reiches. Als Beispiele seien die Ruinen von Prasat Phanom Rung (Farbt. 27, Abb. 33–36), und Prasat Phanom Wan beschrieben, die beide ohne Schwierigkeiten zu besuchen sind.

Eine Sonderstellung unter den Baudenkmälern Thailands nimmt der Tempel von Phimai ein (Farbt. 26, Abb. 29). Die Stadt ist ein weitausstrahlendes Zentrum des Mahayana gewesen, der hier in seiner Sonderform des Vajrayana (= Diamant-Fahrzeug) gepflegt wurde. Magie, erotische Praktiken und Riten des Volksglaubens waren in diese Kultrichtung des Buddhismus in so hohem Maße integriert, daß sie dem hinduistischen Tantrismus nahe stand. Aus dieser Geisteshaltung heraus wird die Ikonographie des ›geschmückten Buddha‹ verständlich, deren Ursprung allem Anschein nach in Phimai zu suchen ist. Die Bedeutung der Stadt belegt eine 240 km lange Straße, die Phimai mit Angkor verband. Vermutlich von Suryavarman II. angelegt, läßt sich ihr Verlauf mit Hilfe der Ruinen zahlreicher Rasthäuser rekonstruieren. Suryavarman II., einer der fähigsten Herrscher Angkors, entstammte der Mahidharapura-Dynastie, die wahrscheinlich im Mun-Gebiet beheimatet gewesen war. Den größten Teil seiner Regierungszeit verbrachte er im Norden seines Reiches, und so nimmt es nicht Wunder, daß die prächtigsten Tempelbauten Nordost-Thailands unter seiner Ägide entstanden sind.

Auch in Zentral-Thailand sind einige Khmer-Tempel bekannt, freilich viel weniger als in der Nordost-Region. Ihre Ausführung ist im Ganzen provinzieller als die der vorerwähnten Heiligtümer. Namentlich die Bauten Jayavarmans VII. spiegeln die Eile, mit der sie aufgeführt wurden, Türstürze und Pilaster sind nach stereotypen Mustern gestaltet und lassen die Phantasie und Feinheit früherer Schöpfungen vermissen. Fast alle bestehen aus drei nebeneinandergesetzten Tempeltürmen (prasat), sind aus Laterit errichtet und besitzen Bauschmuck aus Stuck. Die Entstehungszeit läßt sich bei keinem mit Sicherheit genau bestimmen.

In Sukhothai ist der älteste Khmer-Tempel, Ta Pha Daeng (oder Sala Devaraksa) wohl in der Regierungszeit Suryavarmans II. (1113–1150) entstanden. In seinem Bezirk fand man fünf schöne Skulpturen brahmanischer Gottheiten.

Jayavarman VII. war vermutlich der Gründer der beiden anderen, Wat Phra Pai Luang und Wat Si Sawai. Bei der Restaurierung des ersten entdeckte man Fragmente einer Buddha-Figur mit den Gesichtszügen des Königs, was als Indiz dafür gewertet wird, daß Sukhothai seinerzeit bereits einige Bedeutung gehabt haben muß, denn nur in den Hauptzentren wurden solche Bildnisse aufgestellt. In Thailand sind zwei Exemplare nachgewiesen, eines aus Phimai, das andere aus Sukhothai.

Wat Si Sawai hinterließen die Khmer bei ihrem Rückzug unfertig, die Thai vervollständigten den Bau später in Ziegelbauweise (Abb. 65).

Auch Lopburi besaß mehrere Khmer-Tempel, der größte war der Phra Prang Sam Yot aus der Zeit Jayavarmans VII. Von seinem Schmuck sind einige ausdrucksstarke Yaksha-Masken erhalten geblieben.

Das am weitesten nach Norden vorgeschobene Khmer-Heiligtum in Thailand war anscheinend das Wat Jao Jan in Chalieng (Si Satchanalai).

Ungemein zahlreich, in Auffassung und Ausführung stark nuanciert, ist die Plastik im Khmer-Stil auf thailändischem Boden (Abb. 23–28). Eine Gruppe von mehreren Hundert zum Teil sehr schönen Bronzen, die alle aus dem weiten Flußbecken des Mun stammen, entstand im 7. bis 9. Jahrhundert. Hauptfundorte sind Ban Tahnot (Provinz Nakhon Ratchasima) sowie Prasat Plai Bat Noi (bei Prakon Chai) und Ban Fai (bei Lam Plai Mat), beide in der Provinz Buriram. Infolge ihrer unterschiedlichen Größe und Entstehungszeit variieren die Figuren erheblich in der Qualität, bieten aber trotzdem ein ziemlich einheitliches Erscheinungsbild.

Dargestellt ist stets nur Buddha oder die Bodhisattvas Avalokitesvara und Maitreya. Ihre meist jugendlichen, mit kurzem Schurz bekleideten Figuren sind häufig außerordentlich empfindsam modelliert (Abb. 26). Bei den stehenden Buddha-Bildnissen macht sich der Mon-Einfluß deutlich bemerkbar, die vielarmigen Bodhisattvas zeigen Srivijaya- und Prä-Angkor-Tendenzen.

In auffallendem Gegensatz zum damaligen kambodschanischen Königreich ist die brahmanische Plastik im thailändischen Raum unbedeutend. Es ist naheliegend, darin einen Hinweis auf die unterschiedliche Verbreitung der beiden Religionen diesseits und jenseits der Dangrek-Kette zu sehen, und man kann mit der Möglichkeit rechnen, daß es während des 7. bis 9. Jh. im Mun-Gebiet einen mehr oder weniger selbständigen Staat gegeben hat.

Mehr als die vorangegangenen stehen die folgenden drei Jahrhunderte unter der Dominanz des Reiches von Angkor. Anscheinend existierten zu dieser Zeit regelrechte Khmer-Werkstätten, die die Kunstauffassung ihrer Heimat in Thailand verbreiteten.

Allen Khmer-Bildnissen eignet eine Betonung der Waagrechten im Gesichtsschnitt, eine Eigenheit, die im rassischen Erscheinungsbild des Khmer-Volkes ihre Ursache findet. Hervorgerufen wird dieser Eindruck durch die nahezu viereckige Kopfform, den geraden Haaransatz, der noch durch ein Band betont wird. Zusammenstoßende, fast gerade Brauen, waagrecht liegende schmale Augen, die ziemlich flache Nase mit breiten Nüstern und der volle, große Mund nehmen diese Akzentuierung auf. Wie die brahmanischen Gottheiten tragen die Buddha-Figuren Hals- und Armschmuck, hinter dem Kronenrand verbirgt sich der Ushnisha unter einem kegelförmigen ›Hut‹.

Bei den Bildnissen im Bayon-Stil wird die Strenge der Gesichter durch einen kontemplativen Ausdruck gemildert. Auffallend ist bei den Plastiken dieser Zeit auch die summarische Behandlung des Körpers, der dicken Beine und großen Füße, die in deutlichem Gegensatz zur sorgfältigen Modellierung des Gesichtes stehen (Abb. 25, 27).

Grundsätzlich läßt sich der Unterschied zwischen den Auffassungen der Khmer und der Thai vielleicht mit der Feststellung umreißen, daß die ersten das menschliche Antlitz bilden, teilweise mit individuellen Zügen – am eindrucksvollsten bei den wundervollen Köpfen Jayavarmans VII. – , während die Thai die abstrakte, ideale Erscheinung darstellen wollen.

Aus Kambodscha stammt das Motiv des ›Buddha im Schutze der Naga‹, das auch in Thailand anzutreffen ist. Es stellt eine Episode aus dem Leben Buddhas dar: Als der Meister nach seiner Erleuchtung in meditativer Trance versunken war, brach ein Gewittersturm los. Da kam der Naga-König Mucalinda voller Verehrung herbei, schob sich vorsichtig unter den sitzenden Buddha, ohne seine Versunkenheit zu stören und hob ihn mit den Windungen seines Körpers über das flutende Wasser. Über seinem Haupt breitete er seine sieben Köpfe wie einen Schirm gegen den Regen aus (Abb. 28).

Vier charakteristische Khmer-Tempel lassen sich leicht von Khorat aus erreichen. *Nakhon Ratchasima,* wie der amtliche Name lautet, ist ein lebhaftes Geschäftszentrum, das selbst über keine nennenswerten touristischen Sehenswürdigkeiten verfügt. Es besitzt aber mehrere Hotels mit klimatisierten Zimmern – das beste ist zur Zeit das Chomsurang Hotel – so daß es sich als Ausgangspunkt für Besichtigungsfahrten anbietet.

Phimai

Bei weitem das bedeutendste Denkmal der Khmer-Architektur in Thailand ist der Tempel von Phimai. 54 km von Khorat entfernt, läßt er sich bequem in einer Halbtagestour besuchen.

Man verläßt die Stadt auf der Straße 2 nach Khon Khaen und biegt nach ca. 44 km, im Marktort Talat Khae, nach rechts in die Straße 206 ein (die Abzweigung ist ausgeschildert). Nach weiteren 10 km erreicht man das Städtchen Phimai. Wenn man den Mun überquert hat, fährt man geradeaus in den Ort hinein; schon bald sieht man rechts die archäologische Zone, deren Eingang am südlichen Ende liegt, so daß man ganz an ihr entlang fahren muß. An ihrer Schmalseite, gegenüber dem Eingang, ist ein Parkplatz angelegt.

Dank der Restaurierung durch das Fine Arts Department ist der Tempel, ein Meisterwerk des Angkor Wat-Stils (Ende 11. Jh.), in eindrucksvoller Weise wiedererstanden. Da nur wenige Steine verloren gegangen waren, konnte das zentrale Heiligtum wieder vollständig aufgerichtet werden (Farbt. 26, Abb. 29). Wie die meisten Khmer-Tempel dieser Zeit besteht es aus einem hohen Turm mit quadratischem Grundriß. Das Material ist grauer Sandstein. Nach allen vier Seiten öffnen sich Türen mit Vorhallen. Die südliche setzt sich in einer überwölbten Längshalle fort, die ihrerseits eine Vorhalle besitzt. Seitentüren und Fenster mit Balustern spenden der Halle, die den Haupteingang betont, das nötige Licht. Garudas tragen das pyramidenförmige Dach des Turmes, Nagas und Dämonen dienen als Schmuck. Der ganze Komplex steht auf einem hohen, durch Simse gegliederten Sockel. Trotz seiner verhältnismäßig bescheidenen Ausmaße wirkt der Bau majestätisch, seine ausgewogenen Proportionen verraten das Genie eines Meisters. Obgleich der Tempel sehr reich dekoriert ist, erscheint er nirgends überladen. Komposition und handwerkliche Ausführung der Schmuckelemente und der figürlichen Szenen bestechen durch ihr hohes künstlerisches Niveau. Fast alle Türstürze, innen und außen, (nur der Sturz des Hauptein-

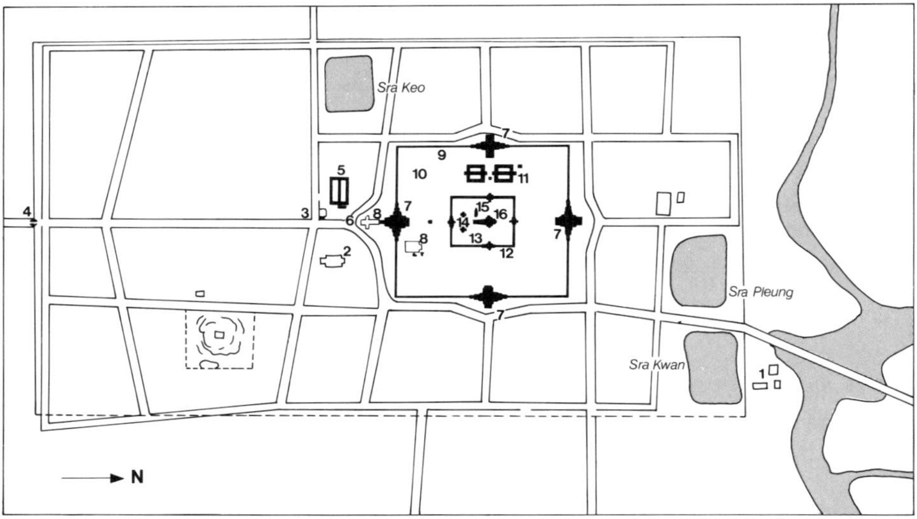

Phimai 1 Konservierungsabteilung des Silpakorn-Museums 2 Bürgermeisteramt 3 Polizei 4 Pratu Chai (Siegestor) 5 Khlang Ngoen (Schatzkammer) 6 Eingang zum Tempelbezirk 7 Gopura 8 Terrassen 9 Zweite Umwallung 10 Zweiter Hof 11 Königliche Pavillons 12 Galerie 13 Innerer Hof 14 Heiligtümer 15 ›Bibliothek‹ 16 Hauptheiligtum

gangs war nicht mehr auffindbar), sowie die Giebelfelder über den Türen zeigen Darstellungen, die im Mahayana-Buddhismus gründen. Einzig im Turminneren begegnet eine Szene aus dem Ramayana. Bemerkenswert ist, daß auf den Reliefs der Buddha im Königsornat erscheint. Weil es sich um das früheste Auftreten dieser speziellen Buddha-Wiedergabe handelt, hat man daraus geschlossen, daß sie in Phimai entwickelt worden ist.

Rechts und links vor dem Sanktuar stehen zwei gleichartige kleine Bauten. Im östlichen aus Laterit gebauten Prang Boromothat wurde die schöne Statue Jayavarmans VII. gefunden, die heute das National-Museum in Bangkok beherbergt. Der westliche, Prang Hin Daeng, besteht aus rötlichem Sandstein. Unklar ist die Bestimmung des länglichen Gebäudes neben dem Haupteingang zum Zentralheiligtum; man bezeichnet es als ›Schatzhaus‹, ›Bibliothek‹ oder ›Hinduschrein‹.

Den heiligsten Bezirk (86 × 64 m) umgibt ein Wandelgang, dessen kompakte Außenmauer mit Blindfenstern dekoriert war. Zum Innenhof öffneten sich quadratische Fenster mit Balustersäulen. An einigen Stellen ist das Kraggewölbe, mit dem die Galerie gedeckt war, noch gut erhalten. Alle vier Tore, die die Umgrenzung durchbrechen, bestanden aus einem kreuzförmigen Durchgangsraum, dem Vorhallen angefügt waren.

Eine 3,50 m hohe Mauer aus rotem Sandstein bildete ursprünglich die zweite Umwallung. Westlich vom Südportal ist ein Stück davon stehengeblieben. Ihre vier Gopuram waren

43 CHIENG MAI Stuckfigur am Wat Jet Yot

44 CHIENG MAI Wat Phra Singh, links Vihan Lai Kham, rechts Bot

45 CHIENG MAI Wat Chieng Man

46 CHIENG MAI Wat Jet Yot

47 CHIENG MAI Bibliothekspavillon des Wat Phra Singh

48 CHIENG MAI Wat Chedi Luang, Ruine des großen Chedi

49 CHIENG MAI Devadas am Wat Jet Yot

51 CHIENG MAI Chedi Si Liem

50 CHIENG MAI Treppenaufgang mit Naga-Balustrade, Wat Doi Suthep

53 LAMPANG Burmesischer Bau im Wat Phra Keo

54 WAT PHRA THAT LAMPANG LUANG Giebel des Vihan Luang

52 LAMPHUN Burmesischer Löwe vor dem Portal zum inneren Bezirk, Wat Haripunchai

55 WAT PHRA THAT LAMPANG LUANG Vihan Phra Buddha

56 WAT PHRA THAT LAMPANG LUANG Vihan Luang

57 Buddhabildnis, Sukhothai-Stil, 14./15. Jh., Bronze, H. 77 cm. National-Museum, Bangkok

58 Bronzebildnis des Buddha, Sukhothai-Stil, 14. Jh., H. 28,5 cm. Wat Benchamabopit, Bangkok

59 Schreitender Buddha, Sukhothai-Stil, 14. Jh., Bronze, H. 166 cm. National-Museum,

60 Uma, Sukhothai-Stil, spätes 14. Jh., Bronze, H. 146 cm. National-Museum, Bangkok

61 SUKHOTHAI Wat Mahathat, Blick durch Bot und Vihan auf das Hauptchedi

63 SUKHOTHAI Wat Sra Sri

62 SUKHOTHAI Kapelle im Wat Mahathat

64 SUKHOTHAI Wat Phra Pai Luang

65 SUKHOTHAI Wat Si Sawai

68 SUKHOTHAI Wat Sapan Hin

66 SUKHOTHAI Kolossale Buddhafigur, Wat Si Chum

67 SUKHOTHAI Detail vom Hauptchedi in Wat Mahathat

70 SI SATCHANALAI (Chalieng) Schreitender Buddha im Vihan des Wat Mahathat

69 SI SATCHANALAI Chedi im ceylonesischen Stil mit Elefanten am Sockelgeschoß, Wat Chang Lom

71 SI SATCHANALAI Wat Chedi Jet Teo

72 SI SATCHANALAI Spaltenfenster mit Stuckornamenten, Wat Nang Phaya

prächtiger ausgestattet als die der inneren Umgrenzung. Jedes besaß eine dreischiffige Durchgangshalle, an die nach allen Seiten Vorhallen angebaut waren.

Im Westteil des Hofes liegen zwei ziemlich zerfallenen Gebäude, die den seinerzeitigen Herrschern als Besucherpavillons gedient haben mögen. Beide sind nach dem gleichen Plan angelegt: Auf einem Sandsteinsockel erhob sich eine rechteckige Galerie, deren Außenmauern fensterlos waren, die aber je drei Türen an den Schmalseiten besaßen. Den Innenhof teilte ein breiter Wendelgang in zwei Hälften. Gleichmäßige Fensterfronten öffneten sich in die beiden kleinen Höfe. Die Gebäude waren nicht überwölbt, sondern mit Holzdächern gedeckt. Ein dritter Bau gleicher Konstruktion befindet sich außerhalb der archäologischen Zone, westlich vom Eingang. Gewöhnlich bezeichnet man ihn als ›Schatzkammer‹.

Eine Besonderheit Phimais ist die wechselweise Verwendung von weißem und rötlichen Sandstein, die namentlich an den Torbauten der äußeren Mauer und der Galerie des Innenhofes in Erscheinung tritt, wo die rötlichen Mauern mit dem weißen Stein der Fenstereinrahmungen und Baluster kontrastieren. Während der Regierungszeit Jayavarmans VII., der auch die drei Nebengebäude im inneren Hof bauen ließ, erhielt der Tempel eine dritte Umwallung. Mehrere Reste markieren den Verlauf der ursprünglich 4 m hohen Sandsteinmauer. Besonders die vier Tore sind gut erkennbar, das südliche bildet noch heute den Abschluß der Hauptgeschäftsstraße. Von hier ging die 240 km lange Straße aus, die im 12. Jahrhundert von Phimai nach Angkor führte. Diese direkte Verbindung zur Hauptstadt unterstreicht, ebenso wie die beachtliche Größe der Tempelstadt (1100 × 600 m; der jetzige Ort füllt diesen Raum annähernd aus) die Bedeutung, die Phimai damals gehabt haben muß. Oberflächengrabungen der letzten Jahre erbrachten Fundstücke, die erweisen, daß der Tempelkomplex am Platze einer weit älteren Siedlung angelegt worden war.

Am Rande Phimais, unmittelbar bei der Brücke über den Mun unterhält das Fine Arts Department ein Freilichtmuseum, in dem zahlreiche Skulpturen, vor allem sehr schöne Türsturze, aufgestellt sind. Um sie vor Beschädigung zu bewahren, hat man sie aus den Ruinen von Khmer-Tempeln der Umgebung hierher gebracht (Abb. 30).

What Phanom Wan

Nur 4 km abseits der Straße nach Phimai liegen die Ruinen eines Khmer-Tempels, in dessen Sanktuarium noch regelmäßige Andachten abgehalten werden: Wat Phanom Wan. 14 km hinter Khorat zeigt ein unauffälliges Hinweisschild am rechten Straßenrand in lateinischen Buchstaben den Weg dorthin an.

Das kleine Heiligtum besteht aus einer rechteckigen Galerie, die großenteils zerfallen ist. Die Torbauten an den Kardinalpunkten lassen noch erkennen, daß die an der Ost- und Westseite, in der Hauptachse der Anlage, reicher ausgestattet waren als die beiden anderen.

Der eigentliche Tempel ist in seinen wesentlichen Elementen noch erhalten. Den vorderen Teil bildet eine lange Halle (10 × 3 m) mit Türen auf allen vier Seiten. Eine Vorhalle betont den Haupteingang an der Ostseite, als Pendant dazu stellt ein kurzer gedeckter Gang, der durch Balusterfenster Licht erhält, die Verbindung zu dem quadratischen Turmheiligtum her, das wiederum auf allen Seiten Türen mit Vorhallen besitzt. Über Halle und Sanktuarium sind die Deckengewölbe noch vorhanden, wenn auch der Prang zusammengestürzt ist.

Eine ganze Reihe Buddha-Figuren verschiedener Zeiten sind in den steinernen Kammern aufgestellt (Abb. 31), Goldblättchen und glimmende Weihrauchstäbchen verraten, daß sie die Verehrung gläubiger Buddhisten empfangen.

Im hinteren Teil des Hofes beherbergt ein jüngeres Gebäude eine Fußspur Buddhas. Einige Relieffragmente und der skulptierte Sturz über der Nordtür des Prang zeigen die meisterhafte Bildhauerarbeit der Zeit Suryavarmans I. Die Türstürze zweier Ziegelbauten aus älterer Zeit sind in die Museen von Bangkok und Phimai gebracht worden; auf Grund stilistischer Untersuchungen kann man sie in die Zeit Yasovarmans I. (Ende 9. bis Anfang 10. Jh.) datieren.

Wenn der bescheidene Tempel auch nicht mit Pracht und Größe beeindrucken kann, so umgibt ihn doch ein eigener Zauber, der nicht allein seiner abgeschiedenen Lage unter hohen Bäumen zu danken ist. Abseits des Dorfes gelegen, werden die Ruinen nur von den Mönchen des benachbarten Klosters zur abendlichen Andacht besucht. Zweifellos entspringt diesem Zusammenklang von verfallendem, uraltem Tempelgemäuer und lebendigem Kultus das besondere Fluidum des Ortes.

Prasat Phanom Rung

Auf guter Straße schnell zu erreichen ist das Bergheiligtum Prasat Phanom Rung. Man verläßt Khorat in südlicher Richtung auf Straße 24, die sich nach ca. 27 km, kurz vor dem Ort Chok Chai nach Osten wendet. Man kommt nach etwa 70 km an der Abzweigung nach Buriram (Straße 218, links in nördlicher Richtung) vorbei. Ungefähr 18 km weiter, beim Dorf Ban Ta Ko, ist die rechts nach Süden führende Zufahrtsstraße zum Prasat Phanom Rung mit lateinischen Buchstaben ausgeschildert.

Der Weg steigt in Windungen auf den Berg hinauf, der sich 160 m hoch aus der flachen Ebene erhebt. Vorbei an einem Militärposten kann man mit dem Auto bis zu dem weiten Platz am Fuße der Naga-Treppe fahren. Seitdem das Heiligtum vom Fine Arts Department restauriert wurde, ist es zu einem beliebten Ausflugsziel geworden. Namentlich sonn- und feiertags bringen Busse viele einheimische Besucher hierher; Erfrischungsstände und Souvenirläden breiten sich dann unter den schattenspendenden Bäumen aus. Von den Treppenabsätzen, über die man zum Tempel aufsteigt, bietet sich ein prachtvoller Blick über die Reisebene bis hin zu den Hügelketten der Dangrek-Berge, die sich am Horizont ineinanderschieben.

Südlich vom Parkplatz trifft man zuerst auf eine mit Sandstein gepflasterte Allee, sie wird auf beiden Seiten in regelmäßigen Abständen von Sandsteinpfeilern akzentuiert. Wendet man sich nach links, dem ursprünglichen Eingang zu, so findet man am Ende der Allee eine kreuzförmige Basis, die sicher einst den ersten Torbau aus Holz trug. Wenige Meter nördlich steht ein schlecht erhaltenes, kleines Gebäude aus Sandstein und Laterit, der sogenannte ›Stall des weißen Elefanten‹. Der Pavillon (6,40 × 20,40 m) hatte Türen an der

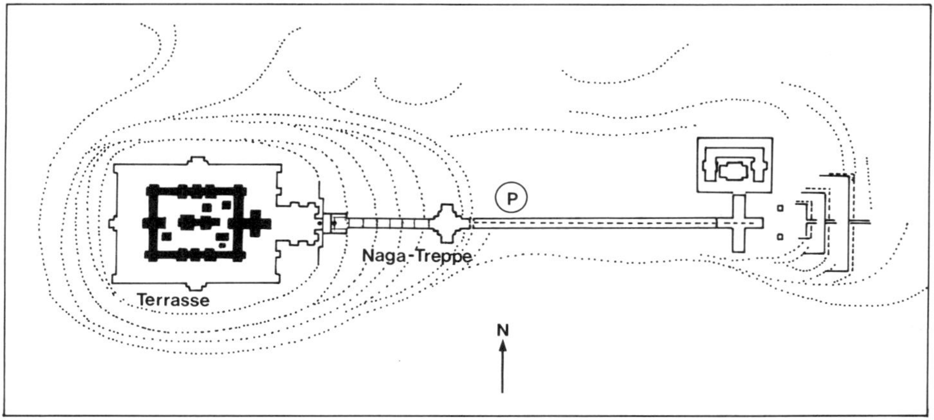

Plan von Prasat Phanom Rung, Buriram

Ost- und Westseite und war von einer dreiflügeligen Galerie umgeben. In mehreren Absätzen führte von hier eine Treppe zum Fuß des Hügels.

Im Westen endet die Allee an einer imposanten Naga-Brücke, die eine Senke vor der Hügelkuppe überspannt. Fein ausgearbeitete Schlangenleiber bilden die Brüstungen des dreistufigen Baues. Besonders sorgfältige Steinmetzarbeiten zeigen die fünfköpfigen, hochaufgerichteten Naga-Vorderteile der Abschlüsse. Eine monumentale Treppe führt in vier Absätzen ziemlich steil weiter zur Terrasse der Tempelgebäude hinauf.

Die rechteckige Galerie (Nord- und Südflügel 66 m, Ost- und Westflügel 88 m), die das Heiligtum einschließt, ist in recht gutem Zustand; streckenweise blieben sogar die Deckengewölbe erhalten. In der Mitte jeder Seite liegen die vier Eingänge in Form von Gopuram, der östliche ist durch Vorhallen betont. Das Sanktuarium erhebt sich im Zentrum des Innenhofes, ein quadratischer Prang mit vier Eingängen. Dem Haupteingang im Osten ist ein Eingangspavillon mit Seitentüren im Norden und Süden vorgeschaltet (Farbt. 27, Abb. 33). Wunderschöne Reliefs schmücken sowohl innen wie außen Giebelfenster und Türstürze; Zierleisten ziehen sich an Pfeilern und Simsen entlang. Ihre hervorragende Ausführung im Verein mit den gelungenen Proportionen des gesamten Gebäudes machen Phanom Rung zu einem der schönsten Beispiele der Baukunst der Angkor-Periode.

Es lohnt sich, die Skulpturen im einzelnen eingehend zu betrachten. Über der nördlichen Tür des Eingangspavillons erkennt man z. B. eine Szene aus dem Ramayana, Rama tötet den Dämon Marich, der sich in einen Hirsch verwandelt hat. Auf dem Sturz darunter kämpft eine Gottheit gegen einen Löwen und einen Elefanten. An anderen Stellen erscheint Vishnu in seiner Inkarnation als Zwerg (?) und inmitten des Ozeans. Wie in allen Khmer-Tempeln Thailands, mit Ausnahme von Phimai, entstammen die dargestellten Episoden stets der Hindu-Mythologie.

Zwei Vihan, in der Nordost- bzw. Südostecke des Hofes, aus Laterit weisen nicht die Feinheit des Hauptheiligtums auf, vermutlich sind sie später, wohl gegen Ende des 12. Jahrhunderts, entstanden.

Alle wesentlichen Teile der Anlage – gepflasterte Allee, Naga-Brücke, Treppenaufgang, Galerie und Haupt-Prang – sind zu Anfang des 12. Jahrhunderts in der Regierungszeit Suryavarmans II. gebaut worden. Daß der Ort jedoch lange vorher als heilig galt, haben Grabungen während der Restaurierung des Tempelkomplexes ergeben. Zwei weitgehend verfallene Ziegelgebäude im inneren Hof müssen danach in die Mitte des 10. Jahrhunderts datiert werden.

Der Prang Noi (Abb. 35), ein kleiner Prang aus rötlichem Sandstein in der Südwestecke des Hofes, ist nach Ausweis seiner Dekorationen im Kleang-Stil der Regierungszeit Suryavarmans I. (1002–50) zuzuordnen und somit ebenfalls älter als die Gesamtanlage. Er enthält eine ›Fußspur Buddhas‹, die 1894 aufgestellt wurde; Räucherstäbchen und Blumen geben Zeugnis von der Verehrung, die ihm entgegen gebracht wird (Abb. 36).

Muang Tam

Nicht weit von Prasat Phanom Rung liegt ein zweiter sehenswerter Khmer-Tempel. Man kann ihn auf direktem Wege erreichen. Da die Piste aber sehr schlecht ist, empfiehlt es sich, den Umweg über die Hauptstraße in Kauf zu nehmen. Man fährt auf die Straße 24 zurück und folgt ihr bis Prakhon Chai (ca. 14 km östlich von Ban Ta Ko), dort zweigt bei einem Polizeiposten die Straße 2075 nach rechts (Westen) ab. Am Ortsausgang, in der Nähe eines modernen Tempels, weist ein Schild in lateinischen Buchstaben auf die wiederum nach rechts führende Piste zum Prasat Muang Tam. Ungefähr nach 13 km kommt man zum Dorf Ban Chorake Mak, an dessen Ende das Ruinenfeld liegt.

Muang Tam wirkt zurückhaltender als Prasat Phanom Rung, es fehlt das imponierende Vorspiel der Zugangsallee und der Treppenfluchten sowie die beherrschende Lage auf dem Berggipfel. Dafür herrscht friedliche Stille. Alte Bäume beschatten den weiten Freiraum vor dem Haupteingang auf der Ostseite. Die aus Lateritquadern aufgerichtete Umfassungsmauer ist fast in voller Länge erhalten, sie umschließt ein Areal von 114 × 150 Metern. Vier Gopuram, das östliche und westliche mit drei Durchgängen, die beiden anderen mit nur einem, gewähren Zugang zum ersten Hof. Seine Fläche füllten einst vier winkelförmige Teiche beinahe ganz aus. Heute ist nur noch der nordöstliche mit Wasser gefüllt, in dem sich die Ruinen des Hauptheiligtums spiegeln (Farbt. 28). Von den Naga-Balustraden, die die Bassins einfaßten, sind Reste erhalten, auch die Stufen, auf denen man zum Wasser hinunterstieg, befinden sich noch in situ. Die Mitte des Hofes nimmt eine quadratische Plattform mit einer Seitenlänge von 22 m ein. Von den Galerien, die sie umgaben, sind nur die Ruinen der vier Gopuram übrig geblieben. Drei der fünf Prang, die in zwei Reihen an der Westseite des inneren Hofes angeordnet waren, stehen noch, der Mittelturm ist zusammengestürzt, ein anderer völlig verschwunden. Wie beim Prasat Phanom Rung sind die Stürze und Giebelfelder über den Türen reich skulptiert, Pfeiler und Simse mit feinen Schmuckbändern dekoriert. Komposition und Ausführung aller Elemente zeugen von hohem künstlerischen Können (Abb. 37).

Alle figürlichen Szenen illustrieren Episoden der brahmanischen Mythologie. So ist auf dem Sturz des Nordturms der vorderen Reihe Shiva mit Parvati auf dem Stier Nandi dargestellt. Auf dem Sturz des Südturms der hinteren Reihe sitzt Varuna auf einem von drei Hamsa getragenen Sockel; darunter speit eine Kirtimukha Blattwerkgirlanden aus.

Mit dem Bau des Tempels wurde unter Rajendravarman II. (944–968) begonnen, die Arbeiten zogen sich jedoch bis in die Regierungszeit Jayavarmans V. (968–1001) hin.

Heute ist das Heiligtum fast vollständig von der dörflichen Siedlung eingeschlossen, ringsum breiten sich Reisfelder aus, so daß es kaum glaublich erscheint, wenn ältere Veröffentlichungen berichten, Muang Tam sei noch in den fünfziger Jahren von Dschungel umgeben gewesen.

Wer Zeit und Muße hat, weitere Khmer-Tempel zu besichtigen, sei auf *Prasat Hin Sikhoraphum* und *Prasat Kampheng Yai* hingewiesen, die man verhältnismäßig leicht besuchen kann.

Das erste Heiligtum liegt nahe an der Straße Surin – Sisaket (Straße 2080, ca. 35 km östlich Surin), etwa 800 m östlich der Präfektur von Tambon Ra Ngeng. Fünf Tempeltürme auf einer Plattform bilden den Komplex, den man nach dem Stil seines Reliefschmuckes ins 12. Jahrhundert datieren kann. Ein Prasat ist in voller Höhe erhalten, den übrigen fehlen die oberen Partien.

Prasat Kampheng Yai erreicht man ebenfalls auf der Straße 2080; beim Ort Uthum Phon Phisai, ungefähr 8 km westlich Sisaket, liegt er nur 2 km vom Präfekturbüro entfernt. Es war eine große Anlage. 54 × 62 m maß die Galerie, die sechs Prasat einschloß und vier Gopuram besaß. Davon ist der größte Teil zerstört, aber viele Reliefblöcke bezeugen die hervorragende Arbeit der Khmer-Bildhauer auch hier.

Khao Phra Viharn

Ein ganz besonders eindrucksvoller Khmer-Tempel liegt in der Grenzzone von Thailand und Kambodscha. Beide Staaten erhoben Anspruch auf das Gebiet, bis 1963 der Internationale Gerichtshof in Den Haag zugunsten Kambodschas entschied. Auf Grund der geografischen Lage – der Tempel krönt den Rand eines Abbruchs der Dangrek-Kette, der ca. 600 m steil zur Ebene Kambodschas abfällt, auf der thailändischen Seite aber nur allmählich ansteigt – erreicht man das Tempelareal mit seinem Eingang von Norden, von Thailand aus. Leider hatten die Kämpfe der letzten Jahrzehnte die Besichtigung unmöglich gemacht, aber neuerdings gibt es Anzeichen für eine Änderung der Verhältnisse. So besteht die Hoffnung, daß diese großartige Anlage in absehbarer Zeit wieder ständig zugänglich wird.

Man fährt auf guter Straße etwa 62,5 km von Si Saket bis Kantharalak und weitere 47,5 km bis Khao Phra Viharn (ca. 1½–2 Stunden mit dem Auto).

Der Tempel ist Shiva gewidmet. Er umfaßt drei Höfe mit Eingangspavillons, Nebengebäuden und dem Prasat im obersten Hof sowie zwei separate Gopuram; alles auf unterschiedlichem Niveau verbunden mit langen Treppenfluchten. Auf einer Länge von ca. 850 m hat der Besucher einen Anstieg von 120 m zu überwinden. Ursprünglich handelte es sich sicher um Strukturen aus leichtem Material, erst im Laufe der Zeit sind sie in Ziegeln und schließlich in Stein rekonstruiert worden. Daraus resultiert eine sehr lange Bauzeit. Die erste Gesamtkonzeption dürfte unter Yasovarman I. (889–900/910?) fertiggestellt worden sein. Rajendravarman II. (944–968) ließ viele der Holzbauten in Ziegel und rotem Laterit neu aufrichten. Der Ausbau des ganzen Ensembles in Stein erfolgte unter den folgenden Königen bis Suryavarman II. (1113–1150). Danach finden sich keine Nachrichten mehr über den Khao Phra Viharn.

Der Tempelbezirk beginnt einige hundert Meter hinter der thailändischen Grenze mit einer fast 100 m langen, großzügigen Treppe, die zum etwa 40 m höher gelegenen ersten Gopura ansteigt. Hier wie auch bei den restlichen Aufwegen sind Stufen oder Terrassen vielfach aus dem gewachsenen Fels gehauen. Naga-Balustraden begrenzen die Plattform vor dem ersten, stark beschädigten Bau auf beiden Seiten. Vor dem Ost- und Westflügel des Gopura zweigten einst breite, plattenbelegte Straßen von der Hauptachse ab, die nach etlichen hundert Metern in steile Treppen übergingen. Heute sind diese Zugänge aus der kambodschanischen Ebene fast völlig überwachsen.

Hinter dem Pavillon folgt eine 270 m lange, einst rechts und links im Abstand von 4 m mit annähernd 2 m hohen Pfeilern akzentuierte Avenue, die vor den Stufen zum zweiten Gopura endet. Auf ihrer Ostseite befindet sich ein großes in den Felsen eingetieftes Wasserreservoir mit abgestuften Wänden.

Der zweite Torbau hat die gleiche Konzeption wie der erste, ist aber nach allen Richtungen um eine Vorhalle erweitert. Das Gebäude ist relativ gut erhalten. Auf den Giebelfeldern und Oberschwellen der Türen illustrieren kunstvolle Reliefs Szenen aus der Hindu-Mythologie. Häufiges Motiv der Türstürze ist ein Rahu-Kopf, auf dem eine Gottheit erscheint. Zwei verschiedene Schöpfungsmythen sind auf der Südseite der Haupttür übereinander abgebildet: im Tympanon das Kirnen des Milchozeans und darunter auf dem Türsturz Vishnu, auf der Weltenschlange ruhend (Vishnu Anantasayin). Ein anderes Giebelfeld zeigt

Khao Phra Viharn, Grundriß 1 Eingangstreppe 2 Erstes Gopura 3 Zweites Gopura 4 Pfeilerallee 5 Wasserreservoir 6 Wasserbecken A Heiligtum-Detailansicht s. S. 119

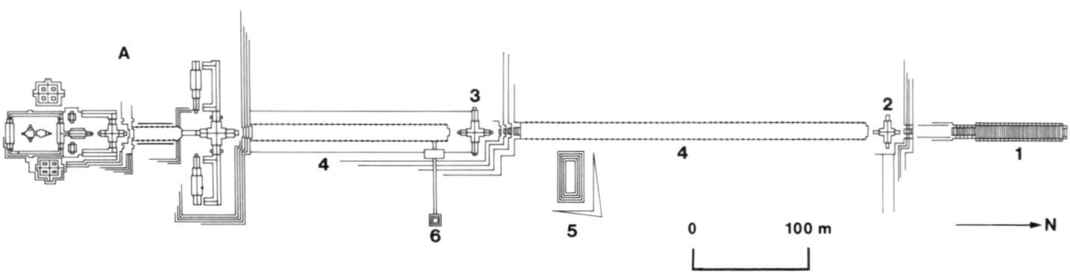

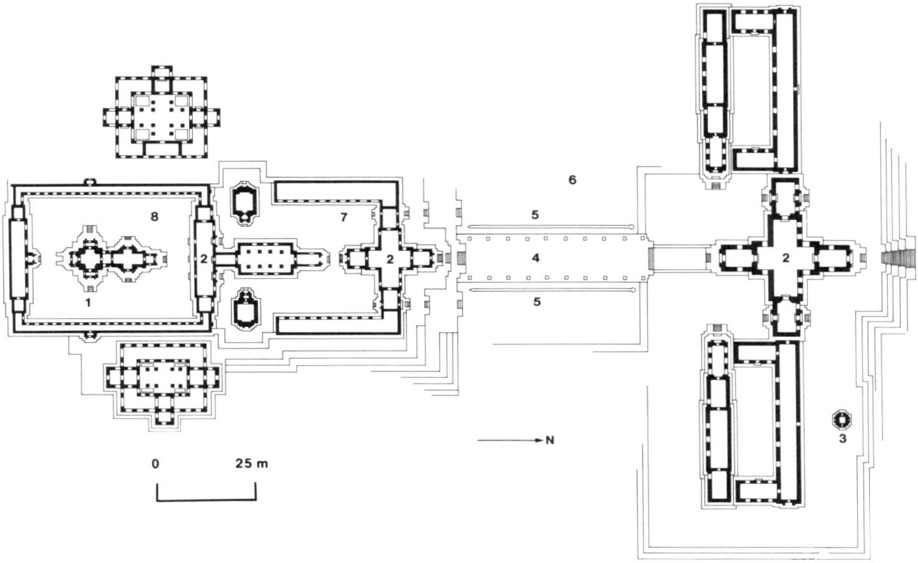

Khao Phra Viharn, Grundriß (Heiligtum-Detailansicht) 1 Prasat 2 Gopura 3 Turm 4 Prozessionsstraße 5 Naga-Balustrade 6 Erster Hof 7 Zweiter Hof 8 Dritter Hof

Krishna, den Berg Govardhana hochstemmend, um Hirten und Herden während eines Gewittersturmes zu schützen.

Hinter dem zweiten Gopura führt eine ebenfalls pfeilergeschmückte Allee weiter aufwärts. Nach ca. 20 m biegt ein Pfad nach Osten ab; ursprünglich mit Terrassen und Treppen betont, trifft er auf ein quadratisches, ca. 3 m tiefes Wasserbecken, das viel kleiner ist als das erste. Zum Boden des Bassins hinuntersteigende Stufen an allen vier Seiten und ein wasserspeiender Löwenkopf lassen vermuten, daß dies ein heiliger See gewesen ist. Am Ende der breiten Nord-Süd-Avenue steht man vor dem Eingangsgebäude des Heiligtums. Es ist wie das zweite Gopura kreuzförmig angelegt, aber die Innenräume wirken weiter und die Fenster sind mit Balustern verstellt. Auch hier sind die Türrahmungen reich dekoriert. Unter anderen erkennt man auf dem Tympanon der Südseite der inneren Tür Shiva und Uma, auf dem Stier Nandi sitzend, vor bzw. hinter ihnen Kniende mit Ehrenschirmen. Weit ausladende Zweige eines Baumes überschatten die Episode. Auf dem Sturz darunter tritt Vishnu als Nara-Sinha (Mann-Löwe) auf.

Neben dem Haupteingang durch die Nord-Süd-Achse gibt es in den Seitenflügeln Durchgänge zum ersten Hof. Im Osten und Westen schließen eng an die Querarme des Torbaus spiegelbildlich gleiche ›Palastbauten‹ an. Beide bestehen aus einem dreiflügeligen, U-förmigen Bau, dessen offene Flanke von einem langgestreckten, separaten Gebäude geschlossen wird, so daß ein Innenhof entsteht. Vor dem westlichen ›Palast‹ sieht man auf der Terrasse die Ruinen eines Turmes, der 10 m hoch gewesen sein mag. Vielleicht diente er als Beobachtungsposten.

Innerhalb des ersten Hofes verläuft die Prozessionsstraße, ca. 40 m lang; Pfeilerreihen und Naga-Balustraden schmückten sie auf drei Vierteln ihrer Länge.

Anders als der erste erscheint der zweite Hof als klar umgrenztes Geviert, das zwei an den Eingangspavillon rechtwinklig angesetzte Galerien im Osten und Westen umfaßt. Den südlichen Abschluß bildet das Gopura des dritten Hofes. Ihm ist, das Zentrum des zweiten Hofes einnehmend, eine dreiteilige, im Hauptabschnitt dreischiffige Halle, vorgelagert. Rechts und links davon stehen die sogenannten Bibliotheken, zwei Gebäude unbekannter Bestimmung.

Der letzte Torbau, durch den man den heiligen dritten Hof betritt, ist nicht kreuzförmig angelegt wie die anderen Gopuram des Tempels, sondern als Querhalle, die den Nordflügel der geschlossenen Umbauung des Hofes darstellt. Korrespondierend dazu ist der Südflügel als blinder Torbau gestaltet, dessen kompakte Außenmauer den Tempel abschließt. Die Verbindungsgalerien an der Ost- und Westseite öffnen sich mit Fensterreihen zum Hof, besitzen aber jeweils nur eine Tür nach draußen. Ihr guter Erhaltungszustand überrascht; sogar die Kragsteingewölbe blieben intakt. Um so mehr befremdet, daß vom Prasat, dem Allerheiligsten in der Mitte des Hofes, nur ein Trümmerhaufen zeugt, obwohl die angebaute Vorhalle nicht eingestürzt ist.

Außerhalb der Tempelmauern liegen auf der Höhe des dritten Hofes im Osten und Westen Nebengebäude. In Grundriß und Größe sind sie sehr ähnlich; in beiden Fällen gruppieren sich die Räume um einen rechteckigen Innenhof, in dessen Ecken kleine Wasserbecken eingelagert sind. Subhadrdis Diskul nimmt an, daß der östliche Komplex für rituelle Waschungen vorgesehen war und der westliche den Tempeltänzerinnen als Unterkunft diente.

Die Thai-Stile

1 Der Lan Na-Stil

Das einzige, noch erhaltene Baudenkmal der La Na-Kunst ist das *Wat Jet Yot* (Abb. 46) in Chieng Mai, mit dessen Bau im Jahre 1455 begonnen wurde. Der fromme König Tilokanat ließ es wohl anläßlich der 2000. Wiederkehr von Buddhas Todesjahr (1456/57) errichten. Wie sein offizieller Name sagt, stellt es eine Kopie des Mahabodhi-Tempels von Bodhgaya in verkleinertem Maßstab dar. Ob dem Architekten das indische Heiligtum selbst als Modell diente oder die Kopie, welche Htilominlo Anfang des 13. Jh. in Pagan erbaut hatte (Abb. 121), läßt sich nicht mit Sicherheit nachweisen. Der Baukörper besteht in allen drei Fällen aus einem mächtigen, rechteckigen Sockelgeschoß, auf dem der hohe Mittelturm, flankiert von sechs kleineren Spitzen, aufragt. Von seinen Vorbildern unterscheidet sich Wat Jet Yot jedoch auffallend in der Außendekoration. So sind z. B. die für die indische Architektur charakteristischen Scheinfenster durch bogenförmige Ornamente ersetzt. Halbsäulen unterteilen in zwei übereinanderliegenden Reihen die Außenmauer des rechteckigen Baus in fast quadratische Felder, in denen sitzende Götter dargestellt sind. Stehende Devadas nehmen die Ecken ein. Die Feinheit der Details und die Eleganz der Linienführung erheben die Reliefs in den Rang erstklassiger Kunstwerke (Abb. 43, 49). Ein großer, überwölbter Raum im unteren Stockwerk des Mittelturmes beherbergt zwei Buddha-Figuren.

Die meisten Tempel Nord-Thailands wurden im 14. und 15. Jahrhundert gegründet, einige sind noch älter. Aber leider ist von der ursprünglichen Bausubstanz kaum etwas in unsere Zeit herübergerettet worden. Zerstörung durch Kriege oder einfach Zerfall infolge Vernachlässigung auf der einen Seite, unsachgemäße Restaurierungen und Umbauten auf der anderen haben irreparable Schäden angerichtet. Wenn demnach die nordthailändischen Wat auch wenig Ursprüngliches bewahrt haben, so besitzen sie doch in der Regel charakteristische Merkmale, die im übrigen Thailand fehlen und den Tempeln des Nordens einen eigenen Reiz verleihen. Sie sind z. T. laotischem, vor allem aber burmesischem Einfluß zuzurechnen.

Sehr typisch sind die weit heruntergezogenen Staffeldächer und die meist prächtig geschnitzten Holzgiebel. In vielen Fällen besitzt der Vihan keine Seitenwände. Eine andere Eigenheit sind Umzäunungen um das heiligste Chedi, deren Ecken mit ›Goldspitzen‹ verzierte Ehrenschirme (Farbt. 32) markieren. Die großen Chedis zeigen nur selten die Glockenform des typischen Thai-Chedi, meistens folgen sie burmesisch-ceylonesischer Tradition. Ebenfalls aus Burma stammt das Hti, eine mehrstufige, schmiedeeiserne, oft vergoldete Krone, die an Stelle der Ehrenschirme die Spitze der Chedis bildet. Für kleinere Chedis wird gern die in Sukhothai entwickelte Kombination von kubischem Unterbau mit krönendem Glockenchedi, die auf Anregungen der Srivijaya-Kunst beruht, übernommen. Sehr reizvoll wirken zierliche Bibliothekspavillons, die, in der Regel aus Holz, zum Schutz der wertvollen Handschriften gegen Termiten, auf hohen Ziegelunterbauten stehen. Wächterlöwen am Eingang des Klosterbezirks wie auch einzelner Gebäude verraten burmesischen Einfluß (Abb. 52).

Die in Nord-Thailand entstandenen *Buddha-Bildnisse* unterscheiden sich sowohl in ikonographischer als auch künstlerischer Hinsicht deutlich von der Sukhothai-Kunst. Obgleich sie Einflüsse von verschiedenen Seiten aufnahm, präsentiert sich die Lan Na-Kunst in charakteristischen Eigenheiten. Bis heute ist der Gesamtkorpus der nordthailändischen Plastik nicht ausreichend erforscht; so bestehen namentlich in bezug auf die absolute Chronologie gravierende Meinungsverschiedenheiten. Dagegen anerkennen die meisten Kunsthistoriker die Gliederung des Stils in eine erste und eine zweite Phase. Nach dem Fundort einiger der schönsten Beispiele wurden sie frühes Chieng Sen und spätes Chieng Sen (oder Chieng Mai-Stil) genannt. Der Name ist jedoch irreführend, denn das politische und kulturelle Zentrum Lan Nas lag in Chieng Mai, während Chieng Sen erst im 14. oder Anfang des 15. Jahrhunderts künstlerische Bedeutung erlangte. Deshalb wird hier der von Piriya Krairiksh eingeführte Terminus ›erster und zweiter Lan Na-Stil‹ benutzt. Er gilt für

Kunstwerke aller Orte Nord-Thailands, die vor der Vereinigung des Landes mit dem Königreich Thailand entstanden sind.

Kein Zweifel besteht über die Verwandtschaft der Lan Na-Buddhas mit der Pala-Kunst von Bihar. Vermutlich hat die Pala-Ikonographie durch Vermittlung Burmas Eingang in Lan Na gefunden. Möglicherweise orientierten sich die Künstler sogar direkt an indischen Originalen. Das Wat Chieng Man in Chieng Mai bewahrt ein solches Stück: den hochverehrten Phra Buddha Sila. Interessieren mag dazu die lokale Tradition, derzufolge das Bildnis in Rajagriha angefertigt wurde, um nach dem Tode Buddhas eine Reliquie von ihm aufzunehmen. Zunächst von Mönchen nach Ceylon gebracht, soll es auf dem Wege über Sukhothai und Lampang schließlich Chieng Mai erreicht haben. Bei aller Ähnlichkeit mit der Pala-Sena-Ikonographie zeigt der Lan Na-Stil doch ganz persönliche Züge (Abb. 38).

Typisch für den *ersten Lan Na-Stil* ist die in der Mahavijaya-Geste sitzende Figur, wobei die Finger der rechten Hand den Boden berühren (Bhumisparsa-Mudra), die linke Hand geöffnet im Schoß liegt. In der weit überwiegenden Zahl der Beispiele nimmt die Figur die Vajrasana-Haltung (=Diamantensitz) ein, in welcher bei gekreuzten Beinen beide Fußsohlen zu sehen sind. Ganz vereinzelt findet sich der Virasana-Sitz (=Heldenpose), wobei die Beine übereinandergeschlagen sind.

Der Oberkörper ist gerade aufgerichtet, der rechte Arm stets vom Körper abgewinkelt, die rechte Hand ruht auf dem Knie oder in Knienähe. Das Gewand läßt die rechte Brust weitgehend frei, der über die linke Schulter geschlagene, kurze Zipfel reicht kaum bis zur Brustwarze. Andeutungen eines Gürtels fehlen, bestenfalls zeichnet sich in Hüfthöhe ein einfacher Wulst ab. Kennzeichnend für die Gesichtsbildung sind geschwungene, deutlich getrennte Brauen über gesenkten Augen, eine schmale, gerade Nase und leicht fleischige Lippen, die häufig konturiert sind. Sehr oft wird das Kinn mit einem eingravierten Oval betont. Im ganzen ergibt sich eine abgeklärte, fast hochmütige Miene. Große, ausgeprägte Locken bilden die Frisur (Abb. 39). Auf dem halbkugeligen Ushnisha sitzt eine glatte, zwiebelförmige Ketumala, die oft als ›Lotosknospe‹ angesprochen wird. Die schönsten Buddha-Bildnisse dieser Periode bestechen durch die feine Modellierung von Gesicht und Körper.

Der *zweite Lan Na-Stil* setzt zu Beginn der zweiten Hälfte des 14. Jahrhunderts ein, darüber herrscht Einigkeit unter den Experten. Sicher zu Recht wird der Stilwandel mit der Ankunft des gelehrten Mönches Sumana im Lampang (1369) in Zusammenhang gebracht. Sumana hatte fünf bis sechs Jahre in Sukhothai gepredigt, nachdem er vorher in Pegu die reine Lehre studiert hatte; eine Quelle gibt an, daß er aus Sukhothai stammte. So ist es leicht erklärlich, wenn sich von da an Merkmale des Sukhothai-Stils in der Kunst Lan Nas durchsetzen. Mit der Eroberung der Städte Nan (1449) und Sawankhalok (1459), die beide in der Sukhothai-Tradition standen, durch Tilokarat verstärkte sich diese Tendenz.

Vom frühen 16. Jahrhundert an machten sich burmesische Einwirkungen bemerkbar, die Stilisierung erinnert mehr an laotische Auffassung als an die Kunst von Sukhothai.

Frühe Buddha-Bildnisse des zweiten Lan Na-Stiles orientieren sich noch überwiegend am vorangegangenen Stil. Einige, die schönsten, behalten die alte Tradition vollkommen bei.

Griswold gibt ihnen nach einem der berühmtesten Stücke, dem Buddha Phra Sihing in Chieng Mai, die Bezeichnung ›Löwen-Typ‹. Unter den Kunsthistorikern hat die Datierung dieser Gruppe heftige Diskussionen ausgelöst, die bis heute zu keiner Einigung geführt haben.

Die meisten Figuren aus etwa derselben Zeit zeigen bereits ein oder mehrere Charakteristika des Sukhothai-Stils: langer Gewandzipfel über der linken Schulter, rechter Arm mehr oder weniger parallel zur Körperachse, Flammen-Ketumala (Abb. 41).

Wie vorher und auch später in der gesamten Thai-Kunst, bleibt die Maravijaya-Geste (gleichbedeutend mit der Bhumisparsa-Mudra) die weitaus beliebteste, aber die bis dahin nur selten belegte Virasana-Haltung wird nun allgemein eingeführt. Im Laufe der Zeit wurden die Anleihen bei anderen Stilrichtungen immer zahlreicher, so daß sich schließlich ein ausgesprochener ikonographischer Mischmasch ergab.

Bei der Gesichtsbildung fällt die Vergrößerung der Nase bis zur Adlernase auf. Augen, Augenbrauen und Mund erstarren mehr und mehr in Stilisierung, die Modellierung wird zunehmend vernachlässigt. Ein deutliches Absinken der Qualität ist nicht zu übersehen. Wenn der zweite Lan Na-Stil auch eine Reihe sehr schöner Buddha-Bildnisse hervorgebracht hat, z. B. den über 2 m hohen Buddha im Wat Phra Sing Luang in Chieng Mai, so sind doch die weniger überzeugenden Exemplare in der Mehrzahl.

Im Gegensatz zum ersten Lan Na-Stil verfügt der zweite über eine gewisse Vielfalt der Posen. Bemerkenswert erscheinen geschmückte Buddha-Bildnisse, deren Schmuckelemente, Krone, Armbänder, Ohrengehänge und Halsketten, an Pala-Sena-Formen anklingen und von Sukhothai völlig unabhängig sind. Dem Spätstil gehören auch mehrere ungewöhnliche Kompositionen an, die sich eher durch Originalität als durch künstlerische Qualität auszeichnen. Als Beispiele seien zwei Stücke des National-Museum in Bangkok erwähnt: ein sitzender Buddha auf einem Fabelvogel mit Elefantenkopf und ein stehender Buddha, der seinen Fußabdruck in den Boden einprägt.

Unter den Sockelformen beider Lan Na-Stile ist der Lotossockel (padmasana) der häufigste und charakteristischste.

Brahmanische Gottheiten fanden sich in Nord-Thailand viel seltener als in Sukhothai, die ältesten dürften aus dem 15.–16. Jahrhundert stammen. Ihr überreicher Schmuck an Bändern, Armreifen, Ohrringen und Ketten weist keine Ähnlichkeit mit entsprechenden Motiven des Sukhothai-Stiles auf, dagegen erinnern sie lebhaft an die Reliefs des Wat Jet Yot in Chieng Mai.

Eine bedeutsame Rolle muß in La Na, ebenso wie anderwärts in Thailand, die *Bauplastik* aus Stuck und Terrakotta gespielt haben. Bedauerlicherweise ist davon nur herzlich wenig bis heute erhalten geblieben. Vermutlich eins der ältesten Beispiele bietet das Chedi des Wat Pasak in Chieng Sen. Von den Klostergebäuden ist fast nichts mehr vorhanden, nur das Chedi konnte vom Fine Arts Departement restauriert werden. An Resten des ursprünglichen reichen Dekors, die sich noch in situ befinden, und an Bruchstücken im Museum von Chieng Sen kann man die Feinheit der Ausführung bewundern. Die Linienführung der Ornamentbänder sowie ihre bewußt gegen Leerfelder abgesetzte Verteilung auf den

Bauteilen erinnern an Bauten in Pagan (Burma). Der Motivschatz – Nagas, Makaras, Monsterköpfe – deutet allerdings eher auf Khmer-Anregungen hin. Devada- und Buddha-Figuren, die in die Nischen des Unterbaus eingefügt waren, zeigen Verwandtschaft mit den Figuren des Wat Jet Yot, deren hohe künstlerische Qualität bereits hervorgehoben wurde. Leider haben sich keine Gesamtkompositionen vergleichbaren Ranges erhalten, doch finden sich Devadas ähnlicher Art an verschiedenen Bauwerken in Chieng Mai und Chieng Sen.

Zeugnisse der *Kleinkunst* La Nas im 15./16. Jahrhundert kamen im Chedi Luang (Chieng Mai) und in anderen Chedis ans Tageslicht; das National-Museum in Bangkok zeigt eine Kollektion dieser Weihgaben und Reliquiare aus Edelmetall und wertvollen Steinen (Abb. 40). Sie dokumentieren eine technische Meisterschaft, wie sie das Kunsthandwerk Nord-Thailands bis in jüngste Zeit auszeichnete.

Zum Schluß sei kurz die *Keramik* Lan Nas gestreift, die von den zwangsweise nach Chieng Mai umgesiedelten Töpfern aus Satchanalai im 15. Jahrhundert neue Impulse empfangen hatte. In Form und Dekor weist sie naturgemäß große Ähnlichkeit mit der sogenannten ›Sawankhalok-Ware‹, die in Satchanalai hergestellt wurde, auf, erreicht jedoch nie deren Vielfalt und Qualität.

Ausgezeichnete Plastiken des nordthailändischen Stiles kann man im National-Museum in Bangkok bewundern, einen umfassenden Eindruck vom Charakter der La Na-Kunst vermitteln naturgemäß allein die Klosteranlagen Nordthailands.

Obwohl es in Nan, Phayao, Phrae, Chieng Sen und vielen anderen Orten sehr sehenswerte Tempel gibt, genügt der Besuch von Chieng Mai und seiner Umgebung, um sich einen Überblick zu verschaffen. Die Zahl der Wat in Chieng Mai ist so groß, 79 sollen es sein, daß nur die wichtigsten beschrieben werden können; sie bieten alle typisch nordthailändischen Aspekte, die von den übrigen nur in Einzelheiten variiert werden.

Wer die Möglichkeit hat, sollte aber nach Lamphun und Lampang Luang fahren, die von Chieng Mai leicht zu erreichen sind.

Chieng Mai

Chieng Mai (s. auch S. 383 f.), die zweitgrößte Stadt Thailands, unterscheidet sich wohltuend von der Riesenstadt Bangkok. Trotz ihrer Größe und Betriebsamkeit fehlt ihr die Hektik der Metropole, der Autoverkehr mit Abgasen und Lärm hält sich in erträglichen Grenzen. Noch hat der Bauboom, der mit dem Aufschwung der Stadt Hand in Hand ging, die alten Wohnviertel nicht vollkommen zerstört. Moderne Großbauten sind hauptsächlich im alten Viertel zwischen Ping und östlichem Stadtgraben aus dem Boden geschossen. In dieser Gegend konzentrieren sich die meisten Geschäfte, sowohl Kaufhäuser und Geschäfte für den Bedarf der Einheimischen wie Souvenirläden, die vielerlei Reiseandenken für Besucher feilbieten. Dort findet auch (gegenüber dem Hotel Chiang Inn) ein Nachtbasar statt, dessen allabendlich neu aufgestellte Buden vollgestopft sind mit Kleidungsstücken, Gebrauchsartikeln, Kitsch und Krimskrams, zwischendrin verkaufen Meo- und Lisu-Frauen volkstümliche Stickereien und Schmuck.

Innerhalb der Stadtumwallung, deren Verlauf der Stadtgraben markiert, gibt es noch viele alte, von Gärten umgebene Wohnhäuser. Besonders in Nebenstraßen hat sich etwas vom Fluidum Chieng Mais erhalten, das noch vor dreißig Jahren von allen Reisenden wegen seiner heiteren Gelassenheit gerühmt wurde.

Die im Süden angrenzenden Quartiere der Silberschmiede und Lackwarenhersteller, einst selbständige Dörfer, sind seit Jahrzehnten mit der Stadt zusammengewachsen.

Nach Westen, in Richtung Universität und Flugplatz, ebenso wie nach Osten über den Bahnhof hinaus breitet sich Chieng Mai immer mehr aus.

An die Gründung Chieng Mais knüpft sich eine Legende: Mengrai, Fürst von Chieng Rai, wollte seine Hauptstadt nach der Eroberung Haripunchais weiter nach Süden verlegen. Auf der Suche nach einem geeigneten Platz, zeigten ihm die Bewohner eines Dorfes die Stelle, an der ein Pärchen weißer Hirsche und eine Familie weißer Mäuse miteinander lebten. Dieses günstige Omen bestimmte Mengrai, seine Stadt dort zu bauen (1296). Sehr schnell erwies sich, daß die Lage im breiten, fruchtbaren Flußtal des Ping gut gewählt war – Chieng Mai entfaltete sich zu einem florierenden Gemeinwesen.

Als Hauptstadt des jungen Thai-Staates Lan Na gelang es ihr, Lamphun, die ehrwürdige Metropole des besiegten Mon-Reiches, zu überflügeln. Nicht unwesentlich trugen zur wirtschaftlichen Blüte Künstler und Handwerker bei, die nach erfolgreichen Kriegszügen aus den Nachbarländern nach Chieng Mai umgesiedelt wurden. Von den Königen gefördert, zogen die Klöster die geistliche Elite ihrer Zeit an; die meisten Tempel sind Gründungen des 14. und 15. Jahrhunderts.

In immer wieder aufflackernden Kämpfen konnten sich die Herrscher Lan Nas lange der Angriffe von seiten der Burmesen und der Thai Ayuthias erwehren. Erst 1556 eroberten burmesische Truppen die Stadt, die von da an mit kurzen Unterbrechungen mehr als zweihundert Jahre unter burmesischer Oberhoheit blieb.

Während des nationalen Befreiungskampfes gegen die Burmesen griff König Taksin 1775 die burmesische Besatzung Chieng Mais an, in hartem Kampf schlug er sie in die Flucht. Chao Kawila, der Sohn des Prinzen von Lampang, der auf seiten der Siamesen gekämpft hatte, wurde Prinz von Chieng Mai. Aber die schweren Gefechte hatten tiefe Wunden hinterlassen, ein großer Teil der Bewohner war geflüchtet, Chieng Mai blieb zwanzig Jahre lang verwüstet. 1796 begann der Wiederaufbau mit der Anlage der Befestigung, von der der Graben bis heute gut erhalten ist, während die Mauern bis auf einen Rest an der Südostecke abgetragen wurden (bei den anderen Fragmenten und den Toren handelt es sich um Rekonstruktionen). Seither erlebt die Stadt einen ständigen Aufschwung.

Gegen Ende des 19. Jahrhunderts entwickelte sich Chieng Mai zu einem Zentrum christlicher Mission, namentlich der American Presbyterian Mission; ihrem Wirken waren die ersten öffentlichen Schulen und Krankenhäuser zu verdanken. Die thailändische Regierung griff die Anregung auf, indem sie nach zwei Landwirtschaftlichen 1961 die Medizinische Hochschule und 1964 die erste Universität außerhalb Bangkoks gründete. Als Beweis dafür, daß die Regierung in Bangkok der Metropole Nordthailands große Bedeutung zuerkennt, kann der Bau des Phu-Ping-Palastes angesehen werden.

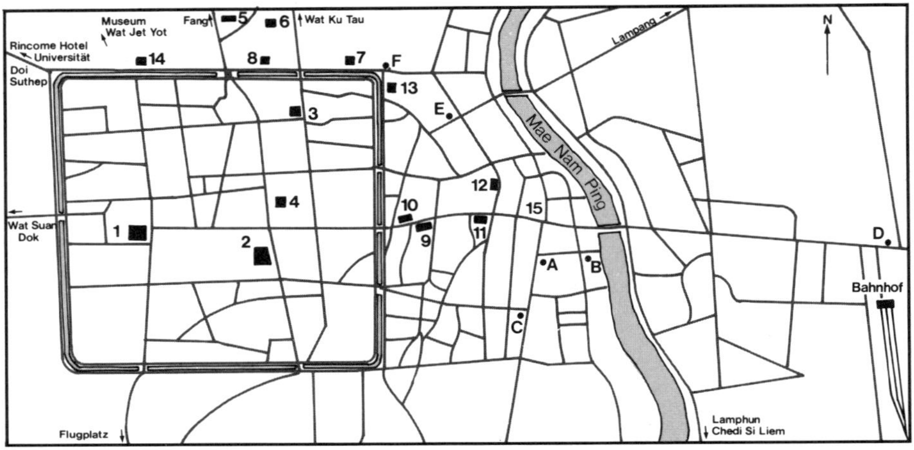

Chieng Mai 1 Wat Phra Singh Luang 2 Wat Chedi Luang 3 Wat Chieng Man 4 Wat Duang Di 5 Weiße Elefanten 6 Chedi Chang Penak 7 Wat Pa Pau 8 Wat Chang Yeun 9 Wat Mahawan 10 Wat Chedowan 11 Wat Bub Param 12 Wat Saen Fang 13 Wat Chaï Si Phum 14 Cokmoli Wat 15 Zone der Märkte
A Chieng Inn Hotel B Tokyo Hotel C Suriwongse Hotel D Railway Hotel E Prince Hotel F President Hotel

Deutlich spiegelt sich der Wohlstand der Bürgerschaft in der Wiederherstellung vieler, lange vernachlässigter Klöster. Wenn man die Straßen durchstreift, trifft man immer wieder auf Tempelhöfe, in denen eifrig gebaut wird. Freilich entsprechen die Renovierungen nicht in jedem Falle unserem Geschmack. Die Verzierung der Chedis mit grellen Farben, üppiger Vergoldung und buntem Spiegelmosaik in burmesischer Manier bewegt sich gelegentlich hart am Rande zum Kitsch.

Wat Chieng Man
Der älteste Tempel Chieng Mais, Wat Chieng Man, wurde bereits 1292, d. h. noch vor der Gründung der Stadt, von König Mengrai gestiftet. Obgleich die Gebäude im Laufe der Zeit häufige Erneuerungen erlebten, haben sie den Charme des alten Stiles bewahrt. Der Hauptvihan besitzt ein breit ausschwingendes Dach, sein Giebel reiches Schnitzwerk, in dessen Zentrum Erawan, der Elefant Indras, steht (Abb. 45).

Mächtige Teaksäulen teilen den Innenraum in drei Schiffe, ein großer, vergoldeter Buddha bildet den Hintergrund für eine Kopie des hochverehrten Buddha Sila. Das Original, ein Basrelief im Pala-Sena-Stil, offenbar indischer Herkunft, das 1290 von einem Mönch aus Ceylon nach Chieng Mai gebracht worden sein soll, wird vom Abt unter Verschluß gehalten. Ein zweites, berühmtes Kultbild ist der Phra Buddha Sae Tang Tamani, ein kleiner Buddha aus Bergkristall ohne künstlerischen Wert, dem die Überlieferung ebenfalls eine lange Geschichte bescheinigt. Beiden Figuren schreibt der Volksglaube die Fähigkeit zu,

Regen zu bringen, wenn sie in feierlicher Prozession umhergeführt und mit Wasserspenden übergossen werden.

Hinter dem Vihan erhebt sich ein großes Chedi, das erst im 20. Jahrhundert in Anlehnung an traditionelle Vorbilder errichtet worden ist; nebenan verdient ein anmutiger Bibliotheks-pavillon Beachtung. Verglichen mit dem Vihan gibt sich der Bot bescheiden, seine Bai Sema, teils scheiben-, teils pfahlförmig, stammen anscheinend aus verschiedenen Perioden.

Wat Phra Singh

Schon aus seiner Lage im alten Ortskern, die Hauptstraße endet vor seinem Eingang, läßt sich die Bedeutung von Wat Phra Singh ablesen. König Pa Yo von Lan Na baute 1345 das Chedi, in dem er die Asche seines Vaters beisetzte. Vor diesem befinden sich, mit rechtwinklig versetzten Achsen, Bot und Vihan, beides schöne, alte Gebäude (Abb. 42, 44). Um 1518 soll der Vihan errichtet worden sein, in dem sich 1545 die Repräsentanten des Reiches versammelten, um Prinz Jetta von Luang Prabang zum König zu wählen. Der Bot scheint aus dem 16. Jahrhundert zu stammen.

Links hinten, etwa auf der Höhe des Chedi, findet man den schönen Vihan Lai Kham, der wahrscheinlich zwischen 1806 und 1809 entstanden ist, aber alle Merkmale der Lan Na-Architektur in klassischer Vollendung aufweist. Dazu gehören das tief heruntergezogene Teleskopdach, die prachtvoll geschnitzten, dreiteiligen Holzfassaden mit der waagerecht orientierten Kassettierung ebenso wie die Nagas und die birmanischen Löwen, die den Eingang bewachen. Das Innere des Vihan schmücken bemerkenswerte Wandbilder, die zwei nicht kanonische Jatakas illustrieren, links die Geschichte des Prinzen mit der Goldmuschel (Sang Thong), rechts die der goldenen hamsa (Suwannahong). Sie sind der Überlieferung zufolge von zwei konkurrierenden Werkstätten gemalt worden, namentlich die linke Wand zeigt in der Darstellungsweise Unterschiede zur Malerei Zentralthailands. Kostüme und Baulichkeiten entsprechen der vom birmanischen Geschmack beeinflußten Mode des Nordens; vor allem aber fehlt die grundsätzlich unterschiedliche Behandlung von Haupt- und Nebenpersonen. Auch Könige und Edelleute erhalten persönliche Züge und werden nicht schablonenhaft starr nach festliegenden Mustern abgebildet.

Der Vihan Lai Kham ist für den berühmten Phra Buddha Sihing erstellt worden, sicher an Stelle eines älteren Baues. Es heißt, die Figur sei gegen Ende des 14. Jahrhunderts nach Chieng Mai gekommen, aber ihre Geschichte ist voller Widersprüche, zudem gibt es heute drei ›Buddha Sihing‹, in Chieng Mai, Bangkok und Nakhon Si Thammarat, von denen behauptet wird, sie seien die Originalfiguren. Dem hier aufgestellten Buddha ist 1922 der Kopf gestohlen worden, so daß man sich nicht einmal mehr ein genaues Bild von seinem einstigen Aussehen machen kann.

Gleich neben dem Eingang des Wat steht auf einer Terrasse ein hübscher Bibliothekspavillon (Abb. 47). Seinen aus Backstein aufgemauerten Unterbau schmücken stehende Devadas. Im Stil ähneln sie den Figuren am Wat Jet Yot, könnten demnach dem 15. Jh. zuzuschreiben sein. 1927 wurden sie restauriert und weiß übertüncht. Einen lebhaften Kontrast dazu bildet der warme Holzton des Oberbaus, der sich durch elegante Proportionen auszeichnet.

Wat Chedi Luang

Wat Chedi Luang hat seinen Namen nach dem großen Chedi, dessen Ruine sich hinter dem Vihan noch immer imponierend erhebt (Abb. 47). Mit seinem Bau wurde 1401 unter König San Muang Ma begonnen; nach zwei Erweiterungen hatte es gegen Ende des 15. Jahrhunderts eine Höhe von 90 m erreicht. 1545 stürzte der mächtige Backsteinbau, das höchste Monument Chieng Mais, bei einem heftigen Erdbeben zusammen. Stehen blieb ein 60 m hoher Basisabschnitt, in dessen Nische ein vergoldeter Buddha sitzt. Reste von Simsen, Pilastern und Stuckornamenten zeigen, daß das Chedi ein sehr qualitätvoller Bau gewesen sein muß.

Der Vihan, ein klassisches Gebäude mit schönen Holzgiebeln, das in neuerer Zeit instand gesetzt worden ist, beherbergt eine 9 m hohe Buddha-Statue, die zwischen 1438 und 1441 gegossen wurde.

Auf dem Gelände des Wat gibt es viele alte Grabchedis, in denen Reliquien beigesetzt waren; aus einigen sind wertvolle Reliquiare geborgen worden. Kleine Goldkronen, vermutlich für Buddha-Bildnisse bestimmt, kamen bei Grabungen in einem alten Vihan südlich des Chedi zutage.

In dem kleinen, modernen Tempel beim Eingang, neben dem hohen, bizarren Bodhibaum, wird der Schutzgeist der Stadt, Lak Muang (oder Sao Intra Kin), verehrt.

An den Bezirk des Wat Chedi Luang grenzt *Wat Pan Tau*, das zwei wohlproportionierte, alte Holzgebäude besitzt, die sich leider in verwahrlostem Zustand präsentieren. Das große Haus zur Straße hin ist vielleicht ein Palast der Fürsten von Chieng Mai gewesen, jedenfalls weicht die Gestaltung der Fassade vom üblichen Konzept der Tempelfronten ab. Zwei Fenster, die mit Holzbalustern vergittert sind, flankieren das Portal, über dem ein mit blauem Glasmosaik eingelegter Pfau sein Gefieder spreizt.

Wat Pa Pau

Immer wieder begegnet man in den Klöstern Nordthailands burmesischen Stileinflüssen, oft haben die Chedis die charakteristisch burmesische Gestalt, fast nie fehlen die burmesischen Löwen. Es gibt sogar Tempel, die ganz und gar im Stil des Nachbarlandes gehalten sind. Als Beispiel sei Wat Pa Pau genannt, das sich allerdings in betrüblich vernachlässigtem Zustand befindet. Das Hauptgebäude baut sich aus zwei terrassenartigen Stockwerken auf, die ein quadratischer Schrein krönt. So ist die Verwandtschaft mit burmesischen Bauten, z. B. dem Mimalaung Kyaung-Tempel in Pagan, nicht bloß im Detail, sondern auch in der Gesamtkonzeption gegeben.

Wat Jet Yot

Wat Jet Yot lag früher weit außerhalb der Stadt, heute haben die Ausläufer Chieng Mais seinen Klosterbezirk fast erreicht. Die Sakralgebäude verteilen sich weiträumig auf einer Grünfläche zwischen schattenspendenden Bäumen. Das erste, was man sieht, ist ein glitzernder, neuer Vihan, der den alten ›Tempel mit den sieben Spitzen‹ in seiner Wirkung etwas beeinträchtigt. Man muß an ihm vorbei näher an das berühmte Heiligtum herantreten, um es als das Meisterwerk, das es fraglos darstellt, würdigen zu können (Abb. 46).

Kurz nach der Gründung des Klosters (1455) ließ der fromme König Tilokarat das Heiligtum nach dem Vorbild des Mahabodhi-Tempels von Bodhgaya (Indien) bauen, es erhielt den offiziellen Namen ›Mahabodharama‹; Anlaß zum Bau dürfte der 2000. Todestag Buddhas (1456/57) gewesen sein. Ob der Baumeister sich am indischen Original orientierte oder an einer ›Kopie‹, die Anfang des 13. Jahrhunderts von Htilominlo in Pagan gebaut worden war, läßt sich nicht ermitteln, es ist für die künstlerische Betrachtung wohl auch zweitrangig. Auf keinen Fall haben wir einen werkgetreuen Nachbau vor uns. Trotzdem besteht nicht nur in der Silhouette, die sich aus den Komponenten – würfelförmiger Baukörper und Hauptturm mit vier kleineren Nebentürmen – ergibt, Ähnlichkeit mit dem Original. Auch der Bauschmuck basiert, so eigenwillig er im Detail gestaltet ist, auf der Konzeption des Vorbildes. Deutlich zeigen z. B. die Ornamente an den Türmen Anklänge an die indischen Kudus (Scheinfenster) der Scheinetagen, und die Aufteilung der Wandflächen in ›Nischen‹, in denen Figuren sitzen, findet sich am Mahabodi-Tempel in Pagan ebenfalls (Abb. 119, 121).

Vollkommen verändert sind hingegen die Proportionen des Monuments, es ist ein zierlicher, eleganter Bau; die Stuckdekoration ist von erlesener Feinheit. Die stehenden und sitzenden Götterfiguren, alle in Bewegung und Ausdruck verschieden, werden mit Recht als Spitzenwerke nordthailändischer Plastik gerühmt (Abb. 43, 49).

Im gewölbten Innenraum des Unterbaues sind Buddha-Figuren aufgestellt, eine Treppe, die auf die Plattform hinaufführt, ist in der Regel versperrt.

Unter der Protektion des Königs, der 1477 ein buddhistisches Konzil hierher einlud, entwickelte sich Wat Jet Yot zu einem Zentrum geistlichen Lebens. Auch Tilokarats Nachfolger begünstigten das Kloster, indem sie zahlreiche Bauten aufführten, die alle, nach Aussage zeitgenössischer Chroniken, verschwenderisch mit Gold ausgestattet waren. Hundert Jahre lang gehörte der Tempel zu den prächtigsten und wichtigsten Lan Nas. Mit der Eroberung des Landes durch die Burmesen (1556) kam das Ende: Das geplünderte Wat wurde aufgegeben. Bald überwucherte Dschungel die Ruinen, erst in den letzten Jahrzehnten hat man sie freigelegt, und das Leben ist in das alte Kloster zurückgekehrt.

Auf dem Areal verstreut haben sich Reste von mehreren Monumenten erhalten. Ein großes, rechteckiges Chedi, in der Art wie sie in Sukhothai gebräuchlich waren, soll 1487 über der Asche Tilokarats errichtet worden sein. Seitlich steht auf einer langen Plattform ein bescheidener, alter Bot, der anscheindend jetzt als Mönchswohnung dient. Um das Gebäude herum sind Kübel mit vielerlei Blumen arrangiert. Solche gepflegten Gärtchen, die fast überall die Mönche um ihre Kutis angelegt haben, sind eine liebenswerte Eigenart der Klöster Chieng Mais.

Wat Ku Tau

Wat Ku Tau, nördlich außerhalb der Stadtmauer, neben dem Sportstadion gelegen, ist nur wegen seines seltsamen Chedi interessant. Es besteht aus sechs aufeinandergetürmten, abgeflachten Kugeln, von denen die oberste am kleinsten, die unterste am größten ist. Buntglänzende Kacheln, zu geometrischen Mustern, zur Spitze hin konzentriert angeordnet, geben dem Monument Farbe. Die Überlieferung behauptet, daß in dem Heiligtum die Asche des Prinzen Tarawadi beigesetzt ist, der nach der Eroberung Chieng Mais durch seinen Vater in Lan Na als König eingesetzt worden war (1571). Rings um die Klostergebäude, die ohne speziellen Wert sind, haben die Mönche einen gepflegten botanischen Garten angelegt. Unter einem Schutzdach kann man die meterlangen Trommeln, die in Nordthailand üblich sind, aus nächster Nähe begutachten. Grimmige Löwen in burmesischem Stil drohen von den Portalpfosten und der Umfassungsmauer an der Straßenfront.

Wat Doi Suthep

Mit der Gründung von Wat Doi Suthep verbindet sich eine wunderbare Geschichte um den Mönch Sumana und eine Reliquie, die er stiftete. Phra Maha Sumana, Anhänger einer orthodoxen, ceylonesischen Richtung des Theravada, war von König Kuna eingeladen worden, seine Lehre in Lan Na zu verkünden. Als unschätzbares Geschenk brachte er eine Reliquie mit, von der das Wat Phra That Haripunchai einen Teil erhielt. Der Rest spaltete sich in zwei Hälften, die beide auf mystische Weise zur Größe des Originals anwuchsen. Im Garten des Königs baute man für eine Hälfte ein Chedi (Suan Dok), die andere legte man auf einen Altar, den man auf dem Rücken eines weißen Elefanten befestigte. Freigelassen, wandte sich das Tier den Bergen nordwestlich der Stadt zu, um sich schließlich an einer Stelle niederzulegen, an der der sagenhafte Heilige Sutepa reussi gelebt haben soll. In dem Moment, in dem man die Reliquie aus dem Altar nahm, verendete der Elefant. Alsbald wurde die Reliquie an dem auf übernatürliche Art gewählten Platz begraben und mit einem Chedi überbaut. Dazu ließ der König, seinem Schwur entsprechend, Sakralbauten sowie Wohnungen für Mönche errichten.

Bis in unsere Zeit gab es nur einen sehr steilen Pfad hinauf zum ca. 1080 m hoch gelegenen Heiligtum, so daß der Aufstieg ein strapaziöses Unterfangen war. Erst um 1934 rief Phra Si Wichai, der Abt eines Klosters in Lamphun, die Gäubigen zum Bau einer Straße auf. Dem überwältigenden Erfolg seiner Initiative ist die heutige Autostraße zu danken, auf der man den Parkplatz unterhalb des Wat erreicht.

290 Stufen einer monumentalen Treppe, an deren Fuß siebenköpfige Nagas sich geisterabwehrend aufrichten, führen zur Tempelplattform empor (Abb. 50). Obgleich die Treppe und die Hauptgebäude des Tempels aus dem 16. Jahrhundert stammen, sehen sie aus wie neu, da sie mit Hilfe reichlich fließender Geldspenden instand gehalten werden konnten. Allerdings ist die Renovierung nicht immer gut gelungen, wie der äußere Giebel zwischen den Portalen dartut.

Der Zentralkomplex des Heiligtums besteht aus einem rechtwinkligen, nach innen offenen Wandelgang, den an den Kardinalpunkten vier Vihan unterbrechen. Rechts und links neben dem West-Vihan, dem größten, in dem die Andachten abgehalten werden, befinden sich die Eingänge zum inneren Bereich. An den Stufen der Vorhallen muß man die

Schuhe zurücklassen. Moderne Malereien im Wandelgang bilden Episoden aus dem Buddha-Leben und berühmte buddhistische Wallfahrtsstätten ab; unter den Buddha-Figuren, die traditionsgemäß dort stehen, gibt es einige schöne im nordthailändischen und im Sukhothai-Stil. Die zum Hof schauenden Giebelfenster der Vihan besitzen noch die alten, bewundernswerten Schnitzereien.

Mittelpunkt des Wat ist das heilige Chedi; die wirkungsvolle Verkleidung mit vergoldeten Kupferplatten unterstreicht seine überragende Bedeutung. Unverkennbar burmesische Züge offenbaren sich in seinem eckigen Grundriß, dem sich gleichmäßig verjüngenden Baukörper und dem Hti auf seiner Spitze. Rings um den Unterbau grenzt ein vergoldeter Staketenzaun den geweihten Umgang ab, der nur von Männern betreten werden darf. An den Ecken des Umgangs stehen, kennzeichnend für nordthailändische Heiligtümer, vier vergoldete Schirme aus Kupferblech, deren Filigran sich wie Spitze gegen den Himmel abzeichnet (Farbt. 32). Große und kleine Altäre an allen Seiten des Zaunes schmücken stets Blumen und brennende Kerzen.

Alle übrigen Gebäude des Wat, die sich auf der Plattform und am Osthang verteilen, beanspruchen keinen kunsthistorischen Rang; immerhin ist der moderne, kleine Bot auf der Nordseite nicht ohne Reiz.

Bei schönem Wetter bietet sich von hier oben ein unvergleichlicher Blick über die Flußebene des Ping mit Chieng Mai als Mittelpunkt, zur anderen Seite über endlose, bewaldete Gebirgszüge.

Phu Ping-Palast

Vom Parkplatz am Fuß der Treppe zu Wat Doi Suthep steigt die Straße weiter an, bis sie in ca. 1300 m Höhe vor dem Eingang zum Phu Ping-Palast endet. Der Bau in modifiziertem Thai-Stil ist ein Beispiel dafür, daß sich klassische Bauformen mit den Bedürfnissen moderner Wohnkultur verbinden lassen. An den Wochenenden ist der gepflegte Park, wenn kein Mitglied der Königsfamilie anwesend ist, für Besucher geöffnet.

Wat Suan Dok

Im Westen, außerhalb der alten Stadt gründete König Kuen gegen 1370 das Wat Suan Dok. Sein Chedi soll über einem Teil einer Reliquie erbaut worden sein, die Phra Maha Sumana bei seinem Eintreffen in Chien Mai mitbrachte (das andere Stück bewahrt Wat Doi Suthep). Bedauerlicherweise hat der Tempel durch wenig einfühlsame Renovierung und unschöne Neubauten seinen architektonischen Reiz weitgehend verloren. Sehenswert ist der Buddha Phra Chao Kao Tue, eine der größten und schönsten Bronzeplastiken Thailands, der um 1504 gegossen worden ist. Recht eindrucksvoll wirken die seit 1907 rings um das Hauptchedi errichteten Grabchedis der Fürstenfamilie von Chieng Mai.

Wat Umong

Obgleich die Ruinen des alten Wat Umong nicht besonders eindrucksvoll sind, lohnt sich ein Besuch wegen der Lage der Klostergebäude in einem parkartig gepflegten Waldstück.

Das Wat hat seinen Namen nach den unterirdischen Gängen, die in einer Ziegelplattform und dem angrenzenden Felsen angelegt wurden. König Kuna (1355–1385) soll sie für einen hochverehrten Mönch gestiftet haben, damit er in stiller Abgeschiedenheit meditieren konnte. Man hat die Gänge wieder hergerichtet und elektrisch beleuchtet; von den Malereien, die mit Bildern von Vögeln und Blumen die Gewölbe belebten, gibt es jedoch nur Spuren. Oben auf der Plattform findet man die Reste eines verfallenen Chedi, in dessen Reliquienkammer ebenfalls Wandbilder entdeckt wurden. Dargestellt sind die Buddhas der Vergangenheit, von einer Aureole umrahmt, unter Bodhibäumen sitzend. Fragmente von Stuckdekor zeigen, daß das Monument mit kunstvollen Verzierungen ausgestattet war.

Neben den Ruinen befinden sich die modernen Gebäude einer Bibliothek und Palischule. Repliken von indischen Bildwerken aus der Frühzeit des Buddhismus hat man ringsum aufgestellt. Anschlagtafeln voller Mitteilungsblätter, Angebotslisten von Büchern sowie an vielen Bäumen angeheftete Zettel, auf denen erbauliche Sprüche stehen, das meiste davon in Thai und Englisch, zeugen vom regen religiösen Leben des Klosters.

Verstreut unter den Bäumen des Hügels bis hinunter zu zwei idyllischen Seerosenteichen haben Mönche ihre Kutis errichtet.

Chedi Si Liem

Ungefähr 6 km südlich der Stadt findet man, umrahmt von modernen Gebäuden, eines der ältesten Denkmäler nordthailändischer Architektur, das Chedi Si Liem (Abb. 51). In seiner Gestaltung lehnt es sich so stark an Mon-Vorbilder an, daß man es für eine Kopie des Wat Kukut halten kann. Wie dieses baut es sich aus fünf nach oben kleiner werdenden Geschossen auf, die auf allen Seiten mit je drei Nischen für Buddha-Statuen versehen sind. Auch die Miniaturstupas an den Stockwerkecken fehlen nicht. Der sehr hohe Unterbau hat in der Mitte jeder Seite eine tiefe Nische, in der ein sitzender Buddha thront, vor den Ecken hocken Löwen als Wächter, Stuckdekorationen und Figuren, zweifellos wiederholt erneuert, verraten deutlich burmesischen Einfluß.

Lamphun

Wat Haripunchai

Zwei Tempel ziehen in Lamphun das Interesse des Touristen auf sich, Wat Phra That Haripunchai und Wat Kukut (Wat Chama Thevi), das im Kapitel über die Mon-Stile bereits beschrieben wurde.

Wat Haripunchai, wie es kurz genannt wird, kann auf eine sehr lange Tradition zurückblicken, Chroniken berichten, daß es schon im 9. Jahrhundert gegründet worden sei. Seine sagenhafte Geschichte ist mit der Stadt und dem Mon-Königreich gleichen Namens eng verwoben. Demnach soll Sutapa reussi, der Einsiedler, dessen Name in ›Doi Sutep‹ weiterlebt, an der Stelle, wo er eine Buddha-Reliquie vergraben hatte, die Stadt gebaut haben. Als Regentin wurde die Mon-Prinzessin Chama Thevi von Lavo (Lopburi) berufen, die eine gläubige Buddhistin war. Sie sollte, unterstützt von ihrem viele hundert Personen

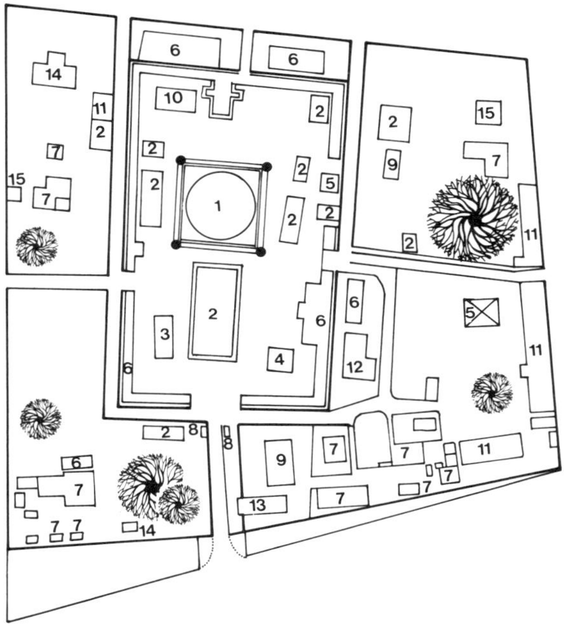

Typisch nordthailändische Klosteranlage: Wat Haripunchai, Lamphun (Donald K. Swearer, Wat Haripunjaya. Cholars Press 1976)

1 Großes Chedi
2 Vihan
3 Bibliothek
4 Gong
5 Stufenchedi
6 Offene Hallen
7 Mönchswohnungen
8 Wächter-Löwen
9 Bot
10 Altes Museum
11 Schulgebäude
12 Verwaltung
13 Teich
14 Trommel
15 Küche

zählenden Gefolge, den primitiven Stämmen des Nordens die fortgeschrittene Kultur der Menam-Ebene vermitteln und für die Verbreitung des buddhistischen Glaubens sorgen. Allgemein wird heute angenommen, daß Chama Thevi eine historische Persönlichkeit war, die im 8. Jahrhundert gelebt hat. Ihren Nachfolgern gelang es, die Selbständigkeit des kleinen Mon-Staates mehr als sechshundert Jahre gegen Khmer und Thai zu verteidigen. Erst 1281 konnte König Mengrai Haripunchai einnehmen, damit war das Schicksal des Reiches besiegelt, es wurde dem siegreichen Lan Na einverleibt. Allmählich verlor die Stadt ihre kulturelle Vormachtstellung an Chieng Mai, nur das Kloster behielt, dank der ungebrochenen Verehrung, die seine heilige Reliquie genoß, seine Bedeutung.

Die Gründung des Tempels wird dem sagenhaften König Atityarai zugeschrieben, der die unter seinem Palast vergrabene Reliquie unter wunderbaren Umständen wiederentdeckt haben soll. Über dem Heiligtum baute er ein Chedi (897), das er zum Mittelpunkt des Wat Haripunchai machte.

Der Haupteingang des Tempels liegt auf der Flußseite, es empfiehlt sich, die Besichtigung dort zu beginnen, nicht an der Rückseite, die an die Hauptstraße Lamphuns grenzt.

Mit dem Auto kann man in den äußeren Tempelbezirk, der den heiligen Bereich auf drei Seiten umfaßt, hineinfahren; Mönchswohnungen und Schulgebäude sind in dem weitläufigen Gelände untergebracht. Rechter Hand befindet sich der Bot des Klosters, er ist in jüngster Zeit entstanden, denn erst seit etwa hundert Jahren hat das Leben im Wat neuen Aufschwung genommen. Alle seine Bauten, mit Ausnahme des großen Chedi und zweier kleinerer, datieren aus dieser Zeitspanne, wobei die meisten ins 20. Jahrhundert anzusetzen sind.

Ein üppig im burmesischen Geschmack ausgestaltetes, von Löwenkolossen bewachtes Portal begrüßt den Besucher (Abb. 52). Der erste Bau, dem man im Innenhof gegenübersteht, ist der 1925 erstellte große Vihan, der vollkommen im alten Stil gehalten, reich mit Schnitzwerk und Malerei geschmückt ist.

Größeres Interesse kann der anmutige Bibliothekspavillon etwas weiter links beanspruchen, der im 19. Jahrhundert an Stelle eines älteren gebaut wurde. Sein stockwerkhoher Backsteinunterbau steht auf einer Terrasse, das eigentliche Bibliothekshaus, ein eleganter Holzbau, krönt das Ganze (Farbt. 31).

Das zweite alte Bauwerk im Wat liegt auf der anderen Seite, rechts vom Eingang, es ist ein zweistöckiger Glockenturm in burmesischem Stil. Im unteren Geschoß hängt der mit 2 m Durchmesser angeblich größte Bronzegong der Welt, dem einheimische Quellen ein Alter von 1300 Jahren attestieren. Dagegen hält die Mehrzahl der Wissenschaftler das 13. Jahrhundert, die Epoche Königs Mengrais, als Entstehungszeit für wahrscheinlicher.

Zweifellos das älteste Bauwerk stellt in seinem Kern das große Chedi dar. Der erste Bau (von 897) ist im Laufe der Jahrhunderte immer wieder erneuert, überbaut und von ursprünglich 10 m auf 51 m Höhe vergrößert worden. Dabei veränderte sich natürlich auch sein Aussehen. Der jetzige Bau entspricht dem Typ, der zur Zeit König Tilokarats (um 1450) beliebt war. Vier Ehrenschirme und Kapellen mit Buddha-Figuren an den Ecken des eingezäunten Chedi-Umgangs entsprechen den nordthailändischen Gepflogenheiten.

Wenig nördlich von dem goldglitzernden Monument findet man ein kleines Chedi im Mon-Stil, das in seiner Struktur dem Chedi von Wat Kukut gleicht. Der untere Teil des schlanken, quadratischen Bauwerks ist restauriert, aber in den höheren Etagen sind noch einzelne Buddha-Statuen in ihren Nischen vorhanden. Schließlich sei ein weiteres altertümliches Chedi im nördlichen Außenhof erwähnt, welches ebenfalls Merkmale des frühen Lan Na-Stiles aufweist.

Ein neues Museum an der Hauptstraße Lamphuns, gleich neben dem Kloster, ersetzt seit einigen Jahren das alte, das in einem Vihan des Wat eingerichtet war. Buddha-Plastiken verschiedener Stilepochen, Stuckfragmente im Mon-Stil von Haripunchai, antike Bücherschränke und Handschriften konnten hier besser plaziert werden als in dem alten Gebäude.

Wat Phra That Lampang Luang

Einer der faszinierendsten Tempel Thailands ist Wat Phra That Lampang Luang, etwa 18 km südwestlich von Lampang. Auf einem Hügel liegend, überragen seine festen Mauern die Umgebung, so daß sein geschützter Bereich in unruhigen Zeiten als Fluchtburg dienen konnte.

Gewöhnlich ist das monumentale Hauptportal zur Straße, zu dem man auf einer Naga-Treppe hinaufsteigt, geschlossen; man muß den Eingang links davon, der zuerst in den äußeren Hof führt, benutzen. Auf dem Wege zum heiligen Bezirk kommt man an einem uralten Bodhibaum vorbei, dessen Äste Hunderte geschnitzter oder bemalter Pfähle stützen, Gaben von Gläubigen, die sich auf diese Weise Verdienste im religiösen Sinne erwerben wollen.

Im Bereich der Sakralbauten, die ein Wandelgang mit starken Außenmauern im Rechteck einschließt, umfängt den Besucher weihevolle Stille. Obgleich die notwendigen Instandsetzungen an einigen Gebäuden bedauerlich ungeschickt ausgeführt wurden, überwiegt der Eindruck klassischer Harmonie, den die schönen, alten Dächer und prächtigen Schnitzereien hervorrufen.

Den Mittelpunkt des Hofes bildet das heilige Chedi (Abb. 56), dessen vielfach gegliederte Basis ziselierte Kupferplatten bedecken. Sein vergoldeter Oberbau kulminiert in einem birmanischen Hti. Torhüter, deren Kostüme an die Figuren des Wat Jet Yot in Chieng Mai erinnern, bewachen die vergitterten Portale zum Chediumgang.

Vier Vihan flankieren das Chedi, der größte – Vihan Luang –, der zum Hauptportal nach Osten ausgerichtet ist, wurde 1476 von Tilokarat als offene Halle errichtet. Sein großzügiges, dreifach gestaffeltes Dach trugen einst Holzpfeiler, stilwidrig hat man sie durch Betonsäulen ersetzt. Ebenso verfehlt wirken die unschönen Muster der modernen Fußbodenfliesen, wenn sie auch von der Pracht des Altarschreins (Farbt. 36) überspielt werden. An den Säulen, außen an extra dafür aufgerichteten Masten, hängen sogenannte ›Thongs‹ (thong = Fahne). Das sind längliche ornamentale Schnitzwerke, die bei Prozessionen wie Standarten mitgetragen werden.

Man betrachte auch die Innenseite des Hauptportals: Die Lünette über dem Tor ist mit einem ›Gesetzesrad‹ verziert, ganz reizende Devada-Figürchen, mit Gold auf roten Lack gemalt, schmücken die Türflügel (Farbt. 37).

Der kleine Vihan Tone Kaew neben dem Hauptgebäude ist durch die Betonkonstruktion besonders entstellt. Als sicherlich schönstes Gebäude präsentiert sich der schlichte Bot in der Südwestecke des Hofes. Ihm steht der Vihan Phra Buddha (Abb. 55) an der Südseite des Chedi mit seinen ausgeglichenen Proportionen nur wenig nach, der in seinem stimmungsvollen Innenraum einen Buddha im nordthailändischen Stil birgt.

Zwei Gebäude im Hintergrund, ein Mondop, das eine Fußspur Buddhas enthält und laut Hinweistafel aus dem Jahr 1449 stammt, sowie der Westvihan (Vihan Phra Jao Sila) bedürfen dringend der Renovierung.

Ehe man Wat Lampang verläßt, sollte man sich im äußeren Hof umsehen, in dem sich zwischen Bäumen und Bambusgruppen eine ganze Reihe Häuser verteilen. Bemerkenswert sind vor allem die auf der nördlichen Seite, wo sich u. a. das Museum befindet. Buddha-Figuren, Bibliotheksschränke und abwechslungsreich ornamentierte, geschnitzte Thongs gehören zu den Ausstellungsstücken. Eine Kapelle beherbergt hinter starken Gittern einen kleinen Buddha, der aus demselben Steinblock geschnitten sein soll wie der ›Smaragd-Buddha‹ des Wat Phra Keo in Bangkok. Dicht dabei steht ein elegantes altes Bibliotheksgebäude, an das auf einer Seite, recht unglücklich, Mönchswohnungen angebaut wurden.

2 Der Sukhothai-Stil

Bald nach der Befreiung von der Khmer-Herrschaft wandte sich die Kunst in Sukhothai vom kambodschanischen Vorbild ab und fand eigene Ausdrucksformen. In der Plastik ist die Entfaltung eines nationalen Stiles sehr deutlich erkennbar, sie ging erstaunlich rasch vor sich.

In der Architektur ist der Umschwung weniger klar, die Ursprünge bleiben sichtbar, aber die Monumente strahlen doch ein spezifisches Thai-Fluidum aus.

Sukhothai, schon unter den Khmer eine wichtige Stadt, beherbergte einige Tempel im Khmer-Stil. In Wat Ta Pha Daeng wurden fünf Götterbilder im Angkor-Wat-Stil gefunden, und aus den Ruinen des Wat Phra Phai Luang, nördlich der Stadt, konnte ein Idealporträt Jayavarmans VII. geborgen werden, ein Beweis für das hohe Ansehen, das der Tempel um die Wende vom 12. zum 13. Jahrhundert genoß. Etwa zur selben Zeit muß Wat Si Sawai entstanden sein, das von den Khmer unfertig hinterlassen, später von den Thai vollendet wurde.

Mit der Proklamation eines selbständigen Königreiches wurde es erforderlich, einen neuen geistlichen Mittelpunkt zu schaffen; deshalb ist es wahrscheinlich, daß schon Indraditya die ersten Monumente von *Wat Mahathat* (Farbt. 29, 34; Abb. 61, 62, 67) in Sukhothai gründete, das während der Dauer des Reiches magisches und geistliches Zentrum blieb. Die Ruinen, wie sie sich heute präsentieren, gehen auf einen Umbau Lö Tais, des vierten Königs von Sukhothai, zurück. Nach den Erkenntnissen des Fine Arts Department bei der Restaurierung der Anlage bestand der Originalbau aus einer Quincunx von Laterit-Türmen auf einer Laterit-Plattform. Die vier Axialtürme, in ihrer ursprünglichen Konzeption bewahrt, zeigen deutliches Khmer-Gepräge; ganz ähnliches Aussehen, nur in größerem Maßstab, muß der Mittelbau gehabt haben, ehe er unter Lö Tais neuem Turm verschwand. Abgesehen vom Stil entspricht auch die Anordnung der Türme auf der erhöhten Basis kambodschanischen Urbildern (Bakheng, Pre Rup).

Der Umbau beweist, daß der Khmer-Stil ca. hundertzwanzig Jahre später nicht mehr en vogue war. Offenbar war das Heiligtum damals (um 1344) nicht mehr im besten Zustand, außerdem hatte ein hochverehrter Mönch von Ceylon zwei ›wertvolle, große Reliquien‹ mitgebracht, für die ein würdiger Ort eingerichtet werden mußte. Man ummauerte den Mittelturm mit Backsteinen, so daß ein mächtiger Unterbau für einen schlanken ›Lotosknospenturm‹[12] entstand. Dieser hat einen hohen, mehrstufigen Unterbau von quadratischem Grundriß, dessen Ecken vielfach gezahnt sind. Im Mittelbau wird der vieleckige Grundriß verkleinert übernommen; die Bekrönung baucht sich wie eine Zwiebel oder Lotosknospe. Zwischen die vier kambodschanischen Axialtürmchen setzte man vier weitere, aus Backsteinen gebaute, eines Typs, der für den Sukhothai-Stil nicht weniger kennzeichnend ist als der ›Lotosknospenturm‹. Seine Grundform scheint der Srivijaya-Stupa zu sein, auf dessen kubischen Baukörper – mit oder ohne Nischen in den Seitenwänden – als Abschluß ein kleiner, runder Stupa nach ceylonesischer Art aufsitzt (Abb. 67).

Sämtliche Bauteile wurden mit Stuckdekorationen im Thai-Geschmack überzogen. So wandelte sich das ursprünglich von Khmer-Stil geprägte Heiligtum zu einem dem Thai-Empfinden adäquaten Tempel.

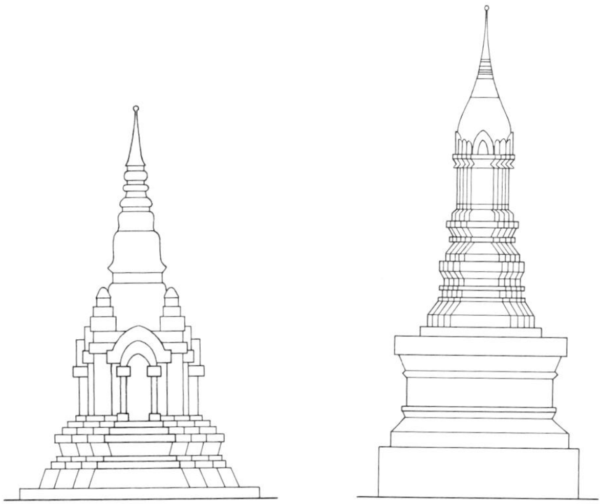

Kompositchedi und Lotosknospenturm

Der ›Lotosknospenturm‹ wird von Lü Tai aufgegriffen. In allen größeren Städten seines Reiches errichtet er derartige Monumente, möglicherweise als geistiges Bindeglied zwischen Hauptstadt und Unterzentrum. Außerhalb von Lü Tais Einflußbereich sind sie nicht bekannt, die vermuteten Gründungsdaten liegen alle in der Regierungszeit des Königs. Die ›Lotosknospentürme‹ sind demnach eine ganz charakteristische Ausdrucksform der Sukhothai-Architektur in den Jahren von ca. 1345 bis 1373.

Ein recht eigenartiges Zeitdokument stellt der Komplex des *Wat Chedi Jet Teo* (›sieben Reihen Chedis‹) dar. Der Hauptbau offenbart sich als Kopie des zentralen ›Lotosknospenturms‹ im Wat Mahathat von Sukhothai (Abb. 71).

Vermutlich sind die anderen, um das eigentliche Heiligtum herum aufgereihten Monumente Grabdenkmäler. Ihr unterschiedliches Aussehen hat zu der Annahme geführt, daß sich darin die Suche nach neuen Architekturformen manifestiert. Die meisten der Bauten repräsentieren den neu aus dem Srivijaya-Stupa entwickelten Typ, einige weisen große Ähnlichkeit mit dem Khmer-prasat auf – beides Bauformen, die auch im Wat Mahathat in Sukhothai vertreten sind. Schließlich gibt es Chedis, deren Dach eine spitze Stufenpyramide mit vielfach abgewinkelten Kanten bildet. Trotz des differenzierten Designs der Einzelteile wirkt der Baustil von Wat Chedi Jet Teo homogen. Der Eindruck ist nicht mehr der eines Mon- oder Khmer-Heiligtums, vielmehr spricht sich in der eleganten Linienführung die Eigenart der Thai aus.

In die glanzvolle Ära Ram Kamhengs läßt sich nur eins der erhaltenen Chedis mit relativer Sicherheit datieren: *Chedi Chang Lom* (›umgeben von Elefanten‹) in *Si Satchanalai,* dessen singhalesisches Original, der Mahatupa-Stupa von Anuradhapura, unverkennbar ist (Abb. 69). Das große, glockenförmige Chedi erhebt sich auf einer zweistufigen, quadratischen Plattform. Rings um die erste Etage stehen neununddreißig Elefanten mit dem Blick nach außen (Farbt. 35). Das obere Stockwerk schmücken Nischen, in denen Buddha-Figuren sitzen. Alle Skulpturen sind aus Backstein bzw. Lateritblöcken aufgemauert und mit Stuck übermodelliert (Abb. 75). Chedis des ceylonesischen Typs mit oder ohne Elefanten um das Sockelgeschoß bilden die 3. Kategorie der im Sukhothai-Stil gebräuchlichen Stupaformen.

In *Chalieng* wurde, der Überlieferung nach unter Lü Tai, von Mon-Mönchen der große Stupa erbaut, dessen breit hingelagerte Lateritbasis mit vier Aufgängen hinter dem großen Prang liegt.

Von den Ordinations- und Weihehallen Sukhothais sind nur Sockel, Mauerreste, Fußböden und Säulen übriggeblieben. Die verschwundenen Holzdächer waren mit Ziegeln gedeckt und dürften denen der heutigen Wat ähnlich gewesen sein. Anstelle von Fenstern ließen Reihen von spaltartigen, senkrechten Öffnungen in den Seitenwänden Licht ins Innere der Räume ein. Reste solcher Mauern sind in Wat Jetubon (Sukhothai), Wat Mahathat (Chalien) und Wat Nang Praya (Si Satchanalai; Abb. 72) noch vorhanden.

In mehreren Wat Sukhothais ist ein Mondop erhalten (Wat Dük, Wat Jetubon, Wat Si Chum, Wat Traphang Thong Lang), ein kubischer Bau, dessen Ursprung wohl bei den Mon zu suchen ist. Bei allen fehlen heute die Dächer. In Pagan sind solche Gebäude mit mehrstufigen Staffeldächern gedeckt, in ähnlicher Art wie das kleine ›Phra Ruangs Kuti‹ in Chalieng. Andere, vielleicht turmartige Dachaufbauten, sind zumindest bei den kleinen Mondop aber nicht auszuschließen. Die großen wie im Wat Si Chum hatten sicher mit Ziegeln gedeckte Holzdächer.

Bei der Plastik erfolgte die Abkehr vom bis dahin gültigen Ideal so schnell und vollständig, als sei es von der Masse der Thai-Bevölkerung niemals wirklich akzeptiert worden. Aufschlußreich ist in diesem Zusammenhang die Geschichte einiger Kultbilder des Prang Sam Yot in Lopburi. Die Buddha-Figuren im Thai-Stil waren dick mit schwarzem Lack überzogen, bei ihrer Umquartierung ins örtliche Museum befreite man die Steinstatuen von den Deckschichten und legte Gesichter im echten Khmer-Stil frei. Le May kommentiert dieses Vorkommnis mit den Worten: »Offenbar waren die Verehrer mit dem Aussehen des Gründers ihrer Religion unzufrieden geworden und beschlossen, ihn in einen echten Thai-Buddha zu verwandeln.«[13]

Alle Merkmale der Khmer-Figuren kehrt der neue Stil geradezu ins Gegenteil: aus eckigen Gesichtern werden ovale, die geraden Brauen wölben sich zu hohen Bögen, die kräftige, gerade Nase wandelt sich zur schlanken Hakennase. Anstelle der lebensvollen, menschlichen Person tritt die idealisierte, übernatürliche Erscheinung mit weichem, fast weiblichen Gepräge (Abb. 57–60).

Aus welcher Richtung der Impetus kam, ist nicht geklärt. Lange hat man die Sukhothai-Kunst als Weiterentwicklung der Lan Na-Kunst betrachtet, neuere Forschungen halten beide jedoch für annähernd gleichzeitig, und so bleibt nur die Feststellung, daß vielschichtige Anregungen aus Ceylon, Burma, sogar Nakhon Si Thammarat, auf fruchtbaren Boden fielen. Woher immer die Anstöße gekommen sein mögen, auch chinesischer Einfluß ist vermutet worden, fest steht, daß die Sukhothai-Kunst eine ausgeprägte Originalität entfaltete, in der sich das Stilempfinden der Thai am reinsten manifestiert.

Gegenwärtig sind nur sechs datierte Buddha-Bildnisse im Sukhothai-Stil bekannt, eine absolute Chronologie für das Gesamtkorpus läßt sich daraus nicht gewinnen. Eine stilistische Chronologie, die Damrong ausgearbeitet hat, ist noch zu überprüfen. Einigkeit besteht darüber, daß die frühen Buddhas im Sukhothai-Stil dem Lan Na-Stil sehr nahe stehen. Man faßt sie unter dem Namen ›Ta Kuan-Gruppe‹ zusammen, nach dem Kloster, in dem sie zuerst gefunden wurden. Weitere drei Klassifikationen sind so unklar und weit gefaßt, daß wir darauf verzichten. Lediglich die ›Phra Buddha Jinarai-Gruppe‹ sei angeführt, die gleichmäßig lange Finger aufweist.

Für den Laien sind frühe Sukhothai-Bildnisse sehr schwer vom Lan Na-Stil zu trennen, weil Merkmale beider Richtungen in ihnen zusammentreffen. Ebenso ist der Übergang zum Ayuthia-Stil fließend.

Um die neuen, wesentlichen Züge des Sukhothai-Stils zu erfassen, muß man ein Kunstwerk der Klassik, eine stehende oder sitzende Figur auf sich wirken lassen. Man erkennt, daß die anatomische Wirklichkeit des menschlichen Körpers, das Muskelspiel, das bei den Khmer-Plastiken unter der Haut spürbar blieb, ignoriert, Körperform und Gesichtszüge zum Symbol abstrahiert werden. Zum Ausdruck verinnerlichter Geistigkeit, den die Gesichter ausstrahlen, gesellen sich die fließenden Konturen, die der Erscheinung schwingende Bewegung verleihen.

Merkmale der Sukhothai-Köpfe sind vollkommen ovale Gesichter mit gewölbten Brauen, die in den schmalen Rücken einer relativ langen, gekrümmten Nase einmünden. Die Augen sind unter hohen Lidern niedergeschlagen, die Winkel des feingezeichneten Mundes mit der Andeutung eines Lächelns nach oben gezogen. Ziemlich große, spiralige Locken bedecken auch den Ushnisha, aus dem die flammenförmige Ketumala aufsteigt. Der Haaransatz zieht in einer Spitze auf die Stirn hinunter. Um den Winkel zwischen Hals und Schulter zu brechen, werden die Ohrläppchen nach außen gebogen (Abb. 57).

Bemerkenswert ist die elegante Modellierung der Hände, ihre langen, schlanken Finger nehmen die schwingende Tendenz der Gesamtkomposition auf. Die Anordnung des Gewandes hat in Sukhothai anscheinend wenig Aussagekraft für die Datierung der Werke, da sie vielleicht in den Traditionen konkurrierender Sekten begründet ist. Häufig bleiben die rechte Schulter und Brust frei, über die linke Schulter fällt eine schmale Stoffbahn, in einem ›Fischschwanz‹ endend, bis zum Nabel herab. Den Gürtel deutet, wenn er nicht ganz fehlt, eine einfache oder doppelte Rille oder Wulst an. Nur späte, frühestens dem 15. Jahrhundert zuzurechnende Statuen tragen breite Gürtel und herabhängende Mitteltücher. Hier zeigt sich zweifellos der von den Khmer beeinflußte Lopburi-Stil.

Sitzende Figuren nehmen beinahe immer die virasana-Haltung ein, d. h. die Beine sind übereinandergelegt, meist das rechte über das linke, die Fußsohlen nach oben gekehrt (Abb. 58). Bei weitem die beliebteste Geste ist die Bhumisparsa-Mudra. Die samadhi-(Meditations) Geste findet sich vorzugsweise bei den Buddhas ›im Schutze der Naga‹.

Vier Stellungen heiligt die buddhistische Tradition, in denen der Erleuchtete wiedergegeben werden kann: schreitend, stehend, sitzend und liegend. Zum ersten Mal in der thailändischen Kunst wird in Sukhothai das Motiv des Schreitens von der Plastik aufgegrif-

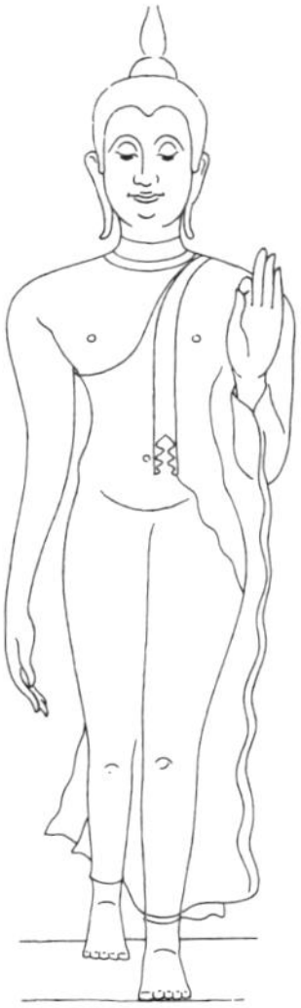

Schreitender Buddha, Sukhothai-Stil, 14. Jh.

fen (Abb. 59). Wahrscheinlich gaben ceylonesische Gemälde, z. B. der in Polonnaruva dargestellte ›Abstieg vom Himmel‹ das Vorbild ab. Folgende Episode aus seinem Leben ruft die Ikonographie des schreitenden Buddha ins Gedächtnis. Sieben Tage nach Gautamas Geburt war seine Mutter gestorben, nach seiner Erleuchtung suchte er sie im Tavatimsa-Himmel auf, um sie zu seiner Lehre zu bekehren. Über eine mystische Treppe stieg er dann, von den Göttern Brahma und Indra begleitet, wieder auf die irdische Welt herab. In einigen Fällen deuten die Einzelheiten der Szenerie auf zwei andere Begebenheiten hin, einmal die magische ›Erschaffung des Mangobaumes‹ in Shravasti – sieben Häretiker hatten sämtliche Mangobäume der Gegend gefällt, weil Buddha unter einem solchen Baum ein Wunder vollbracht hatte. Doch der Meister steckte einen Mangosamen in die Erde und sogleich erwuchs ein neuer Baum, der schon im nächsten Moment in Blüte stand –, zum anderen die ›Abwehr des wütenden Elefanten‹, den sein eifersüchtiger Vetter Devadatta gegen ihn getrieben hatte, damit er ihn zertrample.

In Sukhothai finden wir diese Erzählungen in Stuckreliefs illustriert. Leider sind sie stark beschädigt, ihr fortschreitender Verfall läßt sich an älteren Fotographien ablesen. Den besten Eindruck vermittelt noch das Bild auf der Südwand des Mondop von Wat Trapang Thong Lang, von dem ein Faksimile im Ram-Kamheng-Museum zu sehen ist.

Der schreitende Buddha wird möglicherweise in Sukhothai beliebt, weil das Thema der, auch anderwärts spürbaren, Vorliebe für weiche Kurven neue Gestaltungschancen bot. Noch mehr als bei den sitzenden Figuren springt bei den schreitenden die surrealistische Körperbildung ins Auge. Beinahe wörtlich ist die Beschreibung der äußeren Erscheinung des Erleuchteten realisiert: die Brust ist löwengleich, die Hüften wölben sich, die Arme gleichen dem Elefantenrüssel. Die Hände sind wie eben aufspringende Lotosknospen. Beide

Beine werden von oben nach unten dünner ohne die Ausbuchtungen von Knie und Wade zu berücksichtigen. Das entspricht dem Idealporträt, das ›Schenkel wie Bananenstengel, Beine wie Antilopenläufe, Kniescheiben wie Krabben‹ verzeichnet. Ausladende Fersen und flache Fußsohlen symbolisieren Festigkeit und Beständigkeit. Die Schwingung des herunterhängenden Armes, meist des rechten, nimmt oft die Wellenlinie des Gewandsaumes auf, der aus der Beuge des erhobenen Armes herunterfällt. Am unteren Saum endet das Gewand rechts und links in einer Art Haken. Offenbar aus einer umgeschlagenen Ecke entwickelt, bildet er ein bezeichnendes Merkmal der Hochklassik, das aber auch in späterer Zeit oft wiederkehrt. Die erhobene Hand führt die abhaya- seltener die vitarka-Geste aus.

Durch die geschwungenen Details erhält die Figur eine bewegte Silhouette, in der die flammende, geistige Energie des Erleuchteten zum Ausdruck gebracht werden soll.

Stehende Buddha-Bildnisse gibt es als Freiplastik wenig, sie scheinen alle der Spätphase zuzugehören, nur als Hochrelief finden sich etliche in den Ruinen der Städte des Sukhothai-Reiches. Sie heben eine, nur ausnahmsweise beide Hände in der Geste der ›Schutzgewährung‹ (abhaya). Anders als beim schreitenden Buddha ist die Konzeption beim stehenden auf ruhige Würde und Standfestigkeit ausgerichtet. Dazu tragen strenge Frontalität und Symmetrie in der Behandlung des Gewandes bei.

Genau den traditionellen Regeln folgt die Ikonographie des liegenden Buddha, auch er ist selten rundplastisch ausgeführt worden.

Die Buddha-Bildnisse sind oft lebensgroß, einige geradezu riesig, so die 7 m hohe schreitende Figur in Wat Jetubon und das Sitzbildnis in Wat Si Chum (14,70 m; Abb. 66), beide in Sukhothai.

Mehrere Buddhas der Sukhothai-Epoche genießen noch heute besondere Verehrung. Den Thai gilt der Phra Buddha Jinarai (siegreicher König) als die vollkommenste Gestaltung eines Buddha-Bildes. Jedes Jahr pilgern viele Gläubige nach Phitsanulok, um der Statue ihre Gebete zu widmen. König Chulalongkorn ließ eine genaue Replik für Wat Benchamabopit anfertigen, die jedoch nicht die Majestät und unwägbare Ausstrahlung des Originals besitzt. Zur gleichen Zeit wie Jinarai sollen zwei andere, berühmte Bildnisse gegossen worden sein, der Buddha Jinasiha und Buddha Si Sasta. Beide stehen jetzt im Wat Bovornivet (Bangkok). Dort ist auch die kolossale Plastik eines liegenden Buddha (3,50 m) aus vergoldeter Bronze zu bewundern, die aus Wat Phra Phai Luang stammt. Durch seine Größe zeichnet sich ebenfalls der Buddha Si Sakyamuni (›der Weise aus dem Hause Shakya‹) aus; vom Wat Mahathat in Sukhothai wurde er gegen Ende des 18. Jahrhunderts nach Bangkok ins Wat Sutat versetzt.

Aufschlußreich ist die Legende, die sich um den Phra Buddha Sihing (den ›Singhalesischen Buddha‹) rankt. Einstmals erzählte der König von Nakhon Si Thammarat seinem Besucher Ram Kamheng Wundergeschichten von einem herrlichen singhalesischen Buddha-Bildnis. Sogleich wünschte der König von Sukhothai, das Bildnis für sich zu erobern; aber durch eigene Mißerfolge gewitzt, warnte der Gastgeber vor zwei mächtigen Gottheiten, die die Insel beschützten. So wurde beschlossen, Boten mit dem dringenden Ersuchen um Überlassung der Statue zum König von Ceylon zu schicken. Überirdische Stimmen, die diesen in Trance erreichten, bewogen ihn, der Bitte zu willfahren, und die Gesandtschaft schiffte sich mit dem Geschenk zur Rückreise ein. Aber der Segler zerschellte an einem Riff, und das Bildnis trieb auf einer Planke schwimmend ab. Da griff der Naga-König ein und trug es in die Gegend von Nakhon Si Thammarat, wo es der dortige König, dem ein Traum seine Landung angekündigt hatte, in Empfang nahm. Im Triumpf führte er es in seine Stadt. Kaum hatte Ram Kamheng von den Ereignissen erfahren, eilte er hinunter in den Süden, das Buddha-Bild für sich beanspruchend. Er brachte es nach Sukhothai, wo es anscheinend als Palladium des Reiches galt. Die weiteren Schicksale der Plastik sind recht turbulent. Über Jahrhunderte hinweg suchten sich Lokalfürsten und Könige seinen Besitz zu sichern, um den Schutz des Buddha zu erlangen. Ständige Ortswechsel waren die Folge, schließlich wurde es 1795 nach Bangkok gebracht. Dort ist es im Buddhaisawan-Tempel (National-Museum) aufgestellt.

Allerdings ist fraglich, ob dies tatsächlich der echte Buddha Sihing ist, denn zwei andere Städte, Nakhon Si Thammarat und Chieng Mai, behaupten ebenfalls Besitzer des Buddha zu sein. Keine der drei konkurrierenden Figuren kann ihrem Stil nach wirklich aus Ceylon stammen. Offen bleibt die Frage, ob alle drei gegenwärtig existierenden Bildnisse Kopien (im asiatischen Sinne) des ceylonesischen Originals sind, das irgendwann verloren ging, oder ob von Anfang an eine Thai-Kopie vorlag.

Auf jeden Fall zeigt die Legende, welch hohen Wert die damalige Zeit einem Buddha-Bildnis aus Ceylon beimaß, das im 13. Jh. als Hort der wahren Hinayana-Tradition angesehen wurde; zudem bestätigt sie den Einfluß der singhalesischen auf die Sukhothai-Kunst.

Wie an allen Fürstenhöfen Südostasiens, ohne Rücksicht auf die Zugehörigkeit des Landes zu Buddhismus oder Hinduismus, hatten in Sukhothai die Brahmanen wichtige Riten für das Gedeihen der Dynastie und die Wohlfahrt des Reiches auszuführen. Daß die Hindutempel der Stadt auch nach dem Abzug der Khmer in Funktion geblieben waren, bezeugen eine Reihe sehr schöner brahmanischer Statuen, deren Chronologie Subhadradis Diskul an Hand der Kostüme aufgestellt hat. Ihre Stilmerkmale entsprechen genau denen der Buddha-Figuren (Abb. 60).

Von beachtlich hoher künstlerischer Qualität sind einige der ›Heiligen Abdrücke‹, auf denen gern der schreitende Buddha dargestellt wird.

Der Bauschmuck wird hauptsächlich in Stuck ausgeformt, aber auch Terrakotta und Keramik spielen eine nicht geringe Rolle. Figürliche Kompositionen, vorwiegend Szenen des Buddha-Lebens, finden sich in Nischen und Giebelfeldern, symbolische Figuren – Erdgeister, Devadas, Garudas, Elefanten –, oft auf den Unterbauten der Stupas; eine Reihe anbetender Mönche umschreitet die Basis des Hauptchedis von Wat Mahadat in Sukhothai. Aus dem Repertoire der indischen Kunst stammen die Motive der Ornamentik, Perlenschnüre, Ketten geometrischer Muster, stilisierte Blüten, florale Girlanden, Makaramasken, Dämonen, Nagas und üppige Blumenvasen, als Symbole des Überflusses.

Nur aus Kampheng Phet sind Bruchstücke von Terrakottaschmuck bekannt. Leider lassen sich die Kompositionen, zu denen die mythischen Gestalten gehört haben, nicht mehr rekonstruieren.

Keramik der Sukhothai-Zeit

Weit häufiger als Terrakotta wurde Keramik an den Bauten verwendet. Auf den Firstenden und Ecksparren saßen bunte Drachen, der Dachfirst trug eine hohe Spitze mit dem Reliefbild einer anbetenden Gottheit. Drachen mit aufgerissenen Mäulern bäumten sich an den Enden der Treppenläufe auf. Diese übernatürlichen Wesen waren zum Schutz der Heiligtümer angebracht, ebenso wie die seltenen großen Türwächter (dvarapala), die die Eingänge kontrollierten.

Nachdem Sukhothai Vasallenstaat des Reiches von Ayuthia geworden war (1349), blieb die künstlerische Tradition noch lange lebendig, wenn auch in der Spätphase Ayuthia-Tendenzen immer deutlicher hervortreten. Noch im 15. Jahrhundert entstanden in den Provinzen des einstigen Sukhothai-Reiches Kunstwerke, die an der alten Tradition festhalten.

Ein eigenes Kapitel der Sukhothai-Kunst bildet die Keramik. Offenbar hatten die Thai bereits aus Nan Chao eine fortgeschrittene Technik der Keramik-Herstellung mitgebracht, denn die ältesten Brennöfen, ca. 6 km nördlich Satchanalai am rechten Ufer des Yom bei dem Dorf Ban Go Noi, müssen schon in der Zeit der Khmer-Herrschaft produziert haben. Neben verhältnismäßig grober, unglasierter Ware für den täglichen Gebrauch wurden mit dunkelbraunem Überzug versehene Gefäße gebrannt, die starken kambodschanischen Einfluß verraten. Zu ihren charakteristischen Formen gehören kleine, birnenförmige Vasen mit zwei Henkelchen unmittelbar unter dem Lippenwulst, größere, bauchige Vasen mit hohem Hals und breiter Lippe, die auf der Schulter vier winzige Ösen tragen und gedrückte bauchige Deckelschalen. Der Dekor ist gestempelt oder geritzt, gelegentlich aufgemalt.

Gegen Ende des 13. Jahrhunderts holte Ram Kamheng chinesische Töpfer nach Sukhothai und siedelte sie nördlich der Stadt an. Dort sind Ruinen von etwa einem Dutzend Brennöfen ausgegraben worden. Sie setzen sich aus drei überwölbten Kammern zusammen, dem Feuerraum, dem Brennraum und dem Kamin. Die Produkte haben große Ähnlichkeit mit den aus den T'zu chou-Werkstätten südlich von Peking. Es mag demnach sein, daß die

Handwerker aus dieser Gegend kamen. Auf dem fast porzellanartigen, harten Körper sind die Muster in dunklem Braun oder Schwarz aufgemalt. Beinahe glasklar erscheint die gelblich-graue Glasur. Am häufigsten wurden ziemlich große Teller, Schüsseln und Deckelschalen hergestellt.

Nur wenige Jahrzehnte später kam eine zweite Gruppe Töpfer aus China, diesmal offenbar aus der Schule von Lung chüan in der Provinz Chekiang. Sie nahm ihre Arbeit in den alten Werkstätten von Ban Go Noi auf, ohne daß die Produktion der Chalieng-Ware eingestellt wurde. Das Repertoire ihrer Formen wurde durch die neuen Impulse wesentlich erweitert.

Neben den althergebrachten Erzeugnissen entstand eine Art Celadon, die sogenannte Sawankhalok-Ware. Ihr kennzeichnendes Merkmal ist die Glasur, die alle Nuancen vom lichten Graugrün zum tiefen Gelbgrün aufweist. Bemalte Stücke zeigen dunkelbraune bis schwarze Zeichnung unter grauem Überzug. Überraschend ist der außerordentliche Formenreichtum dieser Keramik. Alle Arten von Gefäßen sind vertreten, dazu Tier- und Menschenfiguren. Oft sind Krüge wie Vögel- oder andere Tierkörper gebildet. Primitive Figürchen stillender Frauen, alle mit abgeschlagenem Kopf, sind sicher als Weihgaben anzusprechen.

Da die Celadon-Keramik aus Thailand in Asien weite Verbreitung fand – noch auf den Philippinen, Borneo, Indien und im Nahen Osten läßt sie sich nachweisen –, scheint sie ein wichtiges Ausfuhrprodukt gewesen zu sein. In einzelnen Handwerkerfamilien ist die Technik der Celadon-Herstellung bis ins 20. Jahrhundert tradiert worden, so daß die alte Kunst nach dem 2. Weltkrieg neu belebt werden konnte. Nahe bei Ban Go Noi lag in Ba Yang ein kleiner Komplex von Brennöfen, deren archäologische Untersuchung ergab, daß sie in der Hauptsache Bauschmuck produziert hatten. Gitter, Baluster, Gesimse, Ziegel und Architekturornamente umfaßte das Produktionsprogramm, aber auch Devada-Reliefs, Löwen und Drachen für die Enden der Treppenbrüstungen.

Um die Mitte des 15. Jahrhunderts, nach seinem Sieg über Satchanalai, verschleppte Tilokanat die Töpfer der Sawankhalok-Ware nach Chieng Mai, wo sie und ihre Nachkommen anscheinend etwa hundert Jahre lang Keramik herstellten. Der dort verfügbare Ton ist von schlechterer Qualität, auch Form und Dekor der Chieng Mai-Ware erreicht nicht die Schönheit ihrer Vorbilder.

Von der Größe der Städte in der Sukhothai-Periode geben die Ruinenfelder der drei wichtigsten, Sukhothai, Si Satchanalai und Kampheng Phet, einen Begriff. Dort finden sich auch die charakteristischen Bauwerke des zeitgenössischen Stils.

Die Entfernungen vom zentral gelegenen Sukhothai nach Si Satchanalai (ca. 60 km) und Kampheng Phet (ca. 80 km) sind nicht zu groß, die Straßen tadellos, so daß man von da auch die beiden anderen Orte in bequemen Tagestouren besichtigen kann. Häufig wird allerdings Phitsanulok, 58 km südöstlich von Sukhothai, als Stützpunkt für die Besichtigungsfahrten gewählt, weil es über das beste Hotel der Region verfügt. Sukhothai und Kampheng Phet besitzen beide nur ein einfaches, aber annehmbares Hotel.

2 BANGKOK What Phra Keo, Goldenes Chedi

◁ 1 BANGKOK Wat Phra Keo, Tempelwächter

3 BANGKOK Wat Phra Keo, Haupttor und Prangs von innen

4 BANGKOK Wat Phra Keo, Kinnari

5 BANGKOK Wat Phra Keo, Fenster am Pantheon

6 BANGKOK Pimok-Pavillon im Großen Palast

9 BANGKOK Wat Jetubon, Keramikfassade

8 BANGKOK Wat Jetubon, Fußsohlen des Ruhenden Buddha

7 BANGKOK Rishi im Wat Sutat

11 THONBURI Wat Arun, Detail vom Großen Prang
10 BANGKOK Wat Jetubon, Außenhof des Bot
12 THONBURI Wat Arun, Detail vom Haupteingang zum Wat

14 BANGKOK Vihan des Wat Sutat

◁ 13 THONBURI Wat Arun

15 BANG PA IN Aisawan Thi Phya At-Pavillon

16 Vorbereitung zum klassischen Tanzspiel

17 Tanzszene

18 Tempel am Reisfeld

19 Schwimmender Markt

20 Bemalte Fischerboote bei Songkhla

21 Landschaft im Süden

22 Bucht von Phang Nga bei der Insel Phuket

23 Im Elefantencamp bei Chieng Mai

24 AYUTHIA Wat Si Sanphet

25 NAKHON PATHOM Phra Pathom Chedi

26 PHIMAI Zentralheiligtum

27 PRASAT PHANOM RUNG Vorhalle zum Sanktuarium

28 MUANG TAM

29 SUKHOTHAI Wat Mahathat

30 SI SATCHANALAI Wat Chedi Jet Teo

32 CHIENG MAI Wat Doi Sutep
31 LAMPHUN Bibliothek im Wat Haripunchai
33 CHIENG MAI Mönche auf Pilgerreise

34 SUKHOTHAI Im Wat Mahathat

35 SI SATCHANALAI Elefantenskulpturen am Wat Chang Lom

36, 37 LAMPANG LUANG Sanktuar im Vihan Luang des Wat Phra That und Innenseite des Hauptportals

38 Meoschule, Chieng Mai

39 Meo-Mädchen

41 PAGAN Blick nach Osten ▷

40 PAGAN Ananda Okkyaung, figürliche Schnitzerei

42 PAGAN Dhammayangyi-Tempel

44 PAGAN Shwegugyi-Tempel

43 PAGAN Mingalazedi-Pagode

45 PAGAN Schwezigon-Pagode, Votivbäumchen

46 MANDALAY Kuthodaw-Pagode

47 MANDALAY Blick vom Mandalay-Berg auf die Stadt, im Vordergrund die Kuthodaw-Pagode, ▷
umgeben von 729 Schreinen

48 RANGUN Tempel auf der Schwedagon-Pagode

50 RANGUN Schwedagon-Pagode

49 Eine Wasserstelle bei Rangun

51 Kyaiktiyo-Pagode in der Nähe von Thaton. Das kleine Heiligtum gehört zu den wichtigsten Pilgerstätten Burmas und ist wegen seiner Lage auf einem scheinbar überhängenden Felsblock berühmt. Ausländische Touristen können den Ort z. Z. nicht besuchen.

Sukhothai

Das alte Sukhothai liegt am Rande der von Hügeln umsäumten Flußebene des Yom. Drei Erdwälle, von Wassergräben getrennt, umgaben das Stadtgebiet, das eine Fläche von ca. 1840 × 1360 m einnahm. Auf jeder Seite führte ein Tor ins Innere, drei davon waren durch Forts geschützt. Nicht nur im umwallten Stadtbezirk, in dem bisher einundzwanzig Tempel

Alt-Sukhotai 1 Wat Mahathat 2 Stelle des ehemaligen Königspalastes 3 Wat Si Sawai 4 Wat Trapang Ngoen 5 Lak Muang 6 Wat Chana Songkhram 7 Wat Mai 8 Wat Trapang Thong 9 Wat Sra Si 10 Wat Trakuan 11 San Ta Pa Daeng (Hindutempel) 12 Trapang So 13 Wat Sorasak 14 Wat Son Kao 15 Wat Mum Muang 16 Pratu San Luang (Nordtor) 17 Pratu Oa (Westtor) 18 Pratu Namo (Südtor) 19 Pratu Kamheng Hak (Osttor) 20 Wat Phra Paï Lung 21 Wat Si Chum 22 Brennöfen von Turiang 23 Wat Sapan Hin 24 Wat Aranyik 25 Wat Chang Rob 26 Wat Phra Bath Noi 27 Wat Tham Hib 28 Wat Chedi Ngam 29 Wat Mang Kon 30 Wat Pa Sak 31 Ho Tewalai (Hindutempel) 32 Wat Dük 33 Wat Pa Mamuang 34 Wa Si Tone 35 Wat Ton Chan 36 Wat Jetubon 37 Wat Chedi Si Hong 38 Wat Pichit Kitti Kalayaram 39 Wat Khao Phra Bath Yai 40 Wat Trapang Thong Lang 41 Wat Chang Lom 42 Wat Chedi Sung 43 Ram Kamheng-Museum

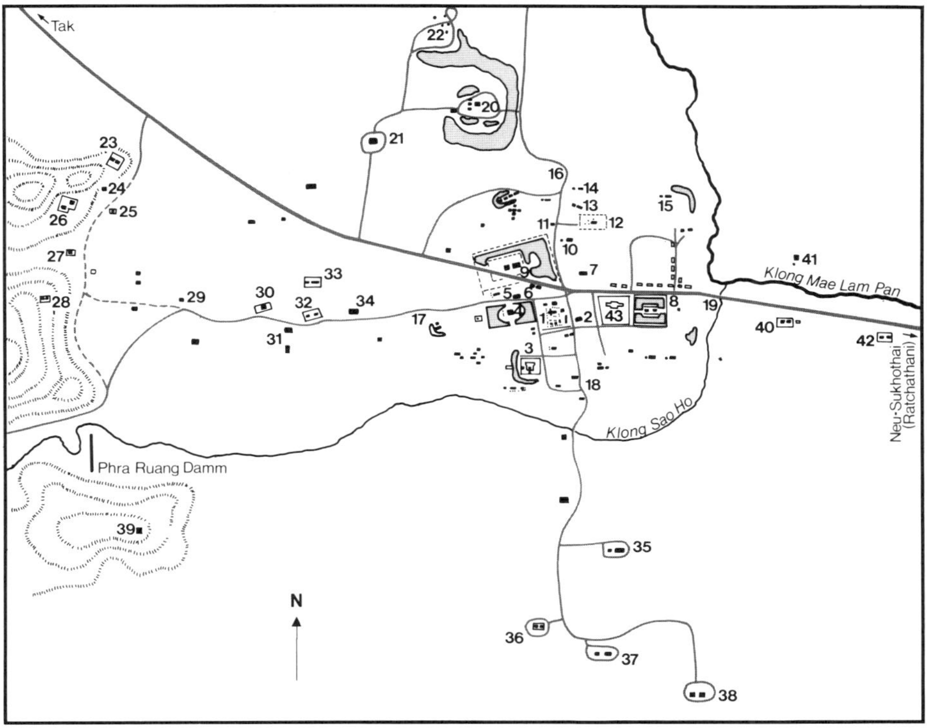

freigelegt worden sind, sondern auch außerhalb existierten, weit verstreut, zahlreiche Heiligtümer. Von den Palästen der Zeit sind bestenfalls Fundamente übriggeblieben, da sie wie alle Profanbauten aus Holz errichtet waren. So zeugen nur die Ruinen der Tempel von vergangener Pracht.

Wat Mahathat

Wat Mahathat, das bedeutendste Heiligtum Sukhothais, befand sich im Zentrum der Stadt. In seiner Blütezeit umschlossen seine Mauern (ca. 200 × 200 m) neben dem Sanktuarium fast zweihundert Chedis und annähernd zwanzig kleine Gebäude (Farbt. 29). Kein Wunder, wenn der Besucher in dem vorbildlich hergerichteten Ruinenfeld leicht die Orientierung verliert. Am besten begibt man sich zur Ostseite (der Haupteingang ist jetzt im Süden) und folgt der Achse, in der die Hauptgebäude ausgerichtet sind, nach Westen. Zuerst trifft man auf einen kleinen Vihan aus der Ayuthia-Periode, der auf sehr hohen Sockel stand. Der Buddha an seinem Westende ist original, aber in neuerer Zeit überarbeitet. Dahinter folgt der Bot (40 × 15 m). Die hohen Säulen, die den Raum in fünf Schiffe teilten, stehen noch (Abb. 61). Sie zeigen, daß die Seitenschiffe schmaler und stufenweise niedriger waren als das Mittelschiff. Auf der Westseite entsprach eine Art Apsis dem Vestibül im Osten.

Aus diesem Bot stammt der große vergoldete ›Phra Buddha Shakyamuni‹, den Rama I. gegen Ende des 19. Jahrhunderts nach Bangkok ins Wat Sutat bringen ließ.

Genau in der Mittelachse von Bot und Vihan erhebt sich das Chedi (Abb. 61), das die heilige Reliquie barg. Sein Aussehen dürfte sich seit Umbau und Vergrößerung durch König Lö Thai nicht wesentlich verändert haben. Der Bau ruht auf einer quadratischen Terrasse, an

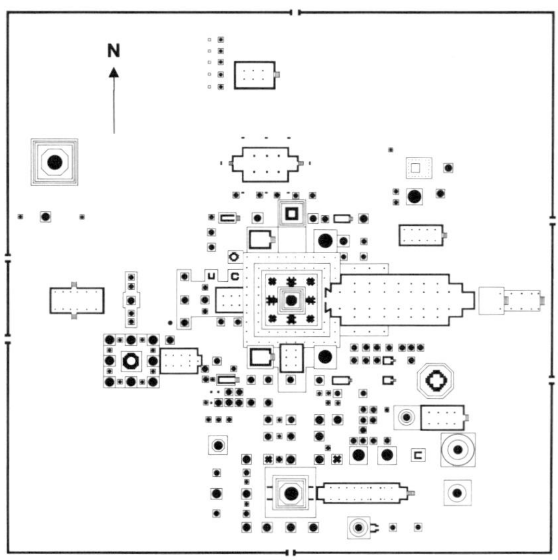

Sukhothai, Grundriß von Wat Mahathat

deren Wänden eine Prozession anbetender Jünger dargestellt ist, die in Richtung des rituellen Umgangs dahinschreiten. An den etwas kubischen Unterteil des Chedi lehnen sich an allen vier Seiten Kapellen an, die Verwandtschaft mit Khmer Prasat aufweisen. Zwischen ihnen, an den Terrassenecken, stehen isolierte Nebenchedis im typischen Sukhothai-Stil. Verschiedentlich ist aufgezeigt worden, daß diese spezielle Chedi-Form wahrscheinlich eine Kombination von Srivijaya-Elementen (der viereckige, nischengeschmückte Unterbau) mit ceylonesischen Anregungen (das runde Chedi, das die Spitze bildet) darstellt (Abb. 67). Im Mittelturm hat das Kunstempfinden der Sukhothai-Periode seinen eigenständigen Ausdruck gefunden; die ›Lotosknospen-Spitze‹ findet sich nur bei Monumenten dieser Epoche. Der ganze Komplex war reich mit Bauschmuck aus Mörtel verziert. Reste von Rosetten, Perlenschnüren, Göttern und Dämonen geben Zeugnis von der Feinheit dieser Dekorationen. Episoden aus dem Buddha-Leben füllten die Giebelfelder und Nischen aus, leider sind sie inzwischen fast völlig verloren.

Ein doppelter Wandelgang umgab die Terrasse des Chedi, Kapellen und Sala waren an seine Außenwand angebaut. In einigen sitzen noch, wenn auch restauriert, die originalen Buddha-Figuren.

Im südlichen Teil des Tempelbereichs fällt die Ruine eines großen Stupa mit anschließendem Vihan auf. Hier finden sich auch die meisten Chedis, ihre Formen zeigen recht unterschiedliche Stileinflüsse.

Wat Si Sawai

Nicht weit südlich von Wat Mahathat trifft man auf Wat Si Sawai (Abb. 65). Der Tempel ist interessant, weil es sich um ein brahmanisches Heiligtum handelt, das später den Bedürfnissen des buddhistischen Kultes angepaßt wurde. Anscheinend sind die unteren Teile der drei recht gut erhaltenen Prasat in Lateritbauweise von Khmer-Baumeistern aufgeführt, die oberen Teile aber von Thai mit den ihnen geläufigen Materialien – Backstein und Stuck – vollendet worden.

Jeder Turm enthält eine Cella mit einem Sockel, auf dem ein Hindu-Idol, vielleicht ein Linga, stand. Stufen führen in die darunterliegenden Krypten. Die Turmdächer sowie die Vorhalle des Mittelturmes trugen üppigen Stuckdekor, von dem einiges erhalten ist.

Unmittelbar an das Vestibül des Zentralanbaus ist später ein Bot mit kurzen Seitenschiffen angefügt worden. Er lag innerhalb der rechteckigen Umzäunung, deren aufwendiger Torbau ihn von dem außen anschließenden Vihan trennte. Eine zweite Umwallung und ein Wassergraben schlossen den Gesamtkomplex ein.

Wat Sra Sri

Ein besonders malerisches Bild geben die Ruinen des Wat Sra Sri (Abb. 63). Vor dem Hintergrund eines großen Chedi des ceylonesischen Typs thront ein gut restaurierter Buddha in der Bhumisparsa-Mudra zwischen sechs Reihen achteckiger Lateritsäulen. Gegenüber liegt auf einer kleinen Insel der Bot. Im Wasserrosenteich, der den Tempel umgibt, spiegelt sich die Szenerie.

Ta Pha Daeng

Aus dem sogenannten Hinduschrein, Ta Pha Daeng, stammen fünf wundervolle Statuen brahmanischer Götter im Khmer-Stil (Abb. 23), die jetzt im National-Museum in Bangkok untergebracht sind. Der würfelförmige Lateritbau erhebt sich auf einem 3 m hohen Sockel; an der Ostseite führt die Treppe zum Sanktuarium hinauf.

Wat Phra Pai Luang

Eine kurze Strecke außerhalb der nördlichen Stadtmauer dehnt sich der einst von Teichen umgebene Bezirk des Wat Phra Pai Luang aus. Es wird vermutet, daß er das Zentrum der unter der Herrschaft der Khmer stehenden Provinzhauptstadt Sukhothai gewesen ist, denn bei den Restaurierungsarbeiten entdeckte man eine Buddha-Figur mit den Gesichtszügen Jayavarmans VII. Solche Statuen sind bisher nur aus Heiligtümern ersten Ranges bekannt. Auch unter den Thai-Königen, die ihre Metropole wenig südlicher anlegten, scheint der Tempel seine Bedeutung nicht eingebüßt zu haben.

Den ältesten Teil der Anlage bildeten drei Khmer-Prasat, von denen nur der nördliche noch steht (Abb. 64). Nach Osten anschließend ragen auf einer Terrasse die Säulen eines langen Vihan auf. Von den zahlreichen Ruinen des Bereichs ist ein großes Chedi bemerkenswert, auf dessen einzelnen Stockwerken Nischen mit Buddha-Figuren aneinander gereiht waren. Irgendwann in späterer Zeit hatte man sie vermauert, erst bei der Freilegung durch das Fine Arts Department wurden sie entdeckt. Es fehlt auch nicht das während der Sukhothai-Zeit sehr beliebte Mondop, das vier Buddhas, in den klassischen Positionen an den vier Seiten eines kompakten Mittelpfeilers angeordnet, enthielt. Reihen vollkommen gleicher kleiner Stupas waren nördlich und südlich des großen Vihan angeordnet. Griswold möchte sie in die Zeit Ram Kamhengs datieren. Ihre Form erinnert an Beispiele in Nakhon Si Thammarat und Chaiya und könnte vom Singharaya des Königs, der von dort stammte, eingeführt worden sein.

Wat Si Chum

Verglichen mit anderen Tempeln nimmt sich Wat Si Chum bescheiden aus, besaß es doch nur Bot, Vihan, Mondop, eine kleine Kapelle und wenige Chedis. Jedoch hinterläßt der mächtige Block des Mondop, dessen schmales, bis zum Dachgesims hochgezogenes Portal den Blick auf einen riesigen Buddha (14,70 m) freigibt, tiefen Eindruck. Die restaurierte Figur, Phra Buddha Achana, wird in die 2. Hälfte des 14. Jahrhunderts datiert (Abb. 66).

Innerhalb der 3 m dicken Mauern des Baues ist ein Gang angelegt, sein Eingang befindet sich links in der Laibung des Portals. Mehrfach abgewinkelt, steigt er bis zum Dach empor, wenige Fensterluken lassen spärliches Licht ein. An den Wänden und Decken dieses Korridors entdeckte man in die Steinplatten eingravierte Zeichnungen von großer Schönheit. Szenen verschiedener Jatakas sind in etwa hundert Bildern illustriert und mit kurzen Texten erläutert. Für die Literatur- und vor allem die Kunstgeschichte sind sie außerordentlich aufschlußreich, denn es handelt sich um die ältesten ausführlichen Zeugnisse der Zeichenkunst in Thailand. Boisselier schreibt dazu: »... Was die Figuren betrifft, die meist gut verarbeitete ceylonesische oder khmerisierende Einflüsse aufweisen, so sollten diese nicht die Bedeutung des einheitlichen Sukhothai-Elements verdecken. Die einheitliche Bilderfolge kann als das erste ikonographische Repertoire Thailands betrachtet werden. Alles kommt vor: Götter, Menschen aller Klassen, Dämonen, Tiere aller Art, Pflanzen, Möbel und verschiedene dekorative Elemente. Wie wir schon bei der Untersuchung der Bildhauerkunst ausführten, ist es nicht übertrieben zu behaupten, daß die ganze spätere Entwicklung der Thai-Kunst sich aus Formen herleitet, von denen Wat Si Chum uns die vollständigste Mustersammlung bewahrte.«[14]

Wat Sapan Hin

Von Wat Sapan Hin, das auf einer Hügelkuppe am westlichen Rand der Yom-Ebene liegt, bietet sich ein umfassender Blick über die weitverstreuten Ruinen Sukhothais inmitten der Reisfelder. Auf einem 50 m langen Pfad aus großen Steinplatten, der ›Steinernen Brücke‹, der das Kloster seinen Namen verdankt, erklimmt man die Höhe. Ein stehender Buddha (12,50 m hoch) schaut von der Terrasse des Vihan, dessen Säulen wieder aufgerichtet wurden, über das Land. Zweimal, 1915 und 1956, wurde die Statue samt der Mauer, an die sie sich anlehnt, restauriert (Abb. 68). Ein kleinerer, sitzender Buddha im Vihan gehört dem Sukhothai-Stil an.

Wat Jetubon

Die Trümmer eines mächtigen Pfeilers, an dessen vier Seiten Buddha-Figuren in den klassischen Stellungen angebaut waren, beherrschen die Ruinen von Wat Jetubon. Teile der kolossalen Statuen sind übriggeblieben: an der Ostwand der schreitende, an der Westwand der stehende Buddha. Die kleineren Figuren in sitzender bzw. liegender Haltung an den anderen beiden Wänden sind verschwunden. Um das Monument verstreut liegen Schieferblöcke, die Türumrahmungen und Fronten senkrechter Spaltfenster bilden. Sie gehörten wahrscheinlich zu einer Galerie, die das Mondop umzog. Ein stark beschädigter Bau mit spitzem Dach und die Säulen eines Vihan sind die einzigen Überreste der sonstigen Klostergebäude.

Wat Trapang Thong Lang

Wat Trapang Thong Lang ist berühmt geworden wegen der Stuckreliefs, die an den Außenwänden seines Mondop angebracht waren. In der Nische der Nordseite war die Episode abgebildet, in der Buddha, in Begleitung seines Jüngers Ananda, den wütenden Elefanten besänftigt. Das Relief der Westseite illustrierte das Wunder von Kapilavastu: Es zeigt Buddha auf dem von ihm erschaffenen Mangobaum, umgeben von den bekehrten Verwandten. Auf der Südseite ist der Abstieg vom Tavatimsa-Himmel dargestellt. Leider läßt sich die Schönheit der Kunstwerke heute nur noch auf alten Fotos erahnen, denn die Originale sind weitgehend zerstört. Allein auf der Südseite sind noch einige Figuren der Komposition vorhanden. Man nimmt an, daß die Gewänder der Götter der zeitgenössischen Hoftracht nachgebildet sind.

Chedi Sung

Chedi Sung, nicht weit östlich von Wat Trapang Thong Lang, repräsentiert überzeugend die Verschmelzung von ceylonesischem Stil (runder Stupa) und Srivijaya-Typ (hoher, kubischer Sockel mit gebrochenen Kanten) zu einer neuen, gelungenen Architekturform.

Ram-Kamheng-Museum

Das Ram-Kamheng-Museum verfügt über eine Sammlung erstklassiger Werke, die einen Überblick über die Entwicklung der Sukhothai-Kunst ermöglichen. Eine Broschüre in englischer Sprache von Subhadradis Diskul gibt eine vorzügliche Einführung.

Im Erdgeschoß zieht eine der schönsten Darstellungen des schreitenden Buddha aus der Sukhothai-Periode den Blick auf sich. Das Obergeschoß beherbergt hauptsächlich Objekte des nordthailändischen und des Khmer-Stiles. Alle Statuen, Bauschmuckfragmente und Keramiken stammen aus dem Gebiet von Sukhothai, Si Satchanalai und Kampheng Phet.

Si Satchanalai

Si Satchanalai (s. auch S. 387f.) stand zur Zeit der Hochblüte der Hauptstadt Sukhothai an Wichtigkeit nur wenig nach; gewöhnlich sprechen die Chroniken von den ›Zwillingsstädten‹. Häufig residierte der Kronprinz hier. Zahlreiche Tempel und die ehemals 5 m hohe Stadtmauer aus dem 16. Jahrhundert zeugen vom Wohlstand der Stadt. Sehr begehrt waren jahrhundertelang Keramiken aus den Brennöfen nördlich von Si Satchanalai, die man nach dem späteren Namen der Stadt ›Sawankhalok-Ware‹ nennt. Im 17. Jahrhundert verlor die Stadt unter der Herrschaft Ayuthias an Bedeutung, aber erst während der andauernden Kriege gegen die Burmesen im 18. Jahrhundert verließen die Bewohner den verwüsteten Ort. Mauer und Graben, beide noch streckenweise erhalten, bilden ein längliches Rechteck, das mit seiner Ostflanke an den Yom stößt. Ungefähr in der Mitte dieser Seite, unmittelbar oberhalb der Stromschnellen, liegt der Eingang zur archäologischen Zone. Die Straße ist ausgebaut, so daß man bis zum Tor fahren kann.

Wat Chang Lom

Im südlichen Teil der Stadt reihen sich in der Längsachse vier Tempel aneinander. Der erste, Wat Chang Lom, besitzt ein schönes Chedi. Es gilt als das einzige Baudenkmal, das man mit ziemlicher Sicherheit Ram Kamheng zuschreiben kann. Eine Inschrift des Königs berichtet nämlich: »1285 grub er (in Wat Mahathat von Chalieng) die heiligen Reliquien (Maha Datu) aus, und jedermann sah sie. Einen Monat und sechs Tage lang widmete er ihnen Anbetung und Verehrung. Dann begrub er sie in der Mitte von Si Satchanalai und baute ein Chedi darüber, das in sechs Jahren vollendet wurde.«[15]

Das Chedi im ceylonesischen Stil ist aus Laterit und Stuck gebaut. Sein glockenförmiger Baukörper erhebt sich auf einem quadratischen, zweistöckigen Unterbau (Abb. 69). Lebensgroße Elefanten (Farbt. 35) umstanden das untere Geschoß, in den Nischen des oberen thronten sitzende Buddha-Figuren. Eine davon hat man ins Ram-Kamheng-Museum nach Sukhothai gebracht. Über den Zweck der Lateritpfeiler, die beide Etagen

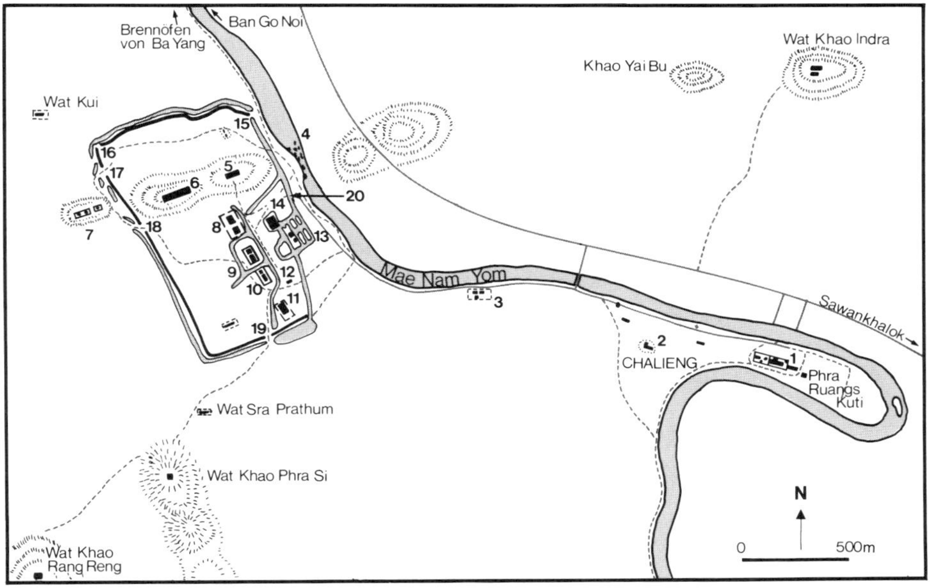

Das alte Si Satchanalai 1 Wat Mahathat 2 Wat Chao Chan 3 Wat Khok Sing Karam 4 Stromschnellen Keng Luang 5 Wat Khao Phnom Plöng 6 Wat Khao Suwan Khiri 7 Wat Yet Yot oder Khao Yai 8 Wat Chang Lom 9 Chedi Jet Teo 10 Wat Utthayan Yai 11 Wat Nang Phaya 12 Lak Muang 13 Palast 14 Wat Utthayan Noi 15 Pratu Tao Mo (Tor) 16 Pratu Chaya Prök (Tor) 17 Pratu Chana Songkram (Tor) 18 Pratu Pi (Tor) 19 Pratu Ram Narong (Tor) 20 Eingang

umgeben, bestehen Zweifel; vielleich waren sie für Öllampen vorgesehen. Vor dem Chedi sind die Säulen eines Vihan wieder aufgerichtet worden. Eine innere und eine äußere Mauer schlossen das Heiligtum ein, große Teile davon sind erhalten.

Wat Chedi Jet Teo

Gegenüber Wat Chang Lom, nach Süden hin, liegt Wat Chedi Jet Teo, d. h. ›Wat der sieben Reihen von Denkmälern‹ (Abb. 71). Sein Hauptmonument hat dieselbe Form wie der Zentralturm des Wat Mahathat in Sukhothai. Vor ihm befand sich ein Vihan. Ein Kranz unterschiedlich gestalteter Stupas (Farbt. 30) rahmt die beiden Bauten ein. Vermutlich handelt es sich um Grabmonumente, die Anregungen verschiedener Baustile aufgreifen. Alle stehen auf hohen Sockeln, am häufigsten ist ein abgewandelter Prasat mit oder ohne Türen bzw. Nischen, den ein glockenförmiger Stupa krönt. Einige Nischen im nördlichen Bereich haben ihre Buddha-Figuren recht gut bewahrt. Bemerkenswert ist ein schöner, meditierender Buddha im Schutze der Naga.

Man nimmt an, daß die meisten Gebäude von Wat Chedi Jet Teo von Lü Tai fertiggestellt wurden, während er als Kronprinz in Si Satchanalai residierte. Einige stammen aus seiner Regierungszeit (1347– ca. 1370), wenige entstanden später.

Wat Nang Phaya

Wat Nang Phaya, der letzte Tempel der Reihe, grenzt beinahe an die südliche Stadtmauer an. Der Komplex besaß ein ceylonesisches Chedi auf hohem Unterbau, einen kleinen Bot und einen ziemlich großen Vihan. Von letzterem stehen noch die Seitenwände mit Fenstern aus senkrechten Spalten (Abb. 72). Auf der westlichen Außenwand findet man Reste der kunstvollen Stuckverzierungen, die einst den ganzen Bau verschönten. Ihr Stil weist den Vihan dem 15. bis 16. Jahrhundert zu.

Wat Udayana Suan Geo Noi und Palast

Zwischen Wat Chedi Jet Teo und der westlichen Stadtmauer finden sich, umgeben von Wassergräben und Teichen, wenige Grundmauern des Palastes. Allein vom Palasttempel, Wat Udayana Suan Geo Noi, sind einige Ruinen übriggeblieben. Sein hohes Chedi mit Lotosknospenspitze grüßt den Besucher, wenn er das Stadtgebiet betritt, als erstes (links vom Weg).

Lak Muang

Südlich des Palastes verbirgt sich im Busch der kleine, von einer Lotosknospe gekrönte, Lak Muang-Schrein. Umgeben von vier Sukhothai-Chedis, steht er auf einer flachen, quadratischen Basis.

In der nördlichen Hälfte des Stadtgebietes liegen nebeneinander zwei Hügel, ihre Chedis sind weithin sichtbar.

Wat Khao Phnom Plöng

Auf einer breiten Treppe, von der noch Reste vorhanden sind, erstieg man einst den östlichen Hügel. Die Kuppe nimmt eine lange Terrasse ein, auf der die Säulen eines Vihan und dahinter ein großes Chedi stehen. Am Westende des Unterbaus fanden sich Trümmer von mehreren kleinen Chedis. Sie lassen vermuten, daß der Tempel Verbrennungsplatz hoher Würdenträger gewesen ist; der Name ›Berg des heiligen Feuers‹ scheint das zu bestätigen.

Wat Khao Suwan Khiri

Der westliche, etwas höhere Hügel trägt ein schönes Chedi, dessen mächtige ›Glocke‹ sich auf einer dreistufigen, quadratischen Basis erhebt.

Wat Phra Si Ratana Mahathat

Zu den Sehenswürdigkeiten Si Satchanalais zählt auch das ca. 3 km weiter östlich, an der engsten Stelle einer Flußschleife des Yom, gelegene Wat Phra Si Ratana Mahathat, obwohl es genau genommen zum Bezirk Chalieng gehört.

Das Kloster, eine sehr alte Gründung, hat man als das Heiligtum identifiziert, aus dem Ram Kamheng die heiligen Reliquien holte, die er dann im Wat Chang Lom (Si Satchanalai) installierte. Bei dieser Gelegenheit wurde vermutlich der ursprüngliche Khmer-Tempel aus der Zeit Jayavarmans VII. mit einem großen Chedi ähnlich dem von Wat Chang Lom überbaut. Dieses wiederum verschwand im 15. Jahrhundert unter dem typischen Ayuthia-Prang, den König Trailokanat errichtete (Abb. 73). Eine Renovierung, die der alten Bauform Rechnung trug, ließ König Boromakot (1733–1758) durchführen.

Aus der Zeit Ram Kamhengs könnte aber die zweigeschossige Basis des Prang stammen, denn ihre Form ist für einen Prang ungewöhnlich. Von den Reihen der Buddha-Figuren, die auf einer Estrade entlang der Geschoßwände standen, sind nur wenige erhalten, keine in ihrem ursprünglichen Aussehen. Vor dem Prang markieren vier Säulenreihen die Lage eines großen Vihan, dessen Kultbild, ein schöner Sukhothai-Buddha, sich vom Hintergrund des Prang abhebt. Die noch vorhandenen Teile der Vihanwände weisen spaltartige Lichteinlässe auf. An der südlichen Seite der Rückwand ist ein eindrucksvoller schreitender Buddha in Hochrelief zu bewundern, der wohl der frühen Sukhothai-Zeit zuzurechnen ist (Abb. 70).

Eine monumentale Mauer umfaßt den Komplex, sie besteht aus dicken nebeneinander gesetzten Monolithpfeilern, die eine Abdeckung ebenso massiver Lateritblöcke tragen. Ihr Erbauer war offenbar Ram Kamheng; eine Passage in einer seiner Inschriften wird, sicher zu Recht, darauf bezogen.

Rätselhaft ist die Ausführung der beiden zweitürigen Eingänge. Als Türpfosten fungieren drei Lateritpfeiler, auf denen zwei mächtige Steinblöcke aufliegen. In der Mitte, wo sie zusammenstoßen, sitzt darauf ein Miniaturprasat, dessen Verzierung mit vier Gesichtern an die Türme des Bayon in Angkor gemahnt. Möglicherweise handelt es sich um Überbleibsel der alten Khmer-Konstruktion (Abb. 74).

Auf der Westseite, noch innerhalb der Umfassungsmauer, enthält ein kleiner Bau eine Fußspur Buddhas. Daneben lehnt an der Sockelmauer des Prang ein schöner, restaurierter Buddha in Meditationshaltung. Eine andere sehenswerte Figur thront in einem kleinen Schrein in der Nordostecke des Tempelbezirks. Besonders die Gestaltung der Schlangenhäupter, die denen von Wat Chedi Jet Teo eng verwandt sind, ist bemerkenswert; der Kopf des Buddha ist nicht original.

Tritt man aus dem Westtor der Lateritmauer heraus, so steht man vor den Trümmern eines riesigen Stupa mit achteckiger Basis. An der Ostseite führt eine Treppe auf den runden Baukörper hinauf, dessen Oberteil zusammengestürzt ist, so daß er nun die Form eines Kegelstumpfes hat. Da er die bezeichnenden Merkmale des Mon-Stiles zeigt, wird allgemein angenommen, daß der Bau in der 2. Hälfte des 14. Jahrhunderts unter Anleitung von Mon-Mönchen entstand, die sich damals in Sukhothai niedergelassen hatten.

Im Westen schließen sich, in der Achse sämtlicher Monumente, die Ruinen der zum Stupa gehörenden Gebäude an. Noch heute beeindrucken zwei hintereinander aufgestellte, kolossale Buddha-Figuren zwischen den Säulen eines verfallenen Vihan den Betrachter.

Östlich des Ruinengeländes bewohnen Mönche ein modernes Kloster. Gleich hinter seinem mit bunten Farben herausgeputzten Bot befindet sich ein würfelförmiger Lateritbau, ›Phra Ruangs Kuti‹ genannt. Mit seinem vierstufigen Dach erinnert das Mondop lebhaft an Bauten in Pagan (z. B. Pitaka Taik). Man glaubt, daß die Architekturform, die in Thailand bis in die Gegenwart beliebt geblieben ist, sich aus frühen Mon-Traditionen entwickelte.

Obwohl viele Mondop aus der Sukhothai-Zeit bekannt sind, ist dieses das einzige, dessen Dach im Original erhalten blieb. Allgemein wird das Gebäude Ram Kamheng zugeschrieben.

Kampheng Phet

Kampheng Phet (s. auch S. 387f.) ist anscheinend nicht vor 1360 gegründet worden, der Name erscheint zum ersten Male in einer Inschrift von 1397. Daß die Stadt schnell Bedeutung gewann, belegt unter anderem der sogenannte ›Phra Ruang Highway‹, eine ausgebaute Straße, die Sukhothai mit Si Satchanalai und Kampheng Phet verband. Im 15. und 16. Jahrhundert dürften die meisten Bauwerke der Stadt, namentlich die großen Chedis des ceylonesischen Typs, entstanden sein. Die Stadtmauer wird – ebenso wie die von Si Satchanalai – wohl erst im 16. Jahrhundert auf mehr als 5 m erhöht und mit Lateritblöcken verstärkt worden sein, um der damals in Gebrauch kommenden Artillerie standhalten zu können.

Gräben und Mauern, von denen beträchtliche Teile noch vorhanden sind, umgaben das langgezogene Trapez des Stadtgebiets. Innerhalb des Mauerringes befinden sich heute außer der archäologischen Zone hauptsächlich öffentliche Gebäude; nur an der Südwestecke wächst die neue Stadt, deren Kern weiter südlich am Ostufer des Ping liegt, langsam in den alten Bezirk hinein.

Direkt neben der Straße, auf der man die alte Stadt durchquert, sieht man die Ruinen der beiden wichtigsten Tempel.

Wat Phra That

Das südliche der beiden in einer Linie angeordneten Heiligtümer ist Wat Phra That. Es rangierte an Bedeutung gleich hinter dem benachbarten Palasttempel, denn in seinem Chedi wurde die heilige Reliquie bewahrt. Es ist ein typisches Sukhothai-Chedi, dessen glockenförmige Anda sich aus einem hohen, quadratischen Unterbau erhebt. Vom östlich davor gelegenen Vihan sieht man nur noch die Basis aus rotem Stein, auf der einige abgebrochene Pfeiler stehen. Um den Komplex zog sich eine Galerie, von deren einstigem Figurenschmuck Fragmente übriggeblieben sind.

Wat Phra Keo

Etwa 100 m hinter Wat Phra That beginnt der weitläufige Bezirk des Wat Phra Keo. Zwei sehr hohe, langgestreckte Terrassen, in einer Achse hintereinander arrangiert, bilden seine Hauptbestandteile. Die vordere trägt die Trümmer eines runden Chedi, vor dem spärliche Reste des Bot auszumachen sind, den Bai Sema aus grauem Stein kennzeichnen. Einer großen Buddha-Figur aus Laterit hat die Verwitterung abstrakte Züge verliehen.

Imposanter ist das Chedi der zweiten Terrasse, einst muß es überaus prächtig ausgestattet gewesen sein. Seine Basis stützten zweiunddreißig mit Armringen und Halsbändern geschmückte Löwen; heute sind nur noch geringe Reste von ihnen zu finden. Auch die Buddha-Skulpturen, die in den sechzehn Nischen einer höheren Stufe saßen, sind zum größten Teil zerstört.

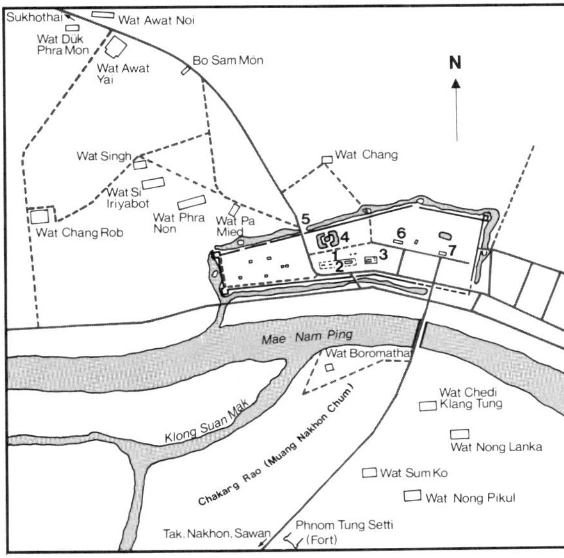

Kampheng Phet
1 Lak Muang
2 Wat Phra Keo
3 Wat Phra That
4 Mon (Teich)
5 Pratu Sapan Kom (Tor)
6 Museum
7 Präfektur

Hinter der Terrasse sollte man die Trümmer eines Vihan betrachten, dessen riesiges Hauptkultbild in ungestörter Versenkung zu verharren scheint (Abb. 78). Eine lange Reihe kleinerer Buddhas, alle zu bizarren Lateritskeletten abgewittert, waren im Rechteck um die Zentralfigur angeordnet. Den Verlauf der Mauer, die einst Terrakottareliefs mit Szenen aus dem Ramakien zierten, zeigen nur noch niedrige Reste an.

Am Ende des Tempelbezirks sind ein kleines Chedi und eine aufrecht stehende ›Fußspur Buddhas‹ bemerkenswert. Schließlich fällt die Einfassung der nördlichen Terrasse mit einem etwa 1 m hohen Zaun aus Steinsäulen auf. Über das Gründungsdatum des Wat ist nichts bekannt, lediglich eine Renovierung durch Ramathibodi II. um 1491 wird in den Urkunden erwähnt.

Der Palast, zu dessen Bereich Wat Phra Keo gehörte, war wie alle Profanbauten der Zeit aus Holz konstruiert. Keine Spur davon hat die Jahrhunderte überdauert. Nur Fundamentreste, ein Bassin und die verfallene Umfassungsmauer verraten seinen Standort.

Museum

Gegenüber von Wat Phra That hat das Fine Arts Department ein interessantes Museum eingerichtet. Es enthält Werke aus allen Epochen thailändischer Kunst. Mon- und U Thong-Stil sind mit ausgezeichneten Beispielen vertreten. Eine Anzahl Fundstücke aus Kampheng Phet selbst bezeugen das hohe Niveau des städtischen Kunstschaffens bis in die Ayuthia-Zeit. Berühmt sind die Bronzen der sogenannten Kampheng Phet-Schule, die gewöhnlich dem Sukhothai-Stil zugerechnet werden, obwohl sie spät entstanden sind (der Shiva im Foyer laut Inschrift 1510) und manche Tendenz des Ayuthia-Stiles aufweisen. Fragmente anmutiger Terrakottafigürchen, die zum Schmuck von Wat Phra Keo und Wat Chang Rob gehört haben, sind im Obergeschoß ausgestellt.

Lak Muang

Fährt man vom Museum hinter der archäologischen Zone entlang zur Hauptstraße zurück, so sieht man kurz vor der Einmündung links den Schrein des Stadtgeistes ›Lak Muang‹, dem unverändert die Verehrung der Bevölkerung gilt.

In den Wäldern außerhalb der Stadt bauten die Mönche einer seinerzeit einflußreichen Sekte ihre Klöster, um sich in ungestörter Ruhe der Meditation widmen zu können. Seitdem vor etlichen Jahren die Trümmer vom Busch befreit und gute Pisten angelegt worden sind, kann man sie leicht mit dem Auto besuchen. Ihre abgeschiedene Lage unter hohen Bäumen verleiht den Ruinen einen malerischen Reiz.

Die interessantesten Tempel liegen an einem Weg, der von der Hauptstraße nach Sukhothai gleich hinter der alten Stadtmauer nach links abbiegt.

Wat Phra Non

An dem kleinen Wat Pa Mied vorbei erreicht man zuerst das Wat Phra Non, den ›Tempel des ruhenden Buddha‹. Sein großer Bot wendet sich der Piste zu. Er hat einen ungewöhnlichen Grundriß, indem das Mittelschiff über die Seitenschiffe hinaus verlängert wurde. Die Mauern weisen die charakteristischen Spaltenfenster auf. Auch die Gestaltung des Vihan fällt aus dem Rahmen. Auf einem quadratischen Sockel trugen 4 × 4 mächtige Monolithpfeiler das Dach. Vor einer Querwand, welche die vorletzte Pfeilerreihe verbindet, stand der Altar, auf dem die Form des ruhenden Buddha noch zu erkennen ist. An der Rückseite der Mauer waren drei sitzende Figuren aufgestellt. In der Achse der beiden Gebäude liegen zwei Chedis, eins zwischen Bot und Vihan, das andere hinter dem Vihan. Dieses ist größer, und vor seiner Front thront ein Buddha in einer verfallenen Sala mit vier Säulen. Wie üblich war der Gesamtkomplex mit einer Mauer eingefaßt.

Wat Si Iriyabot

Hauptheiligtum des Wat Si Iriyabot war das Mondop, in dem der Buddha in den ›vier Stellungen‹ (Si Iriyabot) dargestellt war. An seinem massiven Mittelpfeiler zeichnet sich vom schreitenden Buddha nur noch die geschwungene Körperlinie deutlich ab. Die stehende Figur hat die Zeiten besser überdauert, nicht einmal der Kopf fehlt. Beide Skulpturen repräsentieren schönsten Sukhothai-Stil. Vom ruhenden und vom sitzenden Buddha lassen sich dagegen kaum noch Fragmente identifizieren.

Zur Straße hin stand auf einer von einer Balustrade begrenzten Plattform der Vihan, auf der anderen Seite drei Chedis.

Wat Chang Rob

Interessantester Bau von Wat Chang Rob ist ein monumentales Chedi, das einst fraglos einen glockenförmigen Baukörper hatte, so wie es dem Zeitgeschmack entsprach. Heute ist der gesamte Oberbau bis auf seinen unteren Rand abgetragen. Den quadratischen Unterbau, der in mehreren Absätzen beachtliche Höhe erreicht, kann man auf steilen Treppen an jeder Seite ersteigen. Oben läßt sich eine zusammengestürzte Krypta erkennen, und ein weiter Rundblick belohnt die Mühe des Aufstiegs.

Von den oftmals erwähnten Stuckreliefs, z. B. dem Fries der laufenden Vögel, die den unteren Ring der ›Glocke‹ zierten, ist jetzt so gut wie nichts mehr zu finden. Dagegen stehen noch einige der Elefanten, die den Sockel umgaben. Aber auch hier dokumentieren ältere Fotos, wie schnell der Verfall voranschreitet. Anders als in Si Satchanalai ragen in Wat Chang Rob nur Kopf und Vorderbeine der Tiere aus der Wand heraus, zudem sind sie mit Schmuckketten festlich hergerichtet. Zwischen ihnen bildeten Stuckreliefs Dämonen und Bodhibäume ab (Abb. 76).

Nach Osten schließt eng an den Chedi-Unterbau eine Terrasse an, die einen Vihan trug. Ein tiefes, ausgemauertes Wasserbecken und Überreste eines kleinen Bot sind alles, was sonst von den Tempelgebäuden übriggeblieben ist.

Wat Arwat Yai

Bei Wat Chang Rob biegt die Piste nach Osten um und trifft kurz danach wieder auf die Hauptstraße. Gleich rechts schauen die Ruinen von Wat Arwat Yai zwischen den Bäumen hervor.

Ein tiefes Wasserbecken am Eingang entstand angeblich aus dem Steinbruch, der das Baumaterial für den Tempel lieferte. Da es das ganze Jahr über Wasser hält, knüpfen sich verschiedene Legenden daran.

Durch ein verfallenes Tor betritt man den von einer doppelten Mauer umschlossenen, inneren Bereich des Heiligtums. Vihan, Chedi und Bot standen hintereinander auf hohen Terrassen. Säulenstümpfe, Fragmente einer Balustrade und eine Altarbasis sind das wenige, was vom Vihan blieb. Vom Chedi ist nur der untere Teil erhalten, ein Kubus mit mehrfach gebrochenen Kanten. Als Bekrönung trug er sicherlich ein glockenförmiges Chedi; solche Komposit-Chedis sind in Sukhothai nicht selten, eines der schönsten ist Chedi Sung.

Kleine Chedis auf einer winkelförmigen Plattform umgaben die Hauptgebäude. In der nordwestlichen Ecke des Bezirks befindet sich ein zweites tiefes Bassin.

Gegenüber von Kampheng Phet, auf der anderen Seite des Ping, lag die Stadt *Nakhon Chum,* die anscheinend älter als Kampheng Phet gewesen ist. Von der Fernstraße Tak-Kampheng Phet sieht man die eleganten Umrisse von vier Chedis, die vor einigen Jahren restauriert worden sind. Das am weitesten östlich gelegene Chedi Klang Tung hat den für die Sukhothai-Zeit bezeichnenden ›Lotosknospenturm‹.

Auf der anderen Seite der Straße, nahe am Fluß, wird das alte *Wat Boromatat* derzeit renoviert und erweitert. Sein mächtiges Chedi, das wohl burmesischen Vorbildern folgt, wurde Anfang unseres Jahrhunderts gebaut (Abb. 77). Darunter soll ein ›Lotosknospenturm‹ Lü Tais begraben sein.

3 Der Lopburi- und der Suphanburi/Sankhaburi-Stil

Die Übergangsperiode vom echten Khmer- zum reinen Ayuthia-Stil (13.–14. Jh.) in Zentralthailand ist wegen der unterschiedlich großen Anteile von Mon-, Khmer- und Thai-Tendenzen in den einzelnen Bildwerken so reich an Variationen, daß es für den Laien schwer ist, die Einzelstücke den von den Fachgelehrten aufgestellten Kategorien zuzuordnen. Wie schwierig es selbst für Kenner ist, die Vielfalt der Buddha-Bildnisse, auf die allein sich die Kunstgeschichte dieser Zeit stützt, in ein System zu gliedern, zeigt sich darin, daß mehrere voneinander abweichende Vorschläge gemacht worden sind. Durch das Fehlen jeglicher Datierung auf den in Betracht kommenden Werken wird das Problem zusätzlich kompliziert.

Gemeinhin wird die Kunsttendenz dieser Zeit als U Thong-Stil bezeichnet und mit A, B, C, die sich teilweise zeitlich überlappen, unterteilt. Die neueste Einteilung von Krairiksh erscheint mir für den Laien am übersichtlichsten. Er gibt den unter der Khmer-Herrschaft in Thailand hergestellten Arbeiten generell den Terminus ›Khmer-Stil‹, da alle ausnahmslos von Khmer-Tendenzen geprägt sind. Kunstwerke, die der Übergangszeit bis zur vollen Ausbildung des Ayuthia-Stiles entstammen, rechnet er den Thai-Stilen zu. Aber auch er unterscheidet in der Periode vom 13.–14. Jahrhundert zwei Schulen, die gleichzeitig an verschiedenen Orten auftauchen. Nach den Hauptfundplätzen nennt er sie ›Lopburi‹ und ›Suphanburi/Sankhaburi‹. Lopburi-Stil bezieht sich bei ihm auf »Kunstwerke aus Lopburi und anderen Khmer-Zentren Thailands, die deutlich ausgeprägte Khmer-Charakteristika haben und während der Übergangsperiode zwischen dem Verschwinden des Khmer-Einflusses in Thailand und der Ausbildung des Ayuthia-Stiles entstanden. Lopburi-Kunst verkörpert eine Ausdrucksweise des Thai-Gefühls durch Khmer-Idiome«[16] (Abb. 79).

Beim Suphanburi/Sankhaburi-Stil lassen sich außer den Khmer-Charakteristika mehr oder weniger deutlich ausgeprägte Mon-Elemente nachweisen (Abb. 80). Alle Bildwerke, bei denen die Thai-Merkmale bestimmend sind, rechnet Krairiksh zum Ayuthia-Stil.

4 Der Ayuthia-Stil

Als um das Jahr 1350 ein Prinz von U Thong das Reich von Ayuthia gründete, etablierte sich damit eine neue Macht, die bald nicht nur politisch, sondern auch in künstlerischer Hinsicht bestimmend wurde. Die Könige von Ayuthia fühlen sich als Erben sowohl des Sukhothai-Staates als auch des Khmer-Reiches. Zur Entwicklung des Ayuthia- oder National-Stiles trugen denn auch diese beiden Vorgänger Wesentliches bei.

Natürlich entfaltete sich die klassische Ayuthia-Kunst nicht abrupt mit der Gründung der Stadt, vielmehr mündeten die Tendenzen der vorangegangenen Stile allmählich in das neue Kunstempfinden ein. Fast vierhundert Jahre, vom 14. bis zum späten 18. Jahrhundert, blieb der Ayuthia-Stil lebendig; ja die Tradition bestand in dekadenten Formen bis ins 19. Jahrhundert fort. Charakteristisch für den Stil ist, daß er sich vom Zentrum über das ganze Land ausbreitete. Beherrschend war der Geschmack der Hauptstadt, geographische Stilvariationen oder örtliche Schulen verschwanden fast vollständig. Mit Berechtigung spricht man daher schon vom 15. Jahrhundert an vom ›National-Stil‹.

Die Entwicklung des Stiles während der langen Zeit seines Bestehens ist nicht gründlich erforscht, einzig die Plastik, namentlich das Buddha-Bildnis, hat einige Gelehrte beschäftigt. So müssen bei der Betrachtung der Baukunst in der Hauptsache die Ruinen von Ayuthia und Lopburi herangezogen werden, die in ihrem jetzigen Zustand zumeist der Spätzeit des Reiches angehören.

Die beiden bezeichnenden Bauformen des National-Stiles, Prang und Chedi, offenbaren auf den ersten Blick ihre Herkunft von Sukhothai- bzw. Khmer-Vorbildern.

Eindeutig zeigt der ›Prang‹ das Erbe der kambodschanischen Bauten, deren Konzeption vollständig übernommen, aber durch Veränderung der Proportionen und Konturen dem Kunstempfinden der Thai angeglichen wird (Figur S. 58). Wenn man die Idealbilder eines Tempelturms der Khmer und eines Thai-Prang miteinander vergleicht, erkennt man leicht die Unterschiede im künstlerischen Temperament der beiden Völker. Erdverhaftet herb wirkt die schwere Masse des ersten, eleganter, leichter strebt der letztere in die Höhe. Die Turmspitze ist beim Prang schlanker, ihre Kontur geschlossener als bei dem Vorbild. Mehr als ein Drittel der Gesamthöhe nimmt der Unterbau in Anspruch; eine steile Treppe leitet zur Kammer, die an drei Außenwänden Nischen hat, in denen Buddha-Figuren stehen. Vor dem Eingang liegt manchmal ein Vorraum. Bei archäologischen Grabungen in einem der berühmtesten Prang, dem von Wat Ratburana, stieß man auf zwei Krypten im Sockel des Monuments, die mit Malereien ausgeschmückt waren und einen reichen Schatz von Grabbeigaben bargen. Ähnliche Kammern mögen auch andere Prang enthalten, zumal in mehreren, alten Chroniken zufolge, die Asche von Königen und Prinzen beigesetzt sein soll.

Erwartungsgemäß wurden die meisten Prang in der Hauptstadt errichtet, doch finden sich etliche auch in anderen wichtigen Städten des Reiches. Griswold versteht sie als Wahrzeichen der Herrschaft Ayuthias über die unterworfenen Provinzen. Heute noch eindrucksvoll sind die Prang von Wat Buddhaisawan, Wat Phra Ram, Wat Ratburana in Ayuthia, Wat Mahathat in Phitsanulok und Wat Mahathat in Chalieng. Ihren guten Erhaltungszustand verdanken sie wiederholten Restaurationen, die in einigen Fällen das ursprüngliche Aussehen verändert haben.

Nicht weniger kennzeichnend für die Architektur Ayuthias als der Prang ist das Thai-Chedi. In ihm setzt sich die Tradition Sukhothais fort, die den Typ aus dem ceylonesischen Stupa entwickelt hatte. Charakteristikum der neuen Gestaltung ist wieder die gestreckte Silhouette (Figur S. 57). An die glockenförmige Anda sind nach den vier Himmelsrichtungen orientierte Kapellen angefügt, drei enthalten Nischen für Buddha-Figuren, die vierte bildet gelegentlich die Vorkammer für eine Cella im Innern der Anda. Eine quadratische Harmika trägt den säulenumgebenen Tambour, über dem sich die sehr hohe Spitze wie eine Aufreihung immer kleiner werdender Scheiben erhebt.

Selten erscheint in Ayuthia eine Abwandlung des Chedi, die in Grabdenkmälern der Gegenwart beliebt werden sollte: das Chedi mit rechteckigem Grundriß. Eins, das gut restaurierte Chedi Si Suriyothai, zeigt die quadratische Grundform mit den gebrochenen Ecken in klassischer Ausprägung.

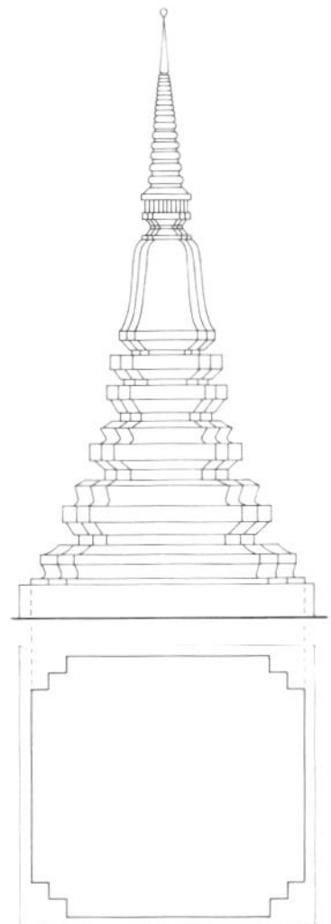

Sonderform des Chedi in Ayuthia (Wat Wattanaram)
Chedi mit rechteckigem Grundriß

Recht ungewöhnliches Aussehen haben einige Monumente des Wat Chai Wattanaram, das König Prasat Thong 1630 auf dem Gelände der Residenz seiner verstorbenen Mutter gründete. Sie muten wie Modifikationen von Mon-Heiligtümern der Art des Wat Kukut (Lamphun) an. Allerdings ist der klare, quadratische Grundriß des Originals durch mehrfache Brechung der Ecken zum Vieleck verändert. Ein ähnlicher, dem nordthailändischen Vorbild verwandter Bau, ist der achteckige Turm im Wat Mahathat in Ayuthia.

Zum ersten Mal in der Kunstgeschichte Thailands ermöglichen Überreste von Klostergebäuden und Palästen eine Vorstellung vom Äußeren der Profanbauten zu gewinnen. Da die Hauptstadt bei der Eroberung durch die Burmesen völlig zerstört wurde, sind die besten Beispiele in Lopburi, der zweiten Residenz der Ayuthia-Könige zu suchen.

Der weitläufige Komplex des *Naraj Raja Niwet-Palastes* vermittelt einen guten Eindruck eines königlichen Anwesens der damaligen Zeit. Die Anlage wurde von König Mongkut restauriert, der auch das dreistöckige Gebäude (heute Museum) als seinen Wohnsitz erbauen ließ. Hohe Mauern, deren Tore entfernt an die Gopuram der Khmer-Tempel erinnern, umschließen zahlreiche Höfe. Durch den heutigen Eingang, das Nordosttor, betritt man zuerst einen weiten Hof, in dem Ställe, Waffenarsenale und ein Wasserbecken untergebracht waren. Geradeaus an den Quartieren der Palastgarde vorbei weitergehend, gelangt man zu den königlichen Wohngebäuden. Das rechte Chantra Phisan (gebaut 1665) stammt von König Naraj. Die Wohnungen der Haremsdamen sind in einem geschlossenen Bezirk hinter der Residenz angeordnet. Neben dem Wohnkomplex, südlich anschließend, liegt ein kleiner Hof, den eine Empfangshalle, Dusit Sawan Thanya Maha Prasat, fast ganz ausfüllte; ausländische Gesandtschaften wurden hier empfangen. In der Südhälfte des Gesamtareals, das durch Mauern unterteilt war, kann man Gärten vermuten, in denen Hallen und Pavillons verstreut lagen.

Seit seiner Erbauung durch König Narai hat sich das Äußere eines Vihan in Wat Sao Thong unverändert erhalten. Der Bau weist alle Merkmale der Gebäude des 17. Jahrhunderts auf: den relativ langgestreckten Grundriß, den hohen mit Simsen gegliederten Unterbau, das Teleskop-Dach. Die ziemlich hohen Wände tragen keinen Schmuck außer regelmäßig angeordneten Pilastern, deren Kapitelle Büschel zungenartig langgezogener Blätter bilden. Die wenigen, schmalen Fenster waren damals eine Neuerung, die vielleicht auf europäischem Einfluß fußt. Vorher hatten nicht verschließbare, schlitzartige Öffnungen die Innenräume mit Licht versorgt.

Plastiken aus der Ayuthia-Zeit sind in sehr großer Zahl erhalten. Abgesehen von der langen Dauer der Periode trägt dazu die Massenproduktion von Buddha-Bildnissen bei, die der steigenden Nachfrage in dem reichen Land gerecht zu werden trachtete. Wie erwähnt, fehlt bisher eine erschöpfende Analyse der Ayuthia-Kunst, obwohl eine größere Menge an Studienmaterial, historischen Daten, Inschriften, archäologischen Fundplätzen und Kunstwerken greifbar ist als aus jedem anderen Abschnitt thailändischer Kunstgeschichte. Das mangelnde Interesse der Wissenschaftler gründet auf der immer wieder zitierten Mittelmäßigkeit und dem ziemlich stereotypen, phantasielosen Charakter der großen Masse der Bildwerke. Sicherlich trifft das harte Urteil für große Teile der Produktion zu, trotzdem hat die Ayuthia-Kunst diese Vernachlässigung nicht verdient. Sie hat, ganz besonders in ihrem Anfangsstadium, in ihrer Art eindrucksvolle Schöpfungen hervorgebracht, die vor dem Hintergrund einer verfeinerten, weitgehend literarisch geprägten, höfischen Kultur gewachsen sind. Den Ausdruck religiöser Meditation, der das Wesen der schönsten Arbeiten Sukhothais und Lan Nas ausmacht, wird man in Ayuthia vergeblich suchen; an ihre Stelle tritt distanzierte Majestät, die erst in der Endphase zu kalter Konvention erstarrt.

In Ayuthia erreichte die thailändische Literatur ihre höchste Blüte, es nimmt deshalb nicht Wunder, wenn in der bildenden Kunst ausgesprochen literarische Motive aufgegriffen werden. Wir finden Plastiken regelrecht illustrierenden Charakters, und der Kanon der Haltungen und Gesten der Buddha-Bildnisse erfährt eine außerordentliche Erweiterung in dem Bestreben, möglichst viele erbauliche Episoden der Lebensgeschichte Gautamas symbolhaft anzudeuten. Im ganzen betrachtet schildert die Ayuthia-Kunst mit durchaus eigenständigen Ausdrucksmitteln eine reiche Welt, in der vielschichtige Aspekte wie in keiner der vorangegangenen Schulen zu Wort zu kommen.

Derzeit wird im allgemeinen eine Gliederung der Ayuthia-Kunst in vier Perioden vorgenommen, wie sie Prinz Damrong Rajanubhab vorgeschlagen hat. Allerdings ist die Datierung, die sich an den Regierungszeiten bestimmter Herrscher ausrichtet, nicht allzu wörtlich aufzufassen. Zweifellos überlappen sich die Phasen teilweise, und es ist daher oft recht schwer, Einzelstücke mit Sicherheit der einen oder anderen zuzuweisen.

Die erste Periode von der Gründung Ayuthias (1350) bis zur Regierungszeit Boroma Trailokanats (1448–1488) steht anfangs stark in der Tradition der Suphanburi/Sankhaburi-

Schule; fortschreitend nimmt sie mehr Sukhothai-Tendenzen auf. Aus der Synthese der beiden Elemente unter neuen Konditionen bildet sich der eigen geartete Ayuthia-Stil aus.

In der zweiten Phase, von der Übersiedlung Boroma Trailokanats nach Phitsanulok (1463) bis zum Ende der Regierung Song Thams (1610–1623), gewinnt der Sukhothai-Stil wieder an Einfluß.

Die dritte Periode von Prasat Thong (1630–1656) bis Thai Sa (1709–1733) bringt eine Neubelebung der Khmer-Tendenzen. Vor allem von Prasat Thong und seinem Sohn Narai initiiert, besinnt man sich auf die ruhmreiche Khmervergangenheit Siams und greift bewußt auf angkorikanisches Erbe zurück. Eklatante Beispiele dieser Restauration sind ein großformatiges Architekturmodell von Angkor Thom, das Prasat Thong 1631 in der Nähe von Tha Rua am Pasak zur Erinnerung an die Eroberung der Khmer-Metropole anlegen ließ, sowie die Wiederherstellung und Erweiterung des Khmer-Heiligtums Wat Prang Sam Yot in Lopburi durch Narai.

Die vierte Periode bis zur Zerstörung Ayuthias (1767) wird von einigen Kunsthistorikern nicht als selbständige Phase anerkannt, sondern als bloße Fortsetzung der dritten angesehen.

Angesichts der Schwierigkeiten, die die Klassifikation der vier Phasen bereitet, verzichten wir auf detaillierte Unterscheidungen zugunsten der Herausstellung von Merkmalen, die hervorstechende Kriterien der Ayuthia-Kunst im Gesamten sind.

Gesten und Posen der Buddha-Bildnisse sind im Ayuthia-Stil wesentlich mannigfaltiger als in allen früheren Stilen Thailands. Sehr beliebt bleibt der in virasana (Heldenpose) sitzende Buddha in bhumisparsa-mudra, daneben wird häufiger als vorher die Meditations-Geste (dhyana) gewählt. Bemerkenswert ist die Renaissance der ›europäischen‹ Sitzhaltung, die mit der Darstellung bestimmter Ereignisse im Leben Buddhas, z. B. dem Opfer von Sujata oder dem Wunder im Wald von Patileyyaka, in Zusammenhang steht.

Der größten Wertschätzung erfreute sich jedoch das stehende Buddha-Bild. Ein Grund dafür mag sein, daß die Handhaltungen, je nachdem ob sie mit der Linken, der Rechten oder beiden Händen ausgeführt werden, vielfache Interpretationen erlauben, ohne die Symmetrie der Gesamterscheinung störend zu unterbrechen. Beispielsweise bedeutet die abhaya-mudra mit der rechten Hand ausgeführt die Schlichtung des Streites zwischen Koliya und Sakya, mit der linken den Befehl an die Sandelholzstatue, nicht zur Begrüßung herbeizueilen (im Tavatimsa-Himmel); beide Hände in derselben Geste erhoben symbolisieren die Besänftigung des Ozeans.

Bildnisse des schreitenden Buddha, zu Anfang noch häufig hergestellt, verlieren im Laufe der Zeit an Sympathie. Dagegen sind liegende Figuren ziemlich oft anzutreffen, vielfach in kolossalen Ausmaßen.

Zwei ikonographische Typen kann man als repräsentativ für die Buddha-Bildnisse der Ayuthia-Periode ansprechen: den stehenden, geschmückten Buddha, der eine oder beide Hände in abhaya-Geste erhebt (Abb. 84) und den, meist in maravijaya-Haltung, auf einem hohen Sockel sitzenden, zu dessen Füßen das Dämonenheer Mayas tobt.

Die schönsten Köpfe des Stils wirken wie abstrakte, lineare Kompositionen. Augen, Nase, Mund sind in vollständiger Symmetrie wie geometrische Ornamente auf der ovalen

Gesichtsfläche angeordnet, die kaum noch plastische Durcharbeitung aufweist. Die Brauen bilden schmale, gewölbte Grate, die an der Nasenwurzel vereinigt, in einer Linie über den Nasenrücken weiterlaufen. Stark ausgeprägte Lider, die sich weit über die nach unten gerichteten Augen senken, nehmen die Kurven der Brauen auf. Der mittelgroße Mund läßt nur manchmal ein ganz schwaches Lächeln erahnen. Seine vollen Lippen zeichnet gelegentlich ein linearer Oberlippenbart nach. Eine feine Bogenlinie gibt oft die untere Kinnlinie an. Die Frisur besteht aus kleinen Löckchen. Hin und wieder steigt die Rasmi aus einem Kranz kleiner Lotosblütenblätter auf (Abb. 81, 82).

In der Gewandanordnung orientieren sich die sitzenden Figuren in der Regel am Sukhothai-Vorbild, d.h. die linke Schulter bleibt frei, während die stehenden bedeckte Schultern, breiten Gürtel und Mittelstreifen der kambodschanischen Manier entlehnen. Rechts und links fällt das Gewand in glatten, symmetrischen Bahnen herab, die den Faltenwurf der Ränder zu spitzen Zipfeln vereinfachen.

Hervorragende Bedeutung kommt im Ayuthia-Stil dem geschmückten Buddha zu. Schon die Khmer hatten den Erleuchteten gern mit Krone und Fürstenschmuck wiedergegeben, die frühen Ayuthia-Bildnisse übernehmen diese Konzeption unter starker Reduzierung der Schmuckelemente. Mit der Zeit wird der sparsame Schmuck – Diadem mit Mukuta und kleine Ohrgehänge – immer üppiger. In der fortschreitenden Bereicherung schlagen sich offenbar zeitgenössische Moden nieder; zudem geben diese Entwicklungsstadien Anhaltspunkte zur Datierung der Werke, die einzigen, die bis jetzt überhaupt verfügbar sind.

Wahrscheinlich vom Ende des 17. Jahrhunderts an bekleidet man den Buddha ›song krüang‹, d.h. ›im Königsornat‹, mit der Amtstracht des jeweiligen regierenden Königs, wobei die unterschiedlichen vom Herrscher bei der Krönung getragenen Juwelen weitgehend kopiert werden. Ein Filigran von Blüten und Ranken überzieht das Diadem, von dem über den Ohren kleine, flügelartige Ansätze abstehen. Selbst den mukuta, den spitz auslaufenden, aus mehreren Wülsten aufgebauten Kopfschmuck, versieht man mit einem Netz einziselierter Ornamente. Bei späteren Arbeiten hängen von der Krone bisweilen hinter den Ohren lange Schmuckteile, kanchiak, fast bis zu den Schultern herab. Der Halsschmuck wird immer breiter und pompöser, ebenso die Reifen an Armen, Handgelenken und Knöcheln. Schmuckbänder überkreuzen sich auf der Brust und verbinden sich mit prächtigen Pektoralen. Gürtel und Mittelstreifen werden mit Juwelen besetzt (Abb. 83).

Gegen Ende des Ayuthia-Stils wird das Gewand unterhalb des Gürtels vollständig mit Mustern bedeckt, wohl in Nachahmung königlicher Brokatstoffe. Diese Entwicklung entspringt einer übermäßigen Hinwendung zum ornamentalen Detail, einer Bevorzugung des Dekorativen, die den inneren Gehalt der Bildwerke aus den Augen verliert. Gewöhnlich kann die technische Perfektion solcher Stücke nicht über ihre mangelnde Ausstrahlung hinwegtäuschen. Aber die besten Arbeiten, die in der Anfangszeit nicht so selten sind wie gemeinhin unterstellt wird, sprechen doch auf eigentümliche Weise an. Der Stil vermeidet jegliche Exzentrik, beschränkt sich auf klassische Proportionen, drückt eine gewisse, dekadente Zurückhaltung aus. Dabei fehlt es den oft großformatigen Figuren nicht an gebieterischer Haltung und Erhabenheit.

Viele der Ayuthia-Buddhas sind auf hohen Sockeln aufgestellt, deren Größe und überreiche Verzierung oft die Wirkung der Figuren beeinträchtigt. Auf dem Unterteil, ähnlich einem niedrigen Tisch, türmen sich kissenartige Wülste auf. Die oberste Etage bildet ein Ring von Blumenkronblättern des Lotos. Bei Sitzbildnissen fällt vorn ein breiter Teppich bis zum unteren Rand hinunter. Es gibt auch Sockel mit figürlichen Kompositionen in Hochrelief, die thematisch interessieren, in künstlerischer Hinsicht aber meist nicht befriedigen.

Brahmanische Gottheiten und mythologische Gestalten sind vorwiegend der Khmer-Tradition verpflichtet, was in den politisch-religiösen Wechselbeziehungen Thailands und Kambodschas die natürliche Erklärung findet. Figuren von Eremiten, Adoranten, Stiftern und Wächtern unterliegen denselben Gestaltungsprinzipien wie die Buddha-Bildnisse. Einige von ihnen beeindrucken durch Eleganz und höfisches Raffinement. Himmlische Wesen wie Kinnari und Yaksha gestaltet besonders die Spätzeit häufig mit viel Phantasie.

Wenige Überreste, vor allem in den Provinzstädten, die nicht der Zerstörung durch die Burmesen anheimgefallen waren, zeigen, daß die Stuckarbeiten Ayuthias den Vergleich mit Sukhothai nicht zu scheuen brauchen. Am interessantesten sind die Platten an der Fassade des Wat Lai in der Nähe Lopburis, die in lebendiger Manier Szenen aus den Jatakas wiedergeben. Ornamentale Stuckverzierungen, die von der Restaurierung des Tempels im 17. Jahrhundert stammen, sind am Prang Sam Yot in Lopburi noch zu sehen.

In jüngster Zeit ist man auf die Bedeutung der Holzplastik in der Ayuthia-Periode aufmerksam geworden, von der leider ebenfalls das meiste verloren ist. Da die Schnitzer an ikonographische Vorschriften weniger gebunden waren, paart sich in ihren Erzeugnissen Erfindungsreichtum mit ornamentaler Delikatesse. Zu den Schnitzereien gehören außer Statuen dekorative Tafeln, die als Wandschmuck oder an Tempelgiebeln Verwendung fanden sowie Türpaneele (Abb. 85).

Erwähnt seien die Goldschmiedearbeiten aus dem Schatz des Wat Ratburana, die den Geschmack der Epoche veranschaulichen. Ebenfalls die Mode der Zeit spiegeln die sogenannten Bencharong-Gefäße, Porzellane, die im 17. und 18. Jahrhundert in China für den Export nach Thailand fabriziert wurden. Ihr Dekor, der in fünf Farben (Bencharong = fünffarbig) angelegt ist, besteht aus mythologischen Figuren und floralen Motiven im thailändischen Stil.

In ihrer Endphase zeigt die Kunst der Ayuthia-Zeit Ermüdungserscheinungen, ein Abgleiten ins rein Dekorative. Zudem kann die technische Brillanz einiger Meisterstücke den betrüblichen Qualitätsverlust der Massenproduktion nicht wettmachen.

Wie alle anderen Kunstepochen ist der Ayuthia-Stil im National-Museum in Bangkok mit Plastik und Kleinkunst gut repräsentiert. Aber Größe und Glanz Ayuthias lassen sich nur erahnen, wenn man die Ruinen der alten Metropole besucht. Im allgemeinen wird dafür eine Tagestour eingeplant; diese Zeit reicht aus, um die interessantesten Denkmäler zu sehen, eine erschöpfende Besichtigung sämtlicher Sehenswürdigkeiten würde allerdings weit mehr Zeit in Anspruch nehmen. Das neue Museum zeigt ergänzend zu den Baudenkmälern eine große Zahl hervorragender Objekte des Ayuthia-Stiles. Bezeichnend für die späte Ayuthia-Zeit sind außerdem die Ruinen von Profanbauten in Lopburi, vor allem der Narai-Ratcha-Niwet-Palast, aber auch einzelne Gebäude in Wat Mahathat u. a.

Ayuthia

Anscheinend bestand seit dem 11. Jahrhundert an der Peripherie des heutigen Ayuthia (s. auch S. 381) eine Ortschaft als Vorposten des Khmer-Reiches. Im 13. Jahrhundert war sie Grenzstation des Fürstentums U Thong, eines Vasallenstaates von Sukhothai. Mitte des 14. Jahrhunderts zwangen der Überlieferung zufolge Naturkatastrophen den Fürsten von U Thong, seine Hauptstadt zu verlegen. Als neuen Regierungssitz wählte er Ayuthia; gleichzeitig erklärte er, die Schwäche Sukhothais ausnutzend, die Selbständigkeit seines Reiches und nahm den Titel Somdej Phra Rama Thibodi von Ayuthia an (1350).

Die strategische Lage der Neugründung ist außerordentlich günstig. Auf drei Seiten schließen Wasserläufe – Menam, Pasak und Lopburi – das Stadtgebiet ein, durch einen Verbindungskanal im Norden konnte es vollständig zur schwer angreifbaren Insel gemacht werden. Außerdem war die Entfernung zum Meer damals viel kürzer als heute, Hochseeschiffe konnten bis an die Stadtgrenze segeln (s. auch S. 30ff.). So war der Platz für die neue Residenz auch aus handelspolitischer Sicht gut gewählt.

Mehr als vierhundert Jahre lang (1350–1767), unter dreiunddreißig Königen verschiedener Dynastien bildete Ayuthia den glanzvollen Mittelpunkt eines blühenden Königreiches. Berichte europäischer Besucher, hauptsächlich aus dem 17. Jahrhundert, zeichnen voll Bewunderung das Bild der reichen Metropole. Für die damalige Zeit hatte sie eine erstaunliche Ausdehnung. Über das Kerngebiet hinaus, das selbst schon eine Fläche von ca. 3 × 5 km einnahm, hatten sich jenseits der Wasserläufe Vororte ausgebreitet. Dort lagen auch an beiden Ufern des Menam die Niederlassungen der Holländer, Franzosen, Engländer, Japaner, Portugiesen und Chinesen. Der Verkehr im Zentrum wurde auf Straßen, mehr noch auf Kanälen abgewickelt, wie es bis in jüngste Zeit in den meisten Orten der Menam-Ebene üblich war. Zahlreiche prunkvolle Tempel mit ihren verschwenderisch geschmückten Giebeln und vergoldeten Turmbauten bestimmten den Eindruck von Macht und Reichtum, den die Königsstadt ausstrahlte.

Als die Burmesen 1767 Ayuthia eroberten, versank aller Glanz in Schutt und Asche. Die Zerstörung war so vollkommen, daß nach der Befreiung des Landes auf den Wiederaufbau der alten Hauptstadt verzichtet werden mußte. Für die neuen Bauvorhaben in Thonburi und Bangkok holte man Ziegelsteine aus Ayuthia, so wurden Befestigungen, Mauern, Tempel weitgehend abgetragen. Zur endgültigen Verwüstung der Ruinen trugen Schatzsucher das Ihrige bei. Erst seit einigen Jahren nimmt das Fine Arts Department Freilegungen, Instandsetzungen und Ausgrabungen vor. Diesen Bemühungen ist es zu danken, daß die Ruinen der wichtigsten Tempel wieder ihre einstige Majestät erahnen lassen.

Mit der Besichtigung Ayuthias beginnt man am besten im Mittelpunkt der alten Stadt, wo die interessantesten Sehenswürdigkeiten konzentriert sind.

Wang Luang

Von den zahlreichen Bauten des Königspalastes, der im Norden an den Fluß grenzt, sind ausschließlich Grundmauern übrig gebleiben. Allein der Trimuk-Pavillon vermittelt eine Vorstellung vom Aussehen einer offenen Halle der Ayuthia-Zeit. König Mongkut ließ ihn 1907 aus Anlaß seines vierzigjährigen Regierungsjubiläums nach alten Vorlagen neu aufstellen.

Wat Si Sanphet

Neben dem Palast, ursprünglich noch innerhalb seiner Umzäunung, liegt der größte und schönste Tempel Ayuthias, Wat Si Sanphet. Als königlichem Palasttempel fehlt ihm eine Mönchssiedlung; neben seiner Funktion als Privatkapelle des Königs war er Schauplatz feierlicher Staatszeremonien.

Man betritt das von starken Mauern umgebene, langgestreckte Tempelareal durch den Haupteingang auf der Ostseite. In der Mitte der Eingangsseite trifft man zuerst auf die quadratische Basis eines Glockenturmes. Dahinter befindet sich ein langer Vihan, der 1499 von König Rama Thibodi II. erbaut wurde. Er enthielt einen 16 m hohen, mit Gold überzogenen, stehenden Buddha. Bei der Plünderung war er seines Goldmantels beraubt und in Stücke geschlagen worden. Rama I. ließ später die Trümmer in einem der großen Chedis von Wat Jetubon in Bangkok beisetzen. Rechts und links neben dem Vihan sind je zwei Gebäude angeordnet, das kleinste vorn links war der von Bai Sema markierte Bot.

Von der rückwärtigen Schmalseite des großen Vihan ging der Wandelgang aus, der die Terrasse der monumentalen Chedis einfaßte. Alle drei haben die Gestalt des klassischen Thai-Chedi (Farbt. 24). Auf einem durch Simse gegliederten, hohen Sockel erhebt sich der glockenförmige Stupakörper (Anda). Steile Stufen leiten zum Portal des Sanktuarismus, das eine kleine Vorhalle hat, auf deren Dach ein kleineres Chedi sitzt. Genau gleiche Vorbauten

Ayuthia 1 Prinz-Damrong-Brücke 2 Chandrakasem-Palast 3 Wat Mae Nang Pleum 4 Wat Rong Khong 5 Wat Rajaburana (Rat Burana) 6 Wat Mahathat 7 Wat Yana Sen 8 Wat Thammikarat 9 Wang Luang (Königspalast) A Trimuk-Pavillon B Suriyat Amarinda C Sanphet Prasat D Vihara Somdej E Banyong Ratanat F Song Puen G Chakrawat Phaichayon 10 Wat Phra Si Sanphet 11 Vihara Phra Mongkol Bopit 12 Wat Phra Ram 13 Khum Khun Paen 14 Wat Phra Men 15 Wat Lokaya Sutha 16 Chedi der Königin Suriyothai 17 Wat Boroma Buddha Ram 18 Wat Suwan Dararam 19 Nationalmuseum Chao Sam Phaya 20 Wat Chao Phanan Choeng 21 Wat Mai Bang Kacha 22 Wat Nang Kui 23 Wat Buddhaisawan 24 Kathedrale St. Josef 25 Wat Chai Wattanaram 26 Wat Raja Pli 27 Wat Krasatraram 28 Wat Thammaram 29 Wat Hasadawat 30 Wat Kuti Thong 31 Hua Raw Markt 32 Phom Pratu Kao Pleuak (Fort) 33 Phom Tai Sanom (Fort) 34 Phom Tai Kop (Fort) 35 Phom Pratu Chakrai Noi (Fort) 36 Phom Phet (Fort) 37 Phu Khao Thong 38 Wat Kok Phaya 39 Wat Sam Pleum 40 Wat Yai Chai Mongkol 41 Wat Chedi Sam Ong 42 Wat Somana Kotharam 43 Wat Kuti Dao 44 Wat Pratu Songtham 45 Wat Chang 46 Wat Rang 47 Wat Maheyong 48 Wat Phrom Niwet 49 Wat Sala Pun 50 Wat Tin Tha 51 Ehemalige holländ. Niederlassung 52 Provinzverwaltung ▷

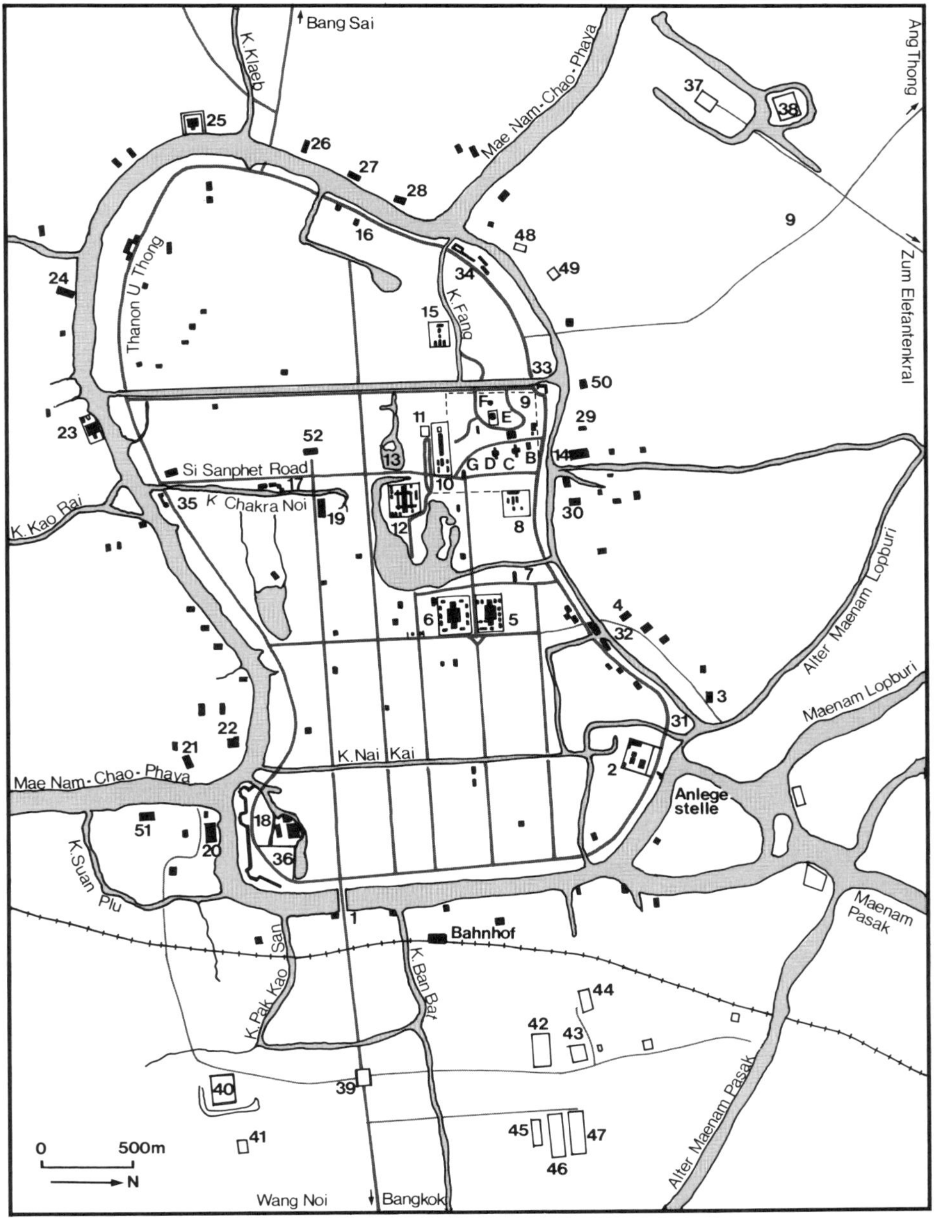

Bang Sai
K. Klaeb
Mae Nam-Chao-Phaya
Ang Thong
Zum Elefantenkral
Thanon U Thong
K. Fang
Si Sanphet Road
K. Chakra Noi
K. Kao Rai
K. Nai Kai
Alter Maenam Lopburi
Maenam Lopburi
Anlegestelle
Maenam Pasak
Alter Maenam Pasak
K. Suan Plu
K. Pak Kao San
K. Ban Bat
Bahnhof
Wang Noi
Bangkok
0
500m
N

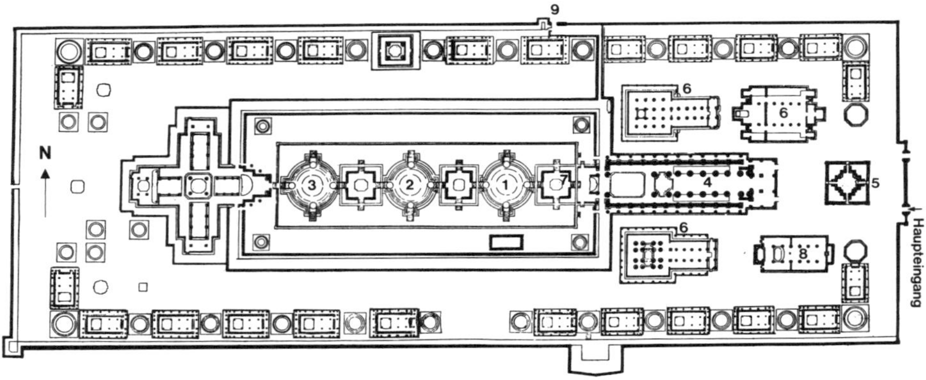

Ayuthia, Wat Si Sanphet, Grundriß 1 Boroma Trailokanat 2 Boromaraja III. 3 Rama Thibodi II. 4 Hauptvihan 5 Glockenturm 6 Vihan 7 Fußspur 8 Bot 9 Direkter Zugang zum Palast

betonen die drei übrigen Kardinalpunkte; sie haben an Stelle der Tür Nischen mit Buddha-Statuen. Typisch für den Stil ist der Säulenumgang unterhalb der langgezogenen, gerillten Spitze, die die Ehrenschirme (Chattras) symbolisiert. Jedem der Chedis war auf der Ostseite ein Mondop vorgelagert. Das erste, östliche barg eine Fußspur Buddhas. Zwei der Chedis sind 1492 von Rama Thibodi II. erbaut worden, das erste für die Asche seines Vaters (Boroma Trailokanat), das mittlere für die Urne seines älteren Bruders (Boromaraja III.). Im westlichen Chedi, 1540 errichtet, ist die Asche König Rama Thibodis II. beigesetzt. Ein kreuzförmiger Komplex mehrer Gebäude bildet den Abschluß der Hauptanlage im Westen. Ringsum entlang der Umzäumungsmauer waren kleine Chedis mit zugehörigen Kapellen aneinandergereiht. Sie bargen sicherlich die Urnen von Angehörigen des Königshauses. Bemerkenswert ist ein Einlaß in der Nordmauer, durch den man über einen Gang direkt vom Palast in den Hauptvihan gelangen konnte.

Obgleich die Chedis seit langem ausgeraubt waren, kamen bei den Restaurierungsarbeiten im östlichen großen Chedi interessante Funde zutage. Außer Hunderten von Miniaturbuddhas fand sich ein Satz von sieben ineinanderschiebbaren Chedis, von denen das kleinste, gläserne, Asche enthielt.

Vihara Phra Mongkol Bopit

Südlich grenzt an Wat Si Sanphet ein weiter Platz an, auf dem die Einäscherungszeremonien der Mitglieder des Königshauses stattfanden. An seinem Westrande steht ein moderner Tempel, der in den fünfziger Jahren zum Schutze einer Kolossalstatue des Buddha errichtet wurde. Die sitzende Figur gehört zu den größten Bronzearbeiten, die jemals in Thailand gegossen worden sind. Wegen der Enge des Raumes kommt die künstlerische Qualität der Plastik nicht zur Geltung. Ihre Entstehungszeit ist ungewiß, stilistische Merkmale deuten auf das 15. Jahrhundert hin.

Wat Phra Ram
Schräg gegenüber von Wat Si Sanphet erhebt sich der elegante Prang des Wat Phra Ram. Es ist überliefert, daß er die Stelle bezeichnet, an der der Leichnam des ersten Königs von Ayuthia verbrannt worden ist. 1369 soll König Ramesuen das Wat gestiftet haben. Mehrmals im Laufe der Jahrhunderte sind Prang und Klostergebäude repariert worden, in großem Stil unter Boroma Trailokanat in der 2. Hälfte des 15. Jahrhunderts und 1741 unter Boromakot. Am Prang, der von Chedis flankiert ist, befinden sich noch Teile der Stuckdekoration, Garudas, Nagas, stehende und schreitende Figuren. In der Nische der Nordseite steht ein gut erhaltener Buddha. Zwei Vihan unterbrechen die quadratische Galerie, die das zentrale Monument umgibt. Im Umgang finden sich noch Reste der dort wie üblich aufgestellten Buddha-Figuren. Eine Vielzahl von Chedis sowie mehrere Gebäude, darunter auf der Nordseite der Bot, füllen den äußeren Hof. Einige Tore der Umfassungsmauer sind in verhältnismäßig gutem Zustand.

Jenseits einer hübschen Parkanlage, rund um einen Wasserrosenteich, liegen nebeneinander die Tempelbezirke von Wat Mahathat und Wat Rajaburana. Ihre Grundkonzeption ist sehr ähnlich: von Chedi flankierter Prang im Mittelpunkt eines quadratischen Wandelganges, dem im Osten und Westen je ein großer Vihan vorgelagert ist. Im einzelnen weisen die Baulichkeiten jedoch beträchtliche Unterschiede auf.

Wat Mahathat
Die Legende berichtet, daß Wat Mahathat 1384 von König Ramesuen an der Stelle gebaut wurde, wo eine auf wunderbare Weise erschienene Buddha-Reliquie gefunden worden war. Dagegen schreibt eine ansonsten zuverlässige Chronik die Gründung Boromaraja I. zu (1374).

Ursprünglich hatte der Prang eine Höhe von 46 m, wurde aber, nachdem er Anfang des 17. Jahrhunderts zusammengestürzt war, bei seiner Restaurierung (1633) auf 50 m erhöht. Offensichtlich fehlte dem Neubau ebenfalls die erforderliche Stabilität, denn heute ist nur noch der imposante Unterbau vorhanden, auf den eine breite Treppe hinaufführt. Von der Galerie sind große Abschnitte der kompakten Außenwand erhalten. Ein Vihan im Osten ist auf die ungewöhnlich reich ausgestattete Portalfront ausgerichtet. Man beachte die charakteristischen Spaltfenster. Symmetrisch zum Vihan war auf der Westseite der etwas kleinere Bot angeordnet. Im Hof innerhalb der zweiten Umwallung finden sich Ruinen von vierzehn Gebäuden und vielen Chedis.

Wegen seiner aus dem Rahmen fallenden Form ist ein Monument im nordwestlichen Teil des Hofes bemerkenswert. Es besteht aus vier (ehemals sieben) nach oben kleiner werdenden Stockwerken mit achteckigem Grundriß; Nischen in allen Wänden schmückten vielleicht einst Buddha-Figuren. Die Ähnlichkeit mit Bauwerken Nordthailands hat zu der Vermutung geführt, daß König Naresuen die Anregung dazu von seinem erfolgreichen Feldzug gegen Chieng Mai mitgebracht hat.

1956 wurde unter den Trümmern des Prang eine Kammer entdeckt, in der ein Schatz verborgen war. Buddha-Figürchen und Votivtafeln aus Gold und eine Reliquie in einer

Goldkassette gehören dazu. Ein besonders schönes Stück ist ein Marmorfisch, in dessen Bauch zahlreiche goldene Gegenstände steckten.

Wat Rajaburana

Dem Gedenken an seine beiden älteren Brüder, die sich im Zweikampf um die Königswürde gegenseitig getötet hatten, widmete König Boromaraja II. das Wat Rajaburana (1424). Wegen seines guten Erhaltungszustandes und der Krypten, die man besuchen kann, gehört sein Prang zu den eindrucksvollsten Denkmälern Ayuthias. Dem klassischen Turmbau ist im Osten ein Vestibül vorgelagert, dessen Dach ein kleines Chedi krönt (Abb. 87). Erhebliche Reste des plastischen Bauschmucks sind noch vorhanden, sie zeichnen sich durch qualitätvolle Arbeit aus (Abb. 88). Im Inneren der Kammer bietet sich ein interessanter Einblick in die Konstruktion des mächtigen Turmdaches aus vorkragenden Steinplatten. Leitern führen hinunter in die beiden, bei der Restaurierung entdeckten, untereinanderliegenden Krypten. Ihre Wandmalereien, die ältesten aus der Ayuthia-Periode bekannten, überraschen durch kräftige Farben. Aus diesen Kammern stammt der wertvollste Schatz, der in Ayuthia zum Vorschein kam. Er bestand aus einer Unmenge goldener Votivtäfelchen, Goldfigürchen von Wächtern und mythischen Tieren, Schmuck, anderen Pretiosen und einigen sehr schönen Buddha-Plastiken (jetzt im Museum von Ayuthia). Der kunsthistorischen Forschung liefern sie bedeutsame Hinweise zur Chronologie der Buddha-Darstellungen.

An die quadratische Galerie um den Prang stößt im Osten der große Vihan an. Auf der Westseite liegt, als Pendant dazu, der Bot. Verschiedene Gebäude, Chedis und Prang, sind im Hof zwischen Galerie und äußerer Mauer zu finden. Der Haupteingang liegt im Osten gegenüber dem großen Vihan.

Wat Phra Men

Wenige Meter westlich von der Abzweigung der Si-Sanphet-Road von der U Thon-Road überquert eine Straßenbrücke den Kanal. Gleich dahinter liegt Wat Phra Men. Über die Gründungszeit des Tempels ist nichts bekannt, die Chroniken berichten lediglich von einer Restauration während der Regierungszeit König Boromakots (1732–1758).

Im Bot des Klosters besitzen wir ein unversehrtes Beispiel der Architektur der Ayuthia-Periode (Abb. 89). Durch glückliche Umstände der Brandschatzung entgangen, fand er Mitte des 19. Jahrhunderts das Interesse eines Provinzgouverneurs, der sich mit viel Geschmack der Wiederherstellung des Tempels widmete. Der Bot, mit Vorhallen und seitlichen Säulenreihen, ist einer der größten der alten Hauptstadt gewesen. Senkrechte Spaltfenster, typisch für den älteren Ayuthia-Stil, durchbrechen die Längswände. Bewundernswert sind die geschnitzten Türfüllungen und Giebelfelder, besonders an der Südfassade. Auch der Innenraum besticht durch die Eleganz seiner Proportionen. Das Hauptkultbild, ein Buddha im Königsornat, repräsentiert vollendeten Ayuthia-Stil.

Neben dem Bot steht ein kleiner Vihan, dessen Stuckdekoration chinesischen Einfluß verrät. Seine Türen sind Kleinodien der Holzschnitzkunst. Phaya Chai Vichit, der erwähnte

Beamte, ließ in diesem Bau eines der Meisterwerke der Mon-Plastik aufstellen, das er aus den Trümmern von Wat Mahathat gerettet hatte. Hände und Füße der 3 m hohen Figur wurden etwas unglücklich ergänzt, aber das von einer Aureole eingerahmte Gesicht strahlt heitere Würde aus, deren Wirkung man sich kaum entziehen kann (Abb. 90). Der steinerne Umbau, der ursprünglich zu der Figur gehörte, konnte in der Regierungszeit Chulalongkorns in Wat Phra Men in Nakhon Pathom gefunden werden. Die Ausgrabungen haben zweifelsfrei ergeben, daß die Skulptur ursprünglich zusammen mit drei adäquaten Stücken zum Schmuck des dortigen Wat Phra Men gehört hat. Heute sind die ornamentalen Teile im National-Museum in Bangkok zu sehen. Die Bruchstücke eines zweiten Buddha aus der Serie fand man im Wat Nang Kui von Ayuthia, sie sind im Chao-Sam-Phaya-Museum (Ayuthia) ausgestellt.

Wat Buddhaisawan

Wat Buddhaisawan ist eines der ältesten Klöster Ayuthias. König Ramathibodi soll es an dem Platze gegründet haben (1353), wo er vor der Fertigstellung der Paläste in der neuen Hauptstadt residiert hatte.

Wenn man an der Landungsstelle anlegt, verdeckt ein moderner Vihan die alten Gebäude. Der ursprüngliche Komplex ist nach dem für die Zeit von 1350 bis 1488 typischen Schema angelegt, das wir bereits bei Wat Phra Ram, Wat Si Ratana Mahathat und Wat Rajaburana kennengelernt haben.

Trotz einer Restaurierung Ende des 19. Jahrhunderts hat der zentrale Prang seine Urform im wesentlichen bewahrt. An der Ostseite steigt man auf einer steilen Treppe zum Vestibül hinauf, das der Cella vorgelagert ist. Links und rechts hinter der Tür der Vorhalle sind Buddha-Fußspuren installiert; die eine aus Holz, die andere aus Stein. In der Mitte des Sanktuariums birgt ein kleines, reich verziertes Chedi die Reliquie. Zwei wenig geschmackvoll restaurierte Mondop flankieren den Prang. Zur Zeit ist man dabei, Hof und Galerie, die das Heiligtum umgeben, wieder herzurichten. Der Vihan, der im Osten auf die Galerie stößt, ist vermutlich nicht der Originalbau. Außerhalb des Wandelganges, vor der Westseite, verdient ein schöner alter Bot Beachtung. Besonders bemerkenswert sind die Häuschen, in denen die acht Bai Sema untergebracht sind. Chedis und Kapellen, in recht verfallenem Zustand, verteilen sich im Gelände.

Rechts hinter dem modernen Vihan steht das Wohnhaus des Somdej Buddha Kosachan, das unter König Petraja (1688–1702) für den geistlichen Würdenträger erbaut worden sein soll. In jüngster Zeit wurde das zweistöckige Gebäude äußerlich instand gesetzt (Abb. 93). Von den berühmten Bildern im Oberstock ist jedoch nur noch wenig zu sehen. Immerhin erkennt man an Komposition und sicherem Strich, daß ihr Ruf zu Recht bestand. Dargestellt waren Jataka-Szenen und die Pilgerfahrt des Somdej nach Ceylon (Abb. 91, 92).

Wat Chao Phanan Choeng

Ebenfalls ein sehr alter Tempel ist trotz seines frisch renovierten Anblicks das Wat Chao Phanan Choeng. Alte Chroniken geben als Gründungsdatum das Jahr 1324 an. Es existierte demnach bereits vor der Erhebung Ayuthias zur Hauptstadt. Das Wat verdankt seinen Namen einer riesigen Buddha-Figur aus Backstein und Stuck (19 m hoch), die auch die ungewöhnliche Form des Bot bedingt. Trotz häufiger Instandsetzungen des Gebäudes wie des Kultbildes dürften beide ihr ursprüngliches Aussehen in etwa beibehalten haben.

Die Figur füllt den von mächtigen Holzsäulen gestützten Raum fast völlig aus, nur ein enger Umgang bleibt frei. Hunderte kleiner Nischen für Votivbilder bedecken die Innenwände. Da das Buddha-Bild hohe Verehrung genießt, drängen sich am Eingang viele Gläubige. Man sollte aber versuchen, ins Innere zu gelangen und einen Rundgang um die Statue machen; erst dann erschließt sich die weihevolle Stimmung des ehrwürdigen Heiligtums ganz. Im Bot hinter dem Vihan des Kolossal-Buddha fand eine Anzahl interessanter Sitzbilder des Buddha Aufstellung. Neben der Hauptfigur in der Mitte stehen zwei, deren wertvolles Material – Gold- bzw. Silberlegierung – erst vor ca. fünfundzwanzig Jahren unter dem Stucküberzug zum Vorschein kam.

Wat Yai Chai Mongkol

Das erste, was man, von Bangkok kommend, von den Ruinen Ayuthias sieht, ist das mächtige Chedi des Wat Yai Chai Mongkol. König Naresuen erbaute es zur Erinnerung an seinen Sieg im Zweikampf über den Feldherrn der burmesischen Armee bei Suphanburi (1592). Das Kloster selbst bestand bereits seit der Zeit Ramathibodis I.

Wie die Chedis von Wat Si Sanphet, gehört das von Wat Yai Chai Mongkol der 2. Phase in der Entwicklung des Baustiles von Ayuthia an. Es nimmt den ceylonesischen Stupa-Typ, der in Sukhothai bevorzugt worden war, wieder auf. Vier kleinere Chedi sind dem großen auf den Ecken des quadratischen Sockels zugeordnet. Neben der Treppe auf der Ostseite lagen zwei Kapellen. Eine Galerie schloß das Ganze ein, heute sind moderne Buddhas darin aufgereiht. Der riesige, liegende Buddha links vom Haupteingang stammt aus der Ayuthia-Zeit.

Offiziell hieß das Kloster ›Tempel des höchsten Patriarchen‹ (Wat Chao Phaya Thai), weil einer der beiden obersten Würdenträger der buddhistischen Mönchsgemeinde Thailands hier residierte.

Wat Chai Wattanaram

Leider ist Wat Chai Wattanaram zur Zeit von dichtem Gestrüpp vollständig überwuchert. Selbst wenn man auf schmalem Pfad bis zum Haupttum vordringt, kann man keine Vorstellung von der Gesamtanlage gewinnen. Den besten Eindruck hat man vom Fluß; von dort gesehen zeichnet sich die markante Silhouette der Türme über dem Busch gegen den Himmel ab (Abb. 94).

Für die Kunstgeschichte ist das Wat von Bedeutung, denn mit ihm setzt die 3. Phase der Stilentwicklung der Architektur Ayuthias ein.

König Prasat Thong gründete den Tempel, nachdem er einen Feldzug gegen Kambodscha erfolgreich beendet hatte. Offenbar beeindruckt von den Bauten Angkors, errichtete er zum ersten Mal nach beinahe zweihundert Jahren wieder einen Prang. Der Grundriß von Wat

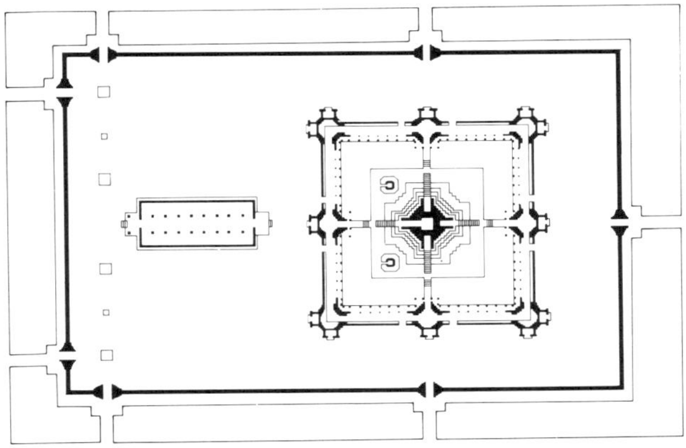

Ayuthia, Wat Chai Wattanaram

Chai Wattanaram zeigt in der Idee Verwandtschaft mit dem inneren Bezirk von Ankor Wat, andererseits greift die Gestaltung auf Formen des frühen Ayuthia-Stiles zurück. Im Gegensatz zu Wat Rajaburana oder Wat Buddhaisawan hat der große Prang keine Vorhalle. An allen vier Seiten führen Stufen zur Cella hinauf. Der quadratische Wandelgang, der das Heiligtum umschließt, ist an den Ecken und Kardinalpunkten mit Turmbauten akzentuiert, die in ihrem Stockwerksaufbau Ähnlichkeit mit nordthailändischen Chedis aufweisen. Allerdings haben sie nicht wie diese quadratischen Grundriß, vielmehr sind die vier Ecken, wie beim Prang, durch wiederholte, einspringende Winkel entschärft (Abb. 95).

Chedi Suriyothai

Eine Neuschöpfung der 3. Stilphase ist das Chedi mit rechteckigem Grundriß. Chedi Suriyothai stellt ein elegantes Beispiel dieser Bauform dar. Es ist das Grabmal für die heldenhafte Königin Suriyothai (1558 erbaut), die im Kampf gegen die Burmesen durch ihren Tod dem König das Leben rettete.

Wat Phu Khao Thong

Wenige Kilometer außerhalb Ayuthias liegt Wat Phu Khao Thong, dessen Besuch sich lohnt. Das Kloster, zu dem der ›Goldene Berg‹ gehört und von dem noch Ruinen zu sehen sind, war 1387 von König Ramesuen gestiftet worden. In seinem Bezirk errichteten die Burmesen nach ihrem Sieg über Ayuthia (1569) ein mächtiges Mon-Chedi. Zweihundert Jahre später war es so weit verfallen, daß König Boromakot auf dem monumentalen, vierstufigen Unterbau ein Thai-Chedi erbauen lassen konnte (1745). Mit seinem viereckigen Grundriß und zweifach gebrochenen Kanten repräsentiert es den späten Ayuthia-Stil.

Chao-Sam-Phaya-National-Museum und Chandrakasem-Palast

Ayuthia besitzt zwei Museen, ein altes und ein neues. Im neuen Chao-Sam-Phaya-National-Museum sind die interessanteren Objekte ausgestellt. Es sind die schönsten der vielen

Fundstücke, die aus den Ruinen der Stadt geborgen werden konnten. Naturgemäß gehört der größte Teil der Statuen dem Ayuthia-Stil an, Sukhothai-, Khmer- und Mon-Stil sind jedoch ebenfalls vertreten. Besonders eindrucksvoll ist der große Mon-Buddha in europäischer Sitzhaltung, der sicher wie sein Pendant im Wat Phra Men ursprünglich aus Nakhon Pathom stammt. Im Obergeschoß kann man den Schatz aus der Krypta des Wat Rajaburana bewundern. Jedes einzelne Stück legt Zeugnis ab vom hohen Stand der Handwerkskunst in der damaligen Zeit.

Früher bestand nur das Museum im Chadrakasem-Palast. Obwohl es auch schöne Stücke enthält, bleibt die Mehrzahl in der Qualität hinter denjenigen des neuen Museums zurück. Aber das Ausstellungsgebäude selbst, der Chaturamuk-Pavillon, stammt aus der Mitte des 19. Jahrhunderts. König Mongkut hat ihn für Kurzbesuche in Ayuthia bauen lassen, unter Prajadhipok wurde der Holzunterbau durch einen Betonsockel ersetzt. So ist er eine der wenigen Holzkonstruktionen, die noch bestehen und einen Begriff vom Aussehen der Paläste vergangener Zeiten vermitteln.

Auch die Backsteingebäude und die Umfassungsmauer sind unter König Mongkut auf den Fundamenten der Ayuthia-Zeit erstellt worden. Den Turm im Hintergrund benutzte der Monarch zur Sternbeobachtung. 1577 war der Palast als Wohnsitz für den Kronprinzen Naresuen gegründet worden. Noch außerhalb der Stadtgrenze gelegen, diente er dem Schutz der Zufahrtswege zur Metropole.

Lopburi

Lopburi (s. auch S. 386) oder Lavo, wie die Stadt in alter Zeit hieß, gehört zu den ältesten Städten in Thailand. Ihre Gründung datieren nordthailändische Annalen auf 468 n. Chr. Bis jetzt läßt sich die Angabe weder bestätigen noch widerlegen. Mit Sicherheit war Lopburi vom 6. bis 11. Jahrhundert ein bedeutendes Zentrum der Mon-Kultur, vermutlich die Hauptstadt eines Königreichs, das ein beträchtliches Gebiet der zentralen Menam-Ebene beherrschte. Anscheinend hat die frühe Siedlung östlich der heutigen Bahnlinie gelegen, denn dort kamen die meisten Funde im Mon-Stil zutage. Der wertvollste ist ein 1,45 m hoher, achteckiger Pfeiler, dessen Inschriften in Mon-Buchstaben Stiftungen von Sklaven und verschiedenen Dingen wie Fahnen oder Stoffen für ein bestimmtes Kloster verewigen (der Pfeiler befindet sich heute im National-Museum in Bangkok).

Im 11. Jh. geriet die Stadt unter die Herrschaft des Reiches von Angkor, behielt aber weiterhin eine führende Position bei. Zeugen der Khmer-Periode sind der Hindu-Tempel (Prang Khaek), der Kala-Tempel, der Prang von Wat Phra Si Ratana Mahathat und der Prang Sam Yot.

Während der ganzen Zeit wanderten immer mehr Thai in die Menam-Ebene hinab und gründeten eigene Fürstentümer, die zunächst unter der Oberhoheit der Khmer standen. Mit dem Niedergang der kambodschanischen Macht im 13. Jahrhundert erstarkten die einheimischen Kräfte, Lavo wurde offenbar wieder Regierungssitz eines selbständigen Königreichs. Gesicherte Angaben über die politischen Gegebenheiten bis zur Mitte des 14. Jahrhunderts lassen sich jedoch nicht machen.

Lopburi
1 Prang Sam Yot
2 Kala-Schrein
3 Wat Indra
4 Wat Nakhon Kosa
5 Wat Phra Si Ratana Mahathat
6 Prang Khaek
7 Phaulkon-Palast
8 Wat Sao Tong Thong
9 Chedi
10 Wat Mani Cholakan
11 Phom Tha Po (Fort)
12 Phom Chai Songkhram (Fort)
13 Pratu Chai (Tor)

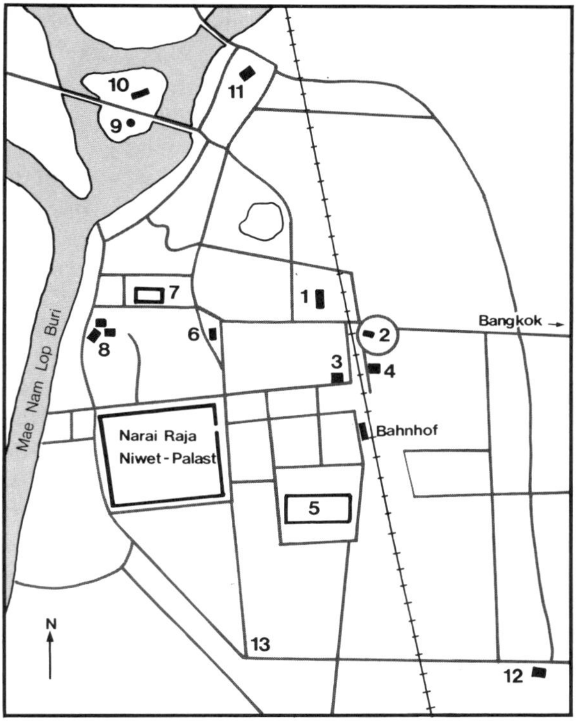

Erst zu Beginn der Ayuthia-Zeit gelangte Lopburi erneut ins Blickfeld der Geschichte. Als König U Thong seinen Herrschaftsbereich ausweitete, gewann die Stadt als wichtige Festung nahe der Grenze zum Königreich Sukhothai so große Bedeutung, daß der Kronprinz, Ramesuen, hier als Gouverneur residierte. Achtunddreißig Jahre lebte er in der ›Vizekönigsstadt‹, sein Palast stand wahrscheinlich an der Stelle des heutigen Narai Ratcha Niwet-Palastes. Mit der Eingliederung Sukhothais in das Königreich Ayuthia (1378) verlor Lopburi seinen strategischen Wert, es sank zur Provinzstadt in der Nähe der Metropole herab.

Unter Narai (1656–1688) erlebte die alte Stadt einen neuen Aufschwung. Im Krieg mit den Holländern, die den Golf von Siam blockierten, erschien dem König Ayuthia, das damals noch nahe am Meer lag, stark gefährdet. Er richtete deshalb Lopburi zum zweiten Regierungssitz ein. Da er französische Architekten beschäftigte, weisen alle Bauten der Zeit westliche Stilelemente auf. Narai verbrachte von 1657 an den größten Teil des Jahres in Lopburi, aber bereits sein Nachfolger residierte wieder ausschließlich in Ayuthia.

Hundertfünfzig Jahre lang blieben die Palastgebäude ungenutzt dem Verfall überlassen, bis König Mongkut den Gedanken der zweiten Residenz wieder aufgriff. An Stelle der alten

Bauten, die mittlerweile vollständig unbrauchbar geworden waren, ließ er neue Residenzgebäude bauen. Mauern und Tore wurden wiederhergestellt sowie der Chantra Pisan-Pavillon als einziger restauriert.

Phra Prang Sam Yot

Das bekannteste Architekturdenkmal Lopburis dürfte der Prang Sam Yot sein. Viele Thailand-Bücher bilden seinen noch recht gut erhaltenen, markanten Drei-Türme-Komplex ab. Wenn man in die Stadt hineinfährt, sieht man ihn gleich hinter der Bahnlinie rechts aufragen. Stilistische Merkmale weisen den Bau dem Bayon-Stil zu; d. h., daß er gegen Ende des 12. Jahrhunderts entstanden sein wird. Das Baumaterial – Laterit, nur für Türstürze und -pfosten wurde Sandstein verwendet – sowie die Verwendung von Stuckverzierungen an Stelle der bei älteren Khmer-Tempeln üblichen skulptierten Steinblöcke bestätigen diese Datierung, mußte doch wegen der ungeheuren Zahl von Bauvorhaben in der Regierungszeit Jayavarmans VII. auf Techniken zurückgegriffen werden, die eine kurze Bauzeit ermöglichten. Mehrfach, vermutlich im 15. und 17. Jahrhundert, hat man die Schmuckelemente erneuert. Reste sind noch zu sehen, obwohl man die oft abgebildeten, fast unbeschädigten, schönen Stuckmasken heute vergeblich sucht. Die drei auf hoher Basis stehenden Türme sind untereinander mit kurzen Galerien verbunden. Der Mittelturm besitzt zwei, die beiden äußeren drei Eingänge mit kleinen Vorhallen. An der Ostseite ließ König Narai einen Vihan vor dem Zentralbau errichten, in dessen Ruinen ein großer, sitzender Buddha im Ayuthia-Stil verblieben ist. Anscheinend diente das Heiligtum von Anfang an dem buddhistischen Kult.

Prang Khaek

Auf dem Weg zum Stadtzentrum stößt man nach kurzem auf einen Platz, dessen Mitte der Prang Khaek einnimmt. Mehrfach wurden seine drei Türme ins 10. oder 11. Jahrhundert datiert; wenn das richtig ist, könnten sie als die ältesten Monumente Lopburis gelten. Allerdings sind sie unter König Narai, der wahrscheinlich auch den kleinen anschließenden Hindutempel und ein Wasserbecken zufügen ließ, restauriert worden.

Wat Phra Si Ratana Mahathat

Der älteste Teil dieser ausgedehnten Tempelanlage ist der zentrale Prang. Er dürfte Ende des 12. bis Anfang des 13. Jahrhunderts am Platze eines bereits vorhandenen Heiligtums entstanden sein. Turmbau und Vorhalle schmücken reizvolle Stuckornamente, die Südtür des Vorbaus überspannt ein wiederverwendeter Block aus dem 11. bis 12. Jahrhundert. Die Lage des Prang mit seinem Nebenturm innerhalb der Umfassungsgalerie läßt darauf schließen, daß ursprünglich flankierende Türme auf beiden Seiten des Prang geplant waren, von denen aber offenbar nur einer ausgeführt wurde. Während der Ayuthia-Zeit wurden unter mehreren Königen – Ramesuen, Maha Chakraphat, Narai, Boromakot – Erneuerungen und Erweiterungen der Gebäude vorgenommen.

73 SI SATCHANALAI (Chalieng) Wat Mahathat, Prang König Trailokanats, 15. Jh.

74 SI SATCHANALAI (Chalieng) Tor der monumentalen Umfassungsmauer des Wat Mahathat

75 SI SATCHANALAI Detail vom Unterbau des großen Chedi von Wat Chang Lom

76 KAMPHENG PHET Geschmückte Elefantenskulpturen am großen Chedi von Wat Chang Rob

77 KAMPHENG PHET Chedi im burmesischen Stil im Wat Boromatat

78 KAMPHENG PHET Vor dem sitzenden Buddha der Kopf einer anderen Kolossalfigur, Wat Phra Keo

79 Kopf einer Buddhaskulptur, Lopburi-Stil (Thai-Stil), 13. Jh. National-Museum, Bangkok

80 Bronzekopf eines Buddha, Suphanburi/Sankhaburi-Stil, frühes 14. Jh., H. 30 cm. National-Museum, Bangkok

81 Bronzekopf eines Buddha, Ayuthia-Stil, 14./15. Jh., H. 48 cm. National-Museum, Ayuthia

82 Bronzekopf eines Jüngers, Ayuthia-Stil, 16./17. Jh., H. 30 cm. National-Museum, Nakhon Ratchasima (Khorat)

83 Buddha, Ayuthia-Stil, spätes 17. Jh., Bronze, H. 98 cm. National-Museum, Bangkok
84 Buddha, Ayuthia-Stil, spätes 16. Jh., Bronze, H. 150 cm. National-Museum, Ayuthia ▷
85 Hölzerne Türpaneele, Ayuthia, Ayuthia-Stil, 15./16. Jh., H. 196 cm. Nat.-Mus., Ayuthia

86 AYUTHIA Buddhastatue im Wat Mahathat

88 AYUTHIA Detail vom Prang des Wat Rajaburana

87 AYUTHIA Prang des Wat Rajaburana

89 AYUTHIA Bot des Wat Phra Men. Beachtenswert sind die Spaltenfenster an der Längswand

91, 92 AYUTHIA Malereien im Wohnhaus des Somdej Buddha Kosachan im Wat Buddhaisawan. Darstellung zweier Fußspuren Buddhas und einer Szene aus dem Mahajanaka-Jataka

90 AYUTHIA Mon-Buddha im Wat Phra Men

93 AYUTHIA Blick auf das Wohnhaus des Somdej Buddha Kosachan im Wat Buddhai-Sawan. Im Vordergrund ein Bai Sema des Bot

94 AYUTHIA Blick vom Fluß auf Wat Chai Wattanaram

95 AYUTHIA Turmbau im Wat Chai Wattanaram, der Anklänge an nordthailändische Chedis (Wat Kukut) zeigt

96 LOPBURI Adorantenfiguren an einem Chedi im Wat Mahathat

97 BANGKOK Blick auf den Maha Montien-Komplex im Großen Palast

98 BANGKOK Durchgang im Großen Palast

99 BANGKOK Mit Keramikscherben verzierte Stuckplastik an einem Tor zum Maha Montien (Großer Palast)

100 BANGKOK Malerei im chinesischen Stil an der Brüstung des Bot im Wat Phra Keo

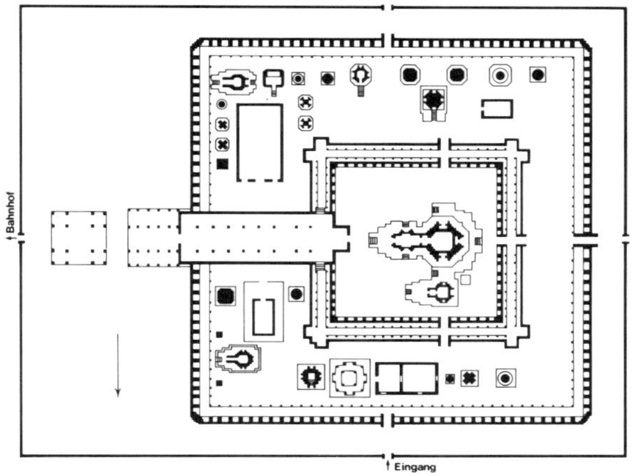

Lopburi, Wat Mahathat, Grundriß

Von der Galerie, die den Prang ursprünglich umgab, sind nur Spuren übriggeblieben. Mit einer Schmalseite an sie angebaut, stellt ein langgestreckter Vihan die Verbindung zu einer zweiten, äußeren Galerie her, die unmittelbar an seine andere Schmalseite anschloß. Auf Grund seiner Fenster kann man den Vihan in die Zeit König Narais datieren. Rund um die Hauptgebäude gruppieren sich Kapellen und Chedis, die sicher sämtlich aus der Ayuthia-Zeit stammen, sich aber an unterschiedlichen Vorbildern orientieren. Einige zeigen deutliche Anklänge an den Sukhothai-Stil; stellenweise sind noch in Stuck gearbeitete Schmuckelemente, darunter Adoranten-Figuren, vorhanden (Abb. 96). Alle Merkmale der Ayuthia-Zeit weist die noch recht gut konservierte Halle neben dem Prang auf.

Narai Ratcha Niwet – Palast

Den touristischen Hauptanziehungspunkt Lopburis bilden heute die Ruinen des Narai Ratcha Niwet-Palastes. Hohe Mauern umgeben schützend das gesamte Areal, das im Innern durch weitere Mauern in vier Hauptzonen unterteilt wird. Eindrucksvoll sind die monumentalen Tore, die auf allen Seiten Eintritt gewähren. Durch den Haupteingang im Nordosten gelangt man zunächst in einen weiten, von alten Bäumen bestandenen Vorhof. Links hinter einem ehemaligen Wasserreservoir reihen sich Waffenarsenale aneinander. Rechts und links vom zweiten Tor liegen Ställe für Pferde und Elefanten. Der Weg führt dann direkt auf den Chantara Phisan-Pavillon zu.

Das schmale, lange Gebäude auf hohem Sockel war die Residenz König Narais. Unter seiner Regierung wurden zum ersten Male in Thailand Wohngebäude in Ziegelbauweise errichtet; bis dahin waren Ziegel und Stein religiösen Bauten vorbehalten gewesen. Zweifellos macht sich darin der Einfluß der europäischen Architekten bemerkbar, die der König beschäftigte. König Mongkut ließt den für das 17. Jahrhundert typischen Bau wiederherstellen.

Das benachbarte Gebäude (Suttha Winitchai) setzt sich aus mehreren Teilen zusammen. Phiman Mongkut – Pavillon heißt der dreistöckige Westflügel; ein großer Raum in seiner obersten Etage diente König Mongkut bei seinen Besuchen in Lopburi als Schlafzimmer. Von den Oberstockräumen der angebauten Flügel benutzte er den südlichen als Lesezimmer (Aksorn Sattrakorn); der andere war eine Waffenkammer (Chai Sattrakorn).

Chantara Phisan und Suttha Winitchai sind vom Fine Arts Department als Museen hergerichtet worden. Im ersten sind Skulpturen, die in der Umgebung Lopburis zutage kamen, ausgestellt. Die meisten gehören dem Khmer-Stil, einige dem Mon-Stil an.

Hinter dem königlichen Wohnsitz umgrenzt ein abgeschlossener Hof den ›Harem‹, die Häuser für Frauen und Kinder sowie deren Personal. Eines davon enthält jetzt ein ›Farmer's Museum‹, in dem die traditionellen Werkzeuge des thailändischen Bauern zu sehen sind.

Südlich an die Residenz anschließend, liegt in einem eigenen Hof die Ruine der Dusit Sawan Thanya Maha Prasat. Hier gewährte König Narai hohen ausländischen Würdenträgern Audienz. Auch der Chevalier de Chaumont, der erste Gesandte Ludwigs XIV., wurde an dieser Stelle empfangen. Ein Gemälde im Chantara Phisan gibt die historische Szene wieder. Hoch über allen anderen Personen thronte der Monarch, wie ein Buddha mit untergeschlagenen Beinen sitzend, in einer Nische in der Hallenrückwand. In Anlehnung an Versailles schmückten hohe Spiegel die Wände des prächtig ausgestatteten Raumes. Ebenfalls europäische Stileinflüsse verraten die gotisch geschwungenen Türöffnungen.

Einige Stufen leiten über in das südwestliche Viertel des Gesamtareals, einen großen Gartenhof, in dem die Fundamente des Suttha Sawan Pavillons erhalten sind. Dies war die letzte Wohnung König Narais, in der er 1688 nach langer Krankheit starb.

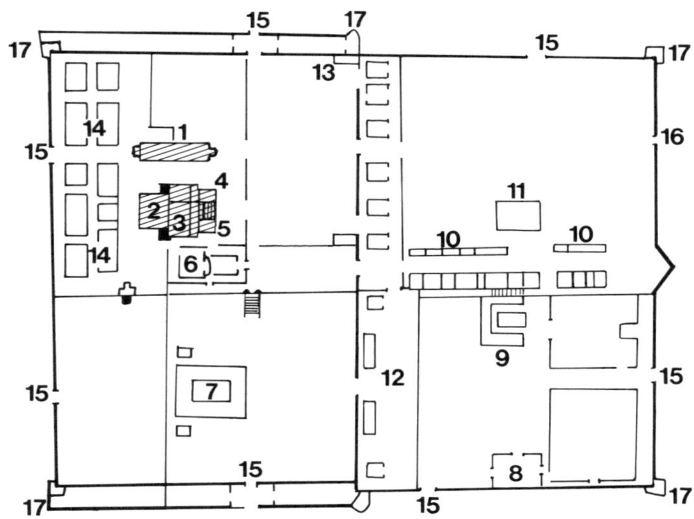

Lopburi, Narai Raja Niwet-Palast

1 Chanthara Phisan
2 Phiman Mongkut
3 Suttha Winitchai
4 Chaï Sattrakorn
5 Aksorn Sattrakorn
6 Dusit Sawan Thanya Maha Prasat
7 Suttha Sawan
8 Phra Chao Hao
9 Empfangshalle
10 Waffenmagazin
11 Wasserreservoir
12 Elefanten- und Pferdeställe
13 Palastgarde
14 Harem
15 Tore
16 Haupteingang
17 Wachtturm

Im südöstlichen, durch eine Mauer von einem Quergang mit Ställen und Remisen abgesetzten Teil des Palastbezirks, lagen eine Kapelle (Phra Chao Hao), eine auf drei Seiten von Teichen eingefaßte Empfangshalle und ein weiterer kleiner Pavillon.

Gartenanlagen bereicherten sicherlich einst die Höfe des Palastes. Viele blattförmige Nischen in den Innenwänden der Mauern, die für Öllampen bestimmt gewesen sind, deuten darauf hin, daß für nächtliche Beleuchtung gesorgt war.

Wat Sao Thong Thong

An der Nordwest-Ecke grenzt Wat Sao Thong Thong an den Palastbezirk an. In seinem Hof steht rechts der Bot, der in der Ägide Narais als christliches Gotteshaus für europäische Gesandte eingerichtet gewesen ist. Da der elegante Bau bis in die Gegenwart kaum Veränderungen erfahren hat, läßt er alle Merkmale des späten Ayuthia-Stiles erkennen: hoher Sockel, geschwungene Teleskopdächer, deren Traufen nicht weit über die hohen Wände herabgezogen sind; Pilaster, gekrönt von langen Blätterkapitellen, schmücken die Außenwände, ein flacher Ziergiebel betont das wenig vorgezogene Portal.

Unter den Klostergebäuden nördlich des großen Hofes befinden sich zwei Pavillons, die ehemals für die Suiten ausländischer Würdenträger und Missionare gebaut worden sind. Einer heißt ›Pichu‹, der Name des anderen, ›Kolosan‹, scheint von dem persischen Namen Chorassan abgeleitet zu sein.

Chao Phaya Wichayen (Phaulkons Palast)

Geht man an der Außenmauer von Wat Sao Thong Thong entlang nach Norden, so trifft man an der ersten Querstraße auf den Komplex des Chao Phaya Wichayen. Er wurde für den ersten Gesandten Ludwigs XIV. gegründet, aber auch Konstantin Phaulkon soll darin gewohnt haben. Eine ganze Reihe verschiedener Backsteingebäude füllen den ummauerten Bezirk, darunter Kapelle, Glockenturm, Empfangshalle, Wohn- und Wirtschaftsbauten. Mit ihrer Mischung von thailändischen und europäischen Stilelementen verdienen sie eher historisches als kunstgeschichtliches Interesse.

5 Der Bangkok- oder Ratanakosin-Stil

Beim Einfall der Burmesen in Ayuthia (1767) war die Hauptstadt durch Plünderungen und Brandschatzung so gründlich zerstört worden, daß ein Wiederaufbau unverhältnismäßig große Schwierigkeiten machen mußte. Außerdem hatte sich die Mündung des Menam in den Jahrhunderten seit der Gründung der alten Metropole weit ins Meer vorgeschoben, so schien es auch aus wirtschaftlichen und politischen Gründen geraten, eine Hauptstadt weiter im Süden anzulegen. Taksin, der Schöpfer des neuen Staates, wählte Thonburi als Regierungssitz, aber bereits sein Nachfolger, der Stammvater der Chakkri-Dynastie, siedelte auf das gegenüberliegende Ufer nach Ban Kok um.[17]

Von Anfang an waren die Herrscher des neuen Reiches bemüht, in ihrer Hauptstadt den Glanz der alten Metropole wieder aufleben zu lassen. Das zeigte sich schon in der äußeren Anlage: Weil Ayuthia auf einer Insel gelegen hatte, grub man einen Kanal, der eine Flußschleife des Menam abschnitt, damit der neue Stadtbezirk wieder rings von Wasser umflossen wurde.

Mit der Übersiedlung des Königs nach Bangkok beginnt ein lebhaftes künstlerisches Schaffen in vielen Städten des Reiches, wenngleich natürlich in Thonburi und Bangkok die meisten Bauten errichtet wurden. Der ›Bangkok‹-Stil wird von thailändischen Kunsthistorikern ›Ratanakosin‹-Stil genannt, d. h. ›Juwel Indras‹; damit wird auf den ›Smaragd‹-Buddha des Wat Phra Keo angespielt, der nach der Legende aus einem Edelstein des Indra-Schatzes geschnitten sein soll.

In der Bangkok-Periode werden die besten künstlerischen Traditionen Ayuthias fortgeführt, bereichert durch die Dynamik des Neubeginns.

Von der Regierungszeit Ramas III. (Nang Klaos) an begannen sich chinesische Anregungen durchzusetzen. Bereits in der vorangegangenen Periode waren solche Einflüsse in der Plastik hin und wieder spürbar geworden, namentlich im Faltenwurf gewisser Buddha-Figuren hatte die Linienführung des chinesischen Stils Aufnahme gefunden. Diese Entwicklung erklärt sich sicher mit den freundschaftlichen Beziehungen der beiden Länder, deren Güteraustausch um diese Zeit sehr rege war. Chinesische Kaufleute ließen sich in größerer Zahl in Bangkok nieder, aktivierten den Handel, legten zum ersten Male Plantagen für die Erzeugung landwirtschaftlicher Produkte an und bauten die Zinnminen aus. Die Auswirkungen chinesischer Impulse machen sich auf allen Gebieten der Kunst bemerkbar, am deutlichsten im dekorativen Bereich und der Steinbildhauerei. Aber das chinesische Element wurde nie dominierend, stets blieb das spezifische Thai-Fluidum erhalten, vielleich mit Ausnahme gewisser Skulpturen, die so stark das Gepräge chinesischer Kunst tragen, daß man sie lange für Importstücke aus China gehalten hat (Abb. 109).

Ebenfalls unter Rama III. begann die Öffnung des Landes für die westliche Kultur. Das Interesse an europäischer Kunst führte bald zur Nachahmung zeitgenössischer westlicher Architektur, wobei wohl in der Hauptsache englische Kolonialbauten als Vorbild dienten. Auf die Bauweise der Klöster und Tempel übten europäische Stilformen jedoch keinerlei Einfluß aus, so blieb ein im neugotischen Stil erbauter Tempel in Bang Pa In ein Kuriosum. Dagegen geriet die Profanarchitektur zunehmend in den Sog westlicher Vorstellungen. Erst in jüngster Zeit zeichnet sich eine Tendenzwende ab, indem man, besonders im privaten Hausbau, versucht, die Schönheit traditioneller Baukunst mit den Vorteilen westlicher Architektur zu verschmelzen.

Alle großen Wat Bangkoks sind in der Ratanakosin-Periode entstanden; an ihnen lassen sich die Bauprinzipien des Thai-Stiles ablesen, wie sie sich in ähnlichen Ausprägungen auch im Ayuthia- und Lan Na-Stil manifestieren. Die Wände der Tempelgebäude Vihan und Bot, die sich architektonisch kaum unterscheiden, sind aus Backstein aufgemauert und verputzt. Alle Mauern und Pfeiler verjüngen sich nach oben. Die langgestreckten Bauten haben immer nur einen Innenraum, trotzdem variiert die Grundrißbildung erheblich. Einfachste Form ist die Cella mit nur einer Tür gegenüber dem Kultbild. Größere Tempel haben Fenster an den Längsseiten, auf jeder Seite bis zu dreizehn, an der Fassade mehrere Türen. Bei manchen Bot ist auch die Wand hinter dem Buddha-Bild von Türen durchbrochen. Stets ist die mittlere Eingangstür größer als die anderen. Wird der Innenraum zu breit, die Spannweite zu groß, so werden durch zwei oder mehr Säulenreihen Seitenschiffe abgetrennt. Zur Erweiterung des Baues fügt man Vorhallen an. Besonders großzügige Bot besitzen einen Umgang, der durch eine außen herumführende Säulenreihe gestützt wird. Im Sukhothai- und Ayuthia-Stil waren die Pfeiler rund oder achteckig, jetzt sind sie viereckig. Kapitelle erscheinen im Inneren selten, außen häufiger; stets fehlt der Abakus. Die Holzkonstruktion des Dachstuhles lag ursprünglich frei sichtbar über dem Raum, erst spät, vermutlich unter europäischem Einfluß, ging man dazu über, flache Decken einzuziehen.

Meist umrahmen farbige Verzierungen aus Holz oder Stuck die Fenster, wirkungsvoll mit dem klaren Weiß der getünchten Außenwände kontrastierend. Oft sind die Fensterläden, die in die tiefen Laibungen der dicken Wände zurückgeschlagen werden, mit prachtvollen Malereien, Schnitzereien oder Einlegearbeiten geschmückt.

Außerordentlich prächtig ist fast immer die Fassade der Gebäude ausgestattet. Das Dach der Vorhalle, die allen größeren Tempeln eigen ist, wird in der Regel von vier Säulen gestützt. Darüber liegt der oft aus Doppelbalken bestehende, reich ornamentierte Architrav. Im Giebelfeld sieht man den Erleuchteten, mitunter in Begleitung zweier Jünger oder Götter; es können aber auch andere figürliche Szenen dargestellt sein. Anders als zuvor wird in Bangkok die Dekoration der Giebelfelder nicht mehr vorwiegend aus Holz geschnitzt, sondern gern aus Stuck geformt. Das Ganze ist bunt bemalt, verschwenderisch mit Gold versehen oder mit Spiegelmosaik eingelegt. Über den Türen finden sich plastisch auf die Wand aufgesetzte Motive, die in phantasievollen Abwandlungen das spitze Dach eines Mondop wiedergeben. Vorläufer davon tauchen bereits in der Ayuthia-Zeit auf. Möglicherweise symbolisieren sie den stufenweise emporsteigenden Berg Meru.

Mehrere übereinander geschachtelte, mit bunten, glasierten Ziegeln gedeckte Dächer zeichnen die charakteristische Silhouette der Tempel. An allen religiösen oder königlichen Gebäuden laufen die Firstbalken in merkwürdigen, hornartigen Endstücken, cho fa, aus, deren Bedeutung und Herkunft unbekannt ist. Entlang den Dachrinnen winden sich stilisierte Nagas (Schlangen) aus vergoldetem Holz. Nicht selten hängen Messingglöckchen in langen Reihen von den Traufbrettern. Herzförmige Bleche an ihren Schlägeln, ähnlich den Blättern des Bodhi-Baums, bewegt der leiseste Luftzug, so daß ein feines Klingeln die Tempel umgibt.

Vihan und Bot stehen immer auf einem Unterbau, dessen Höhe zwischen 50 und 150 cm schwankt.

Manche Wat besitzen ein *Mondop,* einen kubischen Bau, der sich vermutlich aus einer Bauform der Mon entwickelt hat. Viele flache, übereinander geschichtete Dächer, die in einer langen Spitze enden (Yot), geben der Dachkonstruktion das charakteristische pyramidenförmige Aussehen. Jede Dachetage schmücken dreieckige Ornamente, die auf die Scheinfenster (kudu) indischer Chaitya zurückgehen. Als besonders gelungenes Beispiel gilt das Mondop über Buddhas Fußabdruck in Saraburi. Wie in diesem Falle enthält ein Mondop gewöhnlich eine Reliquie, nur gelegentlich bringt man eine Bibliothek darin unter (Wat Phra Keo; Abb. 101).

Das *Prasat* gehört eigentlich zur Palastarchitektur; sein Grundriß hat die Gestalt eines griechischen Kreuzes mit Vorhalle an der Frontseite. Auf dem Schnittpunkt der üblichen Teleskop-Dächer erhebt sich ein Aufbau ähnlich dem Dach des Mondop, wenn das Gebäude königlicher Repräsentation dient. Soll der Bau für religiöse Zwecke oder als Gedächtnishalle Verwendung finden, so hat der Dachaufbau die Form eines Prang (Tẹp Bi Dong = königliches Pantheon im Wat Phra Keo; Umschlagvorderseite).

Beide Stupa-Typen, die in Ayuthia üblich waren, hat die Ratanakosin-Kunst übernommen. Beim Chedi wird die Form nur wenig verändert, kleine Ausführungen als Grabdenkmäler haben oft eckige Grundrisse.

Berühmt ist das eindrucksvolle *Phra Pathom Chedi*, das zu Anfang unseres Jahrhunderts fertiggestellt worden ist (Farbt. 25). Die riesige Glocke des jetzigen Baues, von König Mongkut begonnen, bedeckt einen verfallenen Prang, der selbst ein noch älteres Heiligtum einschließen soll. Mit ca. 127 m ist Phra Pathom Chedi das höchste buddhistische Baudenkmal der Welt und übertrifft sogar die weltbekannte Schwedagon-Pagode von Rangun. Eine kreisrunde Wandelhalle, an den Kardinalpunkten von Vihans unterbrochen, umgibt den eigentlichen Stupa, dessen glockenförmige Anda mit schönen gold-braunen Kacheln überzogen ist. Dieselbe Konzeption hat Wat Rajabopit in Bangkok, ebenfalls ein Bau aus der Zeit König Mongkuts. Dieser Tempel bezaubert durch das harmonische Farbenspiel seiner Dekorationen.

Die Silhouette des *Prang* ist im Bangkok-Stil noch wesentlich gestreckter als in Ayuthia. Allein der Unterbau beansprucht mehr als die Hälfte der Gesamthöhe, die Kapelle wird deutlich hervorgehoben, der eigentliche Tempelturm aber, der bei den Khmer Blickfang des Monuments war, schrumpft zur bloßen Bekrönung zusammen. Daß dem neuen Entwurf nichts an Majestät und Schönheit abgeht, beweist der Prang des *Wat Arun* (Bangkok). Am Ufer des Menam gelegen, ist er mit seinem 86 m hohen Mittelturm und den vier Nebentürmen zum Wahrzeichen Bangkoks geworden. Eleganz der Proportionen und Delikatesse des Dekors verbinden sich hier zu einem überzeugenden Kunstwerk (Farbt. 13).

Von den *Palastbauten* der frühen Bangkok-Zeit stehen noch eine ganze Reihe. Die ältesten im reinen Thai-Stil gehaltenen Backsteinbauten entsprechen in ihren architektonischen Details den gleichzeitigen Sakralbauten. Es sind das Maha Montien (Ende 18. Jh.) und das Dusit Maha Prasat (Anfang 19. Jh.) im Bezirk des Großen Palastes von Bangkok. Leider sind beide nur teilweise für Besucher zugänglich, so daß man sich keine Vorstellung von den Innenräumen machen kann. Das Äußere der Gebäude wirkt bei aller Prachtentfaltung nicht überladen, weil die dekorierten Zonen – um Fenster, Türen und Giebelfelder konzentriert – sich effektvoll gegen den weißen Grund der Wände abheben. Charakteristisch für die königlichen Gebäude ist der spitz auslaufende Dachaufbau, den wir schon vom Mondop her kennen. Auch die 1867 im Stil der italienischen Renaissance erbaute Chakri-Residenz erhielt auf Wunsch des Königs diese stilfremden Prasat-Dächer.

Besonders anmutig präsentiert sich der kleine *Abhorn Pimok-Pavillon* neben dem Dusit Maha Prasat (Farbt. 6), der sich eng an den herkömmlichen Stil anschließt. Solche zierlichen Pavillons gehören zu den ansprechendsten Zeugnissen der Ratanakosin-Architektur. Es gibt mehrere, die im Aussehen sehr ähnlich sind, am bekanntesten dürfte der Aisawan Thi Phaya At (Bang Pa In) sein (Farbt. 15).

Ein anderer, von König Vajiravudh errichteter, im National-Museum, hat durch den Einbau von Glaswänden etwas von seiner Wirkung eingebüßt. Eine große, offene, aus Holz konstruierte Halle, wie sie früher bei offiziellen Feiern üblich waren, ist der Trimuk-Pavillon (in Ayuthia), den König Chulalongkorn 1907 aus Anlaß seines vierzigjährigen Regierungsjubiläums nach alten Vorlagen auf einer wiederentdeckten Ziegelplattform errichten ließ. Einen guten Eindruck von einer fürstlichen Residenz aus der Anfangszeit der Bangkok-Periode vermittelt der *Wang Na-Palast,* auf dessen Gelände heute das National-Museum untergebracht ist. König Rama I. hatte den Komplex als Wohnsitz für seinen Bruder erbaut. Hinter der außerordentlich kunstvoll ausgestatteten Palastkapelle liegt das alte Hauptgebäude (Viman), das überraschend zurückhaltend dekoriert ist. Man betritt zunächst den Audienzsaal, der unter Rama III. den Gemächern des Wang Na-Prinzen hinzugefügt wurde. Die dahinter liegenden Wohnräume ordnen sich, teilweise zweistöckig, um zwei langgestreckte Höfe. Das Ganze strahlt eine intim-wohnliche Atmosphäre aus und läßt sich in keiner Hinsicht mit den großen, auf Repräsentation ausgerichteten Schloßanlagen Europas vergleichen.

Neben dem Buddhaisawan steht das ›Rote Haus‹ (Tamnak Daeng), ursprünglich die Privatwohnung der Prinzessin Si Sudarak, einer Schwester Ramas I. In seiner schlichten Eleganz bietet es ein Musterbeispiel der alten Holzarchitektur. Solche Gebäude konnten nach Bedarf abgetragen und an anderen Orten wieder aufgestellt werden, so ist das Tamnak Daeng zuerst nach Thonburi und dann von Prinz Pin Klao an seinen heutigen Platz versetzt worden.

Über die Entwicklung und die Prinzipien thailändischer Holzbauweise liegen keine Untersuchungen vor. Da in Bangkok aber außer dem erwähnten ›Roten Haus‹ zwei sehr schöne Beispiele *privater Holzhäuser* zugänglich sind (ein weiteres ist die Khun Phaen-Anlage in Ayuthia), möchten wir einige kurze Bemerkungen zum traditionellen thailändischen Wohnhaus einfügen.

Bis in jüngste Zeit wurden in Thailand Wohnhäuser ausschließlich aus Holz errichtet. Die in den Wäldern reichlich vorhandenen Harthölzer gaben dafür ein ausgezeichnetes Baumaterial ab; das beste und wertvollste, Teakholz, konnten sich nur wohlhabende Leute leisten. Einfache Bauten wurden mit den Blättern der Attap-Palme gedeckt, die Hitze und Regen in gleichem Maße abhalten. Nur ausnahmsweise verwendete man Holzschindel oder glasierte Ziegel. Traditionell werden die Häuser in Skelettbauweise konstruiert, d. h., zuerst stellt man die senkrechten Pfosten auf und verbindet sie mit Querstreben. Dann wird der Fußboden gelegt, zum Schluß die vorgefertigten Wände und Giebelteile eingefügt.

Die Holzhäuser im Palastbezirk stehen auf gemauerten, verhältnismäßig niedrigen Sockeln, während die Privathäuser immer auf Pfählen errichtet werden. Bei Häusern, die an

Wasserläufen erbaut sind, eine Notwendigkeit, um der wechselnden Höhe des Wasserstandes Rechnung zu tragen; zusätzlich hat diese Bauweise den Vorteil, daß die Luft unter dem Holzboden durchziehen kann. Auf dem trockenen Land halten sich die Bewohner während der heißen Tagesstunden gern in diesem luftigen ›Erdgeschoß‹ auf, in dem es relativ kühl und schattig ist. Sonst wird es als Abstellraum benutzt. Hübsche Muster von Pfeiler und Querriegel zeigen die sauber ausgeführten Holzfachwerkwände.

Grundsätzlich lassen sich im Wohnbau zwei Typen unterscheiden, der nordthailändische und der zentral-thailändische. Beide gehen auf eine Urform zurück, aus der sie sich nach und nach entwickelt haben.

Da die Thai ursprünglich in den kalten Regionen Süd-Chinas siedelten, war ihr Hausbau dem kühlen Klima angepaßt, d. h., die Feuerstelle war innerhalb des einzigen, rechteckigen Raumes gleich hinter dem Eingang an der Giebelseite eingerichtet. Der Feuerplatz, der wohltuende Wärme spendete, bildete den Mittelpunkt des Familienlebens. Im hinteren Teil des Raumes lagen die Schlafplätze. Weil das Wetter nur wenig Aufenthalt im Freien gestattete, genügte eine schmale Veranda an der Front des Hauses, die zugleich als Vorhalle diente.

Auf ihrer Wanderung nach Süden erreichten die Thai dann tropische Gebiete, so daß kein wärmendes Feuer mehr benötigt wurde. Mit der Anpassung an das Klima ging eine Änderung der Lebensgewohnheiten Hand in Hand, aus der eine Weiterentwicklung des Hausbaus resultierte. Als erstes wurde die, jetzt nur noch zum Kochen gebrauchte, Feuerstelle in einem separaten Gebäude neben dem Haupthaus untergebracht. Das Leben spielte sich nun großenteils im Freien ab, deshalb erweiterte man die Veranda. Ein Teil davon wurde überdacht und mit halbhohen Wänden seitlich abgeschirmt. Hier schliefen gewöhnlich die unverheirateten männlichen Mitglieder der Familie sowie männliche Gäste. Der offene Teil bildete die Terrasse, auf der die meisten häuslichen Arbeiten verrichtet wurden. Ringsum stellte man Topfpflanzen auf. An einer Seite der Veranda befestigte man eine einfache Konsole, auf der Opfergaben für Buddha niedergelegt wurden: in der Regel Blumen, ein Tontopf mit Blättern einer bestimmten Palmenart (Cordyline fruticosa Goeppert), einige Lebensmittel und eine Schale Wasser.

Die Sitte, das Trinkwasser vom Waschwasser getrennt zu halten, führte dazu, daß im nordthailändischen (= Lan Na Thai) Haus auf der Veranda stets ein eigener Wasserschuppen aufgestellt wurde sowie ein großer Wassertopf am Fuß der Eingangstreppe für die Fußwäsche.

Im Inneren des Haupthauses teilte man mit Vorhängen Kabinen für die verschiedenen Familienmitglieder ab. Jede diente als Schlafraum für ein Ehepaar mit seinen kleinen Kindern. Man schlief auf Matten, manchmal unter Moskitonetzen. Holzstäbe sicherten gitterartig die Fensteröffnungen, Glasscheiben waren unbekannt. Im allgemeinen befand sich im Haupthaus ein Opferplatz für die Ahnengeister. Gelegentlich wurden, um den Bedürfnissen einer wachsenden Familie zu entsprechen, weitere Wohneinheiten an das Haupthaus angebaut. Sie stehen stets Giebel neben Giebel parallel zum Hauptbau. Sehr wichtig für die bäuerliche Bevölkerung war immer der Reisspeicher, an seiner Größe ließ

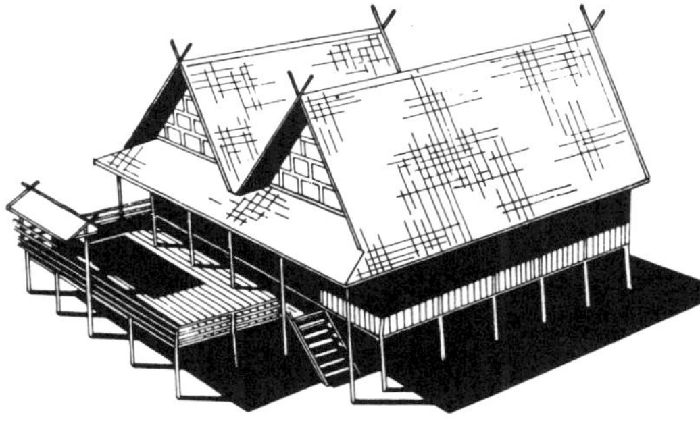

Lan Na-Thai-Haus, Nord-Thailand

sich der Wohlstand der Familie ablesen. Bei bescheidenen Anwesen war nur das Dach an den Seiten des Hauses heruntergezogen, so daß darunter ein niedriger Vorratsraum entstand. Alle größeren Bauern hatten separate Reisspeicher, die auf gleicher Höhe wie die Wohngebäude von der Terrasse erreichbar waren.

Die neue Konzeption des Lan Na Thai-Hauses entstand aus einer schrittweisen Anpassung an den geänderten Lebensstil: eine lockere Gruppierung von Einzelgebäuden – Haupthaus, Küchenbau, gedeckte Veranda, Wasserschuppen, Reisspeicher –, verbunden durch eine offene Plattform, wobei der Giebel des Haupthauses alle anderen Gebäude überragte.

Das Thai-Haus der Menam-Ebene ist eine Weiterentwicklung des Lan Na-Typs, die vermutlich auf die Ayuthia-Zeit zurückgeht. Wegen Hitze und Feuchtigkeit, besonders im Delta, trennte man den Küchentrakt noch weiter vom Wohnbereich. Entsprechend der Anzahl der Personen, dem Vermögen und Rang der Familie variieren die Wohnkomplexe erheblich in der Größe. Für einfache Leute mit kleinen Familien genügten zwei Wohnein-

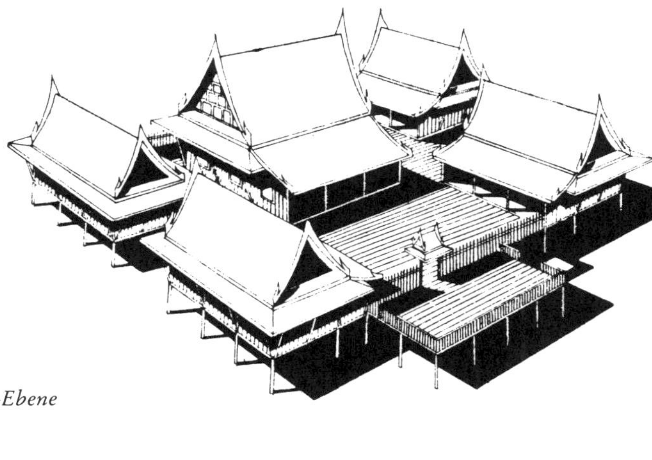

Thai-Häuser der Menam-Ebene

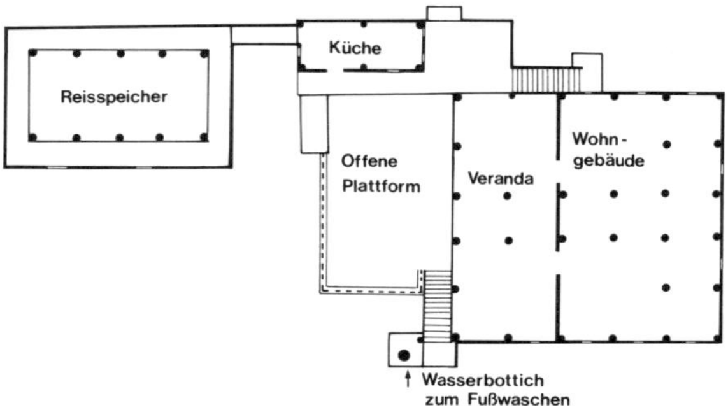

Bangkok, Kamthieng-Haus, Grundriß

heiten und der Küchenbau, aristokratische Familien konnten acht bis zehn Wohnbauten besitzen. Das häusliche Leben spielte sich weiterhin hauptsächlich auf der Veranda ab, die man durch leichte Holzwände zum Nachbarn hin abschirmte, um so mehr Privatbereich zu erhalten. Manchmal ließ man Bäume durch den Boden der Plattform wachsen, die schattenspendend eine besonders anheimelnde Atmosphäre schufen. Im Unterschied zum Lan Na Thai-Haus legte man jetzt die Veranda an der Breitseite des Hauses an. Die Fenster wurden bedeutend vergrößert, um jeden Luftzug zu nutzen. Bei Regenwetter konnte man sie mit Klappläden verschließen

Beide Haustypen trugen oft geschnitzte Zierelemente. Im Norden war ein gegabelter Giebelaufsatz üblich, in der Ebene gab man den Enden der Traufbretter und Giebelbalken elegant geschwungene Formen. Häufig schmückte man die Türstürze und Deckenbalken mit Schnitzereien, die gleichzeitig Haus und Bewohnern magischen Schutz geben sollten. Ventilationsöffnungen erhielten geschnitzte Gitter, Dachstützen und Fensterumrahmungen wurden dekoriert.

Auf dem Lande findet man noch heute den alten Typ des Thai-Hauses, wenn auch hauptsächlich in seinen einfachen Varianten. Die wohlhabenden Leute, die früher schöne, reich ausgestattete Holzhäuser bewohnten, bauen sich jetzt meist Betonhäuser von unerfreulich westlichem Aussehen.

Auf ihrem Gelände in Bangkok zeigt die Siam Society das Wohnhaus einer begüterten Familie aus Chieng Mai, zusammen mit einem Reisspeicher aus derselben Gegend. Das ›Kamthieng-Haus‹, ca. hundertfünfzig Jahre alt, ist ein anschauliches Beispiel des Lan Na Thai-Typs; Einrichtungen und Gebrauchsgerät vermitteln einen Einblick in die Lebensgewohnheiten der bäuerlichen Bevölkerung. Dagegen hat Thompson in der als ›Jim Thompsons-Haus‹ bekannten Anlage sechs alte Thai-Häuser zusammengestellt und sie den Bedürfnissen eines modernen Bewohners entsprechend eingerichtet. Durch die Möblierung wird der Reiz der Holzkonstruktion in unseren Augen noch erhöht (s. auch S. 279).

Ein großes Haus in zentral-thailändischem Stil ist 1940 auf dem Ruinengelände von Ayuthia errichtet worden in der ausdrücklichen Absicht, ein Beispiel der alten Bauform für die Zukunft festzuhalten.

Seit der Regierungszeit König Mongkuts entstand eine Anzahl Bauten, die sich an fremden Stilen orientieren. Im Zuge der Öffnung des Landes zum Westen nahm man sich hauptsächlich europäische Architekturstile in ihrer neoklassizistischen Ausprägung zum Vorbild. Am bekanntesten ist die Chakri-Residenz, die von einem englischen Architekten im Stil der italienischen Renaissance entworfen wurde. Durch die Dachaufbauten, die in Thailand königlichen Bauten zustehen, bekommt der Palast eine fremdartig-orientalische Note. Andere Bauwerke kopieren europäischen Stil ohne einheimische Zutaten, z. B. die Thronhalle, jetzt Sitz des Parlaments, oder die Audienzhalle in Bang Pa In. Auch der neueste Tempel Bangkoks in reinem Thai-Stil, Wat Benchamabopit, zeigt insofern europäischen Einfluß, als er vollständig aus Stein (weißem Marmor) errichtet ist und nicht in herkömmlicher Ziegelbauweise. In dieselbe Richtung weist die ungebräuchliche Fensterverglasung.

Demgegenüber fanden chinesische Anregungen in der Architektur kaum Widerhall, sie konnten sich eher im dekorativen Detail, in Malerei und Bildhauerei, durchsetzen. Sehenswert ist jedoch der chinesische Palast in Bang Pa In, den die chinesische Gemeinde Bangkoks König Chulalongkorn stiftete. Er repräsentiert in allen Einzelheiten bestes chinesisches Kunsthandwerk.

Antikisierenden Tendenzen verdanken die Türme in Wat Rajapradit ihr Aussehen: von den modifizierten Khmer-Türmen schauen nach den vier Himmelsrichtungen große Buddha-Köpfe herab. Sie können sich in keiner Weise mit der majestätischen Wucht ihrer Urbilder (Angkor, Bayon-Tempel) messen, wirken gekünstelt und ohne innere Kraft. Als weiteres Kuriosum Bangkoker Architektur sei der Loha Prasat des Wat Rajanadda erwähnt. Er besteht aus kleinen Pavillons, die pyramidenförmig in drei Stockwerken angeordnet sind; indische Vorbilder sollen hier Pate gestanden haben.

Die Prinzipien des Bauschmuckes, wie er in der Ratanakosin-Zeit üblich ist, sind von der vorangegangenen Periode übernommen worden. Geometrische und florale Reliefmuster, aus Stuck auf die Bauteile aufgebracht, figürliche Basreliefs und fast vollplastische Figurenreihen gehören seit eh und je zum Dekorationskanon thailändischer Bauten. Anfangs wurden sie sparsam verwendet, in Ayuthia schon sehr reichlich, in Bangkok schließlich führt die Schmuckfreude gelegentlich zu Überladenheit. Trotzdem ist es der Begabung der Thai für Flächenornamentik in den meisten Fällen gelungen, die ungeheure Fülle der Schmuckdetails dem Gesamtbild unterzuordnen. Anscheinend kam erst in Bangkok die Mode auf, große Flächen vollständig mit bunten Kacheln zu verkleiden; vielleicht macht sich darin chinesischer Einfluß geltend. Neu scheint auch die Methode zu sein, Muster aus Porzellan zusammenzustellen, manchmal unter Verwendung ganzer Teller oder Tassenköpfe. Dadurch entsteht auf den Monumenten im hellen Sonnenlicht ein matt schimmernder Effekt, dem eine ästhetische Wirkung nicht abzusprechen ist. Ganz allgemein sollte man sich bei der Beurteilung südostasiatischer Baudenkmäler von europäischen Wertmaßstäben frei machen, steht man doch hier vor einer Kunst, die von einem heiteren Volkscharakter und üppig-tropischer Landschaft inspiriert ist. Bunte Bemalung, Spiegel- und Goldglanz wirken auf diesem Hintergrund keineswegs so aufdringlich, wie sie in unseren Breiten empfunden werden würden.

In der *Plastik* der Ratanakosin-Zeit spielt die großformatige Buddha-Figur zunächst nicht die dominierende Rolle wie sonst. Es fehlte an Auftraggebern, weil die neuen Klöster, die in der Hauptstadt entstanden, mit Kultbildern aus den Trümmerstätten Ayuthias versorgt wurden. Hatte doch der König 1200 Statuen in den verlassenen Tempeln sammeln lassen, um sie nach Bangkok zu transportieren. Sicherlich geschah das, um der dringenden Nachfrage möglichst schnell zu genügen; andererseits galt es als verdienstvoll, die Bildnisse vor der Zerstörung zu retten, und schließlich konnten so die mit den Kultbildern verknüpften Segensverheißungen in der Metropole konzentriert werden. Hunderte von Bildwerken, die nicht in Bot oder Vihan der Anbetung der Gläubigen geweiht wurden, fanden in den Wandelgängen Aufstellung. Meistens wurden sie bei dieser Gelegenheit mit Stuck übermodelliert, bevor man sie vergoldete; so kommt es, daß die einzelnen Figuren der langen Reihen von Buddhas einander fast wie ein Ei dem anderen gleichen. Ansonsten setzt die Plastik alle Tendenzen der Ayuthia-Kunst fort. Geschmückte Buddha-Bildnisse neigen zu Überladenheit; dem dekorativen Geschmack der Zeit ist die Einführung des durchgehend gemusterten Gewandes zu danken, das einen Brokatstoff imitiert.

Kleinere Arbeiten der Anfangsperiode, etwa bis zur Regierung König Chulalongkorns, zeugen von einer ikonographischen Erneuerung, die sich nicht auf die Buddha-Darstellungen beschränkt, sondern sämtliche brahmanischen Gottheiten, mythologischen Gestalten und Tiere einschließt. Um dem Ausufern solcher Tendenzen entgegenzuwirken und der Ikonographie wieder eine feste Grundlage zu geben, ließ Rama III. vom Sangharaja, dem Oberhaupt des Mönchsordens in Thailand, vierzig Haltungen erarbeiten, die, ausgerichtet an der ikonographischen Tradition und den heiligen Texten, wichtige Begebenheiten aus dem Leben Buddhas symbolisieren sollen. Außer den altbekannten werden Haltungen vorgeschlagen, die in anderen buddhistischen Kunstschulen nicht begegnen, z. B. Buddha ›der Welt entsagend‹, ›den Bodhi-Baum betrachtend‹ oder ›die Welt enthüllend‹. Viel Erfolg war den Bemühungen nicht beschieden; die vierunddreißig Modellfiguren in der königlichen Kapelle, die jene Haltungen und Gesten veranschaulichen, fanden kaum Nachfolger.

Verhältnismäßig oft wurde dagegen im 19. Jahrhundert die Geste des Buddha ›Gandhararat‹, einer Figur, die im Königspalast steht, da sie bei der Zeremonie des ›ersten Pflügens‹ eine Rolle spielt, übernommen. Bei ihr ist die Rechte mit halbgekrümmten Fingern erhoben (Geste des Herbeirufens), während die Linke, nach oben geöffnet, auf dem Knie liegt.

Im Ganzen bestechen die Buddha-Bildnisse der Ratanakosin-Zeit durch aufwendiges Material, sorgfältige Ausführung und technische Feinheit, an Ausstrahlung lassen sie jedoch zu wünschen übrig; die Inspiration, die den Ruhm vergangener Perioden ausmachte, ist verloren gegangen.

Recht lebendige Kompositionen gelingen den Künstlern bei der Darstellung von Szenen aus der Mythologie sowie brahmanischer Götter und ihrer Reittiere. Sie wenden sich endgültig von überlieferten Vorbildern ab und finden neue, ganz und gar thailändische Ausdrucksformen. Diese Entwicklung schlägt sich in einer Serie schöner Basreliefs nieder, die im Wat Jetubon am Unterbau des Bot eingelassen sind: Sie illustrieren Szenen aus dem Ramakien.

Malerei

Erst in jüngerer Zeit hat man den Wert der thailändischen Malerei erkannt, im Hinblick auf ihre starke Gefährdung fast zu spät, denn die Bilder sind nicht sehr widerstandsfähig gegen die zerstörerischen Einwirkungen des feucht-heißen Klimas. In der Stadt Ayuthia fielen zudem fast alle der Vernichtung bei der Eroberung durch die Burmesen anheim. So umfaßt die klassische thailändische Malerei nur die Zeit vom Wiederaufbau des Reiches ab 1767 bis etwa 1830; danach verstärkt sich der Einfluß europäischer Sehweisen so sehr, daß daraus der Niedergang und schließlich das Absterben der klassischen Malerei resultierten.

Für den europäischen Besucher ist es nicht ganz leicht, den Reiz der Malereien zu erfassen, da sie ein gewisses Maß an beschaulicher Betrachtung erfordern, das mancher Tourist nicht aufbringen will oder kann. Aber zweifellos lohnt es sich, für diese Kunstgattung, in der sich thailändische Eigenart sehr bewußt manifestiert, ein wenig Mühe und Zeit aufzuwenden.

Die Malerei ist in Thailand in drei Hauptzweigen vertreten: *Wandmalerei, Malerei auf Stoffbahnen* und *Manuskriptillustrationen.* Weitaus am häufigsten und dem Fremden am besten zugänglich ist die Wandmalerei, Beispiele der beiden anderen Gruppen befinden sich zumeist in Privatsammlungen oder werden wegen ihres Wertes und ihrer Empfindlichkeit nicht öffentlich ausgestellt.

Bei den Malereien auf Stoff handelt es sich um tempeleigene Rollbanner, die bei religiösen Anlässen verwendet wurden. Durchschnittlich etwas mehr als 3 m hoch, beträgt ihre Breite in der Regel ca. ein Drittel der Höhe. Da die Bilder gerollt aufbewahrt und bei Benutzung fortwährend bewegt worden sind, zudem der Malgrund solcher Beanspruchung nicht gewachsen war, sind ältere Exemplare in gutem Zustand rar. Nur eine Fahne (aus Chedi Wat Dok Ngön bei Chieng Mai) kann in das 16. Jahrhundert datiert werden, die meisten sind etwa hundert Jahre alt. Auf den älteren ist gewöhnlich nur Buddha, flankiert von zwei Jüngern oder Göttern, dargestellt. Später wird das Repertoire um die wichtigsten Episoden des Buddhalebens – Unterwerfung Mayas, Predigt im Gazellenpark, Abstieg vom Himmel – erweitert. In Einzelfällen werden Jatakas illustriert. Szenen aus dem Vessantara-Jataka sind auf kleinen Stoffbildern (ca. 40 × 30 bis 60 × 50 cm) abgebildet, die man im November anläßlich des Thet Mahachat-Festes, bei dem dieses beliebteste aller Jatakas rezitiert wird, im Vihan aufhängte.

Die zweite Gruppe bilden die Malereien auf khoi-Papier (samut thai). Material für das khoi ist die Rinde eines Strauches aus der Familie der Urtikazeen, die man, ähnlich wie bei unserer Papierherstellung, in Kalkwasser zu einem Brei verkochte. Nachdem das Wasser ausgepreßt worden war, verteilte man ihn auf Siebe und ließ ihn trocknen. Das Endprodukt war ein dickes Papier oder besser eine Pappe von gelblich-grauer Färbung; durch Leimen oder Schwärzen wurde es für die Beschriftung vorbereitet. Wegen seiner lockeren Textur hält das khoi-Papier die Farben gut fest, so daß die Handschriften in der Mehrzahl nicht stark beschädigt sind. Jedes Manuskript besteht aus einem Papierstreifen von 30–40 cm Breite und 17–18 m Länge, der als Leporello gefalzt ist. Zum Lesen wird eine Doppelseite (ca. 12–20 cm hoch) nach der anderen aufgeschlagen, zuerst die gesamte Vorder-, dann die Rückseite. Die Anordnung der Illustrationen variiert, sie können eine Doppelseite ganz ausfüllen oder nur in der Mitte oder an den Rändern stehen. Oberer und unterer Abschluß des ›Buches‹ sind mit lackierten, kartonierten Einbanddeckeln versteift.

Aus dem 17. Jahrhundert stammen die ältesten erhaltenen Exemplare solcher khoi-Handschriften; sie scheinen aber schon länger in Gebrauch gewesen zu sein, denn der Bericht eines Italieners über Tenasserim, das damals zu Ayuthia gehörte, erwähnt das khoi-Papier bereits für das Jahr 1504. Inhaltlich umfassen die ›Bücher‹ einen weiten Themenkreis.

Im 19. Jahrhundert sind Lehr- und Regelbücher beliebt; davon sind für die Kunstgeschichte die Sammlungen hinduistischer Ikonographie (Tamra Thewarup) besonders interessant sowie das buddhistische Gegenstück, das Traiphum (›Drei Welten‹), von dem mehrere Ausgaben aus der Ayuthia-Zeit erhalten sind.

Texte rein religiösen Inhalts wurden der indischen Tradition entsprechend auf die langen, schmalen Blätter einer Palmenart geschrieben. Sie sind nur selten bebildert, lediglich die hölzernen Einbanddeckel schmückte man mit dekorativen Malereien.

Die schönsten und reichhaltigsten Zeugnisse der thailändischen Malerei sind die Wandmalereien der Wat. Traditionell war es üblich, die Innenräume von Bot und Vihan mit belehrenden und erbauenden Bildern religiösen Inhalts auszuschmücken. Meistens ist die Wand hinter dem Buddha-Bild mit einer großen Darstellung des buddhistischen Kosmos unter besonderer Berücksichtigung der Höllen ausgefüllt. Auf der gegenüberliegenden Eingangswand findet sich fast immer eine ausführliche Abbildung von Buddhas Sieg über Mara mit seinem Dämonenheer. Szenen aus den Jatakas oder dem Buddhaleben sind auf den Seitenwänden zu sehen. Nicht selten sind die Seitenwände in waagrechte Bildstreifen geteilt, von denen die oberen Reihen himmlische Wesen, gelegentlich auch Eremiten, zeigen, die anbetend vor dem Buddha knien oder schweben. Manchmal sind auch die Pfeiler bemalt, die Decken in der Regel mit goldenen Ornamenten auf rotem Grund.

Die zur Verfügung stehende Wandfläche wird mit einer Landschaft – Wälder, Felder, Gebirge – gefüllt, wie es in den Rahmen der dargestellten Ereignisse paßt. Darin werden die Gebäudegruppen als Ort der Handlung und die agierenden Personen locker verteilt. In der älteren Zeit werden die einzelnen Episoden, die, mehr oder weniger ausführlich, oft mit phantasievollen Randszenen geschildert sind, durch ein gezacktes Band voneinander getrennt. Später treten an seine Stelle Abgrenzungen, die sich in das Gesamtbild besser einfügen wie Baumreihen, Gebirgsketten, Gebäude, Mauern usw. Nicht immer ist die Anordnung der Szenen logisch aufgebaut, mitunter ist sie eher von den Gesetzen der Gewichtung auf der Fläche diktiert, so daß es dem Betrachter, der mit den Bildthemen nicht gut vertraut ist, schwerfällt, dem Gang der Handlung zu folgen.

Natürlich kennt die klassische Thai-Malerei die wissenschaftliche Perspektive nicht. Jedes Bauwerk wird in seiner eigenen Perspektive dargestellt, ohne Rücksicht auf die Perspektive des angrenzenden Gebäudes. Am deutlichsten erkennt man bei größeren Gebäudekomplexen, daß die Perspektive hauptsächlich dazu dient, mehrere Personengruppen einer Handlung zu verbinden. Überdies variieren die Bauten erheblich in ihrer Ausstattung. Dörfer und Hütten der bäuerlichen Bevölkerung spiegeln die zeitgenössische Wirklichkeit, die Pracht königlicher Paläste wird überhöht, und bei der Wiedergabe himmlischer Residenzen versucht man, durch phantastische Übersteigerung königlicher Prunkentfaltung die unfaßbare Herrlichkeit der göttlichen Domizile sichtbar zu machen.

Auch bei Personen werden drei Rangstufen unterschieden, deren oberste die himmlischen und königlichen Wesen umfaßt. Gewänder, Kronen und Geschmeide dieser Personen sind die von den Königen der Vergangenheit getragenen. Die körperliche Erscheinung gemahnt an das Ideal der Sukhothai-Zeit. Von vorn gesehen bildet das stets unbewegte Antlitz ein vollendetes Oval. Hochgewölbte Brauen, schmale, fein gezeichnete Augen und ein sensibler Mund verbinden sich im Profil mit einer markanten Nase. Haltungen und Gesten unterliegen, ähnlich wie die mudras und asanas der Buddha-Figuren, bestimmten Konventionen. Jeder Künstler gab sein Bestes, den Bewegungen Anmut und grazile Eleganz zu verleihen.

In diesem Bemühen trifft sich die Malerei mit der Tanzkunst, so daß die gemalten Figuren wegen ihrer Haltungen, aber auch wegen ihrer Kostüme bzw. Masken große Ähnlichkeit mit den Personen des klassischen Thai-Theaters haben. Der Grund ist nicht in gegenseitiger Abhängigkeit zu suchen, sondern in den ikonographischen Vorschriften, denen beide verpflichtet sind.

Göttliche Erscheinungen werden zusätzlich gern durch einen Heiligenschein aus der profanen Umwelt herausgehoben.

Lebensechte Vitalität zeichnet die Aktivitäten der dritten Gruppe, des Volkes, gegenüber der gefühlsmäßig unbewegten Starrheit der höheren Wesen aus. Köstlich ist oft die Mimik der Randgestalten, die manchmal bis ins Groteske gesteigert wird; wie überhaupt die Genreszenen, die das Hauptgeschehen untermalen, einen speziellen Reiz vieler Wandbilder ausmachen. Eine Mittelgruppe bilden die Würdenträger und königlichen Gefolgsleute, die sich zwar nicht in edler Größe aller Gefühlsäußerungen enthalten, aber auch nicht hemmungslose Natürlichkeit offenbaren. Sie geben sich mit Würde, wie es von Menschen ihres Ranges erwartet wurde.

Abgesehen von allen Konventionen erleichtert die prononcierte Wiedergabe oft das Auffinden der ›Helden‹ innerhalb einer vielfigurigen Szene. Bemerkenswert ist der Unterschied in der Stimmung zwischen Bildern buddhistisch-religiösen Inhalts und denen der epischen Dichtungen. Während Darstellungen buddhistischer Kosmologie oder des Buddhalebens weihevolle Andacht ausstrahlen, sind die Geschichten des Ramayana von pulsierendem Leben erfüllt.

Damit die Wandflächen die Farben aufnehmen konnten, mußten sie präpariert werden. Hauptzweck der Behandlung war es, die Ziegelwand so weit zu neutralisieren d. h. von Salzen zu reinigen, daß die Farben später nicht beeinträchtigt würden. Zuerst wurde die Wand mehrmals hintereinander mit kalkhaltigem Wasser, dem feiner Sand und bestimmte Pflanzensäfte zugesetzt waren, gewaschen und mit einer gerbstoffreichen Lösung aus zerquetschten Blättern eines Strauches bestrichen. Dann trug man in mehreren dünnen Schichten den Verputz auf, weiße Kreide mit einem aus Tamarindenkernen hergestellten Bindemittel. Dieselbe Grundierung benutzte man auch für Holz, Stoff und Papier.

Die klassische Malerei kennt nur eine begrenzte Zahl von Farben, Pigmentfarben aus natürlichen Stoffen: Ockergelb, Ockerrot, Kreideweiß, Schwarz aus pflanzlicher Kohle, Zinnoberrot. Vielleich erst seit dem 18. Jahrhundert verwendete man Malachitgrün, Rauschgelb (Schwefelarsen), Lasurblau. Mit einem Baumgummi als Bindemittel wurden die zerstoßenen Pigmente angerieben. Durch Verdünnen oder Vermischen einzelner Farben konnte die Farbskala erweitert werden.

Zur Herstellung von Pinseln benutzte man Wurzeln und Rinde verschiedener Bäume. Für dicke Pinsel, mit denen man Laubwerk stupfte, nahm man die Luftwurzeln eines Pandanus, die man gerade schnitt, spaltete und geschmeidig machte. Einen andern Pinsel erhielt man aus der faserigen Rinde des krahdang nga (Canagium odoratum). Tierhaare, besonders von Kühen, verwendete man für feine Pinsel, für die feinsten die Härchen von den Innenseiten der Kuhohren.

Die Malereien wurden immer auf den völlig trockenen Untergrund aufgetragen, Freskomalerei war unbekannt. Mit Ockerrot wurde gewöhnlich die Vorzeichnung ausgeführt, die Umrisse dann flächig ohne Schattierungen mit den verschiedenen Farben ausgefüllt. Malerische Effekte – Schattierungen, Tonverläufe oder Farbübergänge –, die das Wesen der westlichen Malerei ausmachen, kennt die klassische Thai-Malerei nicht. Sie bleibt im Prinzip graphisch, d. h. ihre Schönheit beruht auf dem ausgewogenen Nebeneinander von Farbflächen, dem Wechselspiel ruhiger und belebter Zonen und der Linienführung im Detail.

Mit welcher Meisterschaft die Thai die Kunst beherrschten, eine Fläche ausschließlich mit linearen Mitteln spannungsreich zu gliedern, zeigen die ›Schwarz-Gold‹-Lackarbeiten, bei denen sich die Zeichnung in Gold vom schwarzen Hintergrund abhebt.

Die in Thailand praktizierte Arbeitsmethode ist einfach, die Resultate nicht sehr dauerhaft. Mit drei Schichten kalten Lacks wird der Malgrund vorbereitet, wobei jede Schicht dünn aufgetragen und nach dem Trocknen poliert wird. Auf die vierte, heiß aufgetragene Schicht tiefschwarzen Lacks werden nach dem Trocknen und Polieren mit Hilfe einer Schablone die Umrisse der vorgesehenen Zeichnung eingeritzt. Dann werden alle Flächen, die schwarz bleiben sollen, mit einem Isoliermittel, einer Art gelber Tinte abgedeckt, so daß ein Negativ entsteht. Zuletzt wird die ganze Fläche wieder mit erhitztem Lack überzogen, auf den man, ehe er vollkommen trocken ist, das Blattgold ganzflächig aufbringt. Wenn die Tafel nach etwa zwanzig Stunden absolut trocken ist, wäscht man sie mit viel Wasser ab, dabei wird das Isoliermittel mit dem anhaftenden Lack und Gold weggeschwemmt. Aus dem Negativ entsteht so das endgültige, positive Bild.

In dieser Technik wurden vor allem die Bibliotheksschränke verziert, in denen die Klöster ihre wertvollen Handschriften verwahrten. Sehr schöne Stücke des beliebtesten Typs sind im National-Museum in Bangkok zu bewundern; sie bestehen aus einem 35–50 cm hohen Untergestell und dem zweitürigen, nach oben verjüngten Schrankteil (ca. 120 cm hoch, 100 cm breit, 75 cm tief). Außerdem gab es kleinere Kästen, die zum Transport der Manuskripte oder zum Hausgebrauch bestimmt waren. Oft wurden Fensterläden und Wandschirme mit ›Schwarz-Gold‹-Lackmalerei geschmückt. Zu Recht berühmt sind die Paneele des Lackpavillons im Suan Pakkad-Palast (Bangkok) vom Anfang des 19. Jh.

Khanok-Ornament

Als Themen wählte man, wie bei den Wandbildern, buddhistische Legenden, Jatakas oder klassische Dichtungen. Bedingt durch die Technik, die, um der Ausgewogenheit der Komposition willen, das Füllen größerer Flächen mit Linienstrukturen nötig machte, tritt bei vielen Lackarbeiten das dekorative Ornament stark in Erscheinung. Für diese Ornamente (khanok) gab es eine verbindliche Ikonographie, denn jedes Motiv stand zum Bildinhalt in Beziehung. Bestimmte Rankenmuster versinnbildlichen z. B. den Regen von Blumen, Edelsteinen und Wohltaten, der bei allen Triumphen der Götter über das Böse auf die Erde herabströmt.

All die bezeichnenden Ornamente sind ursprünglich indischen Traditionen entwachsen, aber so vollkommen umgebildet worden, daß sie als spezifisch thailändische Ausdrucksformen erscheinen. Unter dem Oberbegriff ›khanok‹ faßt man die große Zahl der Grundmotive zusammen, die zu verschiedenen Mustern kombiniert werden können. Als Beispiel seien die Halbfiguren von Adoranten zwischen Blumengirlanden (thepanom) erwähnt und das immer wiederkehrende flammenartige Ornament, das eine blühende Reisähre symbolisiert.

Werkzeuge und Farben stellten die Künstler selbst her. Ihre Ausbildung, die sowohl Technik als auch traditionelle Ikonographie umfaßte, erstreckte sich über etliche Jahre. Und wenn die Maler auch an Überliefertes gebunden waren, ihren persönlichen Stil nicht durchsetzen wollten, so erlangten doch manche Berühmtheit. Aus dem 19. Jahrhundert sind zahlreiche Künstler bekannt, die sich durch phantasievolle Kompositionen oder als Leiter von geschätzten Malschulen einen Namen gemacht hatten.

Die Geschichte der thailändischen Malerei läßt sich nur grob umreißen, zu wenig ist aus früherer Zeit übriggeblieben, als daß man damit eine Chronologie aufbauen könnte, und die späteren Beispiele gestatten nur selten eine sichere Datierung, weil die Maltechnik keine Entwicklung erkennen läßt.

Vieles – Bibliotheksschränke, Fahnen, Handschriften, Wandbilder – wurden bei Kriegshandlungen vernichtet; zusammen mit den zerstörten Gebäuden verfielen z. B. die Malereien der Klöster Ayuthias. Andere wurden durch Renovierungen verfälscht. Ein eklatantes Beispiel dafür bietet der Bilderzyklus im Wandelgang des Wat Phra Keo (Bangkok), dessen klassische Kompositionen infolge der Einführung von Licht-Schattenwirkungen und Körpermodellierung der Figuren, die die Einheitlichkeit des Ganzen zerreißen, seine ursprüngliche Schönheit eingebüßt hat.

Aus der Beschreibung der Maltechnik einschließlich der Lackmalerei kann man ablesen, wie wenig widerstandsfähig die Bilder gegenüber zerstörerischen Einflüssen waren. So leicht wie die in al secco-Technik aufgetragenen Farben vom feuchten Klima geschädigt werden, so schnell wird das bei der thailändischen Lacktechnik ungeschützt an der Oberfläche haftende Blattgold im Gebrauch abgenutzt. Kein Wunder also, wenn ein großer Teil der Kunstwerke aus den letzten zwei Jahrhunderten verloren und die noch vorhandenen vom Verfall bedroht sind.

Die ersten bedeutenden Zeugen thailändischer Zeichenkunst fanden sich in einem Gang des Mondop von *Wat Si Chum* in Sukhothai. Auf annähernd hundert Steinplatten sind Illustrationen zu Jatakas eingraviert, kurze Beischriften erläutern die Bildinhalte. Figuren und Ornamente verbinden sich zu gelungenen Kompositionen, bei denen sogar die Schriftbänder in die Gesamtwirkung einbezogen sind. Sowohl die Zeichnung der Details wie der Entwurf des Ganzen verraten hohes künstlerisches Niveau, das eine lange Tradition voraussetzt. Trotz des offensichtlichen ceylonesischen Einflusses – die Beziehungen Sukhothais zu Ceylon sind ja geschichtlich belegt –, Anklängen an kambodschanische Kunst und sogar persischer Elemente in den floralen Schmuckformen, tragen die Bilder deutlich den Stempel des Sukhothai-Stils. Für die Datierung der Steinplatten gibt es nur vage Anhaltspunkte, doch werden sie allgemein der Regierungszeit Lü Thais (1347 bis ca. 1374) zugeschrieben. Einige Kunsthistoriker glauben, daß die Platten ursprünglich einem anderen Zweck dienten und erst später in den rätselhaften Gang verbaut wurden; ihre Entstehungszeit müßte dann etwas früher liegen. Untersuchungen, die Boisselier am Bau vornahm, machen diese Hypothese jedoch unwahrscheinlich.

Wir können mit Sicherheit annehmen, daß die Ausschmückung der Tempel mit Malereien damals bereits üblich war, auch wenn kaum noch Reste davon Zeugnis ablegen. Als Beweis dafür sind Malereifragmente in einer Nische des *Wat Chedi Jet Teo* (Si Satchanalai) anzusehen, die verhältnismäßig wettergeschützt die Zeit überdauerten. Sonne und Regen haben die Wandbilder Sukhothais ausgeblichen und abgewaschen, nur der Zufall hat wenige Reste gerettet; wären die Bilder im Wat Si Chum nicht in den Stein eingraviert worden, so wären sie wahrscheinlich ebenfalls spurlos verschwunden.

Auch von der Malerei der Ayuthia-Zeit sind nur wenige Beispiele erhalten, die ältesten in der vermauerten Reliquienkammer des *großen Prang von Wat Ratjaburana* (gegr. 1424). Bei der Restaurierung des Monuments stieß man zufällig auf den verborgenen Raum, in dem bei seiner Öffnung 1957/58 ein wertvoller Schatz von Grabbeigaben gefunden wurde. Nicht weniger wertvoll war die Entdeckung der Malereien an Decke und Wänden der Kammer. Figürliche Szenen illustrieren Buddhalegende und Jatakas, Reihen von Buddha- bzw. Jüngerfiguren gruppieren sich zwischen florale Elemente. Die Verwandtschaft mit den Bildern von Wat Si Chum (Sukhothai) tritt klar in Erscheinung. Mindestens in einem Bild offenbaren sich außerdem ungewöhnlich stark chinesische Züge. Die ausgiebige Verwendung von Zinnoberrot, das bis dahin erst vom 18. Jahrhundert an in Thailand belegt war, überrascht, ebenso wie der reichliche Gebrauch von Blattgold.

Prinzipiell ähnliche Tendenzen weisen Reste von Wandmalereien auf, die in Chedis des Wat Ratjaburana (von 1427) und des Wat Mahathat (aus dem zweiten Viertel des 15. Jahrhunderts) zutage kamen. Beide sind heute nicht mehr sichtbar, nur die sofort nach der Freilegung angefertigten Kopien stehen der Wissenschaft zur Verfügung.

Um das Jahr 1492 entstanden die Darstellungen stehender Jünger in der Reliquienkammer des östlichen *Chedi von Wat Si Sanphet.* Entgegen sonstigen Gepflogenheiten sind sie auf dünne Zinnplatten gemalt, Teile davon beherbergt das National-Museum in Bangkok.

Mit diesen Beispielen ist bereits alles aufgezählt, was von der Malerei der frühen Ayuthia-Zeit wiederentdeckt werden konnte. In der alten Hauptstadt selbst ist auch aus späterer Zeit fast nichts von den zweifellos prächtigen Malereien übrig geblieben, die Zerstörungen beim Einfall der Burmesen 1767 waren zu gründlich gewesen. Fragmente einiger bemerkenswerter Darstellungen etwa aus dem Ende des 17. Jh. hatten sich bis in jüngste Zeit in einem Pavillon des Wat Buddhaisawan erhalten, jetzt sind sie fast vollständig verloren. In Ausführung und Thematik wiesen sie sich als Vorläufer der klassischen Malerei aus (Abb. 91, 92).

Reichhaltigere, besser konservierte Belege thailändischer Malerei des 17. und 18. Jahrhunderts bergen zwei Klöster in Petchaburi, das anscheinend um diese Zeit ein künstlerisches Zentrum gewesen ist.

Im Bot des *Wat Yai Suwannaram* interessieren namentlich die Dekorationen der Seitenwände (ca. 1650). Sie zeigen anbetende Gottheiten, Yakshas und Fabelwesen in bewunderungswürdig flüssigem Stil vor eine rötliche Wand gesetzt, die mit gezacktem Verlauf in den hellen Hintergrund übergeht. Abwechslungsreiche Muster beleben die Kleidung der Figuren, Blattgold hebt den Schmuck hervor. Die klare Gliederung des Ganzen betont die Eleganz der Darstellung.

Als Entstehungszeit der Bilder im Both des *Wat Keo Sutharam* ist das Jahr 1734 überliefert. Sie strahlen nicht die Vornehmheit der Figuren von Wat Yai Suwannaram aus, aber die fliegenden Adoranten im oberen Teil der Seitenwände zwischen den Spitzen von Ehrenschirmen und Chedis bestechen durch sehr individuelle Charakterisierung. Das große Bild des Sieges über Mara, dessen Schlachtengewimmel zu einem unübersichtlichen Konglomerat geriet, verrät im Detail Sinn für Humor und präzise Beobachtung.

Ebenfalls gegen Ende des 17. Jahrhunderts scheint eine Bilderfolge in *Wat Chon Non Si* bei Phra Padaeng gemalt worden zu sein. In heiteren Farben – Grün, Gelb, Rot, Weiß, Schwarz und Blattgold – stehen die Darstellungen auf hellem Grund. Wie üblich werden Ereignisse aus Jatakas und Buddhas Sieg über Mara geschildert.

Das letzte wichtige Zeugnis thailändischer Malerei während der Ayuthia-Periode ist eine illustrierte Handschrift des Trai Phum, die in der Nationalbibliothek verwahrt wird. Anscheinend handelt es sich um eine im 17. Jahrhundert angefertigte Kopie einer Ausgabe aus dem 14. Jahrhundert. Die Illustrationen umfassen die buddhistische Kosmologie und die dreizehn Kapitel des Vessantara-Jataka. Zwar sind die Malereien nicht erstklassiger Qualität, aber sie dokumentieren durch ihre deutliche Verwandtschaft mit den Steingravierungen Sukhothais die kontinuierliche, sehr langsame Entwicklung der Thai-Malerei.

Während der Bangkok-Periode, vom letzten Viertel des 18. Jahrhunderts bis zum Beginn des 20. Jahrhunderts, sind die Werke geschaffen worden, die heute die klassische Thai-Malerei repräsentieren. Dem Aufschwung unter Rama I. folgte eine Zeit höchster Blüte bis etwa zur Regierungszeit Ramas IV., in der infolge der Konfrontation mit westlicher Sehweise der Niedergang einsetzte. Wiederholte Bemühungen, die dreidimensionale westliche Bildauffassung und Perspektive mit der ganz in der Fläche orientierten thailändischen Eigenart zu verbinden, mußten an der Unmöglichkeit einer solchen Synthese scheitern. Aus dieser Erkenntnis heraus wurden schließlich alle Versuche der klassischen Malerei, die in gewisser Weise das Ende ihrer Entwicklung erreicht hatte, auf dem Weg über westliche Optik neue Impulse zuzuführen, aufgegeben. Seit Beginn des 20. Jahrhunderts haben sich die thailändischen Künstler ganz den modernen, westlichen Ausdrucksformen verschrieben, nur das Silpakorn-Institut bildet noch Maler in der alten Technik aus. Ihr Auftrag besteht hauptsächlich darin, die alten Arbeiten zu erhalten bzw. dauerhafte Kopien davon herzustellen.

Schon die frühesten Malereien der Bangkok-Periode, die sich in einem Bibliothekspavillon des *Wat Rakang* in Thonburi befinden, zeigen hohes künstlerisches Niveau. Vermutlich stammen sie von Phra Nak, einem Mönch, der als Maler und Lehrer der Kunst neue Wege öffnete; ganz sicher aber sind sie unter seiner Leitung geschaffen worden.

Zwischen 1795 und 1797 wurden die Dekorationen der *Buddhaisawan-Kapelle* im National-Museum gemalt; glücklicherweise sind sie nur wenig restauriert worden, so daß ihre ursprüngliche Schönheit voll zur Geltung kommt.

Gegenüber der Anfangszeit bringt die zweite Periode neue Themen ins Blickfeld, neben Schilderungen rein religiösen Inhalts werden nun Episoden des zeitgenössischen, thailändischen Lebens gezeigt. Häufig sieht man Europäer in ihren damaligen Trachten und die Schiffe, mit denen sie nach Bangkok gekommen waren. Anregungen der chinesischen Malerei werden bereitwillig aufgegriffen; nicht nur einzelne Motive, ganze Szenen werden in chinesischer Manier wiedergegeben. Den Höhepunkt der Schwärmerei für das Chinesische kann man wohl in der Dekoration des *Wat Raja Orot* sehen, das bei der Restauration unter Rama III. ganz und gar im chinesischen Stil ausgeschmückt wurde.

Zwei Klöster in Thonburi besitzen hervorragende Wandmalereien der Hochklassik: *Wat Dusitaram* und *Wat Suwannaram.* Bei der Ausgestaltung des letzteren traten zwei hochgeschätzte Künstler in Wettstreit, Khru Thong Yu und der Chinese Khru Thong Pe. Solche Konkurrenzen entsprachen einer oft geübten Praktik, wenn der Auftrag für eine einzelne Werkstatt zu umfangreich war.

Der ›Lack-Pavillon‹ im *Suan-Pakkad-Palast* birgt einen kostbaren Schatz thailändischer Lackmalerei aus derselben Zeit wie die eben erwähnten Wandbilder.

Eine Sonderstellung nehmen die beiden großen königlichen Tempel Wat Sutat und Wat Jetubon ein, für deren Ausstattung Rama II. und III. umfassende Programme aufgestellt hatten. Bis auf weniges sind die Dekorationen von Wat Jetubon vergangen. Wir wissen jedoch, daß auf den Wänden der Gebäude und Galerien in enzyklopädischer Art das Wissen der Zeit festgehalten war. Buddhistische Legenden, Jatakas, buddhistische Kosmologie, berühmte Dichtungen, medizinische Themen, Listen der thailändischen Provinzen, Erläuterungen zur militärischen Organisation waren für den Betrachter aufgezeichnet.

Vihan und Bot des *Wat Sutat* haben dagegen die Bilder in ihrem Originalzustand bewahrt. Wenn das Bildprogramm auch nicht so viele Gebiete einschließt wie in Wat Jetubon, so ist es doch gegenüber älteren Beispielen wesentlich erweitert. Bemerkenswert sind die Darstellungen von Hindugöttern und -legenden auf den in Schwarz-Gold-Lackmalerei ausgeführten Fensterläden des Bot.

Ungefähr um die Mitte des 19. Jahrhunderts beginnt die ernsthafte Auseinandersetzung der Thai-Malerei mit der westlichen Sehweise. Fast alle Wandmalereien, die von da an entstanden sind, versuchen, die Illusion der dritten Dimension ins Bild zu bringen, indem sie sich einmal der modernen Perspektive annähern, zum anderen mit Hilfe von Schattierungen und differenzierten Größenverhältnissen räumliche Tiefe andeuten. Bei der Auswahl der Themen setzt sich der bereits eingeleitete Prozeß der Verweltlichung fort. Thailändisches Alltagsleben, Feiern und Feste des Volkes, das Klosterleben werden mit vielen Details und genauer Wiedergabe zeitgenössischer Bauten erzählt. Die phantasiereichen Schilderungen des Buddhalebens, der Jatakas und der buddhistischen Kosmologie verschwinden aus dem Repertoire. Hierin finden zweifellos die Reformen ihren Niederschlag, die Prinz Mongkut während seines langjährigen Klosterlebens als Abt des *Wat Bovonivet* angeregt hatte. In diesem Wat entsprechen die Wandmalereien ganz der neuen Tendenz. Hübsche Bilder der königlichen Zeremonien im Laufe eines Jahres, im gleichen Mischstil ausgeführt, sind in *Wat Rajapradit* zu bewundern. Ein weiterer Ansatz, zu einer Vereinigung der gegensätzlichen Auffassungen in der Malerei zu gelangen, wurde in *Wat Benchamabopit* unternommen, brachte aber ebensowenig befriedigende Ergebnisse.

Die Malerei in den Klöstern der Provinzorte hält sich, soweit sie nicht von Künstlern aus der Hauptstadt ausgeführt wurde, was häufig der Fall ist, nicht streng an die Tradition der Metropole. Gewöhnlich sind die Kompositionen freier, unkonventioneller.

Ganz augenfällig heben sich die Malereien Nord-Thailands von den in Bangkok verwirklichten Idealen ab. Bis auf zwei Ausnahmen, Resten von Wandbildern in den unterirdischen Gängen von Wat U Mong (Chieng Mai) und einer Tempelfahne aus Wat Dok Ngön (Chieng Mai), gehören alle bisher bekannten Darstellungen dem 19. und 20. Jahrhundert an. Ihren Stil kennzeichnet jedoch so viel Eigenwilligkeit, daß Boisselier nicht zögert, sie als eigenständige Schule von Lan Na mit langer Tradition anzuerkennen. Der Unterschied zum Ratanakosin-Stil liegt vor allem in der gleichartigen Behandlung von Haupt- und Nebenfiguren, einem weitgehenden Hang zur Individualisierung der Personen, der aber nie ins Karikaturistische abgleitet, und der Bevorzugung lokaler Besonderheiten in Kleidung und Architektur. Burmesischer Einfluß, der in der Architektur Nord-Thailands immer wieder durchbricht, ist auch in der Malerei zu spüren.

Theater und Tanzkunst

Großes Interesse findet beim westlichen Publikum der klassische Thai-Tanz. In der Regel sieht der Besucher jedoch nur Vorstellungen, die speziell für Touristen veranstaltet werden. Sie bieten kurze Ausschnitte aus klassischen Dramen und geben einen schwachen Abglanz der prächtigen Aufführungen des Silpakorn-Theaters. Trotzdem lohnt es sich, solche Darbietungen zu besuchen, da sie einen Begriff von der hochkultivierten Tanzkunst vermitteln, wie sie in der Vergangenheit bei Hofe gepflegt wurde. Die orientalische Pracht der Kostüme, die der Ayuthia-Zeit entlehnt sind, verleihen den anmutigen Bewegungen der Tänzer zusätzlichen Reiz (Farbt. 16, 17).

Im thailändischen klassischen ›Tanz‹ verbinden sich Sprechtheater, Tanz und Musik zu einem einheitlichen Ganzen. Es ist eine hochentwickelte, höfische Kunst, die früher im königlichen Palast besonders gefördert wurde. Damals war es üblich, daß der König, die Fürsten und Prinzen ihre eigenen Theater unterhielten, in denen ihre Frauen auftraten. Aufführungen professioneller Theatertruppen erreichten gewöhnlich nicht das Niveau der privaten Bühnen. In neuerer Zeit hat das Fine Arts Department die Pflege der alten Kunst übernommen. Die hervorragenden Aufführungen des Silpakorn-Theaters richtet die Nationale Schule für Musik und Tanz aus, die 1934 in Bangkok gegründet wurde. Außerdem lehren heute wieder eine Reihe privater Unternehmen den klassischen Tanz.

Da die Bewegungen der Tänzer genau vorgeschrieben sind, ist eine gründliche Ausbildung erforderlich. Die Eleven beginnen die Ausbildung mit sechs bis acht Jahren. Entsprechend den Rollen teilt sich der Unterricht in vier Gruppen: männliche Rollen, weibliche Rollen, Dämonen- und Affenrollen. Alle Schritte und Stellungen müssen nach traditionellen Vorschriften erlernt werden – kein Wunder, daß die Ausbildung schwierig und langwierig ist. Besonders die Affen- und Dämonenrollen verlangen nahezu akrobatisches Können. Ungefähr mit dreißig Jahren beenden die Künstler ihre Tänzerlaufbahn, meist bleiben sie als Lehrer oder Kostümentwerfer der Bühne verbunden. Auch zum Anlegen der kostbaren Gewänder, das drei bis vier Stunden dauert – teilweise müssen die Stoffbahnen am Körper zusammengenäht werden – werden erfahrene Hände benötigt.

Es gibt verschiedene Arten des Theaterspiels. Am strengsten den überlieferten Regeln unterworfen ist das *Khon*, der Maskentanz. Dabei verschwindet die Persönlichkeit des Darstellers vollständig unter Maske, Schminke, Kostüm und Kopfschmuck. Ursprünglich trugen alle Figuren Masken, heute verzichtet man bei menschlichen und göttlichen Personen darauf, aber jede Spiegelung des Gefühls im Gesichtsausdruck, jedes Lächeln gilt strengen Anhängern der Kunst als Verstoß gegen die Tradition. Außer den Tänzern wirken beim Khon Orchester, Chor und Einzelsänger mit. Die Musik gibt den Rhythmus des Tanzes an,

Schattenspielfiguren aus dem Nang Luang: Phra Ram und Hanuman

der Chor rezitiert die Texte, die Solisten tragen herausgehobene Einzelpartien vor. Nur wenn alle Gruppen vollkommen harmonieren, gilt das Khon als wirklich gelungen.

Ein klassisches Khon-Spiel dauert fünf bis acht Stunden; der Inhalt des Stückes ist dem Publikum bekannt, denn die Texte behandeln stets Teile des Ramakien oder der Inao-Legende. Zur Tradition gehört es, daß keines der Stücke tragisch endet.

Beim *Lakhon* werden keine Masken getragen, die Schauspieler übernehmen Sprech- und Gesangspartien. Obwohl auch hier die Tanzschritte vorgeschrieben sind, ist es im ganzen weniger stilisiert. Bewegungen und Gesten sind dem Khon sehr ähnlich, auch die Kostüme unterscheiden sich kaum. Die Themen der Stücke beschränken sich nicht auf Ramakien und Inao, Stoffe der Sagen- und Märchenwelt werden gleichfalls verwertet. Anders als das Khon, das jahrhundertelang nur bei Hofe gespielt wurde, war das Lakhon auch beim Volk beliebt. Von wohlhabenden Thai wurden bei festlichen Anlässen Lakhon-Aufführungen von Theatertruppen für die Öffentlichkeit veranstaltet.

Schließlich ist das *Likay* zu erwähnen, das auf dörflichen Jahrmärkten noch immer populär ist. Man kann es als eine Art burleske Form des klassischen Tanzes bezeichnen; meistens werden Possen gespielt, die mit derben erotischen Späßen gewürzt sind.

Das alte thailändische Schattenspiel, *Nang,* ist praktisch ausgestorben, am ehesten kann man noch auf der Malayischen Halbinsel eine Vorstellung erleben. Von dorther hat es sich wohl, aus javanischen Anregungen entstanden, nach Thailand ausgebreitet, wo es früher anscheinend recht beliebt war. Man verwendete lebensgroße, aus Tierhaut geschnittene Figuren. Manchmal sind sie bemalt, aber ihre Komposition ist ganz auf Schwarz-Weißwirkung abgestellt. Bei der älteren Form des Nang, dem Nang luang, besitzen die Figuren keine beweglichen Teile, erst bei der späteren Form (Nang talung) werden Einzelteile, hauptsächlich Arme, bewegbar an den Figurenkörper montiert. In der Regel sind die starren Figuren in ein phantasievolles Rankenwerk eingebunden, nicht selten gibt es Szenenbilder. Das elegante Linienspiel der Körperbewegungen, dazu die minuziös ausgearbeiteten Ornamente von Kleidung und Schmuck, die Wechselbeziehung von hellen und dunklen Flächen machen die Schattenspielfiguren zu wahren Kunstwerken.

Während der Aufführung wurden die Figuren an langen Stöcken vor der beleuchteten Leinwand vorbeigetragen. Die Handlung wurde vom Orchester mit Musik untermalt und vom Chor mit Rezitationen erläutert.

Bangkok

(s. auch S. 381ff.)

Großer Palast

Sofort nach seiner Thronbesteigung verlegte Rama I. die Hauptstadt von Thonburi nach Bangkok auf die andere Seite des Menam. Als Residenz gründete er den Großen Palast, in dem außer den königlichen Wohngebäuden und dem königlichen Tempel auch Verwaltungsbüros untergebracht wurden. Die wehrhafte Mauer von 1783 umschließt eine Fläche von 218400 m^2. Von den zahlreichen Gebäuden, die nach und nach auf dem Areal gebaut wurden, sind nur ein Teil der Öffentlichkeit zugänglich.

Entsprechend ihren Funktionen gliedert sich der Gesamtkomplex in drei Bezirke. Im äußeren sind öffentliche Gebäude untergebracht, darunter das Finanzministerium. Repräsentationsbauten und die ehemalige Residenz des Königs nehmen den Inneren Bezirk ein. Den dritten bildet der königliche Palasttempel, Wat Phra Keo.

Durch das Tor in der Mitte der Nordmauer (an der Na Phra Larn Road) betritt der Besucher den Palast. Die Gebäude im Süden und Westen des Äußeren Hofes sind kunsthistorisch von geringem Interesse. An der Westseite des Hofes führt eine breite Straße auf einen großen Torbau zu, der den Eingang zum inneren Bereich bildet. Von diesem Teil des Palastes, der mehr als die Hälfte des Gesamtareals beansprucht, können nur die vorderen Gebäude besichtigt werden.

Beim Eintreten steht man drei Baukomplexen gegenüber: Links liegt das Maha Montien, in der Mitte der Große Chakri-Palast (Chakri Maha Prasat), rechts das Dusit Maha Prasat.

Die ältesten und wegen ihres klassischen Stiles berühmten Gebäude gehören zum *Dusit-Palast.* Eine Balustrade mit prächtigen Toren grenzt einen Vorhof vor dem Hauptbau ab. Links neben dem heute benutzten Eingang steht auf hohem Sockel der anmutige Abhorn Pimok-Pavillon (Farbt. 6) aus der Zeit König Mongkuts. Bei feierlichen Anlässen stieg der König früher hier aus seinem Tragsessel und legte die Zeremonialgewänder ab, ehe er die Audienzhalle betrat.

Der Hauptbau, *Dusit Maha Prasat,* wurde 1782 von Rama I. als Krönungs- und Empfangshalle gebaut. Ihr Grundriß hat die Form eines griechischen Kreuzes; vierfache Staffeldächer decken die vier Flügel, in der Mitte tragen vier Garudas das spitze Prasat-Dach.

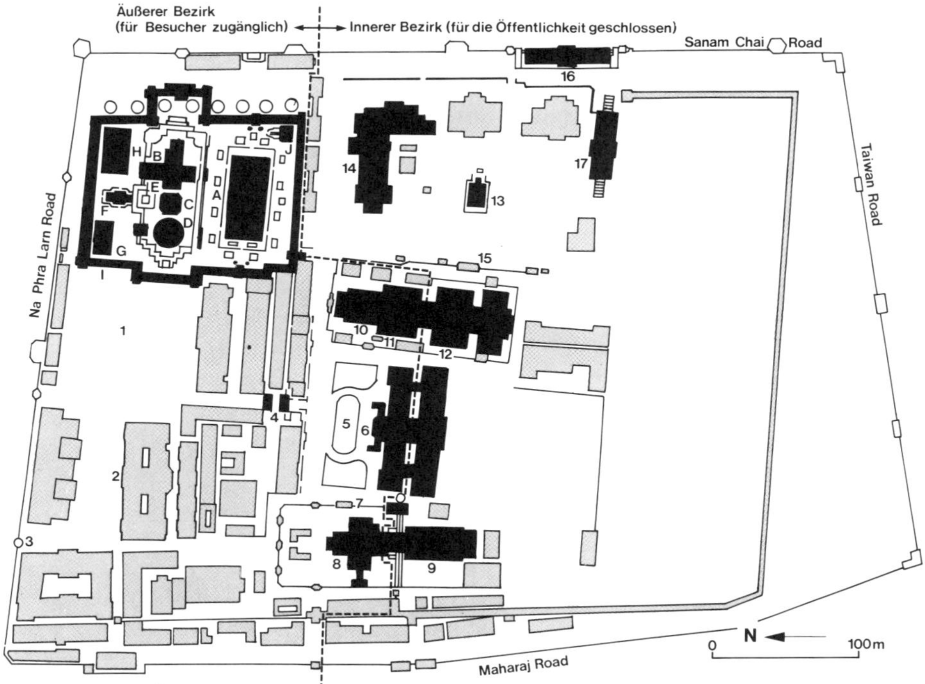

Bangkok Königspalast 1 Äußerer Hof 2 Finanzministerium 3 Nebeneingang 4 Doppeltor (Palasteingang) 5 Innerer Hof. Chakri Maha Prasat 6 Großer Empfangssaal. Dusit Maha Prasat 7 Abhorn Pimok-Pavillon 8 Empfangshalle 9 Phiman Ratya. Maha Montien 10 Amarinda-Empfangshalle 11 Innerer Empfangssaal 12 Chakriparti Phiman. Shivalaya-Garten 13 Kapelle des Kristall-Buddha 14 Boroma Phiman 15 Mahisra Prasat 16 Suddhaisvarya-Halle 17 Shivalaya Maha Prasat

Wat Phra Keo

A Bot, Königliche Kapelle des Smaragd-Buddha B Prasat Phra Tepbidorn, Pantheon C Bibliothek der Heiligen Schriften D Goldenes Chedi E Modell von Angkor Wat F Vihan Yot G Mausoleum H Ho Montien Tham I Wandelgang J Glockenturm

Auf der Eingangsseite im Norden schützt eine Vorhalle einen zwischen den Aufgangstreppen plazierten Thron. Alle Wände des Innenraumes, eines einzigen hohen Saales, sind tapetenartig mit Devadas in Blattwerkranken bemalt. In der Mitte der Südwand, hinter der Privatgemächer liegen, befindet sich die Nische in der König Rama I. hoch über dem Hofstaat präsidierte. Weiter vorn wurde ein neuerer Thron mit Perlmutteinlagen in schwarzem Lack aufgestellt. Darüber spannt sich der Königen vorbehaltene neunfache, weiße Ehrenschirm. Seitdem Rama I. hier aufgebahrt war, wird die Halle nicht mehr für Krönungszeremonien benutzt. Sie dient nur noch zur feierlichen Aufbahrung von Mitgliedern des Königshauses. Nach Süden ist an die Halle ein langgestreckter Bau angefügt, das Phiman Ratya, d. h. ›nächtlicher Wohnsitz‹, obwohl er wahrscheinlich niemals tatsächlich als Wohnung fungierte. – Das zweistöckige Gebäude hinter dem Abhorn Pimok-Pavillon stammt von König Chulalongkorn.

Die *Maha Montien*-Gruppe (Abb. 97) auf der Ostseite des Inneren Hofes war die Residenz Ramas II. und seiner zwei Nachfolger. Eine Mauer mit zwei reich verzierten Toren (Abb. 98, 99) umgibt den aus drei hintereinanderliegenden Trakten bestehenden Hauptbau. Ringsum im Hof sind einige kleine Gebäude verteilt, die der Betrachtung wert sind. So der in der Nordwestecke, zwischen den beiden Toren errichtete Pavillon, welcher demselben Zweck diente wie der Abhorn Pimok-Pavillon beim Dusit-Palast.

Vom Hauptbau kann man nur den nördlichen Teil, die Amarindra-Audienzhalle, besichtigen. Hier werden gelegentlich Staatszeremonien abgehalten. An der Rückwand der Säulenhalle führen Stufen zu drei, hoch über dem Niveau des Saales angebrachten, Türen zur anschließenden Paisal Taksin-Halle. Vor der mittleren, prächtigsten steht der ursprüngliche Thron in Gestalt einer goldenen Barke, der heute als Altar benutzt wird. Neben seiner verschwenderischen Pracht wirkt der neuere Thronsitz davor fast schlicht, trotz der Ehrenschirme und flankierenden Goldbäumchen.

Im zweiten Trakt, der Paisal Taksin-Halle, die auf höherem Sockel steht als die Gebäude daneben, finden die Krönungszeremonien statt.

Der südlichste Teil des Komplexes enthielt die Privatgemächer des Königs (Chakriparti Phiman), einen Schlaf- und einen großen Wohnraum. Im letzteren sind jetzt die Krönungsinsignien untergebracht. Traditionell verbringt der König die erste Nacht nach seiner Inthronisation in diesem Appartement, um damit symbolisch die Residenz seiner Ahnen in Besitz zu nehmen.

Die Maha Montien-Gruppe mit ihren kleinen Höfen, hübschen Pavillons und der zurückhaltenden Schönheit ihres Palastes umgibt eine sehr persönliche Atmosphäre, die sich deutlich gegen die repräsentative Prachtentfaltung des Chakri-Palastes abhebt.

Zwischen den beiden älteren Baugruppen errichtete Rama IV. (Mongkut) 1867 anläßlich des hundertsten Jahrestages der Neugründung des Reiches den Großen Chakri-Palast *(Chakri Maha Prasat).* Der ganz auf Repräsentation abgestellte Bau im neoklassizistischen Stil ist von einem englischen Architekten entworfen worden. Seine thailändische Dachkonstruktion mit drei Prasat-Türmen wurde auf Wunsch des Hofes, entgegen dem ursprünglichen Plan, ausgeführt. Trotz der befremdlichen Stilmischung ist das Gebäude nicht ohne Wirkung.

Zwei Freitreppen in der Mitte der Gebäudefront leiten in ein Foyer, von dem nach beiden Seiten Empfangsräume abzweigen. Nur diese Salons, in denen Porträts thailändischer Prinzen hängen, sind für Touristen geöffnet. Durch eine Flügeltür in der Mitte des Vestibüls kommt man, nachdem man einen Vorraum passiert hat, in den Thronsaal, in dem der König die Beglaubigungsschreiben ausländischer Gesandter entgegennimmt. Bei Besuchen fremder Staatsoberhäupter wird der Saal zusammen mit den anschließenden Repräsentationsräumen für Empfänge und Staatsbankette benutzt. Seine prunkvolle Ausstattung mit Marmorsäulen, Kassettendecken, Kristallüstern und Historiengemälden entspricht europäischem Stil.

Im östlichen Abschnitt des inneren Bezirks liegt der *Shivalaya-Garten,* wo die königlichen Gartenfeste gefeiert werden. Um die mit Kübelpflanzen und Bäumen geschmückte Rasenfläche gruppieren sich schöne Gebäude im thailändischen Stil. Das Mahisra Prasat an der Westmauer widmete König Mongkut seinem Vater Rama III.; König Chulalongkorns Shivalaya Maha Prasat begrenzt den Garten an der Südflanke. Die Nordseite nimmt das Boroma Piman ein, das ursprünglich als Wohnsitz für Kronprinz Vajiravudh gebaut wurde. Vor einigen Jahren ist es als Gästehaus für Staatsbesucher eingerichtet worden.

Den Mittelpunkt des Gartens bildet die Kapelle des Kristall-Buddha, Buddha Ratana San genannt. Der Schrein aus grauem Saraburi-Marmor stammt aus der Zeit König Mongkuts.

Ein bewachtes Tor führt zwischen Maha Montien und Chakri Maha Prasat in den Südteil des Palastbezirks, der einst der private Wohnbereich der Königsfamilie gewesen ist. Die Häuser der Damen des königlichen Haushalts, die inmitten von Gartenanlagen stehen, wurden im wesentlichen unter Rama III. gebaut. Dem Geschmack dieser Zeit folgend weisen sie viele chinesische Stilelemente auf.

Wat Phra Keo

In der Nordostecke des Gesamtareals ragen die bunten Dächer und goldglitzernden Spitzen des Wat Phra Keo über die Mauern der Umfassungsgalerie hinaus. Das Hauptportal (Ft. 3), an der Sanam Chai Road, gegenüber dem Verteidigungsministerium, wird nur sonntags und an religiösen Feiertagen geöffnet, so daß der Tourist in der Regel durch den Nebeneingang im äußeren Hof den Tempel betritt. Man sieht dann den Bot, eingerahmt von Balustraden, Bai Sema und Sala unmittelbar vor sich. Der Bau, den ein Säulengang umgibt, überwältigt in seiner Pracht. Schon die Terrasse, die ihn trägt, ist mit Marmorplatten verkleidet, Außenwände und Säulen sind mit Glasmosaik oder Fayencekacheln bedeckt, an der Basis ziehen sich vergoldete, plastische Schmuckfriese entlang, die Perlmuttinkrustationen der Türen zeigen mythologische Szenen. Alle diese Schmuckdetails im einzelnen zu beschreiben, ist völlig unmöglich, man sollte sich aber die Muße nehmen, wenigstens einige genau zu betrachten. Recht selten werden z. B. die wunderschönen Malereien auf der Balustrade gewürdigt, die die Tabernakel der Bai Sema untereinander verbindet. Jede Platte bildet in lebendigem chinesischen Stil ein anderes Motiv mit Blumen und Vögeln ab (Abb. 100).

Im Inneren des Bot thront hoch über allen Andächtigen auf einem 11 m hohen, vergoldeten Podest der ›Smaragd-Buddha‹ in einer Glasvitrine. Über die Entstehungszeit der 60 cm großen Nephritfigur ist nichts bekannt, 1436 wird sie zum ersten Mal in einer nordthailändischen Chronik erwähnt. Seitdem läßt sich ihre Reise von Fürstensitz zu Fürstensitz verfolgen. Lampang, Chieng Mai, Luang Prabang und Vientiane sind Stationen auf ihrem Wege. General Chakri, der nachmalige König Rama I., brachte den Buddha nach seinem Sieg über Laos nach Thonburi. 1784 wurde er an seinem jetzigen Platz aufgestellt, und genießt als Palladium der Chakri-Dynastie tiefe Verehrung.

Links vor dem Bot fällt der hübsche Glockenturm des Tempels auf. Auf der Nordseite, parallel zum Bot, füllt eine lange, von Balustraden umzäunte Terrasse beinahe die ganze Breite des Tempelhofes aus. Zwei goldene Chedi flankieren die breiten Treppen des Hauptaufgangs im Osten, der direkt auf das Pantheon (Prasat Phra Tebidorn; Farbt. 5) zu führt. Ein Thai-Prang krönt das kreuzförmige Gebäude im Schnittpunkt seiner Staffeldächer (Umschlagvorderseite). Es besitzt Vorhalle und Säulenumgang wie der Bot, auch die dekorative Ausstattung entspricht diesem im Prinzip, obgleich sie etwas schlichter gehalten ist. 1855 errichtet, mußte der Bau nach einem Brand im Jahre 1903 von Grund auf restauriert werden.

Westlich hinter dem Pantheon steht ein klassisches Mondop, das sich durch außerordentlich geschmackvolle Dekorationen auszeichnet (Abb. 101). Hier werden in kunstvollen Bücherschränken heilige Schriften aufbewahrt. Da das Gebäude gewöhnlich verschlossen ist, kann man nur durch Zufall einen Blick ins Innere werfen; Goldornamente zieren die Wände, den Fußboden bedeckt eine silberne Matte. Vier Buddha-Figuren in javanischem Stil, die an den Ecken des Mondop aufgestellt sind, stammen vermutlich aus dem 14. oder 15. Jahrhundert

Das westliche Ende der Plattform nimmt das Chedi König Mongkuts ein, das er über der Buddha-Reliquie nach dem Vorbild des Wat Si Sanphet in Ayuthia errichten ließ. Da es vollständig mit kleinen, goldenen Ziegeln überzogen ist, erstrahlt es in ungebrochenem Glanz (Farbt. 2).

Neben dem Mondop hat ein Modell von Angkor Wat auf der Terrasse Platz gefunden; es stammt aus der Zeit, als Kambodscha Vasallenstaat Thailands war.

Im nördlichen Drittel des Tempelhofes stehen, wieder zu ebener Erde, drei etwas vernachlässigte Gebäude. Mindestens das östliche von ihnen, eine Bibliothek namens Ho Montien Tham, hätte mehr Beachtung verdient, denn seine Westfassade gilt als eine der schönsten in Bangkok, und die Perlmutteinlegearbeit seiner Türen ist besonders prächtig.

Der mittlere Bau (Vihan Yot) hat kreuzförmigen Grundriß; im Schnittpunkt seiner Dächer erhebt sich ein eigenwilliger, spitzer Aufbau, der an die thailändischen Kronen erinnert, wie sie beim Khon-Spiel getragen werden. Ornamente aus Stuck und bunten Porzellanstücken schmücken den Vihan, in dem der historische Managsila-Stein verwahrt wird, der König Ram Kamhengs Thronsitz gewesen sein soll.

Ein Mausoleum (Phra Nak), bestimmt für die Urnen von Mitgliedern des Königshauses, ist das Gebäude in der Nordwestecke des Hofes.

Überall zwischen den Gebäuden sind Plastiken aufgestellt, von denen manche durchaus eingehende Betrachtung verdienen; als Beispiele seien die Bronzelöwen vor dem Bot, die anmutigen Kinnari (Farbt. 4) beim Pantheon und der Asket (Rishi) auf hohem Postament gegenüber dem Eingang genannt (Abb. 103).

Als charakteristische Beispiele der thailändischen Großplastik, die mit Gipsmörtel über einem Backsteinkern modelliert wurde, können die Türwächter (Dvarapalas) gelten, die paarweise die Tempeleingänge bewachen. Grelle Farben sollen ihre dämonischen Kräfte betonen und abschreckend wirken (Umschlagvorderseite, Farbt. 1, 3).

Wegen seiner Malereien ist der Wandelgang berühmt, der den Tempelkomplex gegen die Außenwelt abschließt. Der Bilderzyklus entstand um die Mitte des 19. Jahrhunderts, wurde aber nach drei Restaurationen bei einer vierten im Jahre 1932 praktisch neu gemalt. Eigenart und stilistische Geschlossenheit des Originals, die den künstlerischen Wert ausmachten, sind dabei verloren gegangen. Die Bilder illustrieren das Ramakien, beginnend beim nördlichen Tor mit der Auffindung Sitas durch König Janok von Mithila, endend mit der Rückkehr Sitas in den Schoß der Mutter Erde. Marmortafeln an den Pfeilern gegenüber den Fresken geben den erläuternden Text in der Bearbeitung König Chulalongkorns.

Vimanmek, Parlamentsgebäude (Dusit-Palast)

Die Eintrittskarten für den Großen Palast gelten auch für das Vimanmek, das Chulalongkorn 1898 als königliches ›Landhaus‹ errichten ließ. Zu dieser Zeit lag das Dusit-Villa genannte Anwesen, das den Dusit-Zoo sowie die Amphorn-Gärten einschloß, außerhalb der Stadt. Eine neue Prachtstraße, die ›Königs-Avenue‹ (Rajadamnern), stellte die Verbindung zum Großen Palast her. Häufig konnte man damals am Abend den König, umgeben von seinen Kindern und jüngeren Mitgliedern des Hofes, zu dem beliebten Landhaus hinaus radeln sehen. Den Mittelpunkt der Anlage bildete ein künstlicher See, an dessen Ufer das Hauptgebäude Vimanmek steht, das man heute besichtigen kann. Es ist ein reiner Teakholzbau; Außenansicht und Inneneinrichtung spiegeln den Einfluß europäischer Wohnkultur wider. Gebrauchsgegenstände sowie Geschenke für den König sind in hohen Vitrinen ausgestellt. Historische Fotografien zeigen zeitgenössische Persönlichkeiten hohen Ranges. Die Räume vermitteln eine Vorstellung vom Lebensstil des königlichen Hofes um die Wende vom 19. zum 20. Jahrhundert.

Auf der anderen Seite des Sees liegt ein schönes Ensemble von Holzbauten im klassischen Thai-Stil. Hier wurden ausländische Staatsgäste nach thailändischer Sitte bewirtet. Einzelne Häuser für die königliche Familie, für Regierungsbüros und Wachstuben sind im Gelände verstreut. Sogar ein Stall für den weißen Elefanten fehlte nicht.

1907 gründete König Chulalongkorn am Ende der Rajadamnern-Avenue, innerhalb des Dusit-Bezirks, eine Thronhalle (1915 vollendet). Damit erhielt das Landhaus den Charakter eines Palastes. Dieser Bau aus weißem Marmor, der Elemente verschiedener europäischer Stile aufweist und von einer Kuppel gekrönt ist, diente seit 1932 zeitweilig als Sitz des Parlaments (Parlamentsgebäude, National Assembly). Hochgeschwungene Bögen im Verein mit der lichtdurchfluteten Kuppel verleihen dem kreuzförmigen Innenraum großzügige Eleganz. Höhepunkte der Geschichte Thailands und der Chakri-Dynastie sind Themen der Deckengemälde.

Den Vorplatz des Parlamentsgebäudes beherrscht ein Reiterdenkmal König Chulalongkorns. Anläßlich seines 42. Regierungsjubiläums ist es aus dem Erlös einer öffentlichen Sammlung errichtet worden. Am 23. 10., dem Geburtstag Chulalongkorns, ehren die Thai mit Paraden und Kranzniederlegung vor dem Monument den König, der das Land der westlichen Zivilisation öffnete.

National-Museum

Wer an Kunstgeschichte interessiert ist, sollte keinesfalls versäumen, dem National-Museum in Bangkok einige Stunden zu widmen. Es bietet Glanzstücke aus allen Stil-Epochen Thailands, dazu manche kulturhistorische Sehenswürdigkeit. Die Sammlungen sind zum Teil in zwei neueren, speziell für diesen Zweck errichteten Museumsflügeln, zum Teil in alten Gebäuden des ehemaligen Wang Na-Palastes untergebracht.

Diesen Palast ließ Rama I. entsprechend der von Ayuthia übernommenen Tradition, gleichzeitig mit seinem eigenen für seinen Bruder bauen, der den Titel ›Wang Na-Prinz‹ erhielt. Von alters her verband sich damit eines der höchsten Ämter im Staat, als ›Zweiter nach dem König‹ waren die Wang Na-Prinzen Befehlshaber der Streitkräfte und konnten bei einem unerwarteten Tod des Herrschers als Thronfolger eintreten. Vier Titelträger bewohnten den Palast, den König Chulalongkorn, als die Institution 1884 aufgegeben wurde, zum National-Museum bestimmte.

Zwei der schönsten Gebäude liegen gleich rechts vom Eingang. Ein zierlicher Pavillon König Vajiravudhs hat durch den Einbau von Glaswänden viel von seiner Leichtigkeit eingebüßt. Dahinter bietet die Buddhaisawan-Kapelle ein klassisches Beispiel der Tempelarchitektur in der Bangkok-Periode. Sie wurde 1795 für den hochverehrten Phra Buddha Sihing gebaut, der damals von Chieng Mai nach Bangkok geholt worden war. Ob es sich wirklich um das, angeblich auf wundersame Art, aus Ceylon gekommene Original handelt, ist freilich umstritten: Chieng Mai und Nakhon Si Thammarat behaupten ebenfalls das richtige Bildnis zu besitzen! Keines der drei, im Aussehen unterschiedlichen Werke, zeigt jedoch ceylonesische Merkmale, alle sind in reinem Thai-Stil gehalten. In der Buddhaisawan-Kapelle thront die Figur auf hohem Sockel unter einem krönenden Baldachin, umgeben von anderen Statuen und goldenen Bäumchen.

Ohne Gläubige in ihrer Andacht zu stören, kann man die schöne Wandmalerei, die seit ihrer Entstehung 1795–1797 nur wenig restauriert worden ist, in aller Ruhe betrachten. Zwischen Fenstern und Türen sind in bewegten Bildern achtundzwanzig Episoden aus dem Leben Buddhas dargestellt. Der Zyklus beginnt rechts hinter der Kultstatue mit der glücklichen Hochzeit der Eltern des zukünftigen Buddha; links endet er mit den Verbrennungszeremonien und der Aufteilung der Reliquien. Über den Fenstern wenden sich vier Register himmlischer Adoranten dem Buddha-Bild zu. Den fünften, obersten Streifen füllen Kinnara und andere Bewohner des mythischen Himalaya. Prächtige Motive in Schwarz-Goldlackmalerei schmücken die Fensterläden, während auf den inneren Türflügeln bewaffnete Gottheiten, von Yakshas unterstützt, dem Schutz des Heiligtums dienen sollen.

Links hinter dem Museumseingang sind in der Shiva Mokka Phiman-Halle Funde aus der Vorzeit ausgestellt, darunter sehr schöne Gefäße der Ban-Chieng-Kultur. Im Vorraum steht Literatur zur thailändischen Kunstgeschichte zum Verkauf, leider mehrheitlich in Thai.

Das nächste Gebäude, Tamnak Daeng (›rotes Haus‹, so wegen seines rötlichen Holzes genannt), einst das Wohnhaus einer Gemahlin Ramas II., ließ Prinz Pin Klao 1964 an diese Stelle versetzen. Möbel aus der frühen Bangkok-Zeit, zum Teil aus dem Besitz der Königin, geben einen Begriff vom Wohnstil jener Zeit.

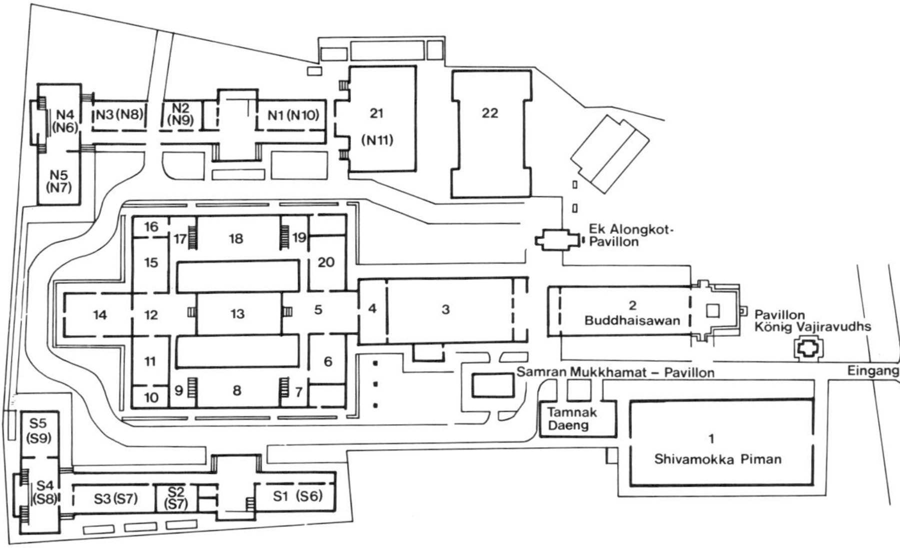

Bangkok, Nationalmuseum Alte Gebäude 1 Vorgeschichte (Shiva Mokka Phiman) 2 Palasttempel (Wat Buddhaisawan) 3 Thronsaal 4 Schatzkammer 5 Palankins und Howdhas (Tragsessel und Elefantensättel) 6 Masken, Marionetten 7 Geschenke für den König 8 Porzellan 9 Modelle 10 Medaillen 11 Königsbarken 12 Alte Waffen 13 Krönungsinsignien 14 Holzplastik 15 Königsbarken 16 Modelle 17 Verschiedenes 18 Kostüme und buddhistische Geräte 19 Fahnen 20 Musikinstrumente (die alte Residenz wird seit 1980 restauriert, möglicherweise werden die Ausstellungsstücke neu geordnet) 21 Fotoarchiv 22 Bestattungswagen

Neue Gebäude Südflügel (Erdgeschoß) S1 Asien S2 Informationsstand S3 Lopburi S4 Hindu-Götter S5 Lopburi. Südflügel (Obergeschoß) S6 Dvaravati (Mon) S7 Dvaravati (Mon) S8 Java S9 Srivijaya (Stil der Halbinsel). Nordflügel (Erdgeschoß) N1 Bangkok N2 Kunstgewerbe N3 Stoffe N4 Buddha-Statuen N5 Münzen. Nordflügel (Obergeschoß) N6 Sukhothai N7 Chieng Sen (Nord-Thailand) N8 Sukhothai N9 Ayuthia N10 Ayuthia N11 Bangkok

Unmittelbar hinter der Buddhaisawan-Kapelle befindet sich der Komplex des eigentlichen Palastes, der die Privat- und Repräsentationsräume des Wang Na-Prinzen umfaßte. Der große, vordere Bau diente als Audienzhalle, daran schließen Wohngebäude an, die aus drei, teilweise zweistöckigen Hauptflügeln mit zwei Innenhöfen bestehen. Bisher waren in den Räumen die unterschiedlichsten Gegenstände ausgestellt: Tragsessel (Palankins), Howdas (Elefantensättel), Masken für Theateraufführungen, Schattenspielfiguren, Marionetten, Einrichtungsgegenstände, Spielzeug, Kostüme und Uniformen, Thronsessel und Zeremonialgerät, Waffen, Musikinstrumente, Sawankhalok-Keramik und Bencharong-Porzellan. Zur Zeit wird der Bau renoviert; es ist zu erwarten, daß die Gelegenheit zur Neuordnung der Ausstellungsstücke genutzt wird.

Zu den alten Teilen des Museums gehören der Samran Mukkhamat- und der Ek-Alongkot-Pavillon sowie zwei Gebäude rechts neben dem Palast. Im größeren der beiden (Nr. 22 auf dem Plan) sind die bei den Einäscherungsfeierlichkeiten königlicher Personen verwendeten Zeremonialwagen und Urnen untergebracht. Früher waren solche Gelegenheiten mit ungeheurer Prachtentfaltung verbunden, so daß die Vorbereitungen sehr lange Zeit in Anspruch nahmen. Deshalb wurden die Leichen einbalsamiert und in Särgen verwahrt: Königliche Leichname setzte man aufrecht, in kniender Haltung in goldene Urnen, die in eigens dafür errichteten Gebäuden zur Verehrung aufgestellt wurden, bis der für die Verbrennung bestimmte Tag herangekommen war. Im Prunkwagen wurde die Totenurne dann zum Verbrennungsplatz (Phra Men-Platz) gefahren, auf dem riesige Scheinbauten aufgerichtet worden waren. Hoch auf dem Mittelbau, der den Berg Meru (Thai = Men) symbolisierte, fand die Verbrennung statt. Ein wenig vom Pomp der Zeremonien lassen die kunstvoll verzierten Ausstellungsobjekte erahnen.

1967 wurden die beiden Museumsflügel eröffnet, die den alten Palast einrahmen. In ihnen sind die Kunstwerke nach Stilperioden geordnet; man beginnt die Besichtigung daher am besten im *Südflügel,* in dem die ältesten Stücke aufgestellt sind.

Erdgeschoß

Saal 1

Buddha-Statuen und Reliefs aus asiatischen Ländern in verschiedenen Stilrichtungen, die Einfluß auf die Kunstentwicklung in Thailand gehabt haben. Das älteste Stück ist eine römische Öllampe (2. Jh. n. Chr.), die in Pong Tük (Kanchanaburi) gefunden wurde.

Saal 3

Khmer-Stil. In der Mitte die Statue Jayavarmans VII. aus Phimai.

Saal 4

Statuen von Hindu-Göttern, 6. und 7. Jahrhundert, aus Si Tep (bei Petchabun), von der Malayischen Halbinsel und aus Dong Si Maha Pot (bei Prachinburi).

Saal 5

Keramik und Kleinbronzen im Khmer-Stil.

Obergeschoß

Saal 6 und 7

Mon-Stile (Dvaravati). Bemerkenswert sind ein herrlicher Buddha-Kopf und das große ›Rad der Lehre‹ aus Nakhon Pathom. Drei Schautafeln erläutern die Grabungen bei Khu Bua, Kok Mai Den und Si Tep, die Stadtanlagen bzw. Monumente des 6.–11. Jahrhunderts zu Tage förderten.

Saal 8

Javanische Steinskulpturen. Am schönsten sind eine Ganesha-Figur und eine Tänzerinnengruppe.

Saal 9

Stile der Halbinsel (Srivijaya). In der Mitte der berühmte Avalokitesvara aus Chaiya. Beachtenswert auch der sogenannte ›Buddha von Grahi‹.

Der *Nordflügel* ist den Thai-Stilen gewidmet.

Erdgeschoß

Saal 1

Bangkok-Stil (Ratanakosin). Geschmückte Buddhas aus der Zeit Ramas I.

101 BANGKOK Im Wat Phra Keo; links Mondop (Bibliothek), rechts eine Sala, dahinter das Pantheon (Prasat Phra Tebidorn), im Vordergrund ein Tabernakel mit einem Bai Sema des Bot

103 BANGKOK Rishi im Wat Phra Keo

104 BANGKOK Perlmutteinlegearbeit von einer Tür am Bot des Wat Jetubon

102 BANGKOK Türumrahmungen im Wat Rajabopit

105 BANGKOK Sockelrelief vom Bot des Wat Jetubon

107 BANGKOK Stuckornamente am Vihan des Wat Sutat

106 BANGKOK Alte Bibliothek (Ho Trai) im Wat Jetubon

108 BANGKOK Detail der Türfüllungen am Vihan von Wat Sutat

109 BANGKOK Türwächter im chinesischen Stil im Großen Palast

111 THONBURI Bot des Wat Arun

110 BANGKOK Kleiner Schrein im chinesischen Stil vor dem Vihan des Wat Sutat

112 THONBURI Detail vom Prang des Wat Arun

113 THONBURI Gebäude im Wat Ratcha Orot mit chinesischen Stilelementen

114 THONBURI Vihan im Ayuthia-Stil in der Nähe von Wat Dusitaram mit der charakteristischen Biegung des Sockels

115 NAKHON PATHOM Kamine zum Verbrennen von papierenen Weihegaben

117 PAGAN Figur am Ananda-Tempel

◁ 116 PAGAN (Burma) Turm des Kubyaukgyi-Tempels in Wetkyiin

118 PAGAN Fenster im Kubyaukgyi-Tempel in Myinkaba

119 PAGAN Wandgliederung am Mahabodhi-Tempel

120 PAGAN Im Ananda-Tempel

121 PAGAN Mahabodhi-Tempel

122 PAGAN Glasierte Terrakottaplatte am Ananda-Tempel

123 PAGAN Blick vom Thatbyinnyu-Tempel auf den Gawdawpalin-Tempel, der beim Erdbeben von 1975 schwere Schäden erlitten hatte und sich 1980 noch im Wiederaufbau befand

124 PAGAN Innenhof mit Sanktuarium des Somingyi-Klosters

125 PAGAN Durchblick auf den Dhammayangyi-Tempel

Saal 2
Bencharong-Porzellan; Kunstgewerbe der Bangkok-Periode, darunter ein sehr schöner Wandschirm.
Saal 3
Brokate, Stickereien, gewebte und bedruckte Seiden- und Baumwollstoffe.
Saal 4
Großplastiken. Beherrschend die Mon-Statue Buddhas im europäischen Sitz. Bronzeköpfe im Sukhothai- und Ayuthia-Stil.
Saal 5
Münzsammlung.

Obergeschoß
Saal 6
Sukhothai-Stil. Eindrucksvolle Bronzeplastiken von Hindu-Göttern aus Sukhothai.
Saal 7
Nordthailändischer Stil. Buddha-Bildnisse des Ersten und des Zweiten Stils, Votivbilder und Kunstgewerbe.
Saal 8
Sukhothai-Stil. Darunter ein für den Stil typischer ›Schreitender Buddha‹. Terrakotten aus Sawankhalok.
Saal 9
Plastiken aus Lopburi, Suphanburi, Sankhaburi und Ayuthia.
Saal 10
Ayuthia-Stil. Buddha-Statuen, Bücherschränke, Statuetten.
Saal 11
Einrichtung der frühen Bangkok-Zeit.

Wat Jetubon
Der größte und wohl auch älteste Tempel Bangkoks ist Wat Jetubon, das unter dem Namen Wat Bodharam (›Tempel des Bodhibaums‹) bereits im 16. Jahrhundert gegründet worden sein soll. Von diesem alten Tempel leitet sich wahrscheinlich die volkstümliche Bezeichnung ›Wat Po‹ her (Farbt. 8–10).

Beinahe 8 ha nimmt die Gesamtanlage ein, wovon für den Touristen freilich nur der nördliche Teil mit den Sakralbauten wirklich interessant ist. Der südliche umfaßt die Wohnstadt der Mönche, die moderne Bibliothek, die Pali-Schule, Residenz- und Bürogebäude des Patriarchen u. ä.

Bald nachdem Rama I. Bangkok zur Hauptstadt gewählt hatte, begann er mit der Erneuerung des Klosters, das er Wat Jetubon benannte (1781–1801). Sein Enkel Rama III. restaurierte die Gebäude abermals, wobei er das Wat, in der Absicht, ein Zentrum des Wissens für alle Volksschichten zu schaffen, erheblich erweitern ließ. An den Wänden sämtlicher Bauten wurden Bilder und Texte angebracht, in denen die überlieferten Kenntnisse auf allen möglichen Gebieten festgehalten waren. Es gab Auszüge aus den Jatakas, Aufzählungen der Inkarnationen Vishnus, Listen von Buddhas Fußspuren und Reliquien, Kataloge der Würdenträger des siamesischen Mönchsordens, eine Liste der Provinzen und Tributärstaaten des Königreichs, Abhandlungen über Astronomie und Zeichendeutung, Erläuterungen zeitgenössischer literarischer Werke, anatomische Tabellen, Abhandlungen über medizinische Themen. Die Metrik der klassischen Thai-Dichtung veranschaulichten Gedichte weltlichen Inhalts, fremde Nationen waren abgebildet und beschrieben. Von der ganzen Enzyklopädie ist das meiste im Laufe der Zeit zerstört worden,

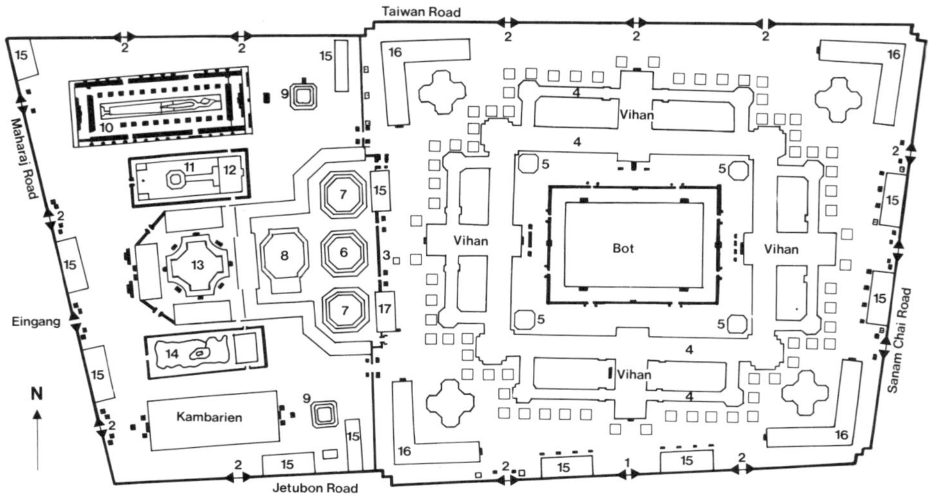

Bangkok, Wat Jetubon 1 Haupteingang 2 Geschlossene Tore 3 Linga 4 Umgänge (Rabieng) 5 Prang 6 Chedi Ramas I. 7 Chedis Ramas III. 8 Chedi Ramas IV. 9 Glockentürme 10 Vihan Phra Non (Ruhender Buddha) 11 Bodhi-Baum 12 Apitamm-Schule 13 Bibliothek (Ho Trai) 14 Schildkrötenreich 15 Sala 16 Eck-Vihane 17 Medizinischer Pavillon

selbst die Bilder in den Vihan und im Bot befinden sich in schlechtem Zustand. Einige Rishi-Figuren, von denen ursprünglich mindestens zwanzig Übungen zur Körperbeherrschung demonstrierten, hat die Renovierung eher verdorben als verbessert.

Die Klostermauer hat sechzehn Tore, von denen in der Regel nur zwei, eins auf der West-, eins auf der Südseite geöffnet sind; gewöhnlich wird von Touristen der Eingang im Süden an der Jetubon Road benutzt.

Man kommt zuerst in den östlichen großen Hof, in dem das Hauptheiligtum mit seinen doppelten Galerien liegt. Ringsum reihen sich mehr als siebzig kleine, reich mit Scherbenmosaik verzierte Chedis, die dem Hof zusammen mit den zwischen ihnen angelegten Miniaturgärten das charakteristische, oft fotographierte Aussehen verleihen. Vier Vihan unterbrechen die Doppelgalerie an den Kardinalpunkten. Neben ihnen befinden sich die Zugänge zum Innenhof, den man über die malerischen, schmalen Zwischenhöfe erreicht. Serienweise sitzen fast identische Buddha-Figuren auf langen Estraden vor den Wänden der Wandelgänge, wie es in den Klöstern Thailands allgemein üblich ist (Farbt. 10). Übrigens hat man in letzter Zeit entdeckt, daß sich die Originalbildnisse in manchen Fällen nicht glichen, erst bei der Aufstellung wurde den in unterschiedlichen Stilen ausgeführten Buddhas – meist waren sie aus zerstörten Klöstern gerettet worden – durch Überarbeiten mit Stuck die stereotype Optik gegeben. Mehrfach konnten unter den uniformen Masken schöne Statuen in Lopburi- oder Ayuthia-Stil freigelegt werden.

Wegen seiner ausgewogenen Proportionen und künstlerischen Dekorationen gilt der Bot als ein Juwel thailändischer Baukunst. Bronzelöwen bewachen die Stufen zur Marmorplattform, die das Gebäude trägt. Am Sockel ist eine Folge von Marmorreliefs angebracht, die aufgrund ihrer durchgearbeiteten Komposition zu Recht gerühmt werden. Jede der 152 Platten illustriert im klassischen Stil eine andere Szene des Ramakien (Abb. 105). Man hat vermutet, daß sie aus einem der verwüsteten Tempel Ayuthias stammen, weil dort vergleichbare Reliefs gefunden worden sind, aber neueste Untersuchungen unterstützen die Annahme, daß es sich um Meisterwerke der Zeit Ramas III. handelt. (Abreibungen der Reliefs werden allenthalben angeboten.)

Die geschnitzten, vergoldeten Fensterläden und die herrlichen mit Perlmutt eingelegten, massiven Teakholztüren (Abb. 104), Prachtstücke dekorativer Kunst, sollte man aus nächster Nähe eingehend bewundern.

Auch das Innere des Bot beeindruckt durch seine kostbare Ausstattung nicht weniger als durch die Höhe des Raumes, dessen Decke mächtige Teakholzpfeiler tragen.

Den östlichen und den westlichen Hof trennt eine Mauer, zwischen ihr und dem zum Bot gehörigen Westvihan hat sich eine brahmanische Linga-Weihestätte erhalten. Gleich daneben befindet sich der Pavillon der Vereinigung der Alten Medizinischen Schule Thailands, in dem einschlägige Literatur (auch in englischer Sprache) und Heilmittel verkauft werden. Im Neubau links davon sind die Büros der Vereinigung, die in den letzten Jahren viele Anhänger gewonnen hat, eingerichtet.

Ungefähr in der Achse des Bot schließt sich, in den westlichen Hof hineinragend, ein durch Galerien umgrenzter Bereich an, den vier hohe Chedis fast ausfüllen. Das mittlere, grün dekorierte (Farbt. 9), errichtete Rama I. über den Trümmern einer Buddha-Statue aus Wat Si Sanphet (Ayuthia). Es wird von zwei ähnlichen, gelb-braunen flankiert, die Rama III. für seinen Vater und sich selbst stiftete. Das vierte, mit leuchtend blauen Kacheln überzogen, stammt von Rama IV.

Wenn man Glück hat, findet man einen Durchgang zum kleinen Bibliothekshof offen; da seine Portale zum westlichen Hof meistens fest verschlossen sind, ist dies der einzige Weg, an die alte Bibliothek (Ho trai) näher heranzukommen (Abb. 106). Buntes Scherbenmosaik bedeckt den ganzen oberen Teil des Gebäudes – Prasatdach, Ziergiebel, Vorhallendächer –, nach unten klingt die Farbenfülle in lockeren Ornamenten zum weißen Baukörper aus. Fensterläden und Türflügel schmücken hübsche Schwarz-Goldlackmalereien.

Zwei Eingänge verbinden den östlichen mit dem westlichen Hof, der nördliche führt direkt auf den Vihan Phra Non, den ›Vihan des liegenden Buddha‹, zu. Daß dies ein besonders gern besuchter Bau ist, beweisen Dutzende von Souvenirständen, die Fremde wie Einheimische zum Kauf locken.

Rama III. ließ das Gebäude zum Schutz der ebenfalls von ihm in Auftrag gegebenen Kolossalfigur (46 m lang, 15 m hoch) erbauen. Der aus Backstein gemauerte, mit Stuck modellierte, schließlich mit Blattgold bedeckte Gigant symbolisiert das Hinübergleiten Buddhas ins Nirvana. Es ist unmöglich, von dem engen Gang aus, in dem man die Figur umschreiten kann, einen Gesamteindruck zu gewinnen; recht interessant sind die hundertacht mit Perlmutt eingelegten heiligen Kennzeichen des wahren Buddha auf den Fußsohlen (Farbt. 8).

Die übrigen Gebäude im westlichen Hof besitzen nichts besonders Bemerkenswertes, aber man stößt beim Umherstreifen auf manches Kuriosum, z. B. den ›Sradau‹, einen Schildkrötenteich, in dem sich bizarre Felsgruppen spiegeln. Zahlreiche Steinfiguren im chinesischen Stil finden sich in allen Höfen: Dämonen, Ungeheuer oder treffend charakterisierte Kaufleute, Soldaten und Hofdamen.

Wat Rajabopit und Wat Rajapradit

Nicht weit vom Großen Palast entfernt findet man zwei Tempel, die, von Touristen wenig beachtet, doch einen Besuch verdienen.

Das kleine *Wat Rajapradit* baute König Mongkut für den Kronprinzen, der damals den unmittelbar benachbarten Saranrom-Palast bewohnte, in dem jetzt das Außenministerium untergebracht ist. Das Bemerkenswerteste an diesem Tempel ist das Suchen nach neuen künstlerischen Ausdrucksformen, das sich darin zeigt, daß Elemente verschiedenster Stile aufgegriffen werden. Eklektizistische Tendenzen werden in vielen Details spürbar, am auffälligsten an den beiden modifizierten Khmer-prasat rechts und links vom Vihan, die sich an den ›Gesichtertürmen‹ des Bayon (Angkor) orientieren. Sehr sehenswerte Gemälde schmücken die Innenwände des Vihan; in der Art der europäischen naiven Malerei wird hier versucht, den thailändischen Stil mit moderner Perspektive zu vereinen. Ungewöhnlich ist zudem die Themenwahl; die königlichen Zeremonien der zwölf Monate werden in detailgetreuen Bildern vorgeführt. Fensterläden und Türflügel beweisen erneut den hohen Stand des Kunsthandwerks jener Zeit.

Im Mittelpunkt von *Wat Rajabopit* steht ein mit goldgelben Ziegeln verkleidetes Chedi, das von einer kreisrunden Galerie umgeben ist. Vier hohe Hallen, Bot und Vihan im Osten bzw. Westen, zwei Torbauten im Norden und Süden, durchbrechen den Ring. Damit wird die Konzeption des Phra Pathom Chedi aufgenommen, aber der Gesamteindruck ist völlig anders. Einmal wegen der veränderten Proportionen – während sich dort die Nebengebäude dem riesigen Chedi absolut unterordnen, ist hier Gleichwertigkeit aller Teile angestrebt – zum anderen wegen der unterschiedlichen Verwendung der dekorativen Elemente. Im Gegensatz zum sparsamen Bauschmuck von Phra Pathom Chedi ist Wat Rajabopit verschwenderisch ausgestattet. Alle Wände bedecken handgemalte Fayencekacheln, nirgends ist mit Vergoldung, Schnitzerei und plastischen Mosaiken gespart, trotzdem wirkt der Komplex nicht überladen. Vielmehr verschmelzen die Einzelheiten zu einer glitzernden Farbigkeit, die den Reiz des Tempels ausmacht (Abb. 102).

Von den vielen beachtenswerten Details seien die Türen des Bot hervorgehoben, auf denen in Perlmutteinlegearbeit die fünf Rangstufen der Orden des Königreichs abgebildet sind.

Die Innenräume von Bot und Vihan ließ König Chulalongkorn, von europäischen Ideen begeistert, im Stil der italienischen Gotik herrichten.

Wat Benchamabopit

Wat Benchamabopit ist der jüngste, kunstgeschichtlich bedeutsame Tempel Bangkoks, zugleich eins der schönsten Beispiele neuerer thailändischer Architektur. An Stelle eines älteren Heiligtums, das wegen der Erweiterung des Dusit-Palastes abgerissen werden mußte, ließ König Chulalongkorn 1899 das neue Kloster anlegen. Mit dem Entwurf des Hauptbaues beauftragte er seinen Halbbruder Prinz Naris, dem es gelang, eine glückliche Synthese von Neuem und Alten zu finden.

Obwohl der Tempel auf den ersten Blick den Eindruck eines typischen Thai-Heiligtums macht, unterscheidet er sich in vielen Punkten von klassischen Vorbildern. Bereits der Grundriß ist ungewöhnlich, indem sich an die Seitenflügel des kreuzförmigen Bot eine quadratische Galerie anschließt. Der Eingangshalle des Bot entspricht auf der Rückseite zum Innenhof hin eine ebensolche Halle, die eine Nische mit einer großen Buddha-Statue akzentuiert. Die Bai Sema, sonst deutlich sichtbar rund um den Bot plaziert, sind teils im Marmorfußboden, teils in der vorderen Balustrade verborgen. Statt des weißen Anstrichs ist der ganze Bau mit Marmorplatten aus Carrara verkleidet. Im Oberteil der spitzbogigen Fensteröffnungen sind farbige Glasscheiben eingesetzt, nur die unteren Abschnitte lassen sich in traditioneller Weise mit Läden verschließen, die mit Bronzereliefs geschmückt sind. Als Hauptkultbild wählte König Chulalongkorn eine Replik des berühmten Phra Buddha Jinarai, dessen Original der Stolz des Wat Mahathat in Phitsanulok ist.

Eine Sammlung von Buddha-Bildnissen, Originale und Kopien, aus allen Kunst-Perioden Thailands, die im Wandelgang aufgestellt ist, wird durch Repliken bekannter Buddhas aus anderen Ländern ergänzt. Sockelinschriften in englischer Sprache bezeichnen die Originale.

Zwei herrliche Mon-Buddhas stehen, vor Dieben durch Eisengitter geschützt, in Nischen an der äußeren Südecke der Galerie, eine Statue im Ayuthia-Stil und einen besonders schönen Buddha der Amaravati-Epoche sieht man in den Nischen der Nordecke.

Jenseits eines Wassergrabens, in dem Hunderte von Schildkröten leben, gibt es mehrere schöne, alte Häuser, die man sich ansehen sollte. Die beiden ganz links wurden vom Großen Palast hierher verbracht; das eine, das König Chulalongkorn 1873 einige Zeit als Mönch bewohnte, enthält Wandbilder von 1905, die Episoden aus dem Leben des Königs illustrieren.

Wat Sutat

Wat Sutat, einer der wichtigsten königlichen Tempel Thailands, ist wegen seiner beiden, ungewöhnlich großen Sakralgebäude sehenswert.

Der Vihan, der, auf einem hohen Sockel stehend, den zugehörigen Wandelgang überragt, gilt als eins der vollkommensten Bauwerke der Bangkok-Zeit (Farbt. 14). Er ist unter Rama I. eigens für den Phra Buddha Si Shakyamuni, den der König aus den Ruinen des Wat Mahathat in Sukhothai holte, begonnen, aber erst unter Rama II. vollendet worden. Fast quadratisch, erhebt er sich auf einem zweistufigen Unterbau, auf dessen unterem Absatz achtundzwanzig chinesische Steinpagoden, an den Ecken des oberen vier offene Sala stehen. Die herabschwingenden Dächer des Hauptbaus und der Vorhallen werden von Säulenreihen gestützt. Das Weiß der Wände kontrastiert wirkungsvoll mit den kräftigen Farben und dem Goldschmuck der ornamentierten Zonen. Von den geschnitzten Türfüllungen, Glanzstükken der dekorativen Kunst Thailands, wird behauptet, daß sie unter Anleitung Ramas II. entstanden seien, ja, daß der Herrscher eigenhändig einen Türflügel geschnitzt habe (Abb. 108). Details der Dekorationen spiegeln den Einfluß chinesischer Kunst, der bei den Plastiken und Schreinen im Hof ebenfalls deutlich erkennbar ist (Farbt. 7, Abb. 110).

Mit Jataka-Szenen bemalte, viereckige Pfeiler teilen den Innenraum in drei Schiffe; an den Wänden sind ebenfalls Episoden aus früheren Existenzen Buddhas dargestellt.

Alles beherrschend thront der kolossale Phra Buddha Si Shakyamuni auf hohem Podest; seine ruhige Würde macht die Verehrung verständlich, die ihm entgegengebracht wird. Die vergoldete Bronzefigur ist eins der schönsten Buddha-Bildnisse im Sukhothai-Sil. Die Datierung schwankt zwischen 14. und 15. Jahrhundert.

Eine Galerie schirmt den Vihan, einen stillen Hof bildend, gegen die Außenwelt ab.

Südlich hinter der Galerie ließ Rama III. 1839–1843 quer zur Achse des Vihan einen außerordentlich großen Bot (ca. 72 × 22 m) errichten. Beide Absätze seines Unterbaus umgeben Balustraden, die bei dem unteren von acht Tabernakeln für die Bai Sema und acht zwischen diesen angeordneten Marmorkanzeln unterbrochen werden. Die Proportionen des Bot, der einen umlaufenden Säulengang besitzt, sind weniger glücklich als die des Vihan, der Bau erscheint übermäßig in die Länge gezogen. Sein stützenfreier Innenraum beeindruckt durch die Weite, die dem monumentalen Buddha Phra Trai Lokachet volle Geltung verschafft. Vor ihm ist eine Gruppe von achtzig lebensgroßen Buddha-Jüngern um den Meister versammelt. Mit ihrem naturalistischen Anstrich in gelber, brauner, schwarzer und weißer Hautfarbe wirken sie für europäische Augen deplaziert.

Schöne Wandbilder aus der 1. Hälfte des 19. Jahrhunderts, die trotz einiger Restaurierungen recht gut erhalten sind, verdienen eingehende Betrachtung. Zwischen den Fenstern sieht man ›Schweigende Buddhas‹ (Pacceka-Buddhas), die nach ihrer Erleuchtung nicht auf Erden lehren können, in ihrem Lebensbereich, dem mythischen Himalaya, in dem sich die wunderbaren Orte der brahmanischen Kosmologie befinden. Themengleich zeigen die Fensterläden innen in Schwarz-Gold-Lackmalerei das hinduistische Pantheon. In den Ecken werden Episoden aus dem Ramakien aufgegriffen. Die Darstellungen darüber bringen den Lebensweg Buddhas in den kanonischen Szenen. Gegenüber dem Kultbild füllt die ›Überwindung Maras‹ (Maravijaya) die ganze Wandfläche.

Bot und Vihan umschließt eine äußere Umfassungsmauer mit zehn Toren, von denen meistens nur eins auf der Ost- und eins auf der Westseite geöffnet ist. Im Süden grenzt an den Bereich der Sakralbauten die Wohnstadt der Mönche an.

Suan Pakkad-Palast

Vor etlichen Jahren wurde der Stadtpalast der Prinzessin Chumbot von Nagara Svarga in Bangkok zum Museum umgestaltet. Fünf luftige Holzhäuser auf Pfählen, die Plattformen untereinander verbinden, bilden den Wohnkomplex. Einrichtungsgegenstände aus dem Besitz der Prinzessin beleben die Räume, so daß man eine Vorstellung von traditioneller thailändischer Wohnkultur gewinnt. Darüber hinaus sind in den Zimmern hervorragende Kunstwerke ausgestellt, u. a. ein großartiger Frauentorso (Uma?) im Khmer-Stil. Ein Seitengebäude enthält eine Sammlung sehr schöner Ban Chieng-Keramik.

Hauptanziehungspunkt des Palastes ist jedoch der sogenannte ›Lackpavillon‹, der aus Teilen zweier verfallener Gebäude (aus Wat Ban Kling, zwischen Bang Pa In und Ayuthia am Menam) zusammengesetzt und hier in einem bezaubernden Garten wieder aufgebaut worden ist. Der Pavillon besteht aus einem Mittelraum mit umlaufender Galerie, alle Wände bedecken Schwarz-Gold-Lackmalereien, die in fortlaufenden Bildern Episoden aus dem Buddha-Leben und dem Ramakien illustrieren. Abgesehen von der bewunderungswürdigen Flächenaufteilung entzücken sie durch köstliche Szenen aus dem Volksleben, die das Hauptthema bereichern. Einzelheiten wie Blumen, Bäume, Trachten, aber auch Landschaften und Gebäude sind mit vollendeter Meisterschaft dargestellt. Mit besonderer Liebe werden Tiere und Menschen geschildert, in Bewegung, Körperform und Mimik scharf beobachtet, sind sie treffend charakterisiert. Die Genauigkeit der Wiedergabe macht das Kunstwerk außerdem zu einem wertvollen Zeitdokument.

Am Eingang des Palastes kann man ein Heftchen kaufen, das zu allen Ausstellungsstücken und zum Lackpavillon die notwendigen Erklärungen bietet.

Jim Thompsons Thai-Haus

Ähnlich dem Suan Pakkad-Palast ist das Wohnhaus des Amerikaners Jim Thompson, der nach dem Zweiten Weltkrieg die thailändische Seidenweberei wiederbelebte, der Öffentlichkeit an einigen Wochentagen (z. Z. montags und donnerstags 9–12 Uhr) zugänglich. Sieben traditionelle Thaihäuser, mit großem Feingefühl modernen Wohnbedürfnissen angepaßt, wurden in einem dschungelartigen Garten errichtet. Alte und neue Möbel im Verein mit kostbaren Kunstgegenständen schaffen eine Atmosphäre stilvollen Wohnens.

Kamthieng-Haus

Ein bürgerliches Wohnhaus, wie es um die Jahrhundertwende in Thailand gebräuchlich war, ist das Kamthieng-Haus, das im Garten der Siam Society steht. Einrichtungsgegenstände und Arbeitsgeräte dieser Epoche sind in den Räumen bzw. zwischen den Pfählen, die das Haus tragen, aufgestellt. Die Siam Society, 1904 gegründet, widmete sich anfangs nur der ethnologischen Forschung in Thailand; inzwischen hat sie ihr Programm auf Naturwissenschaften und Archäologie ausgeweitet. In ihren Veröffentlichungen, die man in der Bibliothek des Hauptgebäudes kaufen kann, kommen namhafte Wissenschaftler aus vielen Ländern zu Wort.

Thonburi

(s. auch S. 389)

Wat Arun

Am rechten Ufer des Menam, gegenüber dem Großen Palast, ragt der Prang des Wat Arun weithin sichtbar empor. Obwohl in Thonburi gelegen, wird er gern als Wahrzeichen Bangkoks bezeichnet (Farbt. 13).

Im allgemeinen wird der ›Tempel der Morgenröte‹ vom Fluß her besucht, die Touristenboote landen dann direkt an den Stufen des Wat (gleich neben dem Tempelbezirk befindet sich auch eine Haltestelle des öffentlichen Bootsverkehrs, so daß man schnell hinübergelangen kann). Vorbei an zwei kleineren Vihan kommt man in den eingezäunten Hof, der den komplex des Prang umgibt. Das Monument versinnbildlicht das buddhistische Weltbild. Im Zentrum erhebt sich der Berg Meru, der stufenweise aufsteigt bis zur Residenz Indras, dessen grüne Gestalt auf dem weißen Elefanten Erawan in den Nischen des oberen Schreins erscheint. Vier weniger hohe, flankierende Türme stellen die Berge der Himmelsrichtungen dar, auf denen Sonne, Mond und Sterne zusammen mit den vier Großkönigen residieren. In diese, im Grunde brahmanische, Weltschau werden Leben und Wirken Buddhas hineinkomponiert: Vier Mondop zwischen den Ecktürmen zeigen die wichtigsten Stationen seines Lebens, Geburt, Erleuchtung, erste Predigt, Eingehen in das Nirvana.

Mit dem Bau des Prang wurde 1792 unter Rama II. begonnen; da sich bei der Fundamentierung der gewaltigen Baumasse im unstabilen Grund des Flußufers aber ungeahnte Schwierigkeiten ergaben, konnte er erst unter Rama III. vollendet werden. Devadas, Yakshas und Ling (Affen) tragen die einzelnen Geschosse der Türme; Blumenmuster und geometrische Ornamente, die aus bunten Porzellan- oder Keramikscherben zusammengesetzt sind, überziehen sämtliche Bauteile. Durch diese Technik erhält der Prang einen schimmernden Glanz, der seinen Teil zur Wirkung des Ganzen beiträgt (Farbt. 11, Abb. 112).

Unter dem Namen Wat Arun hatte Phaya Taksin das alte Wat Cheng als Kapelle für seinen Palast herrichten lassen, den er in unmittelbarer Nachbarschaft baute, als er Thonburi zur Hauptstadt wählte. Erst nach der Verlegung der Residenz auf die andere Flußseite zogen wieder Mönche in Wat Arun ein. Das Kloster mit Mönchswohnungen und Sakralbauten liegt neben dem Prang; Vihan, Chedi, Mondop mit Fußspur stammen von Rama III., der die älteren Gebäude durch neue ersetzen ließ. Nur der Bot ist von König Chulalongkorn 1909 nach einem Brand wiederhergestellt worden (Abb. 111); leider ist die Galerie, die ihn umgibt, nur selten geöffnet, so daß man den hübschen Bau nicht betrachten kann. Wie ein Symbol der Besucherfeindlichkeit stehen zwei riesige Dvarapala (Türhüter) mit schreckeinflößenden Dämonenmasken vor dem Portal (Farbt. 12).

Bis heute genießen die Mönche des Wat Arun das Privileg beim Thot-Kathin-Fest vom König selbst die gelben Gewänder zu empfangen. Eine großartige Prozession prachtvoller Barken geleitete früher den Monarchen über den Fluß zum Wat, aber die Fahrt der schmalen, schwer zu manövrierenden Boote ist mit so vielen technischen Schwierigkeiten verbunden, daß seit mehr als zehn Jahren auf das Schauspiel verzichtet worden ist. ›Si Suwannahong‹ (›der mythische Schwan‹) und ›Naga‹ (›die mythische Schlange‹), die beiden prächtigsten Barken, kann man zusammen mit einigen anderen in ihrem Schuppen am Klong Bangkok Noi besichtigen.

Thonburi besitzt Dutzende von altertümlichen Tempeln, die man mit Gewinn besichtigen könnte; drei seien wegen ihrer Besonderheiten aus der Menge herausgehoben.

Wat Suwannaram

Die Hauptattraktion von Wat Suwannaram bilden die Wandgemälde des Bot, man sollte aber darüber nicht die Architektur von Vihan und Bot, die von Rama I. erbaut und von Rama III. restauriert wurden, unbeachtet lassen. Beim Bot bestechen die ausgewogenen Proportionen und die Eleganz der geschwungenen Dächer, die Eigenart des kleineren Vihan sind die quer zur Achse des Gebäudes laufenden Dächer der Vorhallen. Sehr geschmackvoll wirken die sparsamen, farbigen Dekorationen auf dem Weiß der Mauern. Im Innern des Bot sind alle Wände mit Malereien bedeckt, deren Anordnung den zeitgenössischen Konventionen folgt. Hinter dem Altar werden die ›Drei Welten‹ gezeigt, in die Buddhas Abstieg vom Tavatimsa-Himmel eingebaut ist, die Eingangswand füllt die ›Überwindung Maras‹. Auf den Seitenwänden sind zwischen Fenstern und Türen zehn Jatakas illustriert, darüber sieht man vier Register himmlischer Adoranten, ganz oben schließlich Motive aus dem mythischen Himalaya. Zwei berühmte Meister haben in diesen Bildern ihre Kunst vorgeführt, Khru Thong Yu (Luang Wichit Chetsada) und der Chinese Khru Khong Pe; ihre unterschiedliche Darstellungsweise springt ins Auge. Den strengeren, mehr der Tradition verhafteten Bildern des einen stehen die fast lyrischen Kompositionen des anderen gegenüber. Es dürfte schwer fallen, einem von beiden höhere künstlerische Qualität zuzuerkennen. Man sollte sich bei der Betrachtung Zeit nehmen, um die reizenden Details und die Feinheit der Pinselführung richtig würdigen zu können.

Wat Dusitaram (Wat Saoprakan)

Wat Dusitaram ist ein altes Kloster, das, von Rama I. wiederaufgebaut, durch die Renovierung Ramas III. sein heutiges Aussehen erhielt. Die Architektur der Gebäude liegt ganz auf der Linie der damaligen Zeit, ohne irgend etwas Bemerkenswertes zu bieten. Anreiz zu einem Besuch geben die Wandbilder, mit denen der Innenraum des Bot geschmückt ist. Das Dekorationsprogramm entspricht im wesentlichen dem von Wat Suwannaram, nur sind hier an Stelle der Jataka-Illustrationen zwischen Türen und Fenstern Episoden aus dem Leben Buddhas wiedergegeben. In der Qualität der Ausführung und dem Einfallsreichtum der Details stehen die Gemälde denen von Wat Suwannaram kaum nach.

Die Zufahrtsstraße zu Wat Dusitaram führt an zwei Vihan im Ayuthia-Stil vorbei, die derzeit vom Fine Arts Department renoviert werden; ehemals gehörten sie zu dem verfallenen Wat Phumarin Ratchapaksi. Auffallend deutlich ist bei ihnen die Biegung des Sockels zu sehen, die für viele Ayuthia-Bauten bezeichnend ist (Abb. 114).

Wat Ratcha Orot

Wat Ratcha Orot (Abb. 113) liegt am Klong Da, nicht weit von der Zone des ›Schwimmenden Marktes‹ entfernt. Es wurde von Rama II. erbaut, aber von Rama III. anläßlich einer Restauration weitgehend verändert, wobei die Vorliebe des Königs für den chinesischen Stil voll zum Tragen kam. Den Dächern von Bot und Vihan fehlen die schwungvollen, thailändischen Firstdekorationen, die viereckigen Pfeiler der Vorhallen haben keine Kapitelle. Noch fremder erscheinen die Wandbilder des Bot, die auf figürliche Szenen verzichten und in chinesischer Manier Flächendekorationen bringen, kombiniert mit perspektivisch gezeichneter Architektur, deren Interieur mit Liebe zum Detail dargestellt ist.

Bang Pa In

Am Menam, einige Kilometer südlich von Ayuthia, liegt Bang Pa In, die ehemalige Sommerresidenz der Könige von Thailand, das von Touristen gern besucht wird.

König Prasat Thong (1629–1656), der Gründer einer neuen Dynastie, der anscheinend in der Gegend von Bang Pa In geboren wurde, legte sich auf der Insel eine Sommerresidenz an. Seine Nachfolger behielten lange die Gewohnheit bei, während der heißen Jahreszeit mit ihrem Hof dorthin zu ziehen. Nach dem Fall Ayuthias, dem die Verlegung der Hauptstadt nach Bangkok folgte, verfiel das Schloß, es lag zu weit abseits des Regierungssitzes. Erst König Mongkut, zu dessen Lebzeiten Dampfschiffe aufkamen, die eine schnelle Reise ermöglichten, entdeckte Bang Pa In wieder.

Die heutige Anlage stammt aus der Zeit König Chulalongkorns, ein Park mit hübschen Seerosenteichen, in dem eine Anzahl Baulichkeiten verteilt sind. Eigentlich ist die Benennung ›Palast‹ irreführend; wer ein repräsentatives Anwesen erwartet, wird sich enttäuscht finden, die Gebäude gleichen eher großbürgerlichen Villen als einem königlichen Schloß. Als zeitgeschichtliches Dokument ist der Komplex aufschlußreich, da die unterschiedlichen Stilrichtungen der Einzelbauten das weltoffene Interesse des Monarchen reflektieren, besonders seine Vorliebe für westliche Architektur. Dessenungeachtet spricht der Pavillon in reinem Thai-Stil (Aisawan Thi Phaya At), auf den man zuerst stößt, unsere Augen am meisten an. Mitten im See stehend, gibt er, durch sein Spiegelbild im Wasser verdoppelt, ein attraktives Fotomotiv ab (Farbt. 15).

Am Ufer desselben Teiches liegt das Varophat Phiman (1876), das Thronhalle und Wohnräume des Königs enthält. Der europäische Stil des Hauses erinnert ein wenig an italienische Schlösser, freilich in bescheidenen Dimensionen. Empfangshalle und Vorräume schmücken Ölgemälde, die wichtige Begebenheiten der thailändischen Geschichte oder Szenen aus der Thai-Literatur illustrieren. Ein gedeckter Brückengang grenzt den äußeren vom inneren Palastbezirk ab. Er verbindet das Varophat Phiman mit einer halbrunden Halle, dem Thewarat Khanlai Gate, das den Haupteingang zum Inneren Palast bildet. Hohe Bogentüren öffnen sich auf die Terrasse, von der Stufen zum See hinunter führen.

Zwei Gebäude des Äußeren Bezirks sind noch erwähnenswert: ein großes zweistöckiges Haus im Kolonialstil, das 1879 für die Brüder des Königs gebaut wurde (Saphakhan Ratchaprayun) und ein Schrein in Form eines Khmer-Prasat, über den sich ein alter Banyanbaum ausbreitet. König Chulalongkorn hat ihn 1880 dem Andenken des Königs Prasat Thong von Ayuthia gewidmet.

Im Inneren Palastbezirk befinden sich in der Gartenanlage verstreut mehrere Wohngebäude der königlichen Familie. An der Ostseite des Sees steht der Uthayan Phumisathian-Palast, ein zweistöckiger Holzbau, dessen Stil offenbar von zeitgenössischen Schweizer Chalets inspiriert wurde. Das 1877 erstellte Gebäude, bevorzugter Wohnsitz König Chulalongkorns in Bang Pa In, war 1938 völlig niedergebrannt. Nur der Wasserturm mit gotischen Stilelementen und die Plattform aus Backsteinen blieben erhalten. 1989 hat man den Bau originalgetreu rekonstruiert.

Der Aussichtsturm Ho Withun Thasana bietet einen weiten Blick über das Land. Sehenswert ist der Vehat Chamrun-Bau (1889), eine prächtige Villa, die die chinesische Gemeinde Bangkoks dem König stiftete. Sämtliches Baumaterial und die gesamte Inneneinrichtung, alles erstklassige Handwerksarbeit, wurden aus China herbeigeschafft. Einige zweistöckige Villen im europäischen Jahrhundertwendestil waren für die Damen des Hofes bestimmt. Zwei Denkmalobelisken erinnern an Unglücksfälle, bei denen 1881 eine Königin und 1887 eine Prinzessin mit ihren drei Kindern im Menam ertranken.

Außerhalb der Parkmauer, auf einer Insel, gründete König Chulalongkorn ein Kloster für den Dhammayutika-Orden, dessen Bot im neugotischen Stil ein Kuriosum darstellt.

Phra Buddha Bath

Als eins der schönsten Beispiele thailändischer Architektur wird das Mondop von Phra Buddha Bath, eine Wallfahrtsstätte, die zwischen Saraburi und Lopburi am Rand einer Hügelkette liegt, angesehen. Wenn man Lopburi besichtigt, läßt sich der Abstecher – es sind nur 17 km – leicht mit einplanen. König Rama I. ließ das Mondop über einer besonders heiligen Fußspur Buddhas als Ersatz für ein von den Burmesen zerstörtes Heiligtum errichten. Es sind die Proportionen und die Eleganz des Baues, die hauptsächlich seinen Ruhm begründen, aber auch die prächtige, in den Farben harmonisch abgestimmte Dekoration trägt ihren Teil dazu bei. Glasmosaik überzieht alle Außenwände und die schlanken Säulen, die den Schwung des Daches auffangen; wunderschöne Perlmutteinlegearbeit schmückt die Türflügel.

Der Innenraum ist mit einer Silbermatte ausgelegt; in der Mitte befindet sich die fast 2 m lange Fußspur, vollständig mit Goldplättchen, Opfergaben der Andächtigen, bedeckt.

Das Mondop steht auf halber Höhe am Berghang auf einer Terrasse, zu der eine Treppenflucht hinaufführt. Eine Reihe schöner Bronzeglocken an ihrem Rand sind Weihegeschenke von Gläubigen; wenn man sie anschlägt, soll ihr Klang die Gebete zu den Himmlischen tragen. Ringsum bis hinauf zum Gipfel sind Chedis, Kapellen und Mönchswohnungen errichtet worden, darunter, etwa auf der Höhe des Mondop, ein Bot und ein kleines Museum. Es lohnt sich, auf die Höhe des Hügels hinaufzusteigen, um den Blick auf das Heiligtum und die Landschaft zu genießen.

Nakhon Pathom, Phra Pathom Chedi

(s. auch S. 386)

Zweifellos das monumentalste Bauwerk der Bangkok-Periode ist das *Phra Pathom Chedi,* das König Mongkut nach dem Vorbild der glockenförmigen Chedis von Ayuthia aufrichten ließ (Farbt. 25). Anlaß der Stiftung war die Erkenntnis, daß der Buddhismus von diesem Ort

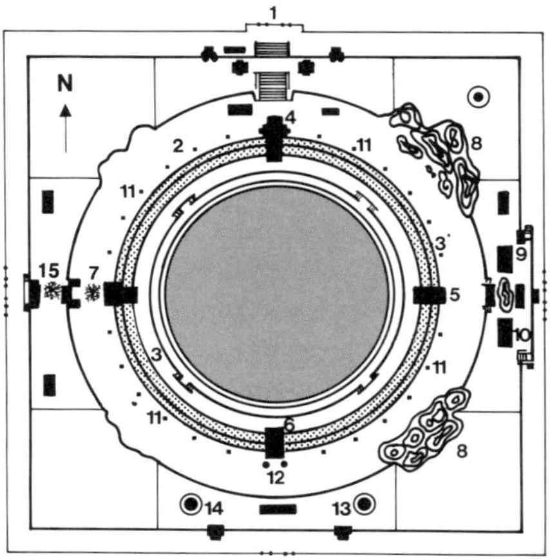

Nakhon Pathom, Phra Pathom Chedi
1 *Haupteingang*
2 *Obere Terrasse*
3 *Galerie*
4 *Nord-Vihan*
5 *Ost-Vihan*
6 *Süd-Vihan*
7 *West-Vihan*
8 *Miniaturgebirge*
9 *Museum*
10 *Bot*
11 *Glockentürme*
12 *Chinesische Öfen*
13 *Replik des Originalstupa*
14 *Modell des Chedi von Nakhon Si Thammarat*
15 *Bodhi-Baum*

ausgehend in Thailand verbreitet worden ist. Über der Geschichte des Platzes liegen so gut wie keine wissenschaftlich gesicherten Fakten vor; der Lokaltradition zufolge bestand vor ca. 2000 Jahren an der Stelle des heutigen Nakhon Pathom eine volkreiche Stadt, die Zentrum eines bedeutenden Königreichs war. Im allgemeinen wird angenommen, daß es sich um die Metropole des Mon-Staates Dvaravati handelt, aber über ihren Namen gehen die Meinungen auseinander. Dagegen haben Grabungen der letzten Jahrzehnte bestätigt, daß hier ein kultureller Mittelpunkt gelegen hat. An mehreren Punkten kamen Gebäudesockel und plastischer Bauschmuck von beachtlicher Qualität, die dem 6. Jahrhundert zugehören, ans Licht. Da sie ziemlich weit voneinander entfernt sind (Wat Phra Gnam, Wat Chula Phranom, Wat Sai, Wat Phra Men), muß man mit einer erstaunlichen Ausdehnung der frühen Siedlung rechnen.

Man nimmt an, daß die Stadt im 11. Jahrhundert zerstört wurde, ob von König Anawrahta von Pagan, wie thailändische Gelehrte entsprechend der Theorie von Prinz Damrong Rajanubhab annehmen, oder, wie westliche Wissenschaftler glauben, im Laufe der Kämpfe gegen die Khmer-Truppen Suryavarmans I., bleibt offen. Anscheinend ist aber die Heiligkeit von Phra Pathom Chedi im Bewußtsein der Bevölkerung bewahrt worden, denn das erste Monument – von seinem Aussehen wissen wir nichts – wurde irgendwann in der Zeit nach dem 11. Jahrhundert durch den Khmer-Prang ersetzt, dessen vom Urwald überwucherte Ruinen König Mongkut vorfand. Weil der Grad des Verfalls eine Restaurierung unmöglich machte, ließ der Monarch die Trümmer mit einem neuen, riesigen Chedi überbauen. Einschließlich der Terrassen wurde es 127 m hoch; damit ist es das höchste buddhistische Bauwerk der Welt, selbst die berühmte Schwedagon-Pagode in Rangun bringt es nur auf 105 m.

Die Ausführung der großzügigen Pläne nahm geraume Zeit in Anspruch, so daß erst König Chulalongkorn das Chedi fertigstellen konnte; unter seinen Nachfolgern entstanden zusätzliche Gebäude.

Von den Herrschern der Chakri-Dynastie begünstigt, die sich hier sogar eine ländliche Residenz einrichteten, nahm der Ort in der Nähe des Chedi lebhaften Aufschwung. Heute hat sich die Stadt, die den alten Namen Nakhon Pathom erhielt, rings um das Monument nach allen Seiten ausgebreitet.

Ein Gitterzaun mit Toren an jeder Seite bildet die äußere Umgrenzung des heiligen Bezirks, gleich dahinter erhebt sich die unterste, quadratische Terrasse, die eine Balustrade einfaßt. Auf ihr befinden sich eine ganze Menge kleinerer Gebäude. Wichtig ist der Bot südlich vom Ostaufgang, denn in ihm ist eine bewundernswerte Buddha-Figur in europäischer Sitzhaltung aufgestellt, ein Meisterwerk des Mon-Stiles, deren Bruchstücke zusammen mit den Trümmern von mehreren ähnlichen Skulpturen in Wat Phra Phanom gefunden wurden. In dem Vihan gegenüber dem Bot ist das alte Tempelmuseum untergebracht, das einige Stein- und Stuckplastiken im Mon-Stil besitzt.

Wertvollere Objekte, die alle in der Umgebung Nakhon Pathoms gefunden wurden, bietet das neue Museum beim Südaufgang. Besonders bemerkenswert ist ein Basrelief aus Wat Sai, das die Predigt Buddhas vor Jüngern und Asketen zeigt. Die Vitrinen enthalten interessante Stuckfragmente, im Hintergrund zieht eine Buddha-Statue die Blicke auf sich; von den Buddha-Köpfen wird ein sehr eindrucksvoller aus Terrakotta, der früher im National-Museum in Bangkok war, oft abgebildet.

Ebenfalls beim Südaufgang steht links ein Modell des Großen Chedi von Nakhon Si Thammarat, rechts eine Rekonstruktion des Prang, der unter dem jetzigen Phra Pathom Chedi begraben ist.

Den Haupteingang an der Nordseite akzentuiert eine breite Freitreppe, die auf der unteren Seite zwei Pavillons im javanischen Stil flankieren. Sie endet auf der zweiten Etage vor dem Nord-Vihan, in dessen äußerem, offenen Teil der 8 m hohe Phra Buddha Ruang Rojanarit schon von weit her zu sehen ist.

Die zweite Plattform nimmt die Rundung der Galerie um das Chedi auf. Gärtnerische Anlagen, einst als Miniaturgebirge, die den Berg Meru symbolisieren sollen, einfallsreich gestaltet, bemüht man sich soeben, wieder in Ordnung zu bringen. An vielen Stellen verbinden Treppen die beiden Ebenen miteinander. Alte, reichlich Schatten spendende Bäume, Kübelpflanzen, chinesische Steinfiguren und vierundzwanzig ringsum aufgestellte Glockentürmchen verleihen der Terrasse eigenen Zauber, der zum Ausruhen einlädt.

Den Wandelgang, der den Innenhof des Chedi ringförmig umgibt, teilt eine Zwischenwand in einen äußeren und einen inneren Gang. Ihre chinesischen ›Mondfenster‹ verschließen bemalte Holzläden; Rundbogenkolonnaden tragen auf beiden Seiten das Dach. Auch hierin zeigt sich der starke Einfluß der chinesischen Kunst im damaligen Thailand. Zwei chinesische Kamine an der Südseite werden zum Verbrennen von Weihrauch und Goldpapier benutzt (Abb. 115).

Vier Vihan durchbrechen die Galerie an den Kardinalpunkten, sie bestehen alle aus einem Innen- und einem Außenraum. Abgesehen von der äußeren Kapelle des Nord-Vihans befinden sie sich zur Zeit im Umbau. An der Renovierung des Chedi, das ganz und gar mit neuen Kacheln verkleidet werden soll, wird seit Jahren gearbeitet.

Die Bergvölker Thailands

Zunehmend gilt das Interesse der Touristen den sogenannten Bergvölkern (hilltribes), die seit etwa 150 Jahren in die nördlichen und westlichen Grenzgebiete Thailands einsickern. Es handelt sich um Stammesgemeinschaften, die nicht der thailändischen Hochkultur angehören, sondern als pfluglose Pflanzer (Hackbautreibende) ihre eigenen, primitiveren Kulturgüter bewahrt haben.

Ihre angestammte Bodenbaumethode ist der Brandrodungsbau, d. h. die zur Kultivierung vorgesehene Waldfläche wird gerodet und das Unterholz niedergebrannt, wobei die zurückbleibende Asche eine gewisse Düngung bewirkt. Aber der gewonnene Ackerboden erschöpft sich schnell; längere Brachzeiten können diese Entwicklung verzögern, jedoch nicht aufhalten. So sind die Bauern gezwungen neue Felder anzulegen. Auf den verlassenen Flächen regeneriert sich der Wald nicht, so daß lange Zeit hindurch geübte Brandrodung zur Entwaldung, schließlich zu völliger Unfruchtbarkeit des Bodens, d. h. Versteppung, führt. Infolge der wachsenden Zahl der Brandrodung betreibenden Stammesangehörigen ist die Vegetation in den grenznahen Bergketten in Gefahr. Schon heute ziehen sich über weite Gebiete, die noch vor wenigen Jahrzehnten mit dichtem Urwald bedeckt waren, Gras- und Buschsteppen.

Der thailändischen Regierung ist das Problem bewußt, deshalb versucht sie, möglichst viele der Dorfgemeinschaften seßhaft zu machen. Mit einem großangelegten Entwicklungsprogramm wird angestrebt, den Bauern die Nutzung moderner Agrartechniken und ertragreicherer, für die speziellen Wachstumsbedingungen besser geeigneter Kulturpflanzen zu lehren. Erfolge konnten mit Kaffee, Tee, Obst (Litschi, Mango, Pfirsiche, Zitrusfrüchte) und Gemüse erzielt werden. Hilfreich war dabei der fortschreitende Ausbau des Wegenetzes, wodurch es auch den Bewohnern abseits gelegener Siedlungen ermöglicht wird, ihre Erzeugnisse auf Märkten anzubieten.

Traditionell wird als Hauptnahrungsmittel Trockenreis angebaut. Mit dem Grabstock, einem langen Bambusstab mit Metallspitze, bohrt der Bauer Löcher in den Boden, in die seine hinter ihm gehende Frau mehrere Samenkörner einlegt. Die reifen Ähren werden mit kleinen Sicheln geschnitten, zum Trocknen ausgelegt, schließlich auf ausgebreiteten Matten gedroschen und geworfelt. Für den Eigenbedarf pflanzen die Dorfgemeinschaften Kürbis, Zwiebeln, Kohl u. ä., als Viehfutter vorwiegend Mais.

Ergänzend zu den Feldfrüchten werden wildwachsende Pflanzen bzw. Wurzeln oder Früchte gesammelt. Fische und Wild bereichern den Speisezettel. Oft findet noch die Armbrust Verwendung; gelegentlich führen Stammesleute ihre Schießkünste damit vor, so daß man erleben kann, welch zielsichere Schützen die Männer sind.

Zu jedem Haushalt gehören Schweine, Hühner, Hunde und Katzen. Rinder bilden eine Art Kapitalanlage: Bei Bedarf können sie verkauft, also in Bargeld umgesetzt werden. Als Lasttiere sind Ponys am meisten geschätzt.

Meo, Lao, Lahu und *Lisu,* die in den Höhen über 1000 m wohnen, bauen gern Opium an; es heißt, daß der Boden bei Mohn viel länger gute Erträge bringt als bei Bergreis oder anderen Feldfrüchten. Ausschlaggebend ist aber sicher der hohe Preis, der für das Rohopium erzielt werden kann. Obwohl Schlafmohnkulturen in Thailand seit 1959 verboten sind, konnte der Anbau in den entlegenen, schwer zugänglichen Regionen des ›Goldenen Dreiecks‹ bisher nicht unterbunden werden.

Alle Stammesgruppen fertigen handwerkliche Erzeugnisse sowohl für den eigenen Bedarf wie für den Verkauf, wobei jeder Stamm in einer bestimmten Technik besonders geschickt ist. So sind z. B. die *Karen* für ihre Weberei berühmt, die *Meo* und *Yao* für ihre phantasiereichen Stickereien, die *Lahu* für schöne Korbwaren. Diese kunsthandwerklichen Artikel der Bergvölker, zu denen auch Silberschmuckarbeiten gehören, erfreuen sich zunehmender Beliebtheit, so daß sich der Handel mit ihnen zu einer zusätzlichen Einnahmequelle für die Dorfgemeinschaft entwickelt hat. Namentlich auf dem Nachtbasar in Chieng Mai werden sie von den Frauen feilgeboten: man findet sie aber ebenfalls auf allen größeren Märkten und in Bangkok.

Auf den Märkten Nordthailands erregen vor allem die verschiedenen Trachten der Stammesgruppen Aufmerksamkeit. Allerdings kann man die ganze Pracht dieser Kleidung mit dem dazugehörigen Schmuck nur bei den örtlichen Festen bewundern.

Charakteristische Musikinstrumente der Bergvölker sind Standtrommel, Maultrommel, Bronzetrommel (Kesselgong) und Mundorgel. Davon sind die beiden letztgenannten am interessantesten, denn sie sind offenbar im ursprünglichen Siedlungsgebiet der Stämme, in Yünnan und dem chinesisch-hinterindischen Grenzgebiet entstanden.

Die ältesten Exemplare der Bronzetrommeln, datiert ins 3.–6. vorchristliche Jahrhundert, wurden in Gräbern in der Umgebung von Kunming gefunden. Sie gehören der damals in diesem Raum blühenden, nicht han-chinesischen *Dian-Kultur* an. Vom 3./4. Jahrhundert v. Chr. bis ins 3. Jahrhundert n. Chr. zählen die Bronzetrommeln zu den berühmtesten Erzeugnissen der im nördlichen Vietnam beheimateten *Dong so'n-Kultur.* Später weitet sich ihr Verbreitungsgebiet bis Thailand, Malaysia und Indonesien aus.

Aber die Erforschung dieser kulturhistorisch außerordentlich interessanten Objekte steckt noch in den Anfängen. Obwohl für einzelne Gebiete Untersuchungen vorliegen, fehlt ein Gesamtüberblick, der durch internationale Kooperation erarbeitet werden müßte. Weder über die genaue Datierung noch über die mutmaßlichen Herstellungszentren und den Verlauf der Verbreitung besteht Einigkeit. Ebensowenig ist man sich über den Verwendungszweck der Trommeln im klaren. Sicher scheint, daß es sich um rituelle Musikinstrumente handelt, die Zeremonien und Feste begleiteten. Darauf weisen die symbolischen Darstellungen auf Deckel und Wandungen ebenso hin wie die Fundsituation in den Gräbern. Vermutlich sind

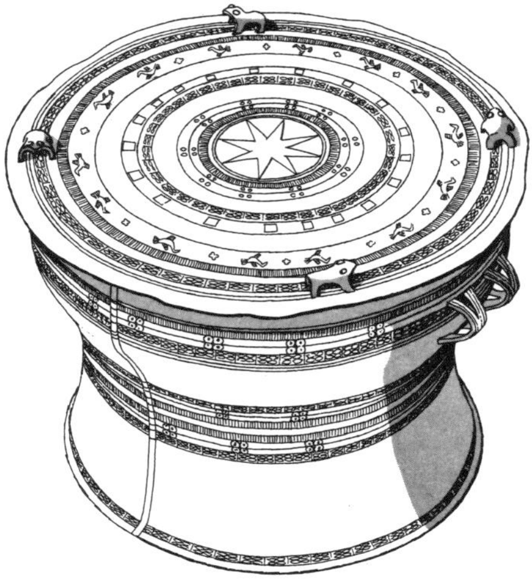

Kesselgong oder Bronzetrommel

dem Klang der Trommeln magische Kräfte zugeschrieben worden, durch die der für die Fruchtbarkeit nötige Regen herbeigerufen werden konnte. Verbindungen mit dem Totenglauben deuten die immer wiederkehrenden Vogelfiguren und Schiffsbilder an.

Die Bronzetrommeln aus den einzelnen Gebieten variieren in Form und Dekor, zeigen aber erstaunliche Einheitlichkeit in gewissen Stilelementen, im Dekoraufbau und in Einzelmotiven. Der in Thailand vertretene Typ des *bronzenen Kesselgongs* – gewöhnlich Karentrommel genannt – besteht aus einem zylindrischen, im Profil mehrfach gebrochenen Korpus, auf dem eine flache Deckplatte leicht überstehend aufliegt. Auf dem Rand der Platte sitzen meistens vollplastische Froschfigürchen. Am Korpus sind vier Bandhenkel paarweise angebracht. Daran, so sieht man auf alten Darstellungen, wurden die Kesselgongs früher in einen Rahmen eingespannt. In jüngerer Zeit benutzte man nur einen oder zwei Henkel um sie so aufzuhängen, daß die Platte senkrecht stand. Der Stern in ihrem Zentrum markiert den Punkt, an dem sie mit einem Schlegel angeschlagen wurden. Mit einem Holzstäbchen ließ man den Rand erklingen.

Bei der *Mundorgel* stecken mehrere Zungenpfeifen mit abgestimmten Metallzungen in einer Windkammer, meistens einem Flaschenkürbis. Jede Pfeife hat ein Loch, das gedeckt werden muß, wenn sie erklingen soll. Das rechtwinklig zu den Pfeifen stehende Mundstück, oft der Hals des Flaschenkürbisses, kann ziemlich lang sein. Mundorgelspieler sind auf frühen Bronzetrommeln abgebildet, plastische Darstellungen wurden in Gräbern der *Dian-Kultur* entdeckt. Aus diesen Gräbern stammen auch ganz aus Bronze gegossene Exemplare. Anders als die Bronzetrommeln, die praktislch aus dem Gebrauch verschwunden sind, werden Mundorgeln heute noch bei manchen Stämmen, vor allem den *Lisu, Lahu* und *Meo,* gern gespielt.

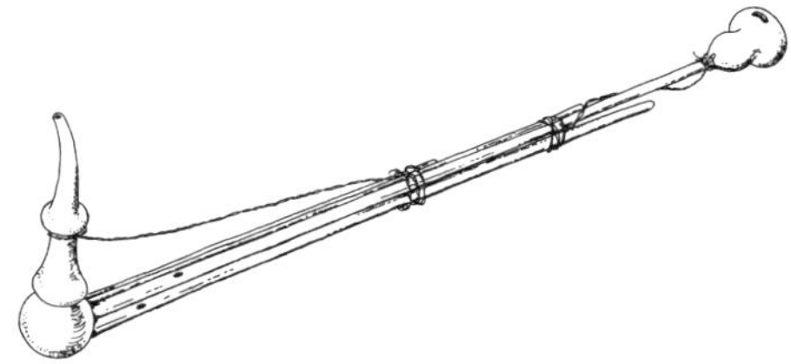

Maultrommel, charakteristisches Musikinstrument der Bergvölker

Die Glaubensvorstellungen der Stammesvölker lassen sich vereinfachend mit dem Begriff Animismus umreißen, obwohl sie bei den einzelnen Gruppen unterschiedlich ausgeprägt sind. Ahnen- und Naturgeister spielen bei allen eine große Rolle; über ihnen steht ein mehr oder weniger allmächtiges Wesen, von dessen Segen das Wohl der Gemeinschaft abhängt. Jeder Mensch, so glaubt man, besitzt mehrere Seelen, die den Körper im Tod verlassen; wenn sie zeitweilig umherirren, erkrankt der Betroffene. Bei den *Yao* verbinden sich mit diesen Vorstellungen Elemente des Taoismus, die sie aus ihrer Urheimat in China mitgebracht haben.

Priesterliche Funktionen, d. h. Ausführung bzw. Überwachung von Ritualen und Zeremonien, werden meistens von dazu ausersehenen Personen wahrgenommen. Für den Verkehr mit der Geisterwelt, namentlich bei der Krankenheilung, sind Schamanen zuständig. – In einigen Gegenden war die christliche Mission erfolgreich.

Die ursprüngliche Heimat der *Meo, Yao, Lahu, Akha* und *Lisu* ist das südwestliche und zentrale China (Yünnan, Sichuan), wo heute noch große Teile dieser Völkerstämme wohnen. Daraus erklären sich die, namentlich in der materiellen Kultur offensichtlichen chinesischen Kulturelemente.

Verwandt sind die Sprachen der Lahu, Akha und Lisu; sie gehören zur Lolo-Unterabteilung der tibeto-birmanischen Sprachenfamilie. *Akha* und *Lahu* drangen zunächst von Yünnan kommend in Ostburma und Nordlaos ein; erst seit Beginn des 20. Jahrhunderts wandern sie kontinuierlich von Burma nach Thailand weiter. Die *Lisu* zogen vom Oberlauf des Salween in China ins nördliche Burma und weiter nach Thailand.

Zur sinotibetischen Sprachengruppe (Unterabteilung Miao-Yao) gehören die Sprachen der *Meo* und *Yao.* Beide Stammesgruppen kamen aus dem südlichen Zentralchina (Yünnan) nach Laos und rückten über den Mekong nach Thailand vor. Im Krieg vor der kommunistischen Machtübernahme in Laos kämpften viele Meo und Yao in den antikommunistischen Verbänden und mußten deshalb nach 1975 nach Thailand fliehen. Lager entlang der östlichen Grenze nahmen die Flüchtlinge vorübergehend auf.

Im Unterschied zu den vorgenannten Stammesgruppen ist das Herkunftsgebiet der *Karen* noch immer unbekannt; auch ihre Sprache läßt sich keiner der großen Sprachengruppen zuordnen. Bemerkenswert ist ihre kulturelle Eigenständigkeit gegenüber allen anderen Volksgruppen. Einflüsse aus den Kulturen der Burmesen, Mon und Thai finden sich eher als chinesische Kulturelemente.

Zu Beginn ihrer Einwanderung lebten die verschiedenen Stammesgruppen konzentriert in ihren Infiltrationszonen längs der thailändischen Grenze. Das ist auch heute noch weitgehend der Fall, aber die Verknappung des bebaubaren Landes führte zu Wanderbewegungen, so daß man jetzt Dörfer finden kann, in denen z. B. Lahu, Lisu, Yao und Karen zusammenleben. Einzelne Gemeinschaften der Meo und Yao sind nach Süden bis über Kampheng Phet hinaus vorgestoßen.

Der Anteil der Bergvölker an der Gesamtbevölkerung Thailands ist mit unter 1 % sehr gering. Das Bevölkerungswachstum – durch Einwanderung und natürliche Vermehrung – betrug in den vergangenen 40 Jahren ca. 4 %; heute wird die Zahl der zu den Bergvölkern gehörenden Personen auf etwa 500 000 geschätzt. Den größten Anteil haben die Karen, nicht einmal halb soviel zählen die Meo, noch weit weniger die restlichen vier Gruppen. Für 1983 geben P. und E. Lewis folgende Zahlen an: Karen 246 000, Meo 58 000, Lahu 39 000, Yao 30 000, Akha 24 000, Lisu 18 000.

Für das Überleben der eigenständigen Stammeskulturen läßt sich keine günstige Prognose stellen. Durch moderne Anbaumethoden werden landwirtschaftliche Zeremonien entwertet, traditionelle Heilpraktiken werden durch westliche Medizin ersetzt. Naturwissenschaftliche Kenntnisse verdrängen die alten kosmologischen Vorstellungen. Vielfach werden westliche Kleidungsstücke den herkömmlichen Trachten vorgezogen. An die Stelle mühevoller, handwerklicher Stickerei und Weberei tritt Maschinenarbeit. Andererseits hat das Interesse der Besucher dazu geführt, daß die alten Trachten mancherorts wieder geschätzt und besonders an Feiertagen mit Stolz getragen werden.

Karen

Die in Thailand lebenden Karen gliedern sich in zwei Hauptgruppen, die *Sgaw* und die *Pwo*. Ihre Siedlungen sind von Chieng Mai und Mae Hong Son im Norden entlang der thailändisch-burmesischen Grenze bis zum Isthmus von Kra im Süden verbreitet.

Über das Ursprungsland der Karen gibt es keine gesicherten Erkenntnisse, wenn auch einige Forscher Tibet bzw. die Wüste Gobi für wahrscheinlich halten. Fest steht, daß die Karen seit mehreren Jahrhunderten in Burma ansässig waren, ehe sie in Wellen nach Thailand vordrangen. Erste Wanderungen erfolgten im 18. Jahrhundert, ausgelöst durch die thailändisch-burmesischen Kämpfe, die das Siedlungsgebiet der Karen beunruhigten.

Die Karen gelten als besonders geschickte Weber; ihre selbstgewebten Röcke und Hemden zeichnen sich durch kunstvolle Musterung aus. Für Hemden und Blusen wird über jede Schulter eine Stoffbahn gelegt, dann werden die beiden Teile vorn, hinten und an den Seiten zusammengenäht. Die Öffnungen für Kopf und Arme erhalten andersfarbige Zierborten.

Bis zur Heirat tragen die Mädchen lange, weiße Hemden, die in der Taillenlinie und am Rock mit roten Streifenmustern geschmückt sind. Bei den verheirateten Frauen besteht die Tracht aus einer Bluse im gleichen Schnitt wie die Mädchenhemden, kombiniert mit einem schmalen, quergestreiften Rock. Meistens ist Schwarz oder Indigoblau die Grundfarbe der Blusen, Rot die der Röcke. Gern werden zu den kurz über die Schulter fallenden Blusen separate, lange Ärmel angelegt. Unterschiedlich ist die Länge der Röcke: Zu festlichen

Gelegenheiten läßt man sie bis zum Knöchel herunterhängen, zur Arbeit werden sie bis zum Knie heraufgezogen.

Nach demselben Muster wie die Frauenblusen sind die meist hüftlangen Männerhemden geschnitten, Hauptfarbtöne sind Weiß und Rot. Sarong oder weite Hosen im Stil der bäuerlichen Thai ergänzen den Anzug.

Beliebter Frauenschmuck sind vielreihige Perlenketten. Schweren Silberschmuck gibt es bei den Karen nicht, denn bei ihnen repräsentiert sich Reichtum nicht, wie bei anderen Stammesgruppen, in Silberwerten, sondern in Viehbeständen und Reisvorräten. Aber die *Pwo*-Frauen legen oft eine große Anzahl von Armreifen aus verschiedenen Metallen an.

Die Karen bauen aus gespaltenem Bambus einfache, einräumige Pfahlhäuser. Zum Dachdecken werden oft große Blätter verwendet. Jedes Haus verfügt über eine gedeckte Veranda, viele besitzen dazu einen offenen Verandaabschnitt.

Zuständig für reiche Ernten und das Wohlergehen der Dorfgemeinschaft ist der ›Herr des Landes und des Wassers‹, an dessen Schrein einmal jährlich ein feierliches Opfer mit der Bitte um Segen zelebriert wird. Eine andere alljährlich abgehaltene Festlichkeit gilt dem

Tracht der verheirateten Karen-Frau

matrilinearen Ahnengeist, den man um Schutz für die Lineagemitglieder angeht. Durch regelmäßige Opfer sucht man die Gunst der Naturgeister zu erhalten.

Meo (Hmong)

Sagen und Märchen der Meo erzählen von ihrer Urheimat in einem eisbedeckten Land mit langen Wintern, in dem manche die Hochlandschaften Sibiriens und der Mongolei erkennen möchten.

Aus chinesischen Quellen geht hervor, daß die Meo vor ca. 3000 Jahren im Gebiet um den Huanghe saßen. Die Expansion der Chinesen verbunden mit jahrhundertelangen Unterwerfungsversuchen führten im 18. und 19. Jahrhundert zu mehreren kriegerischen Auseinandersetzungen zwischen Chinesen und Meo, in deren Folge die Meo immer weiter nach Süden abgedrängt wurden. Aber die Mehrheit des Volkes (etwa 4 Millionen) ist auch heute noch in China, in den Provinzen Guizhou, Hunan, Guangxi, Sichuan, Guangdong und Hubei ansässig. Seit 1850 lassen sich Siedlungen der Meo in der Umgebung von Luang Prabang (Laos) nachweisen. Die ersten Meo-Dörfer in Thailand dürften Ende des 19. Jahrhunderts entstanden sein. Heute leben in Thailand zwei Gruppen, die *Weißen* und die *Blauen Meo* oder, wie sie sich selber nennen, Hmong.

Die Trachten der Meo weisen ihre Frauen als Meister der Stickereitechniken und begabte Musterentwerfer aus. Charakteristisch ist ihr phantasievoll buntbestickter, knielanger Faltenrock. Dazu wird eine in der Regel schwarze, langärmelige Jacke getragen, die am Verschluß mit mehr oder weniger breiten, geraden, manchmal auch gezackten Stickereibändern verziert ist. Um die Taille schlingt sich eine breite Schärpe, unter der vorn eine lange Schürze herabhängt. An Feiertagen tritt an die Stelle der einfachen blauschwarzen Schürze eine reich mit Applikationen geschmückte, deren bunte Bindebänder auf dem Rücken in langherabfallenden Quasten enden. Ein weiteres Schmuckelement bildet der bunte, hinten am Ausschnitt hängende Stickereikragen. Gamaschen aus konisch geschnittenen Stofftüchern, zuweilen auch Wickelgamaschen, schützen die Waden.

Die Männertracht besteht aus weiten, schwarzen Hosen und einer mit bunten Bordüren verzierten langärmeligen Jacke, die in manchen Dörfern sehr kurz gehalten ist. Eine breite, mehrmals um die Taille gewickelte Schärpe wird so gebunden, daß die bestickten Enden vorn schürzenartig herabfallen. Mit besonderer Liebe richten die Frauen die Festkleidung ihrer Kinder her. Namentlich die Kopfbedeckungen zeigen vielerlei Formen; selten fehlen leuchtendrote Wollpompons als Schmuck.

Bemerkenswert ist die große Menge von Silberschmuck, der an Feiertagen von Männern, Frauen und Kindern präsentiert wird. Da die Meo den Großteil ihres Vermögens in Silber anlegen, zeigt man bei solchen Gelegenheiten seinen Wohlstand. Charakteristisch sind breite Halsreifen in Sätzen von fünf Stück, an denen oft vorn und hinten schwere Silberketten herabhängen. Nicht selten sind daran Anhänger in Form eines Schlosses, von Schmetterlingen, Fischen und Glocken befestigt. Auch Silbergürtel und Münzgehänge findet man häufig.

Die Meo legen ihre Häuser ebenerdig an, den Fußboden bildet die gestampfte Erde. Wo ausreichend Holz zur Verfügung steht, verwendet man Bretter als Baumaterial, sonst

Meo-Frauen in Feiertagstracht

gespaltenen Bambus. Das Dach wird mit Gras, Blättern oder Schindeln gedeckt. Im Innern gliedert sich das Haus in einen weiten Wohnbereich, in dem sich rund um die Feuerstelle das Familienleben abspielt, und mehrere kleine, mit Brettern oder Bambusmatten abgeteilte Schlafkammern. Wichtig ist der Hausaltar, der, gegenüber der Eingangstür aufgestellt, niemals fehlt. Hier opfert man den Hausgeistern und bittet um Schutz für alle Haushaltsmitglieder; auch die Tiere sind dabei eingeschlossen.

Umfassender als die Macht der Hausgeister ist die des ›Herrn des Landes‹. Er schützt die gesamte Dorfgemeinschaft vor allem Unglück, deshalb bringt man ihm auf einem ausgewählten Platz oberhalb des Dorfes feierliche Neujahrsopfer dar.

Yao (Mien)

Die Wohnsitze der Yao dürften vor 2000 Jahren im südlichen China gelegen haben. Dort in der Provinz Guangxi sind auch heute noch große Teile des Volkes beheimatet, schätzungsweise 1,5 Millionen. Vermutlich erst seit Mitte des 19. Jahrhunderts sind die Yao über Laos nach Thailand gekommen.

Als einzige der in Thailand lebenden Stammestruppen verfügen die Yao, die sich selbst Mien nennen, über eine schriftliche Tradition. Mit chinesischen Zeichen wurden Rituale, Orakel aber auch Verträge aufgeschrieben. Solche handgeschriebene Bücher werden in vielen Yao-Familien verwahrt. Allerdings geht die Kenntnis dieser Schrift langsam verloren.

Die Tracht ist wie die Sprache bei allen in Thailand ansässigen Yao gleich. Hosen, Überkleid, Schärpe und Turban – alles aus schwarzem oder indigoblauem Baumwollstoff – bilden die Bestandteile der Frauenkleidung. Auf die Hosenbeine werden vorn zwei außerordentlich reichbestickte Bahnen aufgenäht. Darüber kommt eine knöchellange Tunika, die seitlich bis zur Taille hinauf geschlitzt ist. Dadurch ist es möglich, die beiden Vorderteile zusammenzufalten und seitlich in die Gürtelschärpe zu stecken, damit die Stickerei der Hose voll zur Geltung gebracht werden kann. Eine Art Boa aus roten Baumwollfäden, die an Halsausschnitt und Vorderkanten bis zur Taille angenäht ist, bildet das markante Schmuckelement des Überkleides. Turbantücher wie Schärpen werden an beiden Enden mindestens 20 cm breit mit Stickerei verschönt. Nur bei festlichen Gelegenheiten tragen die Frauen

Üppige Stickereiarbeit an Hosen und Turban ziert die Tracht der Yao-Frauen

zusätzlich eine Art breiter Schürze, die als Umhang über den Rücken fällt. Dieses Kleidungsstück wird mit Stickereien, Applikationen, aufgenähten Silberknöpfen und -münzen sowie Ketten mit Anhängern überreich dekoriert.

Die Tracht der Männer besteht aus Hosen im chinesischen Stil und einer lose sitzenden Jacke, die auf der rechten Seite mit einer Reihe kleiner Silberknöpfe geschlossen wird. Einziger Schmuck dieses schwarzen oder indigoblauen Anzugs sind helle Biesen an den Rändern, manchmal zusätzlich kleine, aufgesetzte Stickereitäschchen oder nur bunte Stickereiflicken.

Mit bewundernswerter Sorgfalt stellen die Yao-Frauen die Mützen für ihre Kinder her. Die Kappen aus dunklem Stoff werden mit hellen Farben, vorwiegend Weiß und Rot, und mit roten Pompons benäht.

Zum Festtagsschmuck gehören hinten offene, silberne Halsreifen, an deren hakenförmigen Enden Ketten mit Anhängern befestigt werden können. Sehr wohlhabende Damen prunken mit reich ausgestatteten Gehängen aus Ketten, Glöckchen, Vogelfiguren, Schmetterlingen, die bis zur Taille über den Rücken fallen.

Die ebenerdigen Häuser der Yao werden aus Holz errichtet. Ihr großer Innenraum ist in einen Männer- und einen Frauenbereich mit jeweils eigener Tür gegliedert; außerdem sind Schlafkammern mit Brettern abgetrennt. Gegenüber dem Ahnenaltar liegt eine dritte Tür. Sie ist für die Geister bestimmt, die damit einen direkten Zugang zu ihrem Ehrenplatz im Haus erhalten.

Von ihrem frühen Kontakt mit den Chinesen haben die Yao taoistische Glaubensvorstellungen bewahrt, wie sie im 13./14. Jahrhundert in China herrschten. Diese Tradition hat sich mit einem ursprünglichen Geister- und Ahnenglauben zu einer einzigartigen, nur von den Yao praktizierten Religion verbunden.

Lahu (Mussur)

Als Ursprungsland der Lahu gilt das südwestliche China. Ihre Wanderung führte sie über Jahrhunderte nach Süden. Mitte des 19. Jahrhunderts wurden Lahu-Dörfer im burmesischen Kengtung registriert, gegen Ende des Jahrhunderts auch im nördlichen Thailand. Aber größere Einwanderungswellen folgten erst 1954 und in den 60er und frühen 70er Jahren, ausgelöst durch die instabile politische Lage in Burma. In Thailand gliedert sich die Lahu-Bevölkerung in zwei Haupt- und fünf Untergruppen:

1. *Schwarze Lahu:* Lahu Nyi (Rot)
Lahu Na (Schwarz)
Lahu Sheh Leh
2. *Gelbe Lahu:* Lahu Shi Ba Lan
Lahu Ba Keo

Sie unterscheiden sich in ihren Trachten und in ihrem Dialekt, wenn auch das Lahu Na allgemein verstanden wird.

Viele Lahu haben die traditionellen Trachten aufgegeben bzw. holen sie nur zu festlichen Gelegenheiten hervor. Einzig bei den *Lahu Nyi*, den *Lahu Sheh Leh* sowie bei den Neuankömmlingen der *Lahu Shi Ba Lan* findet man die angestammte Kleidung auch noch im Alltag.

Die Frauen der *Lahu-Nyi* tragen kurze, langärmelige Jacken aus blauem oder schwarzem Stoff, bei denen Ärmelansatz, Ärmel- und Jackenrand rot abgesetzt sind. Den Verschluß bilden große, überwiegend runde Silberfibeln. Drei querliegende Stoffbahnen werden zum Rock zusammengenäht, der von einer Schärpe oder einem Gürtel gehalten wird. An die obere rote, mit bunten Querstreifen verzierte Bahn schließt sich eine meist einfarbig dunkle an. Den Abschluß bildet wieder eine rote, aber schmale Bahn mit Schmuckstreifen. Weite Hosen im chinesischen Stil, dazu Jacken mit seitlichem Verschluß tragen die Männer. Bei Männern und Frauen sind die Festtagsjacken mit Silberknöpfen besetzt. Breite Armreifen, Halsreifen, Ohr- und Fingerringe aus Silber sind der Stolz der Frauen.

Schwarz und Weiß sind die vorherrschenden Töne bei der Tracht der *Lahu Sheh Leh*. Das lange, vorn offene Oberkleid der Frauen ist seitlich bis zur Taille geschlitzt. Weiße Borden an allen Kanten, häufig aus hellem, besticktem Stoff angesetzte Ärmel kontrastieren mit dem

Festtagsgewand der Lahu

Schwarz des Kleides. Zu den knielangen, weiten Hosen trägt man Gamaschen mit umgeschlagenen Stulpen. Beliebt sind eng um den Hals geschlungene Ketten aus kleinen, weißen Perlen. Zur Verschönerung der Festtagsgewänder dienen aufgenähte Silberknöpfe oder Münzen und runde Verschlußscheiben am Oberkleid, ergänzt durch silberne Hals- und Armreifen. Die einfarbig schwarze Männertracht belebt eine weiße Schärpe.

Das Obergewand der *Lahu-Na*-Frauen erinnert mit Stehkragen, schräg zur Seite verlaufendem Verschluß und taillenhohen Seitenschlitzen an chinesische Kleidungsstücke. Bordüren aus vorwiegend rot-weißen, kunstvollen Applikationen geben dem schwarzen Kleid eine geradezu elegante Note. Auf dem Stehkragen sind reihenweise kugelige Silberknöpfe aufgenäht, ebenso auf der runden Passe und dem schrägen Verschlußstreifen des Oberkleides. An den Knöpfen der untersten Reihe hängen oft noch zahlreiche Anhängsel. Männer tragen die Hosen knöchellang zu einer weiten, seitlich geschlossenen Jacke. Schmale rote Linien zeichnen die Nähte auf dem schwarzen Stoff nach.

Die meisten Lahu wohnen in Pfahlhäusern, nur die *Lahu Na* bauen ihre Häuser zu ebener Erde. In der Regel gibt es nur eine Eingangstür, die über die offene Veranda erreicht wird. Schlafräume sind vom Wohnbezirk abgetrennt. Weit weg von der Tür, im geschützten Bereich des Schlafraumes ist für die Schutzgeister ein Altlar, bei den *Lahu Sheh Leh* eine heilige Kammer eingerichtet.

Viele der in Thailand siedelnden Lahu sind zum Christentum übergetreten. Für die übrigen, hauptsächlich *Lahu Nyi* und *Lahu Sheh Leh,* steht neben Haus- und Naturgeistern ein höchstes göttliches Wesen mit seinem weiblichen Pendant im Mittelpunkt der traditionellen Glaubensvorstellungen. In den meisten Lahu-Dörfern gibt es einen, im Stil der Wohnhäuser gebauten Tempel, wo Zeremonien für die oberste Gottheit zelebriert werden. An Stelle des Tempels tritt bei den *Lahu Sheh Leh* ein eingefriedeter Platz für rituelle Tänze.

Akha

Yünnan ist die Stammesheimat der Akha, die Masse des Volkes lebt heute noch dort. Ihre Wanderzüge gingen nach Süden in Richtung Laos/Vietnam und um die Mitte des 19. Jahrhunderts in die burmesischen Grenzgebiete um Kengtung. Von dort aus sickern sie seit Anfang 1900 kontinuierlich in thailändisches Gebiet ein.

Auffallend ist das ausgeprägte Stammesbewußtsein der Akha. Nicht wenige sind in der Lage, eine lange Namensliste ihrer männlichen Vorfahren auswendig aufzusagen wie auch Stationen ihrer Wanderzüge anzugeben.

Allen Akha sind die Grundbestandteile der Frauentracht gemeinsam: Kopfschmuck, Brusttuch, Jacke, Rock, Schärpe und Gamaschen. Jedes Stück ist aus dunklem (schwarz, indigoblau) Stoff geschneidert. Zur Verzierung sind bunte – rote, weiße, gelbe, blaue – Stoffstreifen oder Stickereien aufgesetzt. Zusätzlich nähen die *Phami Akha* oft runde oder rautenförmige Silberscheiben auf ihre Brusttücher auf. Nur der Rock, vorn glatt, hinten reich gefaltet, bleibt einfarbig. Die üppig geschmückten, in Fransen auslaufenden Enden der Schärpe, die unter der Jacke um die Taille gebunden wird, fallen vorn über den Rock herab. Mehr oder weniger vollständig sind auch die Gamaschen mit Stickereien oder Applikationen

Auffälliges Merkmal der Akha-Tracht ist der variationsreiche Kopfschmuck

ausgestattet. Bei der Ausgestaltung der Einzelteile gibt es Variationen, die vor allem beim Kopfschmuck ins Auge fallen. Drei unterschiedliche Stile lassen sich bei den Akha in Thailand feststellen.

Die Kopfbedeckung im *U Lo Akha-Stil* besteht aus einem breiten Kopfband, auf dem ein mit blauem Stoff bespanntes, kegelförmiges Bambusgestellt befestigt ist. Beide Elemente werden dicht mit bunten Perlenketten, Silberknöpfen, Silberkugeln und Münzen benäht. Schnüre bunter oder silberner Perlen hängen nach vorn, das Gesicht umrahmend und an den Seiten herab. Rotgefärbte Federquasten bilden einen zusätzlichen Schmuck.

Für den *Loimi Akha-Stil* ist eine trapezförmige Silberplatte charakteristisch, die hinten an einer flachen Kappe sitzt. Das Oberteil der Kappe ist mit Reihen von silbernen Halbkugeln bedeckt, die Ohren verschwinden unter quadratischen Silberplatten. Bündel von großen Silberkugeln und -münzen hängen an den Schläfen herab. Troddeln, rote Federbüschel und bunte Perlenketten vervollständigen den Kopfputz.

Bei den *Phami Akha* erinnert die Frauenmütze an einen Helm, so vollständig ist sie mit kleinen Silberknöpfen besetzt. Den rückwärtigen Teil umrandet ein Silberband, über den

Ohren liegen perlenbestickte Stoffquadrate, auf denen noch schuppenartig Münzen aufgenäht sind.

Außer diesen drei Grundtypen existieren mannigfaltige Variationen bei den Kopfbedekkungen der unverheirateten Frauen und Mädchen. Die Männertracht ist bei allen Gruppen einfacher; nur die Jacken tragen Verzierung, meistens im unteren Rückenteil. Am vorderen Verschluß bringen die *Loimi Akha* eine breite Schmuckbahn an. Gelegentlich sieht man bei den Männern fest gebundene, flache Turbane.

Die Häuser der Akha stehen auf Pfählen; ihr weit herunterreichendes Dach schützt auf beiden Seiten die offenen Veranden, von denen man ins Haus eintritt. Da der Innenraum durch eine halbhohe Wand geteilt ist, gelangt man durch die eine Tür in die Frauen-, durch die andere in die Männerhälfte. Jeder ist eine eigene Feuerstelle zugeordnet. In der Frauenhälfte befindet sich der Ahnenaltar.

Charakteristisch für die Akha-Dörfer sind die an den Zugangswegen zum Dorf aufgestellten Dorftore. Sie grenzen den Wohnbezirk der Menschen gegen den Wirkungsbereich der im Dschungel lebenden Geister ab. Alle unheilvollen Einflüsse von außen streift der Dorfbewohner beim Durchschreiten der heilig gehaltenen Tore ab. Da jedes Jahr neue Tore errichtet, die alten aber nicht abgerissen werden, entstehen manchmal regelrechte Torgänge. Oft sind neben den Toren primitiv geschnitzte Frauen- und Männerfiguren aufgestellt, denen wohl ebenfalls Schutzfunktionen zukommen.

In den Augen der Akha ist die Natur von zahlreichen Wesen bevölkert, den ›Geistern des Innenbereiches‹ und den ›Geistern des Außenbereiches‹, Berge, Flüsse, Bäume usw. sieht man als ihre Wohnstätten an. Sonne und Mond gehören zu einer anderen Gruppe wirkungsvoller Mächte. Ein allmächtiges Wesen vereinigt Züge eines Weltenschöpfers mit denen eines Kulturheroen. Sehr intensive Bande verknüpfen die Akha mit ihren Ahnen, ihnen gelten häufige Opferzeremonien, von ihnen verspricht man sich Hilfe in schweren Krisensituationen.

Lisu

Ihren eigenen Traditionen zufolge stammen die Lisu aus den Gebieten um den Oberlauf des Salween, also den chinesischen Provinzen Sichuan und Yünnan. Eine Jahrhunderte währende Wanderschaft flußabwärts führte sie durch Burma, bis sie, anscheinend erst vor wenigen Jahrzehnten, die thailändische Grenze überschritten.

Die Tracht der in Thailand siedelnden Lisu unterscheidet sich deutlich von der ihrer in Burma und China verbliebenen Verwandten. Kennzeichnend für die Frauentracht sind leuchtende Farben sowie bei der Festtagskleidung große Mengen von silbernen Schmuckstücken. Das mit einem schrägen Verschluß auf der rechten Seite geknöpfte Oberkleid ist seitlich bis zur Taille geschlitzt; vorn ist es knielang, hinten reicht es bis zur Mitte der Wade herab. Rote Ärmel werden an das blaue oder grüne Kleid angenäht, eine runde, schwarze Passe aufgesteppt. Als schmückendes Element dienen zahlreiche bunte Stoffstreifen entlang der Verschlußkante, rund um die Passe sowie am Ärmelansatz. Dazu tragen die Frauen knielange, schwarze Hosen und rote Gamaschen. Um die Taille binden sie eine meterlange, schwarze Schärpe, die auf dem Rücken in zwei dicken Bündeln ca. 50 cm langer, bunter, an den Enden mit Wollpompons besetzter Stoffstreifen ausläuft.

An Festtagen ergänzen junge Frauen die Tracht mit einer schwarzen Weste, auf der möglichst viele Silberknöpfe aufgenäht sind. Viereckige Silberplatten bilden den Verschluß. Um den Hals wird ein bunter Stoffkragen gebunden, an dem, oft in zwei Reihen, lange, tütenförmige Anhänger baumeln. Von Ohrring zu Ohrring pendeln unter dem Kinn mehrere Stränge von Silberketten. Armreifen und Fingerringe vervollständigen die festliche Pracht. Zur Festtagstracht der jungen Frauen gehört außerdem ein fest gebundener, flacher, schwarzer Turban, um den dicke Stränge aus bunten Wollfäden kunstvoll geschlungen werden, so daß sie hinten als breitgefächerte Troddeln bis auf die Schultern herabfallen.

Die taillenlange, schwarze Jacke der Männer hat einen schrägen Seitenverschluß wie das Oberkleid der Frauen. Auf die Feiertagsjacke werden, rund um den Ausschnitt konzentriert, viele Silberknöpfe genäht. Sehr weite, grüne oder blaue Hosen reichen knapp über das Knie. Mehrfach gewickelte Schärpen – für festliche Anlässe rot mit langen, bunten Quasten

Junge Lisu-Frau mit festlichem Schmuck und Turban

– werden vorn gebunden. Schwarze Gamaschen komplettieren den Anzug. Besonders reich mit Applikationen, Perlstickereien, bunten Fransen und Silberanhängern ausgestattete Schultertaschen werden von den jungen Männern bei der Brautwerbung getragen.

Die Lisu bauen ihre Häuser manchmal ebenerdig, manchmal auf Pfählen. Niemals fehlt im Haus der Ahnenaltar an der rückwärtigen Längswand gegenüber der Tür. Für die Eltern und die erwachsenen, noch nicht verheirateten Töchter werden separate Schlafräume vom Wohnbereich abgetrennt.

So, wie die Bewohner eines Hauses unter dem Schutz der Ahnengeister stehen, bewahrt der Schutzgeist des Dorfes die Gemeinschaft vor Unbill. Sein Schrein findet sich in jedem Dorf inmitten eines heiligen Bezirkes.

Wo trifft man Angehörige der Bergvölker, wie kann man ihre Dörfer besuchen? Auf dem Nachtbasar in Chieng Mai verkaufen *Meo*-Frauen ihre Stickereien. In größerer Zahl kommen die Stammesleute in den kleineren Orten Nord-Thailands (Chieng Sen, Mae Hong Son, Mae Sariang, Soppong etc.) zum Einkauf auf die Märkte.

Ohne Schwierigkeiten kann man heute auch die Dörfer verschiedener Stämme aufsuchen. Dabei ist zu bedenken, daß es sich nie um ›unberührte‹ Dörfer handelt. Einige Dorfgemeinschaften haben sich voll auf Touristen eingestellt und leben davon (so die *Meo* in Doi Pui bei Chieng Mai, die *Yao* in Phadua und die *Akha* in Sam Yaek, beide Orte bei Chieng Rai). Andere bessern mit dem Verkauf ihrer Handarbeiten ihre Einkünfte auf. Naturgemäß sind die entlegensten Ansiedlungen von der westlichen Zivilisation am wenigsten berührt. – Reiseagenturen in Chieng Mai und Chieng Rai organisieren kurze Besichtigungsfahrten in nahegelegene Siedlungen. Bei 2–3tägigen Exkursionen wird in Stammesdörfern, die regelmäßig Reisegruppen aufnehmen, übernachtet.

Die dritte Möglichkeit ist, sich einer Trekking-Tour anzuschließen. Solche Touren sind mittlerweile sehr in Mode, und das Angebot ist entsprechend groß. Sie beanspruchen in der Regel 4 bis 5 Tage, der Erfolg hängt wesentlich vom Guide ab. Den besten Einblick ins dörfliche Leben der Stämme gewinnt man, wenn man sich von einem privaten Guide führen läßt. Es sind das meist englisch sprechende Stammesleute. Seit einigen Jahren bestehen in manchen Stammesgebieten sogenannte ›Gästehäuser‹, wo man unter primitiven Bedingungen längere Zeit wohnen und den Alltag im Dorf miterleben kann.

Strände und sehenswerte Landschaften in Thailand

Thailand bietet dem Naturfreund einige Landstriche von besonderer Eigenart. Im Norden locken dschungelüberwachsene, steile Bergketten, im Süden zauberhafte Strände und Küstenregionen von bizarrer Schönheit. Zum Schutze der ursprünglichen Natur hat die thailändische Regierung 49 Nationalparks mit einer Gesamtfläche von mehr als 25 000 km^2 eingerichtet. Einige davon sind auch für den Touristen sehenswert und ohne große Schwierigkeiten erreichbar.

Khao Yai-Nationalpark

Bequem in einem Tagesausflug von Bangkok zu besuchen ist der Khao Yai-Nationalpark, der etwa 2000 km^2 eines dichtbewaldeten, z. T. schroffen Gebirges umfaßt. Seine höchsten Erhebungen sind der Khao Lam (1328 m) und der Khao Kheo (1270 m).

Man fährt auf der Straße 3 57 km über Saraburi hinaus und biegt dann in die Khao Yai-Straße ein. 24 km hinter der Abzweigung passiert man den Eingang zu dem geschützten Gebiet. Vorbei an einem Aussichtspunkt bei einer Haarnadelkurve kommt man nach ca. 12 km zum *Tourist Office* und *Visitor's Centre.* Eine Übersichtskarte des Parkes mit eingezeichneten Wanderwegen ist hier erhältlich. Es empfiehlt sich jedoch, nur kürzere Touren ohne Führer zu unternehmen, denn die Markierungen sind nicht immer deutlich. Oft kreuzen Wildwechsel den Pfad, so daß die Orientierung leicht verloren geht.

Nach weiteren 4 km erreicht man *Nong Khing-Village,* das Hotel- und Bungalowdorf, das in ca. 800 m Höhe auf einer alten, von Imperatagras bedeckten, relativ ebenen Rodungsfläche errichtet ist. Wohngebäude und Restaurants gruppieren sich um einen See. Von hier strahlen Fahrstraßen nach verschiedenen Richtungen aus, von deren Endpunkten Fußpfade durch den Dschungel angelegt sind.

Am liebsten werden die *Wasserfälle des Lam Huai Takhong* aufgesucht. Der *Nam Tok Kong Keo* ist nur ein bescheidener Fall, wegen seiner Lage direkt beim Visitor's Centre, ist er der bevorzugte Picknickplatz großer Thaifamilien. Eine zusätzliche Attraktion ist die Hängebrücke über den Fluß. Jenseits führt ein Pfad durch dichten Dschungel ca. 2 km zum Golfplatz. Weitaus der imposanteste Fall ist der *Nam Tok Heo Suwat,* wo die Wasser 25 m tief hinabstürzen. Vom Hotel sind es 9 km Fahrt durch eindrucksvollen Urwald bis zum Parkplatz oberhalb des Wasserfalls. Auf steilem Abstieg gelangt man hinunter zu dem Becken, das die Wassermassen auffängt. Von hier aus erreicht man auf einem schmalen Pfad, der den Fluß auf seiner linken Seite begleitet, nach ca. 1 km den kleineren *Heo Sai-Wasser-*

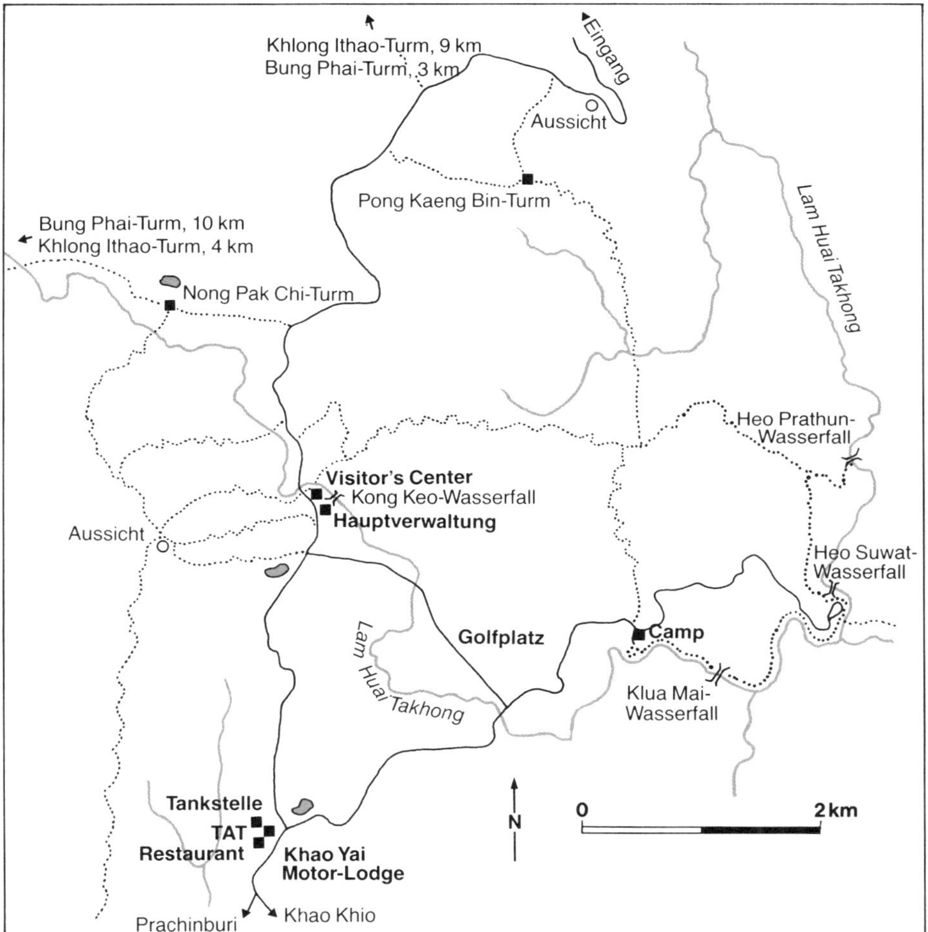

Lageplan des Khao Yai-Nationalparks

fall. Danach zieht sich der Pfad weiter bis zum ca. 3 km unterhalb gelegenen *Heo Prathun-Fall.* Ein zweiter Wanderweg steigt vom Nam Tok Heo Suwat hinauf zum *Nam Tok Klua Mai,* dem Orchideen-Fall. Er verdankt seinen Namen den vielen wilden Orchideen, die auf den Felsen im Flußbett wachsen.

Es wird versichert, daß im Parkgelände eine Herde von etwa 150 wilden Elefanten, Bären, Büffel, Tiger, Rot- und Schwarzwild lebt. Aber die Tiere sind scheu und im dichten Unterholz schwer auszumachen, deshalb wird man meistens nur Affen und vielerlei Vögel zu

Gesicht bekommen. Bessere Möglichkeit zur *Wildbeobachtung* bieten von der Verwaltung organisierte nächtliche Touren mit scheinwerferbestückten Geländewagen.

Wegen seiner Nähe zur Hauptstadt ist der Khao Yai-Nationalpark an Feiertagen und Wochenenden stark frequentiert. Wenn man übernachten will, ist eine Vorausbuchung auch an gewöhnlichen Wochentagen ratsam.

River Kwai (Sai Yok Yai-Nationalpark)

Gelegenheit eine urwüchsige Fluß- und Dschungellandschaft vom komfortablen Hotel aus kennenzulernen, gibt eine Tour zum ›River Kwai‹ (Sai Yok Yai-Nationalpark) und Menam Kwai Noi.

Der Name erinnert an die berühmte ›Brücke am Kwai‹ und den Bau der Bahnlinie während des 2. Weltkrieges. In nur einem Jahr (1942/43) ist die außerordentlich schwierige Trasse fertiggestellt worden, die den Japanern, die damals Thailand besetzt hielten, die Verbindung zu ihren in Burma kämpfenden Verbänden sichern sollte. Beim Bau waren 60000 Zwangsarbeiter und alliierte Kriegsgefangene unter unmenschlichen Bedingungen

Gebiet des River Kwai mit Sai Yok Yai-Nationalpark

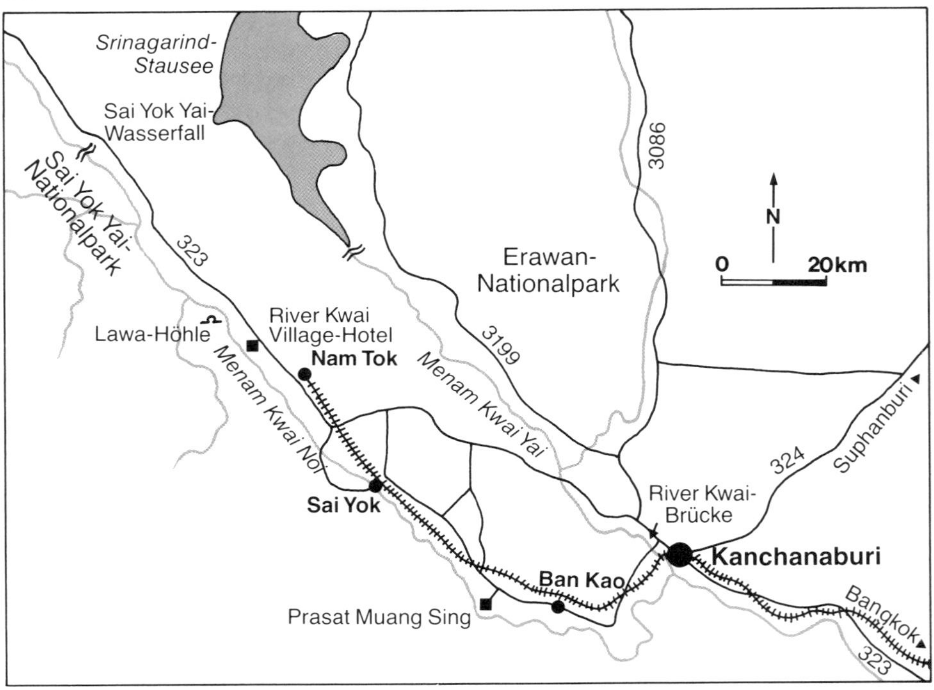

eingesetzt. Viele starben an Krankheiten, Hunger und Erschöpfung. Nach dem Krieg wurde die Strecke oberhalb Nam Tok wegen unzureichender Sicherung stillgelegt. Die *River-Kwai-Brücke,* die 4 km hinter Kanchanaburi den Kwai Yai überspannt, ist heute eine Touristenattraktion.

Viele Reiseagenturen Bangkoks bieten organisierte Busfahrten zum *River Kwai Village-Hotel* an. Man kann aber auch mit dem Zug über Kanchanaburi bis zur Endstation Nam Tok reisen. Vom Bahnhof sind es noch 6 km bis zu dem Fußweg, der zum Hotel führt, das hoch über dem Fluß erbaut wurde. Auf hübschen Spazierwegen erschließt sich die Umgebung. Die Hotelleitung arrangiert Ausflüge zu verschiedenen Wasserfällen, Höhlen und Dörfern der Karen und Mon. Es werden auch Mietboote vermittelt, die den Touristen zu den Sehenswürdigkeiten des Kwai Noi-Tales bringen. Schon die Flußfahrt selbst eröffnet stets wechselnde Szenerien von eindrucksvoller Schönheit.

Dem kunstgeschichtlich Interessierten sei ein Ausflug zu den Khmer-Ruinen *Prasat Muang Sing* empfohlen. Restaurierungsarbeiten der letzten Jahre haben die Anlage zugänglich gemacht. Der Komplex umfaßt die für den Khmer-Stil charakteristischen Bauelemente Wassergraben, Umfassungsmauer, Torgebäude und zentralen Prasat. Skulpturenfunde kamen in die Museen von U Thong und Bangkok.

Auf einem etwa 1½stündigen Bootstrip flußaufwärts gelangt man zum *Sai Yok Yai-Wasserfall.* Nahebei zwei schwimmende Hotels, die dicht beieinander im Fluß verankert sind. Die kleinen Hütten im ortstypischen Stil stehen auf langen Bambusflößen. Komfortablere Unterkunft findet man in einem Bungalowhotel.

Der Ausflug zum River Kwai sollte möglichst nicht zur Zeit des niedrigsten Wasserstandes (Ende Februar bis Mai) unternommen werden. Die Wälder grünen dann weniger üppig, den Wasserfällen fehlt die schäumende Wucht, und Stromschnellen behindern den Schiffsverkehr.

Doi Inthanon-Nationalpark

47 km südlich von Chieng Mai liegt der das Gebiet um den höchsten Berg Thailands (2595 m) umfassende Doi Inthanon-Nationalpark. Man fährt auf der Straße 108 in Richtung Hot, bei km 57, kurz vor Chom Thong, biegt man rechts ab und kommt nach ca. 10 km zum Eingang des Parkes.

Nicht weit weg stürzen die Wasser des *Mae Klang-Wasserfalls* in mehreren Stufen ca. 100 m herab. Fußwege führen zum *Pakau Na-Fall,* der *Borichinda-Grotte* und zum *Doi Hua Chang,* von dem sich ein großartiger Ausblick über die Ländereien südlich von Chieng Mai bietet.

Früher war das Areal des Parkes vollständig von Urwald bedeckt, aber die Rodungen der letzten Jahrzehnte haben das Bild verändert, heute breitet sich die Landschaft relativ offen, mit einzelnen Waldstücken vor dem Auge aus. *Karen* und *Meo* bewohnen das Gebiet, einige ihrer Dörfer sind auf den Besuch von Touristen eingestellt.

Auf der Straße, die sich über 47 km zum Gipfel hinaufwindet, passiert man mehrere Vegetationszonen; besonders eindrucksvoll ist der von Epiphyten und Orchideen überwu-

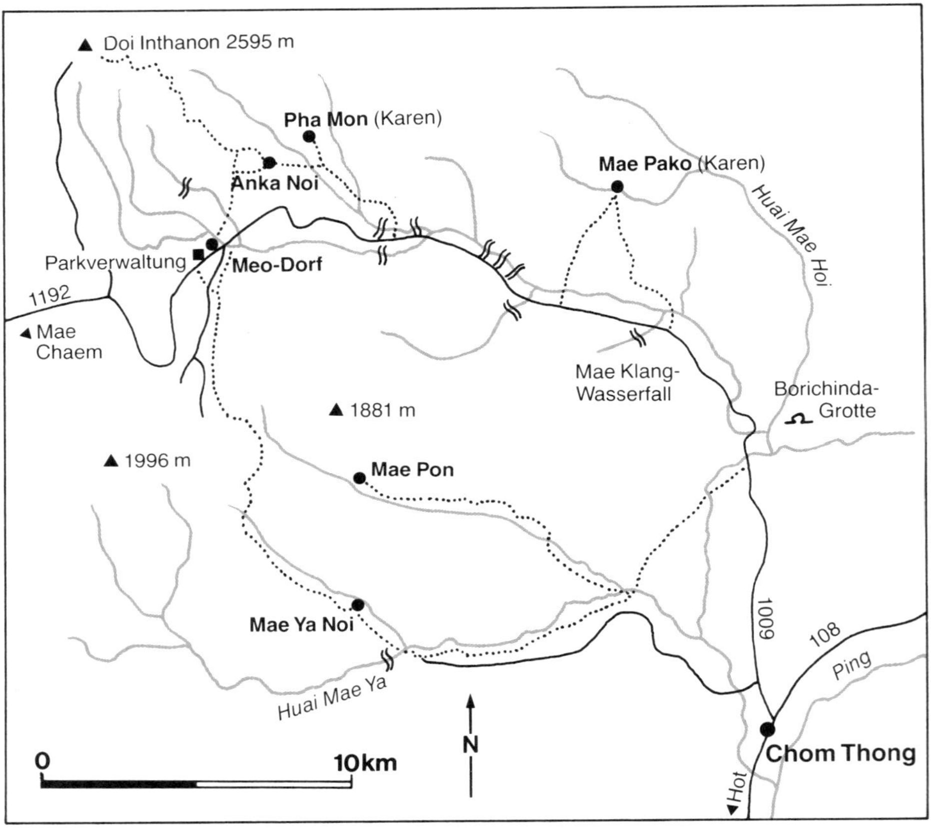

Lageplan des Doi Inthanon-Nationalparks

cherte Nebelwald ab 1800 m. In Chieng Mai kann man mit der Leitung des Parkes 3- bis 5-Tage-Wanderungen zu Fuß oder auf Ponies arrangieren. Übernachtet wird in einfachen Camps.

Phu Kradung-Nationalpark

Wegen seiner frischen Luft und gemäßigten Temperaturen ist der Phu Kradung-Nationalpark beliebt. Er erstreckt sich auf einem ca. 1200–1350 m hoch gelegenen Plateau etwa 70 km südlich von Loei im nordöstlichen Thailand.

Da die Entfernung von Bangkok ziemlich groß ist und nur bescheidene Übernachtungsmöglichkeiten bestehen, finden nur wenige auswärtige Touristen den Weg hierhin. Von Bangkok kommend fährt man auf der Straße 201 über Chayaphun (Chum Phae) hinaus in

Richtung Loei. Ungefähr 56 km vor dieser Stadt zweigt in Ban Si Than eine Erdstraße nach Westen ab, die nach 8 km beim Parkeingang und Informationszentrum endet.

Hier beginnt der einzige Aufstieg auf das ringsum steil abfallende Bergmassiv. Es ist ratsam für den 5 km langen, stellenweise beschwerlichen Aufstieg junge Leute aus dem letzten Dorf als Träger zu engagieren. Der Pfad steigt zunächst nur sanft an, erst nach ungefähr 3 km wird es steiler. Der Wald wird dicht und feucht. Am schwierigsten ist das letzte Stück (ca. 1 km), das ohne die hilfreich angebrachten Geländer, Treppen und Leitern kaum zu erklimmen wäre.

Oben angekommen findet man sich in einer völlig andersartigen Landschaft wieder. Der Dschungel hört auf, eine weite, offene, von Baumgruppen unterbrochene, wellige Ebene breitet sich vor den überraschten Augen aus. Größtenteils ebene, sandige Wege erschließen das annähernd 60 km^2 umfassende Hochplateau in allen Richtungen. Man erreicht die Höhe in der Nähe einer Radarstation, von wo man noch 3 km zur Forststation zu gehen hat.

Von den vielen schönen Spaziergängen im Park ist ein Rundweg, vorbei an sechs *Wasserfällen,* einer der beliebtesten. Einen unvergeßlichen Sonnenaufgang können Frühaufsteher beim *Liem Pha Nok-Hain* am Ostrand des Plateaus erleben. Großartige Ausblicke bietet ein Weg, der auf lange Strecken am Steilhang des Bergmassivs entlangläuft.

Im März und April entzücken die riesigen, blühenden Azaleen und Rhododendren, die eine spezielle Attraktion des Phu Kradung-Nationalparkes darstellen. Zahlreiche Bäche haben Täler in die Oberfläche des Berges gegraben, in denen man auf tropische Vegetation trifft. Außer der vielfältigen, interessanten Flora gibt es eine artenreiche Fauna. Aber die Tiere sind scheu, man wird in der Regel nur Vögel und Affen sehen, obwohl Tiger, Panther,

Phu Kradung-Nationalpark

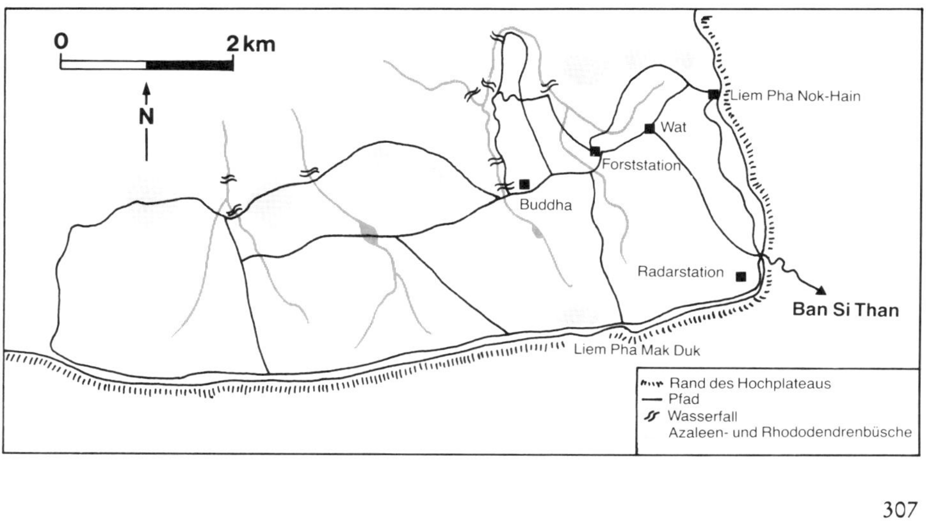

Ozelots, Bären, Wildschweine und Rotwild im Park leben sollen. Sogar wilde Elefanten steigen angeblich manchmal auf die Höhe hinauf.

In der Regenzeit (Juni–September) bleibt der Park geschlossen. Für Übernachtungen ist die Anmeldung bei der Forstverwaltung in Bangkok erforderlich. Proviant muß mitgebracht werden.

Pattaya

Klimatisierte Busse befahren täglich mehrmals die ca. 154 km lange Strecke von Bangkok nach Pattaya, Thailands beliebtestem und bekanntestem Seebad. Wo einst nur ein kleiner Fischerort existierte, säumen heute Dutzende von Hotels, Restaurants und Bars die langgezogene Bucht. Von der Tauchschule bis zum Nachtclub stehen dem Gast alle denkbaren Unterhaltungsmöglichkeiten zur Verfügung; am Strand herrscht den ganzen Tag Trubel.

Weniger überlaufen ist die nördlich an die Bucht von Pattaya angrenzende Palm Beach, an der einige Miet-Bungalows, hauptsächlich aber Privatgrundstücke liegen.

Ruhige Sandbuchten und wunderschöne Korallenbänke findet man auf den Pattaya vorgelagerten Inseln, die mit Booten in 20–45 Minuten zu erreichen sind. *Ko Larn,* die größte von ihnen, besitzt mehrere Hotels und Bungalow-Anlagen.

Von Pattaya aus lassen sich auch abwechslungsreiche Ausflüge ins gebirgige Hinterland unternehmen.

Ko Chang-Meeresnationalpark

Von Chantaburi aus kann man einen Ausflug zum Ko Chang-Meeresnationalpark unternehmen, der 52 Inseln zwischen Thailands drittgrößter Insel Ko Chang und der weiter südlich gelegenen Insel Ko Kut umfaßt.

Man fährt auf der Straße 3 bis Trat, dann einige Kilometer südwestlich zum Fischerhafen Laem Ngop, von wo man nach Ko Chang übersetzt. 800 m erhebt sich der höchste Gipfel der Insel über das Meer. Er beherrscht eine zerklüftete, von dichtem Wald überzogene Landschaft. Das Schiff legt am Strand von Ban Khlong an, dort findet man beim Verwaltungsbüro spartanische Unterkünfte.

In nächster Nähe der Bucht liegt der *Than Mayon-Wasserfall,* der von den Bewohnern der Stadt Trang gern besucht wird. Seine Wasser stürzen in vier Stufen über Felsterrassen hinab in breite, ausgewaschene Becken. Am Rande des Falles steigt ein Fußpfad nach oben, der zauberhafte Ausblicke auf die grünumsäumten Felsschluchten ermöglicht. Delphine und Schildkröten leben in den Gewässern zwischen den schönen, stillen Inseln. Die prächtigsten Korallenbänke ziehen sich an den Inseln Wai, Kradat, Mak, Rang Maisi und Ngam entlang.

Hua Hin

Thailands traditionsreichster Badeort ist Hua Hin, wo Rama VII. in den zwanziger Jahren seinen Sommerpalast *Klai Kang Won* (= Sanssouci) erbauen ließ, in dem die Königsfamilie auch heute noch einige Ferienwochen verbringt. Hua Hin, 233 km von Bangkok entfernt, ist auf guten Straßen und mit der Bahn leicht zu erreichen.

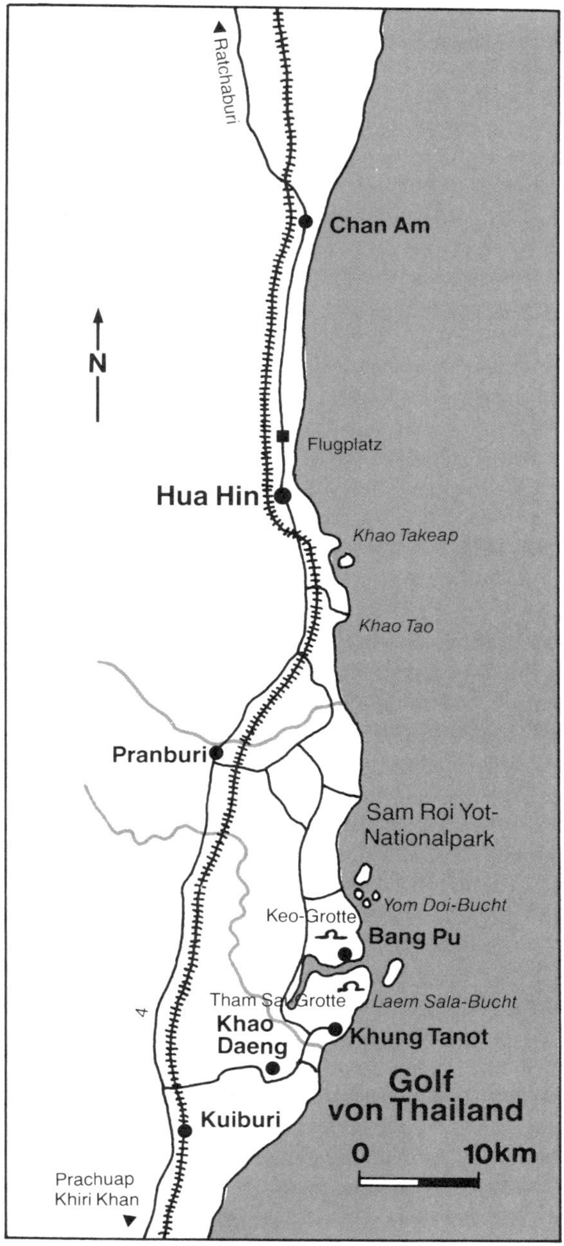

Umgebung von Hua Hin mit Sam Roi Yot-Nationalpark

Hauptanziehungspunkt Hua Hins ist der 3 km lange, feinsandige, weiße Strand. Er wird im Süden von einer Felsenklippe dem *Steinernen Kopf* (Hua Hin) begrenzt, dem der Ort seinen Namen verdankt. Auf der Höhe des Berges thront das *Wat Khao Lad*, von dem man den Rundblick über Land und Meer genießen kann. Am anderen Ende der Bucht liegt der malerische Fischereihafen. Abends wird dort ein Nachtbasar abgehalten; frühmorgens kann man die Rückkehr der Fischer vom Fang beobachten.

Hua Hin strahlt die Atmosphäre eines behaglichen Ferienortes aus. Das hektische Treiben und vielfältiges Nachtleben, das Pattaya kennzeichnet, fehlt ganz. In den Saisonzeiten, wenn viele Thaifamilien hier ihren Urlaub verbringen, servieren zahlreiche Straßenrestaurants direkt am Strand frisch gefischten Hummer und Krabben.

Sportbegeisterten Gästen stehen ein 18-Löcher-Golfplatz, Tennisplätze, Möglichkeiten zum Segeln, Surfen, Wasserschifahren und Reiten zur Verfügung. Für kleine Landausflüge kann man Motor- und Fahrräder entleihen.

Bis vor wenigen Jahren war das 1923 gebaute ›Railway-Hotel‹ das einzige Luxushotel im Ort. 1988 ist es unter Beibehaltung des alten Stils vollkommen renoviert und erweitert worden, ohne sein gediegenes Flair zu verlieren (jetzt ›Hotel Sofitel Central‹). Inzwischen werben noch mehrere sehr gute Hotels um den Gast. Auch an den herrlichen Sandstränden in der Nähe Hua Hins sind komfortable Hotelanlagen entstanden, so in *Cha Am,* 20 km nördlich, das verträumten Charme bewahrt hat.

Abwechslungsreiche Ausflüge kann man ins gebirgige Hinterland Hua Hins zu Klöstern, Höhlen, Aussichtspunkten unternehmen. Sehr sehenswert ist der Khao Sam Roi Yot-Nationalpark, 30 km südlich gelegen.

Khao Sam Roi Yot-Nationalpark

Leicht von Hua Hin zu erreichen ist der ›300 Bergspitzen‹ genannte Nationalpark. Man fährt ca. 22 km auf der Straße 4 nach Süden, biegt hinter Pranburi bei km 286,5 nach links ab und gelangt nach ca. 14 km zu den Kalksteinbergen am Meer.

Unzählige, bizarre Bergkegel – umgeben von Meeresbuchten, Stränden, Sumpfland, Shrimp-Teichen und Reisfeldern – ergeben ein überaus pittoreskes Landschaftsbild. Tiefe Schluchten trennen die einzelnen Felsstöcke, die von Grotten und Höhlen durchlöchert sind. Ein wahres Labyrinth, das ehedem Räubern sicheren Unterschlupf geboten hat. Einige der Höhlen sind zugänglich, in manchen Buddhafiguren aufgestellt. Am *Laem Sala-Strand,* den man mit dem Boot von Bang Pu aus ansteuert, bieten sich Führer zu den verschiedenen Höhlen an. Recht eindrucksvoll ist die *Tham Sai-Grotte,* deren Eingang ca. 70 m hoch liegt. Sie besteht aus 4 Hallen; 2 von ihnen erhalten durch Öffnungen in der Decke Tageslicht.

In nächster Nähe des Parkes kann man an einem Privatstrand (Yom Doi-Bucht) Bungalows mieten.

Ko Samui

Samui, die größte einer Gruppe von mehr als 80 der Ostküste bei Surat Thani vorgelagerten Inseln, ist im Begriff das neuste Badeparadies Thailands zu werden.

Die Insel ist wie ihre Nachbarn gebirgig (bis 635 m; Ko Pha Ngan 625 m) und im Innern von tropischem Urwald bedeckt. Kokosplantagen, auf denen sich der Wohlstand der Bevölkerung gründet, beherrschen die Küstenebenen. Durian, Rambutan, Langsat und Mangosteen gedeihen in den Gärten. Eine Ringstraße (vorwiegend nicht asphaltiert) läuft um die Insel herum, so daß die Dörfer untereinander und mit dem Hauptort in Verbindung stehen. Sie liegen meist in der Küstenzone, malerisch unter Palmen an einer Bucht oder im Schutze von Felsklippen.

Von Surat Thani kommende Schiffe legen in *Ban Nathon* (Ang Thong), dem Hauptort der Insel, an, die Car Ferry aus Donsak am Pier nördlich von *Ban Taling Ngam.* Reisebüros, Banken, Behörden, Geschäfte in Ban Nathon versorgen den Ankommenden mit Auskünften und allem Notwendigen. Einige einfache und ein komfortableres Hotel stehen für Übernachtungen zur Verfügung.

Rings um Ko Samui breiten sich schöne Buchten mit Sandstränden aus. Fast an jeder säumen Bungalow-Anlagen (meist mit Restaurant) die Strände, aber zum Glück sind sie von Palmen und Kasuarien verdeckt, ohne das Idealbild von Einsamkeit, weißem Sand und blauem Meer zu stören. Bis vor kurzem zählten die Bungalows ausschließlich zur unteren bis mittleren Kategorie, jetzt existieren bereits mehrere sehr gute Hotels, neue kommen alljährlich dazu. Touristisch am weitesten entwickelt ist die 6 km lange, nach Osten orientierte *Chaweng-Bucht,* obwohl das Meer im Winter (Dezember bis Mitte Februar) auf dieser Seite heftig anbrandet. Für Unterhaltung sorgen Strandrestaurants mit Video, Discos, Windsurfschulen und Tauchlehrgängen. Sogar Thai-Dinner und Thai-Tänze werden geboten. Aber der Amüsierbetrieb à la Pattaya ist unbekannt.

An der *Lamai-Bucht,* südlich an Chaweng anschließend, bestimmen noch Rucksackreisende und Langzeittraveller, die eigentlichen ›Entdecker‹ Samuis, das Bild des Strandlebens. Die südliche Küste besitzt keine langgestreckten Traumstrände, dafür einige hübsche, kleine Buchten. Wer Ruhe und Erholung unter Palmen am tropischen Meer sucht, findet bei *Laem Set* gute Hotels.

An der Westküste ist das Meer sehr flach, daher zum Schwimmen weniger gut geeignet.

In den Buchten am Nordrand der Insel – *Mae Nam-*, *Bo Phut-* und *Big Buddha-Beach* – bleibt die See das ganze Jahr über ruhig. Der grobkörnige Strand fällt relativ steil ab. Obwohl sich eine Bungalow-Anlage an die andere reiht, fehlt der Massentourismus. Eine ruhig-friedliche Stimmung verzaubert die Natur. Am Nordostzipfel Samuis lädt die idyllische *Choeng Mon-Bucht* zum Schwimmen, Sonnen und Träumen ein. Mehrere, in letzter Zeit gebaute Hotels erfüllen die Ansprüche verwöhnter Gäste.

Die ›Sehenswürdigkeiten‹ Samuis erschöpfen sich in einem *modernen Riesenbuddha* in der Bucht bei Ban Bo Phut, einem *Chedi* an der Südspitze (Laem Sor) und zwei bescheidenen *Wasserfällen* (Nam Tok Hin Lad und Nam Tok Na Muang).

Bei einer Rundfahrt um die Insel öffnen sich immer wieder prachtvolle Ausblicke auf stille Buchten, Felsengruppen, von Palmen beschattete Strände. Man fährt durch malerische Dörfer, gelegentlich kann man abgerichtete Affen beim Pflücken von Kokosnüssen beobachten. Bootstouren zu den umliegenden Inseln veranstalten mehrere Agenturen in Ban

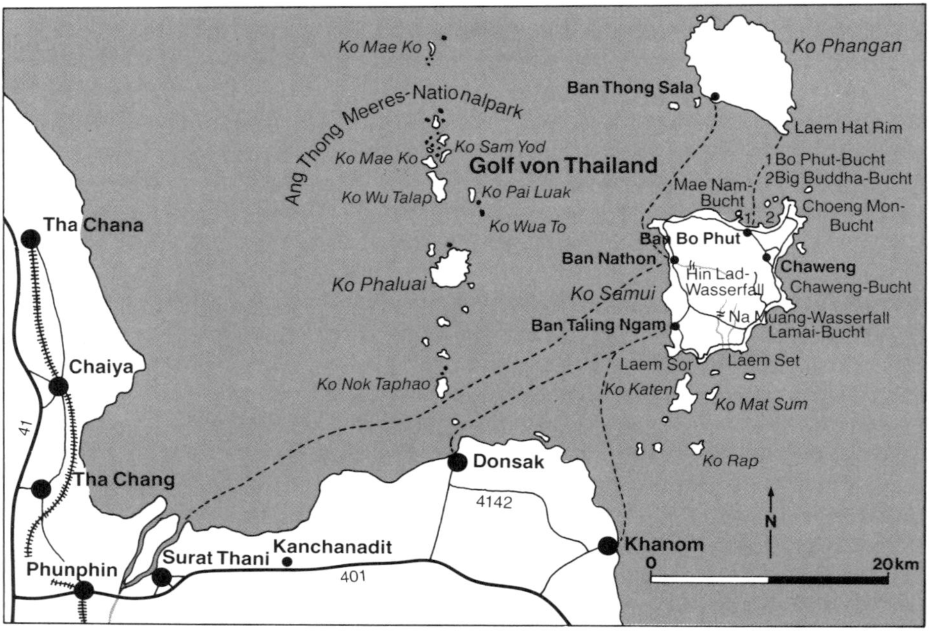

Inselgruppe um Ko Samui mit Ang Thong-Meeresnationalpark

Nathon. Auf vielen locken unberührte, herrliche Badestrände. Gerühmt werden die *Korallenriffe* vor Ko Mat Sum. Landschaften von hinreißender Schönheit erlebt man bei einem Ausflug zum Ang Thong-Meeresnationalpark.

Ang Thong-Meeresnationalpark

Mehr als 40 kleine, fast unberührte Inseln schließt der Ang Thong-Meeresnationalpark auf einem ca. 20 km^2 großen Areal ein.

Die Fahrt durch das Labyrinth der Inseln – oft sind es nur einzelne Felsen – bietet Ausblicke auf paradiesisch anmutende, einsame, weiße Strände, steile, grünüberwucherte Kalksteinklippen und vom Meer zu bizarren Überhängen oder Grotten ausgewaschene Felsenränder. Auf einigen Inseln nisten Seeschwalben, deren Nester bei den Chinesen als Delikatesse gelten. Die Vögel kleben ihre aus einem Speichelfaden gebildeten Nester so hoch oben an die Wände der Höhlen, daß das Einsammeln wahre Kletterkünste erfordert. Lange, schwankende Bambusleitern dienen dabei als Hilfsmittel.

Organisierte Tagesausflüge in den Nationalpark werden von Surat Thani und Ko Samui unternommen. Auf der Insel *Wu Talap* findet man bei der Parkverwaltung einfache Bungalows zum Übernachten.

Phuket

Phuket, noch vor wenigen Jahren Geheimtip für Liebhaber einsamer Strände, hat sich zur Badeinsel par excellence mit allen Vor- und Nachteilen gemausert. An mehreren der schönen Sandstrände, die die Insel hauptsächlich an der Westküste besitzt (an der Ostküste sind die Buchten sehr flach und zum Schwimmen nicht ideal), sind mehr oder weniger große Hotelanlagen unterschiedlicher Kategorien entstanden. Und die Bautätigkeit geht unvermindert weiter!

Hauptort ist das Städtchen *Phuket* mit 30000 Einwohnern. Im vorigen Jahrhundert bauten sich hier die wohlhabenden Minen- und Plantagenbesitzer Villen im portugiesischen Kolonialstil. Leider wird eine nach der anderen durch weniger hübsche, moderne Neubauten ersetzt. Den Reichtum Phukets machen seine Plantagen (Gummi, Ananas, Kokos, Bananen), die Zinnvorkommen, Fischerei und Perlenzucht aus. Mit dem Ausbau der touristischen Infrastruktur will man neue Erwerbsquellen erschließen.

Sehenswürdigkeiten von kunstgeschichtlichem Interesse fehlen. Doch gibt es in Phuket-Stadt zwei *chinesische Tempel,* 8 km südlich werden im *Wat Chalong* zwei ehemalige Mönche verehrt, und im Norden der Insel befindet sich im *Wat Phra Thong* eine berühmte, angeblich von geheimnisvollen Mächten in der Erde festgehaltene, daher bis zur Brust eingegrabene Buddhastatue. Sehenswert für technisch interessierte Reisende ist die *Zinnerzgewinnung* aus dem Meeresschlamm durch schwimmende Bagger. Einen abwechslungsreichen Ausflug bietet der Besuch in einer *Perlenzuchtfarm* auf der Insel Ko Yao Yai.

Für den Touristen liegt jedoch der Hauptreiz Phukets in der tropischen Landschaft und den zauberhaften Meeresbuchten. An der Westküste reiht sich ein Badestrand an den anderen. Ganz im Norden zieht sich, von Pinien beschattet, die *Mai Khao-Bucht* hin. Zwischen November und Februar steigen an diesem längsten Strand der Insel (ca. 35 km) die Meeresschildkröten zur Eiablage an Land. Als nächste schließt sich die *Nai Yang-Bucht* an. Sie gehört streckenweise zu einem Nationalpark. Unterkunft findet man in einfachen Hütten landesüblichen Stils und in einem Mittelklassehotel. Es folgt die *Pansea-Bucht* mit einer romantischen Bungalow-Anlage unter hohen Palmen. Die *Surin-Bucht,* weiter südlich, breitet sich vor steil ansteigenden Bergen aus. Unvermittelt fällt der Meeresboden ab, wegen der starken, gefährlichen Unterströmungen sollte man hier nicht schwimmen. Bei den Thai ist die Bucht als Picknickplatz beliebt. *Kap Sing* (Laem Sing) und die *Kamala-Bucht* gewähren (noch) erholsame Stille.

Dann kommt die weit ausladende *Patong-Bucht.* An ihrem weißen Strand hat sich in den letzten Jahren ein kleines Pattaya etabliert. Es gibt große Hotelkomplexe, Bungalowanlagen, Bars, Nachtclubs, Restaurants, Discotheken, Wassersportclubs, Supermärkte und alle Arten Kaufläden. Von den Einheimischen werden die langgezogenen Strände der *Karon-* und der *Kato-Bucht* bevorzugt, obwohl sie den Westwinden ungeschützt ausgesetzt sind. In jüngster Zeit hat ein enormer Bauboom begonnen. Bars, Discos, Videobars, Restaurants schießen wie Pilze aus dem Boden. Am Kato-Strand unterhält der Club Méditerranée ein großes Bungalowdorf.

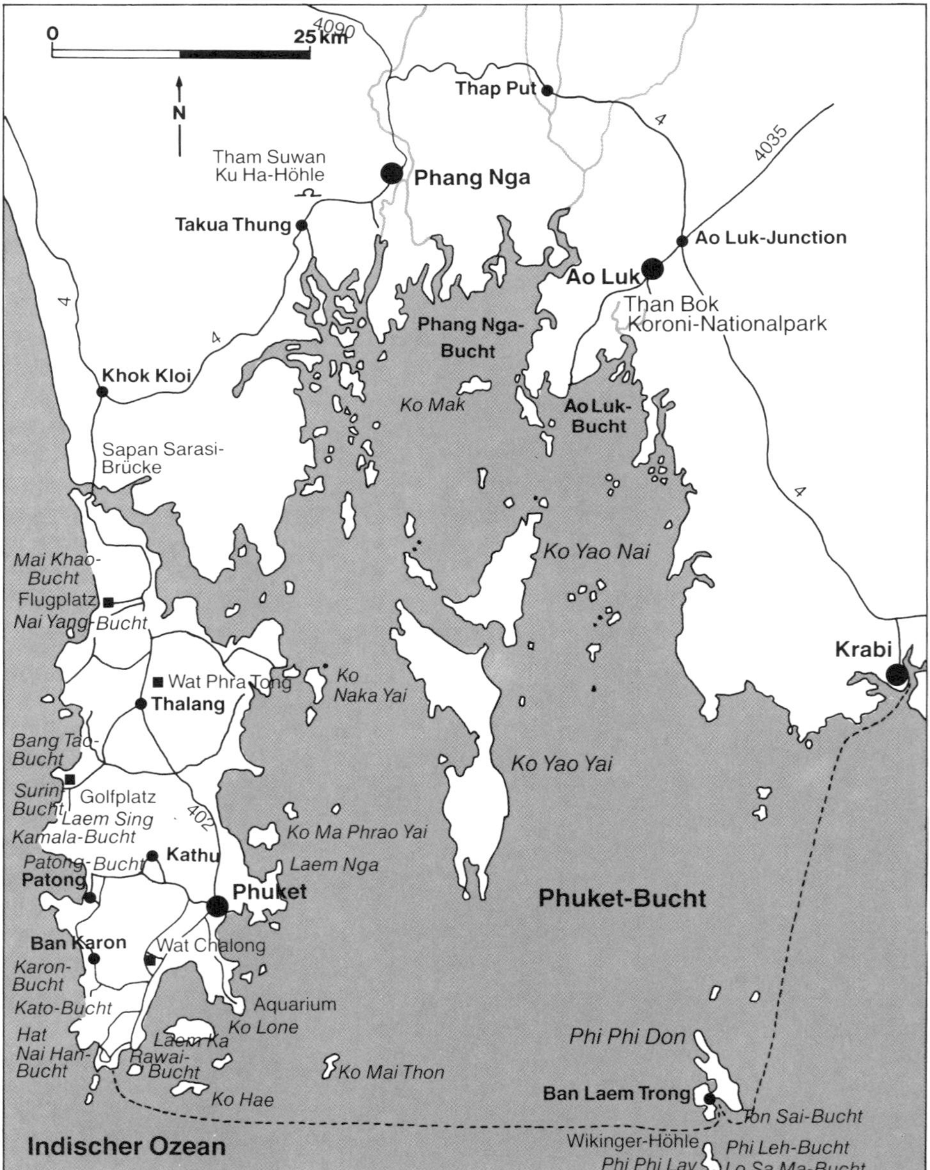

Küstengebiet zwischen Phuket, Phang Nga und Ao Luk mit Than Bok Koroni-Nationalpark und den Phi Phi-Inseln

Als eine der schönsten Buchten gilt die *Hat Nai Han* am südwestlichen Ende Phukets. Das blaue Meer, das klare Wasser einer kleinen Lagune, der weiße Sandstrand und die grünen Hintergrundberge formen das Idealbild eines tropischen Strandes. Doch während der Monsunzeit ist der Aufenthalt nicht zu empfehlen, weil die Winde ungebremst in die Bucht einfallen. Die nach Südosten orientierte, sehr seichte *Rawai-Bucht* hat wegen ihres schlickigen Grundes an Beliebtheit eingebüßt, seitdem so viele andere Buchten durch Straßen erschlossen sind. Im Norden wird sie von *Kap Ka* (Laem Ka) begrenzt. Dort erstrecken sich vor einem winzigen Sandstrand hübsche Korallengärten. Die am Berghang darüber erbauten Hotels bringen ihre Gäste auf Wunsch zum Baden, Schnorcheln und Tauchen auf die vorgelagerten Inselchen.

Phuket wird von Bangkog aus täglich angeflogen; neuerdings auch von ›Thai Airways International‹ als Zwischenstopp auf der Strecke Bangkok-Singapur.

Kein Besucher Phukets sollte eine Bootsfahrt durch den Golf von Phuket versäumen. Hier fällt das nord-südlich verlaufende Gebirgsmassiv allmählich ins Meer ab. Hunderte von Kuppen und Kegeln bilden kleine, oft winzige Inseln, die von der Erosion zu phantastischen Gebilden verformt wurden.

Phang Nga- und Ao Luk-Bucht

Eine Landschaft von einmaliger Schönheit öffnet sich dem Reisenden in den Buchten von Phang Nga und Ao Luk im hinteren Teil des Golfes von Phuket. Wenn man von Bangkok kommend Phuket anfliegt, sieht man unter sich das glitzernde Meer, übersät mit Tausenden von Grün überwucherten Inselchen und Felsbrocken, die sich im ruhigen Wasser spiegeln. Ein märchenhafter Anblick!

Von Phuket aus läßt sich ein Besuch dieser pittoresken Buchten leicht bewerkstelligen. Regelmäßig werden vor allem zur Phang Nga-Bucht Tagesausflüge organisiert. Wer sich mehr Zeit für Entdeckungsfahrten in dem Insellabyrinth nehmen will, findet in Phang Nga ein komfortables Hotel. Etwa 42 km sind es von der Sapan Sarasin-Brücke, die Phuket mit dem Festland verbindet, bis zur Kleinstadt Phang Nga, die man auf der Straße 4, sich bei Khok Kloi nach rechts wendend, erreicht.

Unterwegs lohnt sich ein Abstecher zum Grottenheiligtum *Tham Suwan Ku Ha,* zu dem 12 km vor Phang Nga (30 km hinter Khok Kloi) eine Erdstraße nach links abzweigt. Das Heiligtum besteht aus mehreren unterirdischen Hallen, in denen Buddhafiguren aufgestellt sind, wie man es in Thailand häufig antrifft. Streifiges, durch natürliche Öffnungen einfallendes Sonnenlicht taucht die Höhlen in mystisches Halbdunkel. Ein zweiter Komplex aneinandergereihter Höhlen, die *Grotte des Eremiten* (Tham Reussi), die einem Lokalheiligen geweiht ist, liegt nahe beim Verwaltungszentrum Phang Ngas in einem kleinen Park.

Um zur Anlegestelle der Ausflugsboote zu kommen, fährt man auf der Straße 4 zurück in Richtung Khok Kloi, nach ca. 5 km biegt man zum Zollhaus, zum Hotel ›Phang Nga Bay Resort‹ und zur Bootsstation nach links ab. Im Hotel veranschaulicht eine große Reliefkarte die Lage der Inseln in der Bucht. Für die Tour sollte man unbedingt ein Boot mit Sonnendach wählen, trotzdem braucht man für die stundenlange Fahrt zusätzlich Sonnenhut und

Sonnencreme. Es gibt kleinere, langsame und große, schnellere Boote. Letztere sind oft für angemeldete Reisegruppen reserviert. Ein zweiter Ankerplatz befindet sich in dem kleinen Hafen des Dorfes *Takua Thung;* von dort starten nur große Schnellboote.

Zunächst folgt das Boot fast eine halbe Stunde dem Lauf des Flusses *Klong Khao Thalu* an der hohen Steilküste entlang. Kurz vor der Mündung sieht man in einer Höhle am Fuß des *Khao Kien* (Beschriebener Berg) merkwürdige, primitive Wandmalereien, deren Alter unbekannt ist. Kurz darauf passiert man rechts einen riesigen Felsklotz, *Ko Pannyi,* an dessen Flanke sich ein kleines, von Moslem bewohntes Pfahldorf schmiegt. Zum großen Teil haben sich die ehemaligen Fischerhütten in Restaurants und Souvenirläden verwandelt.

Danach beginnt das eigentliche Labyrinth der Inseln, Inselchen, Felsklippen und Mangrovensümpfe. Zu den berühmtesten Stellen wird man vom Bootsführer innerhalb einer 3–5stündigen Tour gebracht. Die Erosion hat den Kalkfelsen bizarre Formen verliehen. Grotten und Arkaden sind von tropischer Vegetation malerisch überwachsen. Da das flache Meer nur selten unruhig ist, kann man die immer wieder wechselnden Aussichten vom Boot unbeschwert genießen. Einige größere Inseln besitzen zauberhafte, weiße Strandbuchten, die zum Schwimmen einladen. Ein schlangengleich gewundener Stalagmit am Eingang gab der Insel *Tham Nak* (Naga) den Namen. Von der Anlegestelle auf *Ko Ping Gan* führt ein kurzer Pfad zum Badeplatz im Schutze eines enormen Felskegels. Auf *Ko Tapu* scheint der Felsen in zwei Teile gespalten, die sich einander zu neigen, so daß die Thai sie ›die beiden Liebenden‹ nennen. An anderen Stellen gleitet das Boot in Grotten, wo Wurzeln und Schlingpflanzen von der Decke hängen. Wieder andere Inselchen bewohnen Affengesellschaften, die laut schreiend das vorbeiziehende Boot begrüßen. Bei der Insel *Tham Lod* fährt man durch einen 50 m langen, natürlichen Tunnel, begleitet von wechselnden Lichtreflexen, die über herabhängende Stalaktiten spielen. Zur Anlegestelle zurück nimmt der Führer meist den Weg durch ein von schmalen Wasserarmen durchschlängeltes Mangrovendickicht.

Nicht weniger malerisch als die Phang Nga-Bucht ist die südöstlich angrenzende Bucht von Ao Luk. Um dorthin zu gelangen, muß man an *Ko Pannyi* und einem Felsen mit kleinem Leuchtturm vorbei, nach Osten steuern. Zielpunkt ist die rundbucklige Insel *Ko Mak,* auf der sich schlanke Kokospalmen im Wind biegen. Paradiesische Szenerien bieten die nächsten Inseln, die man ganz umschiffen sollte. Die Grenze der Bucht zum offenen Meer bildet eine Zone unzähliger kleiner, z. T. winziger Felsklippen, -nadeln oder -kuppen in den merkwürdigsten Gestalten. Im Hintergrund erhebt sich der beherrschende Kegel des *Khao Hua Nhak* (570 m).

Vom Festland her fährt man die Bucht über das Dorf *Ao Luk* an. Es liegt ungefähr auf halber Strecke zwischen Phang Nga und Krabi an einer südwestlichen Abzweigung der Straße 4. In der Nähe des Ortes gibt es zahlreiche *Höhlen* zu erkunden, außerdem den sehenswerten Than Bok Koroni-Nationalpark, wo auch ein ordentliches Hotel steht.

Than Bok Koroni-Nationalpark

Als besonders hübscher Landschaftspark kann der Than Bok Koroni-Nationalpark gelten. Man erreicht ihn, von Phang Nga auf der Straße 4 45 km nach Süden in Richtung Krabi fahrend, von dem kleinen Ort Ao Luk aus. Auf der Hauptkreuzung wendet man sich nach rechts zum 2 km entfernten Parkeingang. Ein Informationszentrum wartet mit Auskünften über die vielen Naturschönheiten der Gegend auf.

Mehrere hergerichtete Pfade schlängeln sich durch üppige Vegetation zu verschiedenen überaus malerischen Wasserfällen. An einer Stelle tritt am Fuß des Berges, zwischen riesigen Felsplatten, ein unterirdischer Fluß brausend ans Tageslicht. Wegen seiner schattigen Spazierwege und sprudelnden Bäche, die in der tropischen Hitze Erfrischung spenden, wird dieser Park von den Einheimischen sehr geschätzt.

Phi Phi-Inseln

Schnelle Tragflächenboote verkehren seit einiger Zeit zwischen Phuket und den beiden Phi Phi-Inseln, so daß ein Abstecher dorthin keine Schwierigkeiten macht (von Krabi aus braucht ein Motorboot ca. 3½ Stunden).

Dichter Wald, schroffe Felsklippen, stille Buchten mit weißen Stränden und Palmenhaine ergeben eine Landschaft, die jeden Besucher bezaubert. Im glasklaren Wasser entfaltet sich das Leben der Korallenriffe in voller Pracht.

Alle Schiffe legen in *Phi Phi Don,* der größeren Insel, beim Hauptort *Ban Laem Trong* in der *Ton Sai-Bucht* an. An der malerischen Bucht, die auf der Westseite von steilen Felsklippen eingerahmt wird, reihen sich mehrere Bungalow-Anlagen aneinander. Neben einfachen Unterkünften gibt es komfortable Hotels. In der Saison sind die Inseln sehr besucht.

Von Ban Laem Trong aus sollte man, falls man ein paar Tage Zeit hat, eine Wanderung auf den etwa 160 m hohen Berg in der Inselmitte unternehmen. Man wird mit einem unvergleichlichen Ausblick belohnt.

Phi Phi Lay, die kleinere, unbewohnte Insel, ragt steil aus dem Meer auf, aber die *Mayah-Bucht* hat einen feinen Sandstrand. *Phi Leh* und *Lo Sa Ma,* zwei Buchten auf der Ostseite, verbindet nur ein schmaler Zugang mit dem offenen Meer, so daß die ruhige See ideale Bedingungen zum Tauchen bietet.

Eine Attraktion ist die große *Wikinger-Höhle,* deren Eingang genau auf der Höhe des Wasserspiegels liegt. Durch mehrere Öffnungen in der Decke dringt Sonnenlicht ein. Eigenartige, farbige Malereien an den Wänden, meist Langboote, verschafften der Höhle ihren Namen. Ganz oben an den zerklüfteten Wänden kleben die Seeschwalben ihre als Delikatesse begehrten Nester an. Zum Einsammeln (im Februar bis April) werden Konzessionen verkauft, deshalb ist die Höhle in dieser Zeit nicht zu besichtigen.

Burma (Myanmar)

Allgemeine Grundlagen

Geographische Gliederung

Seit neuestem wird im amtlichen Gebrauch des Landes der alte Name Myanmar (oder Mranmâ) wieder verwendet, der gesprochen etwa wie Bamâ klingt. In deutscher Aussprache kommt dem die Bezeichnung ›Burma‹ am nächsten, während sich ›Birma‹ am Englischen orientiert. Myanmar besitzt eine Staatsfläche von 678 000 km². Die Längsausdehnung vom 10. bis über den 28. Grad nördlicher Breite ist infolge des langen Landstreifens auf der Malayischen Halbinsel mit 2000 km ungewöhnlich groß im Verhältnis zur größten Breite von 900 km.

Lange Grenzen hat Burma mit Thailand (1600 km), China (1520 km) und Indien (1040 km), vergleichsweise kurze mit Bangladesch und Laos (je 240 km). Das geographische Gesicht Burmas prägen die vom Himalaya ausgehenden, nach Süden ziehenden Gebirgsketten, zwischen denen die großen Flüsse, Chindwin, Irrawaddy, Sittang und Salween dem Meer zustreben.

Während der Salween den größten Teil seiner Länge ein echter Gebirgsfluß ist, der sich tief in die Hochfläche eingeschnitten hat und sich erst kurz vor der Mündung in einer fruchtbaren Ebene ausbreitet, sind Chindwin, Sittang und der Irrawaddy von Bhamo an Tieflandströme. Sie tragen fruchtbare Schwemmstoffe mit sich, die bei Überschwemmungen in den Uferzonen abgelagert bzw. im Mündungsgebiet abgesetzt werden. Auf diese Weise schiebt sich das Delta des Irrawaddy alljährlich um ca. 60 m ins Meer hinaus.

Das durch Auffaltung der Gebirge entstandene Irrawaddy-Becken bildet das Kerngebiet Burmas, hier lagen fast alle Zentren seiner Geschichte, die meisten direkt am Irrawaddy, nur Pegu und Taungu zum Sittang hin, der ja ebenfalls in der Irrawaddy-Senke, gewissermaßen als Parallelarm des Irrawaddy, zum Meer fließt.

Geographisch wird das langgestreckte Gebiet gewöhnlich in Nieder- und Oberburma geteilt, wobei die Grenze zwischen beiden etwas nördlich von Prome und Taungu verläuft. Auf dieser Linie endet die niederschlagsreiche Zone, die voll vom Südwest-Monsun getroffen wird, nördlich davon beginnt die im Regenschatten der Arakan-Berge liegende Trockenzone. Nur durch Bewässerung können die ertragreichen Böden des oberen

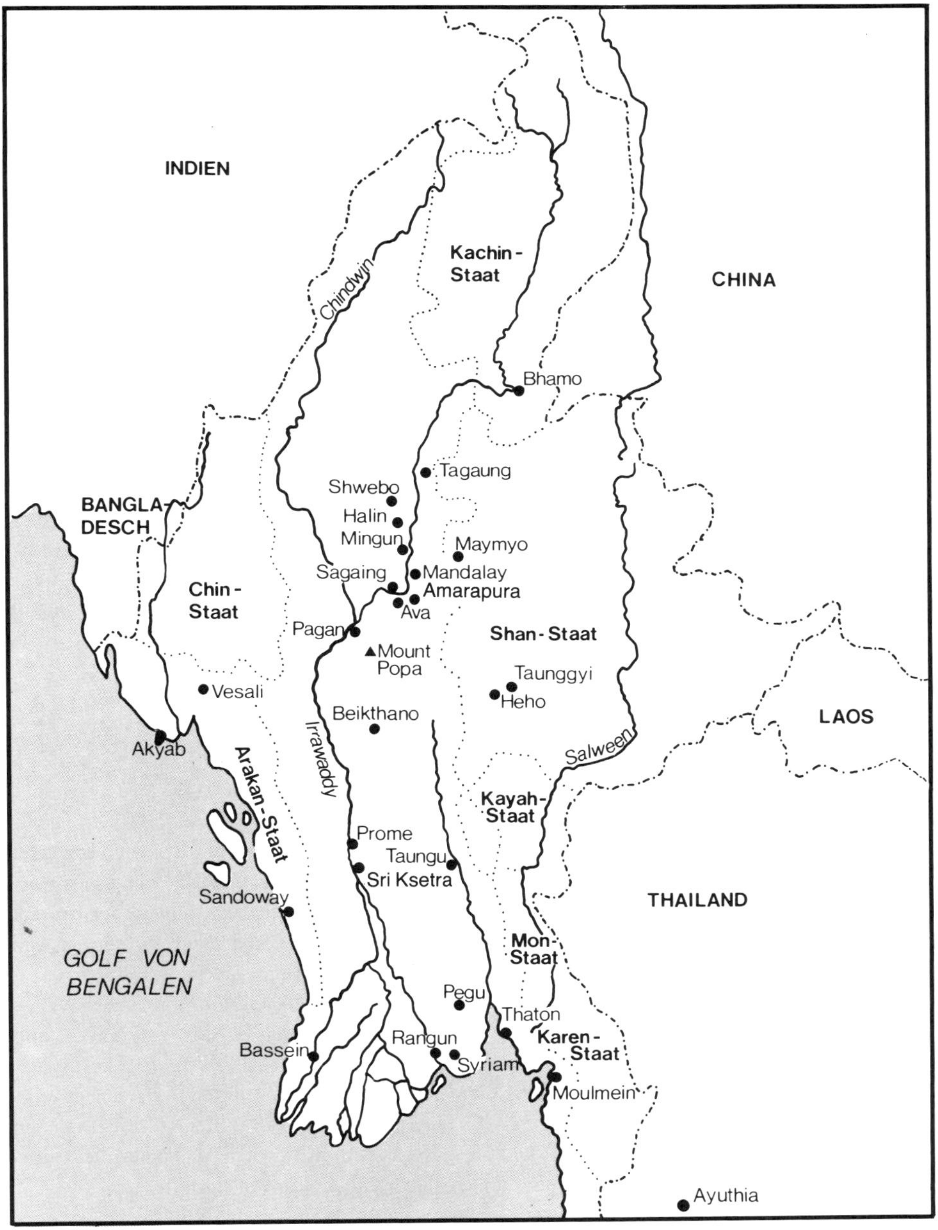

Übersichtskarte von Burma mit den historischen Orten

Irrawaddy-Beckens intensiv genutzt werden, die Wasser des Stromes und seiner Nebenflüsse bieten die Möglichkeit dafür.

Auf drei Seiten wird das Kernland von stellenweise sehr hohen Gebirgen eingerahmt. Im Westen trennt das nahezu vollkommen unerschlossene Arakan-Yome die Arakan-Küste vom übrigen Burma. Nur ein Zehntel dieses um die Flußmündungen fruchtbaren Küstenlandes wird bebaut, dort, besonders bei der Hauptstadt Akyab, konzentriert sich die Besiedlung. Geschützt durch die Arakan-Berge, entwickelte sich in der Küstenzone schon früh ein selbständiges Fürstentum, das die längste Zeit seiner Geschichte politisch von Burma unabhängig gewesen ist. Die künstlerische Hinterlassenschaft des Arakanesen-Reiches, hauptsächlich Ruinen in der letzten Hauptstadt Mrohaung, weist eigenwillige Züge auf, in ihrer Gesamtheit ist sie noch kaum erforscht.

Im Norden, dem nördlichen Bergland, erstrecken sich die Ausläufer des zentralasiatischen Gebirgsmassivs bis nach Burma. Einzelne Gipfel im äußersten Norden dieses zerklüfteten, unzugänglichen Gebietes erheben sich bis auf annähernd 6000 m Höhe.

Im Osten liegt das durchschnittlich etwa 1000 m hohe Shan-Hochland, mehrere Bergketten, die es durchziehen, erreichen in einigen Bergkuppen bis zu 2600 m Höhe.

Als langer Streifen streckt sich schließlich die Tenasserim-Küste in die Malayische Halbinsel hinein. Tropische Regenwälder und Mangrovensümpfe bedecken den überwiegenden Teil des steil zum Meer abfallenden Küstenlandes. Nur im Norden, im Mündungsgebiet des Salween, findet man flaches Land, das besonders in der Umgebung der Stadt Moulmein dicht besiedelt ist. In diesem Gebiet lag das frühe Kulturzentrum der Mon, Thaton.

Geschichtliche Entwicklung

Die frühe Geschichte Burmas ist bis heute wenig erforscht; zwar gibt die Überlieferung der einheimischen Völker mancherlei Hinweise – wissenschaftlich belegt ist indessen nur wenig. Vor allem in der Chronologie weichen die Meinungen stark voneinander ab. Sicher ist, daß in den ersten Jahrhunderten n. Chr. im Gebiet des jetzigen Burma zwei Völkergruppen siedelten: im Süden die Mon oder Talaing, in den übrigen Regionen die Pyu.

Die *Mon* standen in engem Kontakt mit ihren Verwandten in Thailand, wie diese besaßen sie relativ hoch entwickelte Gemeinwesen. Ihre Hauptorte lagen bei Mergui, Tavoy und Moulmein. Anscheinend landeten an ihren Küsten schon früh indische Schiffe, die Kaufleute, Abenteurer und Missionare ins Land brachten. Sie verbreiteten indische Sprache, Schrift, Kunst und Religionen, auf deren Grundlage die einheimische Kultur entstehen sollte. Das Material über die Mon-Reiche Süd-Burmas ist sehr spärlich, da bisher die beiden Hauptorte Thaton und Pegu nicht systematisch ausgegraben worden sind.

Funde von Schiffsteilen erweisen, daß Thaton einstmals ein Seehafen gewesen ist, aber durch die Anschwemmungen des Sittang immer weiter von der Küste getrennt wurde, so daß es seit Beginn des 11. Jahrhunderts nicht mehr als Hafen dienen konnte. Das weiter südlich gelegene Martaban trat dann an seine Stelle.

Von frühester Zeit an – die Legende schreibt die Missionierung des Landes der Zeit des indischen Kaisers Ashoka zu –, mindestens seit dem 4. Jahrhundert war der Theravada-Buddhismus die Religion des Volkes. Aus thailändischen Chroniken wissen wir, daß im 8. Jahrhundert eine Mon-Prinzessin von Lavo (Lopburi), die mit dem König von Thaton verheiratet war, nach Lamphun ging, um dort das buddhistische Mon-Königreich Haripunchai zu gründen. 1047 eroberten die Burmesen Thaton, brandschatzten und plünderten die Stadt und verschleppten die Königsfamilie samt einem großen Teil der Bevölkerung nach Pagan. Viele Dokumente aus der Zeit des siegreichen Burmesen-Königs Anawrahta unterstreichen den hohen kulturellen Stand des Mon-Reiches.

Vielleicht einziges Zeugnis der Mon-Architektur Süd-Burmas ist der Unterbau der Htsitaung-Pagode in Zokhetok (Distrikt Thaton). Es ist ein ca. 3,50 m hoher Sockel auf einer ca. 90 cm hohen Plattform; breite Treppen führen in der Mitte jeder Seite nach oben. Da die gesamte Basis aus Laterit besteht, einem Material, das in Pagan unbekannt war, muß der Bau vor dem 11. Jahrhundert entstanden sein. Der achteckige Grundriß des Unterbaus wird in der aus späterer Zeit stammenden Pagode wieder aufgenommen. Möglicherweise bewahrt auch dieser jüngere Hauptbau charakteristische Elemente der süd-burmesischen Mon-Pagoden.

Pegu, das andere Mon-Zentrum Burmas, mag im 6.–7. Jahrhundert gegründet worden sein, zu einer Zeit, da die Herrschaft der Pyu bereits geschwächt war. Es ist die am weitesten nach Norden vorgeschobene Stadt der Mon. Älteste Traditionen beschreiben Pegu als Insel im flachen Meer. Bis ca. 1600 durch Lagunen mit dem Meer verbunden, liegt es heute im Landesinneren. Der hinduistische Name der Stadt war Ussa, was von ›Orissa‹ abgeleitet ist und auf enge Beziehungen zu Indien schließen läßt. Gegenüber den Burmesen erhielt Pegu im frühen 11. Jahrhundert Verstärkung durch Flüchtlinge aus Lamphun, die einer Cholera-Epidemie entflohen waren. Weil sie ›die gleiche Sprache sprachen‹, wurden sie in Pegu gut aufgenommen.

Die wenigen Skulpturen der Mon, die in Burma gefunden wurden, zeigen noch keine eigenständigen Formen. Bronze-Figuren und Terrakotta-Tafeln sind in rein indischem Stil der Gupta-Periode gehalten.

Im Laufe der ersten Jahrhunderte unserer Zeitrechnung waren die *Pyu* von Mittelasien kommend den Irrawaddy abwärts nach Süden gewandert. Die meisten ließen sich in Zentral-Burma nieder, einige Gruppen überschritten das Arakan-Gebirge und stießen bis zur Küste des Indischen Ozeans vor. Aus den Kleinsiedlungen der Pyu entwickelten sich mit der Zeit Stadtkönigreiche mit begrenztem Machtbereich. Die Existenz einer Handelsstraße zwischen Indien und China durch Nord-Burma im 1. bis 2. Jahrhundert macht es wahrscheinlich, daß es staatliche Autoritäten gab, welche die Sicherheit der Reisenden und Karawanen gewährleisten konnten. Tatsächlich haben Grabungen an mehreren Orten, z. B. Tagaung, Halingyi und Peikthanomyo, Zeugnisse von Pyu-Städten ans Licht gebracht.

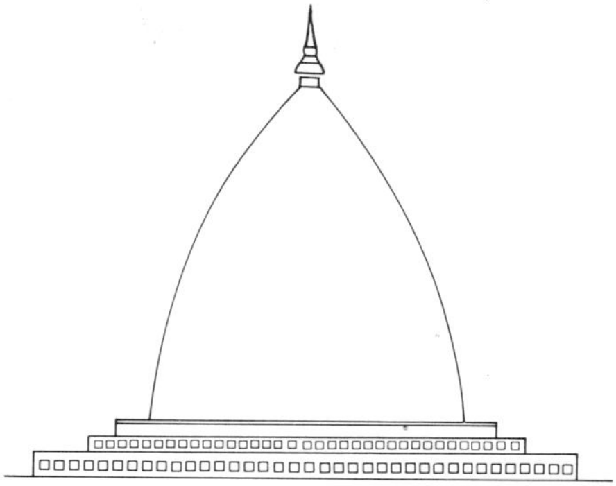

Payagyi-Pagode (granatförmig), Sri Ksetra

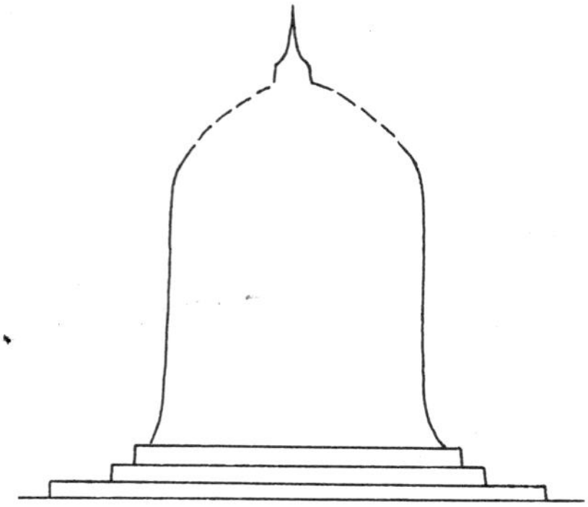

Bawbawgyi-Pagode (zylinderförmig), Sri Ksetra

Mächtigste Stadt, zugleich Mittelpunkt der Pyu-Kultur, war vom 5. Jahrhundert an *Thayekhettaya*, dessen Ruinen bei dem Dorf Hmawza in der Nähe der alten Stadt Prome liegen. Den hinduistischen Namen der Metropole ›Sri Ksetra‹ trägt auch die heilige Stadt Puri am Golf von Bengalen, was als Indiz für die Verbindung der beiden Städte aufgefaßt werden kann. Sri Ksetra bedeutet ›glückliches Feld‹ – sicher ein Hinweis auf die bäuerliche Grundlage des Königreiches. Ein wichtiger Faktor für die Vorrangstellung Sri Ksetras war jedoch seine Lage an der Flußmündung, denn zu dieser Zeit hatte der Irrawaddy sein Delta noch nicht angeschwemmt, so daß die Seeschiffe direkt in der Stadt anlegen konnten. Über den Seeweg wurden die Kontakte zu Indien, die zweifellos auch über den Landweg bestanden, intensiviert. Indische Impulse förderten die Entwicklung einer eigenständigen Kultur.

Vom Leben in der Pyu-Hauptstadt zu Beginn des 9. Jahrhunderts, als Chinesen und Pyu Gesandtschaften austauschten, zeichnen chinesische Quellen ein anschauliches Bild. Es ist zwar zu vermuten, daß der Bericht nicht Sri Ksetra, sondern die spätere, weiter nördlich gelegene, neue Hauptstadt beschreibt, aber die Verhältnisse in den beiden Städten dürften sich weitgehend entsprochen haben. Wir hören von zwei Wassergräben, die das Stadtgebiet einschlossen, sowie einer Backsteinmauer, verkleidet mit grün glasierten Ziegeln. Reste einer solchen Mauer sind in Halingyi entdeckt worden, in Sri Ksetra konnte die archäologische Forschung die Spuren einer Stadtmauer auf einer Länge von 12 km nachweisen. Offenbar umfaßte sie ein größeres Areal als das spätere Pagan, wenigstens die Hälfte davon nahmen Reisfelder ein, wodurch große Sicherheit gegen Belagerungen erreicht wurde.

Drei mächtige Stupas haben die Jahrhunderte überdauert. Die granatförmigen, massiven Baukörper der Payagyi- und der Payama-Pagode erinnern an gleichzeitige (5.–7. Jh.) Bauten in der Orissa-Region. Einen anderen Typ, der später in Pagan abgewandelt werden sollte, verkörpert die Bawbawgyi-Pagode. Der zylinderförmige Stupa, der mit einem flachen Kegel abschließt, ist in diesem Fall allerdings nicht massiv gebaut. Ungefähr zwei Drittel seines zylindrischen Teils sind ausgehöhlt.

Weiter heißt es in der chinesischen Beschreibung: »Sie (die Pyu) sind Buddhisten und haben hundert Klöster, die mit glasierten Ziegeln, Gold und Silber reich ausgestattet sind. Die Fußböden sind bemalt und mit bestickten Teppichen bedeckt. Im selben Stil ist der Königspalast erbaut.«

Außerdem ist von einem hochverehrten Elefantenstandbild die Rede, das von streitenden Parteien um Entscheidung angerufen wurde; in Notzeiten spendete der König Weihrauch vor der Statue, um Unglück vom Volke abzuwenden. Daraus läßt sich ablesen, daß neben dem Theravada auch andere religiöse Vorstellungen verbreitet waren. Grabungsfunde – Buddha-Bildnisse, Avalokiteshvara-Statuetten, Shiva-Linga, Figuren von Vishnu, Ganesha und Brahma – bestätigen diese Vermutung. Peikthanomyo bei Taungdwingyi am Fluß Yu Pe galt als Stadt des Vishnu. So deutet alles darauf hin, daß die drei Religionen, Theravada, Mahayana, Hinduismus, nebeneinander bestanden haben. Vermutlich hingen die führenden Schichten mindestens nominell dem Hinduismus an, während die breite Masse den Buddhismus in seinen beiden Erscheinungsformen praktizierte. Sehr beliebt war allem Anschein nach die Hindu-Astrologie.

Die Pyu verbrannten ihre Toten und setzten die Asche in Deckelurnen bei. Da diese Praxis in Indien selten, in Südostasien jedoch weit verbreitet ist, möchten manche Forscher darin Relikte uralter Bestattungsbräuche sehen, die schon vor dem Eindringen indischer Einflüsse bestanden hatten. Hunderte solcher Deckelurnen aus Terrakotta mit eingepreßtem oder plastischem Dekor sind im Umkreis der Pyu-Städte ausgegraben worden. Für die Urnen königlicher Personen wurde Stein bevorzugt, sie sind für die Wissenschaft wegen ihrer Namensinschriften in Sanskrit-Buchstaben, die eine Reihe von ihnen tragen, interessant.

Die Architektur der Pyu ist noch kaum erforscht. Einige Tempelruinen im Bezirk Sri Ksetras verleugnen indische Vorbilder nicht, weisen sich freilich gleichzeitig als Prototypen der späteren, birmanischen Monumente Pagans aus.

Der *Lemyethna-Tempel* ist ein quadratischer Bau, dessen dicke Mauern an allen vier Seiten Pforten haben. Den Innenraum füllt ein mächtiger quadratischer Stützpfeiler so weit aus, daß nur ein schmaler Gang um ihn herum übrig bleibt. An den Seitenwänden des Pfeilers waren Steinskulpturen aufgestellt.

Vielleicht etwas jüngeren Datums ist der *Bebe Paya-Tempel*. Sein würfelförmiger Baukörper trägt auf drei, nach oben kleiner werdenden Plattformen einen Shikara. Den quadratischen Innenraum überspannt ein Kreuzgewölbe. Gegenüber der einzigen Eingangstür ist ein Relief mit dem Bilde Buddhas und zweier Gottheiten eingelassen, je zwei Nischen in den Seitenwänden beherbergten vermutlich Statuen. An die 4 Eingänge des Lemyethna-Tempels erinnern Scheintüren an den Außenseiten der drei öffnungslosen Wände.

Eine andere Variante des quadratischen Heiligtums gibt der *Zegu-Tempel*. Zum Eingang an der Stirnseite führen drei Stufen hinauf, die übrigen drei Wände durchbrechen große Fenster mit gemauerten Gittern. Das Äußere des Gebäudes ist mit Gesimsen an Pilastern und Basis lebhaft gegliedert, über den Fenstern erscheint bereits eine Art Clec-Bogen (birmanischer Bogen mit hochgezogenen Enden), der ein Charakteristikum der Architektur Pagans werden sollte.

Erwartungsgemäß verraten die Pyu-Skulpturen indischen Einfluß, freilich auch eine Verwandtschaft mit der gleichzeitigen Mon-Kunst in Thailand. Es scheint, als hätten die Pyu-Künstler eine Vorliebe für Reliefs gehabt, denn viele Steinblöcke mit Reliefs sind in den Ausgrabungsstätten entdeckt worden, Rundplastiken dagegen nur recht wenige.

Einen bedeutungsvollen Fund machte Duroiselle 1926 in Hmawza bei der Freilegung einer unterirdischen Kammer in einem Hügel. Reliquienkästchen und kleine Buddha-Figuren aus Gold und Silber kamen zum Vorschein, dazu Silber- und Goldtäfelchen mit figürlichen Darstellungen und Inschriften. Hübsche Miniaturgegenstände aus Edelmetall – Ringe, Teller, Tassen, Schalen, Glocken, Löwenköpfe, Blumen, Lotusse, Boote, Schmetterlinge, Enten, Rehe, Schildkröten – sind wohl als Votivgaben anzusehen. Alle diese Dinge dokumentieren den erstaunlich hohen Stand der Goldschmiedekunst bei den Pyu. Nicht minder exzellente Handwerker waren die Hersteller kleiner Statuetten aus Chalzedon, Jade, Amethyst, Bergkristall, Spinell, Topas und anderen Halbedelsteinen.

Wahrscheinlich als erstes Volk Südostasiens führten die Pyu eine Geldwährung ein, sicherlich sahen sie sich durch ihren ausgedehnten Handel dazu genötigt. Ihre Silbermünzen fanden sich im gesamten Irrawaddy-Tal, in den Schan-Gebirgen und im Salwin-Tal. Auf der einen Seite tragen die meisten das Bild eines Thrones in einem Kreis von Monden, auf der anderen Glückssymbole wie Sonne, Mond, Sterne, Swastika oder Seemuschel.

Über das Ende des blühenden Pyu-Staates besteht Unklarheit; anscheinend hatte der Niedergang schon im 8. Jahrhundert begonnen. Die Gründe dafür lassen sich nur vermuten. Einer mag das stetige Vordringen der Mon nach Westen ins Irrawaddy-Delta und der Ausbau neuer Hafenstädte gewesen sein, ein anderer die Versandung der Irrawaddy-Mündung. Die Pyu wurden so vom Meer abgeschnitten, der Seehandel lief nicht mehr durch ihre Hände. Da aber der Handel einen wesentlichen Teil der ökonomischen Grundlage ihres Königreichs ausmachte, scheinen sie im Überlandhandel Ersatz für die verlorene Position gesucht und im Zusammenhang damit die Hauptstadt weiter nach Norden, näher an die Handelsstraßen des Landesinneren, verlegt zu haben. Sri Ksetra wie auch andere Städte, z. B. Peikthanomyo, wurden verlassen. An welcher Stelle die neue Metropole der Pyu gelegen hat, ist ein Streitpunkt zwischen europäischen und burmesischen Gelehrten; die

Münzen der Pyu aus Sri Ksetra

einen plädieren für Halingyi, die anderen für Rajagaha, das näher an der indischen Grenze liegt und in frühen Chroniken als Hauptstadt genannt wird. Die endgültige Vernichtung brachte der Überfall der Thai von Nan Chao auf die Pyu-Metropole im Jahre 832. Tausende von Bewohnern sollen damals nach der Plünderung und Brandschatzung der Stadt in die Gefangenschaft nach Yünnan Fu verschleppt worden sein. Im weiteren Verlauf der burmesischen Geschichte treten die Pyu nicht mehr in Erscheinung.

Als Nachfolger der Pyu etablierten sich in Zentral-Burma die Burmesen. Vermutlich kamen sie aus dem Gebiet zwischen der Wüste Gobi und Nordost-Tibet, von wo sie die Chinesen vertrieben hatten. Über Nan Chao erreichten sie wahrscheinlich im 7. Jahrhundert die Kyaukse-Ebene und die Region um den Zusammenfluß von Irrawaddy und Chindwin. Während ihres Aufenthaltes in Yünnan hatten sie von den Thai Nan Chaos die Technik des Reisanbaus, die Verwendung des Wasserbüffels sowie die Pferdezucht und die Kriegskunst erlernt, so daß sie beim Niedergang des Pyu-Reiches einen eigenen Stadtstaat aufbauen konnten, Pagan, dessen Blütezeit einen Höhepunkt in der Geschichte Burmas darstellt.

Die einheimische Überlieferung verlegt die Gründung Pagans in das 2. Jahrhundert. Neunzehn Dörfer sollen damals von einem sagenhaften König zu einer einzigen Stadt zusammengefaßt worden sein. Von den neunzehn Schutzgeistern der Dörfer sei der Nat des Popa-Berges, eines alten Vulkans in der Nähe der Stadt, zum Patron des neuen Gemeinwesens bestimmt worden. Heute gilt fast als sicher, daß der Häuptling Pinbya (846–878) im Jahre 849 mehrere Kleinsiedlungen am Irrawaddy mit einer Backsteinmauer zusammenschloß. Um dieses Kerngebiet breitete sich Pagan später nach Süden, Osten und Norden aus. Überreste der alten Mauer sind erhalten geblieben, besonders ein großes Tor, das *Sarabha.*

Zu jener Zeit waren die Burmesen in der Mehrheit Animisten, neben einer großen Zahl von Naturgeistern beherrschten die Nat (Seelen der Toten, Ahnengeister) ihre Glaubensvorstellungen. Andererseits scheint der Mahayana-Buddhismus schon über eine größere Anhängerschaft verfügt zu haben. Soll doch Fürst Nyaung U (913–964) von Thaton und Prome Baupläne erbeten haben, nach denen er fünf Tempel errichtete. Keiner davon konnte bisher identifiziert werden. Sicher aus der vorhistorischen Zeit Pagans stammt der untere Teil des *Kyaukku Umin-Tempels,* der offenbar dem Mahayana-Buddhismus geweiht war. Auf die Ähnlichkeit des Baues mit dem Mahamuni-Tempel bei Akyab hat Forchhammer hingewiesen, der darin die Verbindung zu Indien über die Süd-Route bestätigt sieht.

Gleichzeitg sind aber auch von Norden her über Assam indische Vorstellungen nach Zentral-Burma vorgedrungen. Der tantrische Ari-Kult, der in Tibet beheimatet war, behielt bis ins 11. Jahrhundert große Bedeutung in Pagan. Die Religion der Sekte basiert hauptsächlich auf hinduistischem Gedankengut. Naga-Götter (Schlangengötter chtonischen Charakters) wurden mit Buddha und dessen Shaktis (weibliche Komponenten) gemeinsam verehrt. Wegen ihres ausschweifenden Lebenswandels und ihres Machtanspruches wurden die Ari-Mönche von den späteren Königen Pagans wiederholt bekämpft.

Zu den Baudenkmälern der vorhistorischen Zeit rechnet man einige Monumente, deren Datierung problematisch ist, die in den Chroniken jedoch frühen Königen zugeschrieben werden. Die *Bupaya-Pagode* soll vom dritten Herrscher Pagans Pusawdi (167–242) errichtet worden sein; Erbauer der *Ngakywenadaung-Pagode* soll Taungthugyi (= Nyaung U Sawrahan, 913–964) gewesen sein. Beide Pagoden erinnern an tibetische Tschorten, und es ist daher naheliegend, die Anregung zu dieser in Pagan seltenen Bauform bei den Vertretern des Ari-Kultes zu suchen, dessen tibetischer Ursprung oben erwähnt wurde. Der einzige Hindu-Tempel Pagans, Nat Hlaung Kyaung, geht wahrscheinlich ebenfalls auf Taungthugyi zurück, einem Usurpator und Anhänger der Ari-Sekte.

Die frühe Geschichte des Königreiches Pagan ist in ihren Einzelheiten umstritten, mit Sicherheit führten Thronstreitigkeiten und häufige Dynastiewechsel zu offensichtlicher Instabilität.

Erst mit der Thronbesteigung *Anawrahtas* (1044–1077) tritt eine kraftvolle Persönlichkeit an die Spitze des Staates, der damit ins volle Licht der Geschichte rückt.

Gleich nach seinem Regierungsantritt wählte der König vier ergebene Gefolgsleute aus, denen er die obersten Führungspositionen im Heer übertrug. Hand in Hand damit wurde die militärische Macht reformiert und ausgebaut. Anscheinend war Anawrahta der erste, der Kriegselefanten in großer Zahl zu Unterstützung der Infanterie einsetzte.

Gestützt auf seine zuverlässige, schlagkräftige Armee gelang es ihm, die inneren Verhältnisse des Königreiches zu stabilisieren, so daß er daran gehen konnte, seine Grenzen zu erweitern. Aus Prome, das sich ihm unterwerfen mußte, brachte er hochverehrte Reliquien nach Pagan; zugleich wurden, den Gepflogenheiten der Zeit entsprechend, Handwerker und Künstler dorthin umgesiedelt.

Von entscheidender Bedeutung für die weitere Entwicklung Burmas wurde der Übertritt des Königs zum Theravada-Buddhismus. Anawrahta scheint die Machtstellung der Ari-Sekte ein Dorn im Auge gewesen zu sein, vielleicht mißbilligte er auch persönlich das selbstbewußte, wenig heilige Auftreten der Ari-Mönche. Als daher Shin Arahan, ein gelehrter Mönch aus Thaton, an seinem Hofe erschien, ließ er sich, von dessen Frömmigkeit und asketischem Lebenswandel beeindruckt, zum Theravada bekehren. Shin Arahan hatte seine Heimat verlassen, weil der die Aufnahme mannigfaltiger Mahayana-Gedanken in den Theravada Thatons als Verunreinigung des rechten Glaubens ansah. Seine Auslegung des Theravada-Buddhismus wurde die Staatsreligion Pagans. Vom König nach Kräften gefördert, bildete er Mönche aus, die unter den Animisten und Ari-Anhängern missionierten, dabei auch Lesen und Schreiben lehrend.

Zur Festigung des neuen Glaubens wollte Anawrahta einige heilige Schriften erwerben. Deshalb ersuchte er den König von Thaton, Manuha, ihm einige Texte des Pali-Kanons zu überlassen, die sich in dessen Besitz befanden. Heute läßt sich nicht mehr entscheiden, ob dieses Ansinnen tatsächlich rein religiösen Motiven entsprang – Pagan besaß keine heiligen Schriften und die Herstellung von Abschriften war bei dem damaligen Mangel an Schreibkundigen unter den Burmesen ein äußerst langwieriges, wenn nicht unmögliches Vorhaben – oder lediglich als Vorwand diente. Jedenfalls wurde die Ablehnung der Bitte mit dem Vormarsch auf Thaton beantwortet. Nach dreimonatiger Belagerung fiel die Stadt in einer blutigen Schlacht der Plünderung und Brandschatzung anheim (1057). Im Triumphzug führten dreißig weiße Elefanten die dreißig Bände des Tripitaka nach Pagan. König Manuha

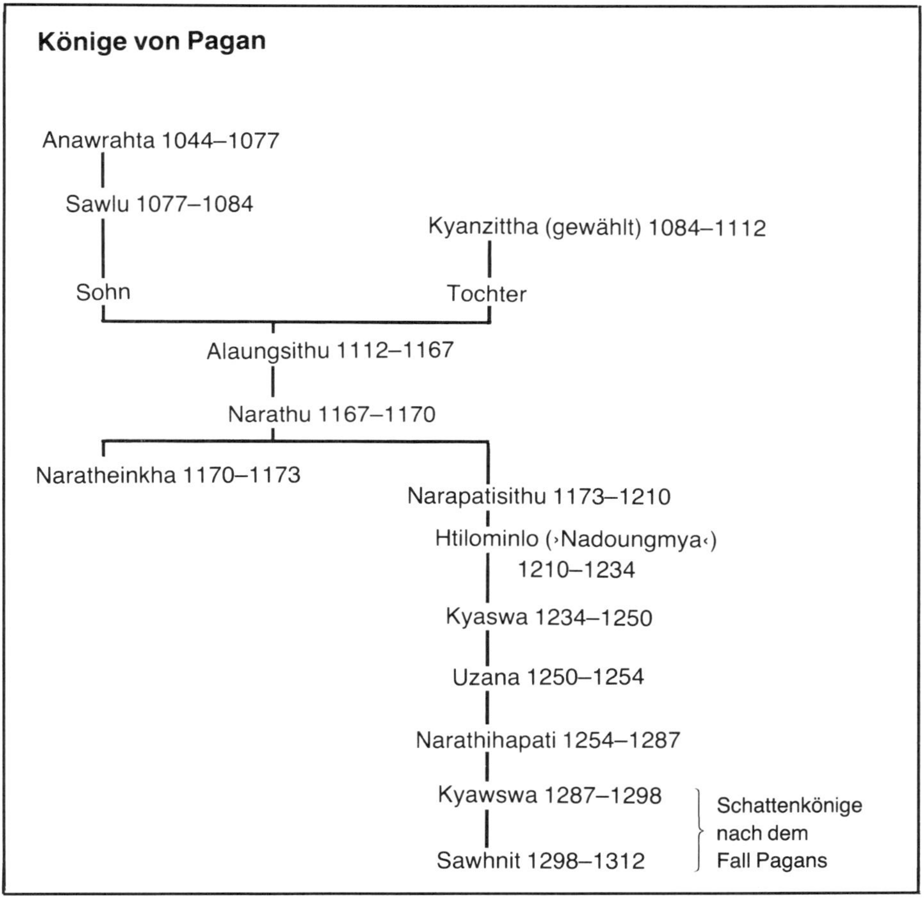

mußte mit seiner Familie und seinem Hof den Weg in die Gefangenschaft antreten, gefolgt von vielen seiner Untertanen, Gelehrten, Künstlern, Handwerkern, die für Pagan eine Bereicherung seines kulturellen Potentials bedeuteten. Der gefangene König wurde zunächst mit Rücksicht behandelt, er durfte sich eine eigene Residenz errichten, erst später wurde er mit seiner Familie der Schwezigon-Pagode als Sklave zugewiesen. Zu den Bauten Manuhas in Pagan gehören der Manuha- und der Nanpaya-Tempel.

Durch die Eroberung Thatons hatte Anawrahta den für den Seehandel wichtigen Zugang zum Meer gewonnen und zugleich sein Reich weit nach Süden ausgedehnt; sein Einfluß reichte vermutlich bis hinunter nach Mergui. Die Irrawaddy-Ebene beherrschte er ganz, wahrscheinlich mit Ausnahme von Pegu und einigen anderen Mon-Staaten im Gebiet des heutigen Rangun und Bassein. Im Norden gelang es ihm, die Anerkennung seiner Oberhoheit durch die Shan-Stämme zu erzwingen, so daß das Land mehr als zweihundert Jahre von deren Raubzügen verschont blieb. Ebenso scheint Haripunchai, das Mon-Königtum im nördlichen Thailand, den Burmesen tributpflichtig gewesen zu sein. Selbst Nan Chao, das er, ähnlich wie vorher Thaton zur Überlassung einer Reliquie aufforderte, lenkte ein, indem es wertvolle Geschenke einschließlich einer Replik der Zahnreliquie übersandte.

Welch großes Ansehen der Buddhismus Burmas in wenigen Jahren unter der Protektion Anawrahtas erlangt hatte, bezeugt die Bitte König Vijayabahus I. (1059–1114) von Ceylon um geschulte Mönche und Texte des buddhistischen Kanons, die er für den Wiederaufbau der buddhistischen Glaubenstradition nach dem Einfall der südindischen Cholas in seinem Land benötigte. Als Gegenleistung erhielt die burmesische Gesandtschaft eine Kopie der ceylonesischen Zahnreliquie.

Für die Unterbringung der verschiedenen Reliquien, die er in seine Hauptstadt geholt hatte, errichtete der König mehrere Heiligtümer, die z. T. noch heute die Verehrung der Gläubigen genießen. Sofort nach Ende des Thaton-Feldzuges wurde die Schwesandaw-Pagode gebaut, in ihr sind der Überlieferung zufolge einige Haare Buddhas verwahrt. Zu Ehren der Replik der Zahnreliquie aus Ceylon entstand die Lawkananda-Pagode. Die gewaltige Schwezigon-Pagode (Farbt. 45) hatte Anawrahta als Stätte für eine besonders geheiligte Reliquie, ein Stirnknochen und ein Zahn Buddhas, geplant. Beim plötzlichen Tod des Königs unvollendet, wurde sie von seinem Nachfolger Kyanzittha fertiggestellt. Ebenfalls aus der Regierungszeit Anawrahtas stammen das Pitakat Taik, die Bibliothek für die heiligen Schriften aus Thaton, die Myinkaba-Pagode sowie vermutlich Tempel und Pagode der Königin Seinnyet (Seinnyet Ama-Tempel, Seinnyet Nyima-Pagode).

An den Orten seiner Siegeszüge hinterließ Anawrahta Terrakotta-Votivtafeln mit kurzen buddhistischen Gebeten in Pali oder Sanskrit, manchmal auch in Mon und Pyu, und seinem Namen in Sanskrit-Buchstaben. Sie sind charakteristische Denkmäler seiner Regierungszeit, die sich verstreut in ganz Burma gefunden haben.

Um die Gestalt des großen Königs und seiner vier Getreuen ranken sich Sagen und Legenden, die im südostasiatischen Raum weit verbreitet sind. Auch der plötzliche Tod Anawrahtas bei einem Jagdunfall – oder war es ein Mordanschlag Unzufriedener, die sich gegen die Strenge des Königs auflehnten? – wurde mit dem Eingreifen von Göttern und Dämonen erklärt. Das Verdienst Anawrahtas war die Zusammenfassung der geographischen Regionen Burmas in einem Königreich sowie die Vereinigung verschiedener Volksgruppen unter einer einheitlichen Regierung mit der Hauptstadt Pagan. Mit der Einführung des Theravada-Buddhismus und der Übernahme des Kulturerbes der Mon schuf er die Basis für die glanzvolle Entwicklung des ersten burmesischen Reiches.

Der zweite König Pagans, *Sawlu,* folgte seinem Vater noch im Jünglingsalter auf den Thron. Seine kurze, unbedeutende Regierung endete in einem Aufstand der Mon, bei dem er den Tod fand.

Daraufhin wurde *Kyanzittha,* ein bewährter Kriegsheld, zum König gewählt (1084). Meistens wird er als Bruder oder Halbbruder Sawlus bezeichnet, dem steht entgegen, daß er selbst sich niemals als Sohn Anawrahtas bezeichnet hat, sondern immer als Sachwalter seiner Vorgänger auftrat. Über seiner Geburt lag der Schleier des Geheimnisvollen, so daß sich, offensichtlich von ihm begünstigt, Legenden über seine Herkunft bilden konnten.

Kyanzittha war ein fähiger Herrscher, der die Errungenschaften des Reichsgründers zu erhalten und zu vermehren verstand. Nach der Niederschlagung des Aufstandes der Mon verzichtete er auf weitere Verfolgungen, versuchte vielmehr, durch gleichberechtigte Behandlung Mon und Burmesen zu einer Einheit zusammenzuschweißen. Wie die Könige vor ihm nahm er eine Prinzessin von Pegu zur Gemahlin, um seinen Herrschaftsanspruch über die Mon zu legitimieren.

Im Jahre 1103 erwähnt das ›Geschichtswerk der Sung‹ die erste Gesandtschaft Pagans am chinesischen Hof, eine zweite folgte 1106. Beide Male wurden die Boten des jungen Staates mit großen Ehren empfangen.

Viele seiner Handlungen weisen Kyanzittha als glühenden Buddhisten aus. So ließ er am Mahabodhi-Tempel in Bodhgaya Restaurationen ausführen, seine Hauptstadt schmückte er mit prächtigen Tempeln. Das großartigste Bauwerk ist der Ananda-Tempel, der noch heute von den Burmesen verehrt wird. Die Schwezigon-Pagode ließ er fertigstellen, dazu sind aus seiner Regierungszeit eine Reihe weiterer Monumente bekannt. Erwähnt seien der Kubyaukgyi-Tempel (beim Dorf Wetkyiin; Abb. 116), der Nagayon-Tempel, der Abeyadana-Tempel, der Myinpa Gu-Tempel, der Pathothamya-Tempel und der Thetkyamuni-Tempel.

Von besonderem Interesse ist der Kubyaukgyi-Tempel (im Dorf Myinkaba) seines Sohnes Rajakumar wegen der sogenannten Myazedi-Stele, deren vier Seiten gleichlautende Inschriften in Pali, Mon, Burmesisch und Pyu tragen. Mit ihrer Hilfe war es möglich, die Pyu-Sprache zu enträtseln. Aus seinem Bestreben, die Mon in das Pagan-Reich zu integrieren, erklärt sich wohl auch seine Toleranz gegenüber der Vishnu-Verehrung, die in Niederburma weit verbreitet war. Animistische und brahmanische Tendenzen versuchte er unter Assistenz Shin Arahans, der noch immer Primas des buddhistischen Mönchsordens in Burma war, in die Glaubensvorstellungen des Theravada einzubauen. Der freundschaftliche Austausch mit Ceylon sowohl auf religiösem als auch wirtschaftlichem Gebiet dauerte an.

Zum Nachfolger bestimmte Kyanzittha seinen Enkel, Alaungsithu, aus der Ehe seiner Tochter mit dem Sohn Sawlus.

Alaungsithus lange Regierung verlief im wesentlichen friedlich, nachdem er zu Beginn kleinere Revolten im südlichen Arakan und in Tenasserim unterdrückt hatte. Auf vielen, weiten Reisen, von denen die Chroniken berichten, inspizierte er die öffentlichen Bauten und kontrollierte die Handelswege, die für den Wohlstand des Landes von eminenter Bedeutung waren.

In seiner Jugend hatte Alaungsithu dem Mönchsorden angehört, seine Studien brachten ihm den Ruf eines gelehrten Buddhisten ein. Zeugnisse seiner Frömmigkeit sind vor allem zwei gut erhaltene Tempel in Pagan, der Thatbyinnyu- und der Schwegugyi-Tempel (Farbt. 44).

Gegen Ende seiner Herrschaftsperiode kam es mit Ceylon zu Streitigkeiten handelspolitischer Natur, die jedoch nach einiger Zeit beigelegt werden konnten.

Narathu, Alaungsithus Sohn, der seinen Vater ermordet hatte, gilt in der Überlieferung als grausamer Despot. Nur drei Jahre saß er auf dem Thron, bis er von Männern aus Chittagong umgebracht wurde, die damit den Tod einer Prinzessin ihres Stammes rächten. Der größte Tempel seiner Art in Pagan, den Narathu zur Sühne für den Vatermord gestiftet hatte, blieb somit unvollendet.

Ähnlich wie Narathu erging es *Naratheinkha*, seinem ältesten Sohn und Thronerben. Nach kurzer Regierungszeit ließ ihn sein jüngerer Bruder, Narapatisithu, wohl wegen einer Haremsgeschichte, ermorden, um dann selbst die Herrschaft über Pagan anzutreten.

Narapatisithu (1173–1210) übernahm ein Reich, dessen Ansehen durch die Querelen der letzten Jahre erschüttert worden war. Wiederholte Aufstände der Kadu in der Tagaung-Region sowie der Mon von Tenasserim machten ihm zu schaffen. Aber spätestens in der zweiten Hälfte seiner Regierungszeit war die Stabilität des Staates wiederhergestellt. Wie sein Ahnherr Alaungsithu machte der König häufig Reisen durch sein Reich, besonders der Sicherheit und Zuverlässigkeit der Handelsstädte galt sein Augenmerk.

Unter Narapatisithu entfaltete sich die burmesische Kultur zur höchsten Blüte. An die Stelle der bis dahin in den Inschriften hauptsächlich verwendeten Sprachen Pali, Sanskrit und Mon trat nun endgültig das Burmesische. Daß die Führung in allen Lebensbereichen an die Burmesen übergegangen war, manifestiert sich deutlich im Gebrauch des Namens ›Mranma‹ = ›Burmese‹.

Für sein gesamtes Reich ließ der König ein gemeinsames Gesetzbuch ausarbeiten.

Während der Regierung Narapatisithus kam es zur Spaltung der buddhistischen Mönchsgemeinde Burmas. Gegen Ende des 12. Jahrhunderts hatte sich der ranghöchste burmesische Mönch mit einer Gruppe von Schülern nach Ceylon begeben, um sich dort dem Studium der heiligen Schriften zu widmen. In seiner Begleitung befand sich ein junger Mönch, Sagata, der auch nach der Heimreise seines Meisters seine Studien in Ceylon fortsetzte. Erst nach zehnjährigem Aufenthalt kehrte er mit einigen anderen Mönchen nach Pagan zurück. Die hier praktizierten Ordensregeln entsprachen nicht seinen Vorstellungen vom rechten Weg, deshalb gründete er eine neue Sekte, die sich streng an ceylonesischer Tradition orientierte. Die Insel war seit der Eroberung Bihars (Nordindien) durch die Mohammedaner (1193) der letzte Hort des Hinayana-Buddhismus geworden, Mönche aus allen Teilen Südostasiens pilgerten studienhalber dorthin. Durch den neuen Orden, der bald als orthodoxe Form in ganz Burma anerkannt wurde, weitete sich der singhalesische Einfluß aus. Diese neuen Impulse zeigten sich auch in der bildenden Kunst und in der Architektur sowie im Aufleben der Pali-Literatur. Ganz allgemein förderten die Auseinandersetzungen auf geistiger Ebene die Ausbildung der burmesischen buddhistischen Literatur. Grammatiken und Kommentare der burmesischen Gelehrten dieser Zeit wurden in allen Ländern des Theravada als wesentliche Teile der buddhistischen Schriftensammlung akzeptiert. Der Wohlstand des Landes ermöglichte dem König die Errichtung zahlreicher Bauten: Gawdawpalin-Tempel (Abb. 123), Sulamani-Tempel, Nandamannya-Tempel und Dhamayazika-Pagode.

Beim Tode Narapatisithus war Macht, Ansehen und Beliebtheit der Dynastie vollständig wiederhergestellt, so daß der Thronwechsel ohne Schwierigkeiten vonstatten ging.

Htilominlo (1210–1234), der von seinen Untertanen den Beinamen ›Nadoungmya‹, d. h. ›viele Ohrringe‹, erhielt, erwies sich als würdiger Nachfolger seines Vaters, dessen Politik er auf allen Gebieten fortsetzte. Aber er zog sich anscheinend von der aktiven Leitung des Staates schrittweise zurück. Indiz dafür ist einerseits die Ernennung eines Staatsrates aus fünf Ministern – der Keimzelle der späteren Hluttaw, des obersten Verwaltungs- und Justizorgans der Regierung –, andererseits der Verzicht des Königs auf das Oberkommando des Heeres. Es ist wohl berechtigt, darin erste Anzeichen einer Schwächung der Dynastie zu sehen. Offenbar wurde es auch zunehmend schwieriger, die Mittel zur Finanzierung der Staatsausgaben aufzutreiben; so liegen die Ländereien, die den Tempeln Htilominlos zum Unterhalt gestiftet wurden, nicht in der Nähe Pagans, sondern weitab im Westen.

Den letzten großen Tempel Pagans, den Htilominlo-Tempel, errichtete der König zum Andenken an das ›Wunder‹ seiner Erwählung zum Thronfolger. (Zusammen mit vier anderen Prinzen hatte er sich einem Orakel gestellt, das zu seinen Gunsten entschied.) Eine Kopie des berühmten Heiligtums von Bodhgaya stellt der Mahabodhi-Tempel dar (Abb. 121). Heute noch benutzt wird der 1222 entstandene, anmutige Lemyethna-Tempel, ein Bau des Ministers Anatathuriya.

Mit dem Regierungsantritt *Kyawswas* (1234–1250), Htilominlos Sohnes, wird der Verfall des Reiches offensichtlich. Die Gründe sind nicht in feindlichen Angriffen von außen zu suchen, sondern in der innerstaatlichen Entwicklung. Kyawswa und sein Sohn *Uzana* (1250–1254) waren schwache Könige, die ihren persönlichen Ambitionen nachgingen und die Staatsgeschäfte den Ministern überließen. Die Staatskasse war erschöpft. Kyawswa sah sich genötigt, Teile des ausgedehnten Grundbesitzes der Tempel zurückzufordern. Für Neubauten fehlte das Geld. Eine nicht zu unterschätzende Ursache dafür dürfte der Rückgang des Handels gewesen sein. Denn die Umwälzungen in Indien und Innerasien warfen ihre Schatten auch über Südostasien. Das Vordringen der Moslem in Indien und die erbitterten Kämpfe der Sung-Dynastie gegen die Tataren unterbrachen die Handelswege. Der Verfall des Außenhandels war die natürliche Folge.

Bei Uzanas Tod wählte der Ministerrat *Narathihapati,* einen Sohn des Königs von einer Nebenfrau, zum neuen Herrscher. Zu Beginn seiner Regierung gelang es ihm, mit Hilfe seines tüchtigen Ministers Yazathingyan Rebellionen in Arakan und Tenasserim niederzuschlagen. Mit brutaler Härte versuchte er, den Zusammenhalt der einzelnen Regionen, die von verhältnismäßig selbständigen Feudalherren regiert wurden zu erzwingen. Zur Ausführung seiner ehrgeizigen Tempelbauvorhaben mußte der ›Bauherr ohne Geld‹ seine Untertanen zur Zwangsarbeit heranziehen. Narathihapati war bei seinen Zeitgenossen gleichermaßen gefürchtet und gehaßt.

Inzwischen hatte der Mongole Kublai Khan die Herrschaft über China gewonnen. In Fortführung chinesischer Tradition verlangte er von seinen Nachbarstaaten Tributzahlungen und formale Anerkennung der chinesischen Oberhoheit. Auch in Pagan erschienen seine Sendboten. Narathihapati lehnte das Ansinnen empört ab, ließ sogar die Diplomaten töten. 1277 fiel die burmesische Armee in den kleinen Shan-Staat Kaungai ein, der sich den Mongolen unterworfen hatte. Kublai Khan nutzte die Gelegenheit zur Vergeltung und schickte Truppen, die in der Schlacht von Ngasaunggyan den Burmesen eine schwere Niederlage beibrachten. Einzelheiten der Schlacht schildert ein Bericht Marco Polos. Da die tatarischen Soldaten den klimatischen Verhältnissen Burmas jedoch nicht gewachsen waren, zogen sie sich zurück, ohne weit nach Süden vorzudringen. Auch ein zweiter Feldzug mußte wegen der großen Hitze abgebrochen werden.

In den folgenden Jahren attackierten die Burmesen wiederholt die kleinen Shan-Staaten an der Grenze zu Yünnan, bis der chinesische Kaiser eine Armee gegen Pagan aussandte, die bis ins Irrawaddy-Tal vorstieß. Narathihapati floh nach Bassein, von wo er eine Botschaft an Kublai Khan schickte, in der er seine Unterwerfung anbot. Das trug ihm den Spottnamen ›Tayokpyaymin‹, d. h. ›König, der vor den Chinesen davonlief‹ ein. Das Prestige der Dynastie war damit vollständig zusammengebrochen. Arakan erklärte seine Unabhängigkeit; unter den Mon brachen Aufstände aus; die königlichen Prinzen, die verschiedene Gouverneursposten innehatten, brachten sich gegenseitig um; auch Narathihapati wurde ermordet. Die allgemeine Anarchie im Lande ermöglichte den Chinesen mit einer großen Armee unter Ye-Su Timur in Burma einzudringen. Sie zogen am Irrawaddy entlang nach Süden, ohne auf ernsthaften Widerstand zu stoßen. In wenigen Wochen erreichten sie Pagan, die reiche Stadt wurde geplündert und alle zurückgebliebenen Einwohner niedergemetzelt.

Nachdem das ganze Land unterworfen war, zog sich die chinesische Armee nach Yünnan zurück. Nur einige Garnisonen blieben bestehen. In Pagan wurde ein Sohn Narathihapatis als Vasallenkönig eingesetzt. Die tatsächliche Macht lag jedoch in den Händen von drei Schan-Brüdern, ehemaligen Gefolgsleuten Narathihapatis, die nach und nach den ganzen Kyaukse-Distrikt unter ihre Herrschaft gebracht hatten. 1299 fielen sie in Pagan ein, ermordeten den König mitsamt allen chinesischen Einwohnern. Zum zweiten Male wurde die Stadt, diesmal endgültig, zerstört.

Nach der Vernichtung Pagans zerfiel das Land für mehr als zwei Jahrhunderte in zahlreiche Kleinstaaten, die sich ständig gegenseitig bekämpften. Die wichtigsten von ihnen waren die Königreiche von Ava und Pegu.

In Ava regierte zunächst eine Schan-Dynastie, 1427 wurde sie von einer burmesischen abgelöst, die hundert Jahre überdauerte. Trotz der endlosen Kriege und Aufstände ist die Zeit des Ava-Reiches eine romantische Epoche der burmesischen Geschichte. Die Literatur erlebte eine Hochblüte, da die Könige die religiöse und profane Dichtung gleichermaßen förderten. Von Heldentum, Liebe, Intrigen und Verrat handeln die Epen, die die ritterlichen Tugenden verherrlichten. Für die Errichtung großer Tempelbauten freilich fehlte das Geld.

Im Süden gründete ein Abenteurer namens Magadu, der sich den Titel ›Wareru‹, d. h. ›König, der vom Himmel fiel‹, zulegte, ein Königreich, dessen Hauptstadt zuerst Martaban, bald darauf Pegu wurde. Nach anfänglichen inneren Schwierigkeiten und Auseinandersetzungen mit Ava konnte sich das Mon-Reich, in dem dann ganz Niederburma vereinigt war, konsolidieren. Es erfreute sich einer langen Friedensperiode, während der es, hauptsächlich dank seines Überseehandels, zu Wohlstand kam. Bereits im 15. Jahrhundert trat Pegu in Handelsaustausch mit europäischen Mächten. Syriam, Bassein, Martaban und Pegu waren die wichtigsten Häfen. Die Könige engagierten sich vor allem in religiösen Dingen, ihre lebhaften Verbindungen zu Ceylon regten eine Renaissance des buddhistischen Glaubens an, die auf ganz Burma ausstrahlte. Drei der bekanntesten Pagoden Burmas erhielten damals ihr heutiges Gesicht: in Rangun die Schwedagon-Pagode (Farbt. 50), in Pegu die Schwegule- und die Schwemadaw-Pagode.

Das dritte Königreich, das aus den Trümmern Pagans hervorging, war Arakan; 1433 wurde seine Hauptstadt Mrohaung gegründet. Infolge seiner Nachbarschaft zu Indien war es moslemischen Einflüssen ausgesetzt, die sich in Religion, Kunst und Handel niederschlugen. Viele Pagoden aus der Glanzzeit des Landes stehen der indischen Kunst sehr nahe. Arakan konnte sich aus den Streitigkeiten zwischen Ava und Pegu weitgehend heraushalten, in kurzer Zeit wuchs es zu einer beachtlichen Seemacht heran, die 1459 sogar Chittagong eroberte. Aber die Arakanesen entwickelten sich im Laufe der Zeit zu Seeräubern, die, aus den Verstecken ihrer unübersichtlichen Küste heraus operierend, eine ernsthafte Gefahr für die Schiffahrt im Golf von Bengalen darstellten. Deshalb schickte Aurangzeb eine Flotte von 228 Schiffen aus, um die Arakanesen aus Chittagong zu vertreiben (1665). Damit war die Macht des Arakan-Reiches gebrochen, es sank zur Bedeutungslosigkeit herab.

Von den anderen Staaten anfangs kaum beachtet, wuchs in Tongu ein neues burmesisches Reich heran. Das kleine Land nahm Tausende von Burmesen auf, die wegen der Unsicherheit und dauernden Kämpfe aus Ava flüchteten. So erstarkte es immer mehr, bis es König Tabinshwethi (1531–1550) gelang, zuerst Pegu, dann auch Ava zu unterwerfen und damit die Einheit Burmas wiederherzustellen. Zur Hauptstadt wurde erneut Pegu bestimmt.

Es dauerte jedoch nicht lange, bis der alte Gegensatz zwischen Ober- und Niederburma wieder aufbrach, dazu kamen über zweihundert Jahre fortdauernde Auseinandersetzungen mit den benachbarten Thai. Mit dem wechselnden Kriegsglück wurden immer wieder neue Orte zu Hauptstädten erhoben und mit Tempeln und Pagoden ausgestattet. In Sagaing, Mingun, Amarapura, Schwebo sowie in Ava, Prome und Pegu wurden alte Monumente restauriert oder neue errichtet.

Der burmesische Stil hatte sich mittlerweile überall durchgesetzt, die spitz auslaufende Pagode nach dem Vorbild der Schwezigon-Pagode in Pagan war in allen Regionen übernommen worden. Schöpferische Impulse, die den traditionellen Bauformen neue Aspekte hinzufügen, lassen die modernen Bauten jedoch vermissen. Sie orientieren sich vorwiegend an der Architektur der Dynastien von Pagan, manche zeichnet ein Zug ins Kolossale aus. Chinesische und thailändische Einflüsse treten in Erscheinung, die Dekorationen steigern sich zur Überfülle, ja bis zum Geschmacklosen. Für Pagoden dienten nach wie vor Backsteine als Baumaterial. Klöster und Paläste dagegen wurden hauptsächlich aus Holz konstruiert, deshalb überdauerten nur ganz wenige die ständigen Kriege.

Um 1824 begann mit dem 1. Englisch-Burmesischen Krieg die Annexion durch die Engländer, die mit der Eingliederung in das britische Kolonialreich endete (1885).

Der letzte fähige Herrscher Burmas war König *Mindon*, der nach dem 2. Englisch-Burmesischen Krieg eine Friedensregelung mit den Engländern erreichte. In den Jahren 1857–61 baute er eine neue Hauptstadt, Mandalay, aus, die er angesichts des Verlustes an politischer Bedeutung zu einem kulturellen und religiösen Zentrum machen wollte. Seine religiösen Intentionen gipfelten in der Einberufung der 5. buddhistischen Synode nach Mandalay (1871). Den Wortlaut des Tripitaka, wie er von der Synode festgelegt wurde, ließ er auf 729 Marmortafeln verewigen, die, jede in einem eigenen kleinen Pavillon, rund um die Kuthodaw-Pagode angeordnet sind (Farbt. 46, 47).

Aus der Sicht der Kunstgeschichte ist die weitere politische Entwicklung Burmas kaum von Interesse, sie fand keinen Ausdruck in schöpferischer Gestaltung. Ebensowenig wie die Rückgewinnung der Selbständigkeit in einem geeinten burmesischen Staat (1948) vermochte der Versuch einer Neubelebung des Buddhismus kreative Kräfte freizusetzen.

Einzig die Holzschnitzereien, die im vorigen Jahrhundert als Gebäudeschmuck hergestellt wurden, verdienen unsere Bewunderung. Die Architektur neuerer Monumente, die meistens knallbunt bemalt sind, beschränkt sich auf das Kopieren verschiedenster Baustile. Wellblechabdeckungen verunstalten viele, auch alte, Holzbauten. Buntes Glasmosaik und vergoldeter Blechzierat erwecken in unseren Augen eher folkloristisches Interesse als künstlerische Begeisterung.

Die ›Union Myanmar‹ ist heute ein streng zentralisierter Bundesstaat, dessen Militärjunta die Autonomiebestrebungen ethnischer Minderheiten der verschiedenen Bundesländer bekämpft. Von den 31,5 Millionen Einwohnern sind ungefähr zwei Drittel eigentliche Burmesen, das restliche Drittel setzt sich aus Völkerstämmen unterschiedlichster Rassenzugehörigkeit zusammen. Den größten Anteil stellen die Shan, etwa 1,7 Millionen, die mit den Thai und Lao eng verwandt sind und fast ein Fünftel der Staatsfläche Burmas bewohnen. Ihre teilweise von hohen Gebirgen durchzogene Region entzieht sich immer wieder der staatlichen Kontrolle. Im Südosten fordern die Karen größere Unabhängigkeit von Rangun, die Kachin im Norden, ein kriegerisches Bauernvolk, erkennen die Regierungsgewalt nur oberflächlich an. Schließlich zählen auch die recht primitiv lebenden Chin im Westen zu den Guerillakämpfern.

Außenpolitisch versucht Burma, strikte Neutralität zu wahren, innenpolitisch löste der ›Weg zum Sozialismus, zur Erhaltung der eigenen Lebensform‹ jede demokratische Bewegung auf, stürzte das Land in verheerende Wirtschafts- und Bildungsarmut. Die Machtpolitik der Abkapselung gegenüber östlichen wie westlichen Einflüssen manifestiert sich auch in der Beschränkung des Tourismus. In aller Regel wird nur ein Touristen-Visum für 14mal 24 Stunden gewährt, und wegen der Unsicherheit in vielen Randgebieten des Landes ist die Besuchsgenehmigung auf wenige Orte beschränkt: Rangun, Pegu, Pagan, Mandalay mit Umgebung, Maymyo, Taunggyi und Inle-See sowie der Badeort Sandoway. Vom kunsthistorischen Standpunkt sind davon nur die ersten vier interessant, allen voran Pagan, dem man unbedingt mehrere Tage widmen sollte.

Religion

Im täglichen Leben der Burmesen spielt der Theravada-Buddhismus die bestimmende Rolle. Die Überlieferung schreibt die Missionierung Burmas bereits dem indischen König Ashoka zu, wissenschaftlich stichhaltige Beweise dafür konnten freilich bisher nicht erbracht werden. Funde deuten vielmehr darauf hin, daß bei den Pyu neben Buddha auch Bodhisattvas und brahmanische Gottheiten verehrt wurden. Erst unter Anawrahta erlangte der Theravada die dominierende Stellung, die er in Burma bis heute einnimmt. Im wiederholten Austausch mit Ceylon waren die burmesischen Buddhisten bemüht, ihre Glaubensvorstellungen an der ursprünglichen Lehre zu orientieren und von späteren Zutaten frei zu halten. Der letzte bedeutende König, der sich als Sachwalter des orthodoxen Buddhismus verstand, berief 1871 das 5. Buddhistische Konzil nach Mandalay ein, wo die Texte des Tripitaka, nachdem man sie überprüft hatte, auf Marmortafeln festgeschrieben wurden. Auch die junge birmanische Union setzte die religiöse Tradition fort, indem 1954 unter Ministerpräsident U Nu das 6. Buddhistische Weltkonzil in Rangun abgehalten wurde.

Trotz der offiziellen, strenggläubigen Richtlinien haben sich in den religiösen Praktiken des Volkes viele Gebräuche eingebürgert, die mit der ›reinen Lehre‹ Buddhas im Grunde nicht zu vereinbaren sind. Z. B. findet man in allen burmesischen Heiligtümern die ›Buddhas der acht Wochentage‹. Jedem Tag –Donnerstag bis Dienstag – ist ein Buddha zusammen mit einem Planeten, einem mythischen Tier und einer Himmelsrichtung zugeordnet, beispielweise Donnerstag – Jupiter – Ratte – Westen oder Sonntag – Sonne – Vogel Greif – Nordosten. Der Mittwoch ist in Vor- und Nachmittag unterteilt. Da sich viele dem Buddha ihres Geburtstages besonders verbunden fühlen, kann man stets Gläubige beobachten, die durch Übergießen der Figuren mit Wasser um Erfüllung ihrer Wünsche bitten.

Neben dem Buddhismus hat sich als Relikt aus animistischen Zeiten der Glaube an die ›Nats‹ in breiten Bevölkerungsschichten erhalten. Es sind teils Natur-, teils Totengeister, denen erhebliche Einwirkungen auf das Leben des Einzelnen zugetraut werden. Als die wichtigsten werden die ›Siebenunddreißig Nats‹ angesehen, Totengeister, die ihren Wohnsitz auf dem Popa-Berg ca. 50 km östlich von Pagan haben. Ursprünglich gab es nur sechsunddreißig, deren irdische Schicksale Legenden erzählen, aber König Anawrahta setzte über sie einen Geisterkönig und ließ Statuen der siebenunddreißig im Schwezigon-Tempel (Pagan) aufstellen.

Viel direkter als diese Hauptgeister können die Erdgeister das Wohlergehen der Menschen stören, zwar ist ihre Aufgabe der Schutz des Hauses, des Dorfes o. ä., aber wenn sie verstimmt werden, rächen sie sich mit schlimmen Strafen: Krankheit, Wahnsinn sogar Tod können sie herbeiführen! So ist es geboten, insbesondere dem Geist des Hauses täglich eine kleine Opfergabe – Blüten oder Früchte – zu spenden.

Zu Ehren bestimmter Geister werden mehrtägige Feste gefeiert, die beliebtesten sind das Geisterfest am Popa-Berg und das von Taungpyon in der Nähe von Mandalay.

Große Bedeutung wird schließlich Horoskopen und Wahrsagungen zugemessen, in Rangun findet man die meisten Horoskopsteller und Wahrsager bei der Sule-Pagode.

Ortsbeschreibungen

Pagan

(s. auch S. 398; Umschlagrückseite, Farbt. 40–45, Abb. 116–125)

Pagan, die eindrucksvollste Ruinenstätte Burmas, war einst die prächtige Hauptstadt eines mächtigen Reiches. Einheimische Chroniken zählen eine lange Reihe von Königen auf, die bis zum Gründer des Staates, Thamudarit (107–152) zurückreicht. Die erste Hauptstadt Paukkan (Yonhlutkyun) wurde im 4. Jahrhundert abgelöst von Thiripyitsaya und zweihundert Jahre darauf von Tampawadi, dem heutigen Pwasaw. König Pyinbya schließlich richtete seine Hauptstadt in Pagan ein, das 874 aus dem Zusammenschluß von neun Weilern entstanden sein soll. Von der Mauer, mit der er die Stadt umgab, ist nur noch das Sarabha-Tor sowie einige unbedeutende Reste erhalten. Bereits Pyinbya und seine Nachfolger sollen Mon-Architekten und -Künstler aus Prome und Pegu berufen haben, von denen sie erste Heiligtümer bauen ließen. Keins der frühen Gebäude ist mit Sicherheit zu datieren, obwohl für einige Gründungsjahre überliefert sind, ihre Richtigkeit scheint jedoch zweifelhaft.

Die authentische Geschichte Pagans setzt mit König Anawrahta (1044–77) ein. Fußend auf dem Wohlstand seines Landes – dichte Wälder bedeckten damals die Berge, die Ebene war gut bewässert, namentlich im Gebiet von Kyaukse erstreckten sich ausgedehnte Reisplantagen – konnte er seinen Machtbereich weit nach Süden und Norden ausdehnen. Es begann ein ungeheurer Aufschwung auf wirtschaftlichem und kulturellem Sektor.

In seiner Blütezeit umfaßte das Reich von Pagan die ganze Irrawaddy-Ebene mit Ausnahme von Pegu und einigen Bezirken im Delta. Im Norden reichte sein Einfluß über Bhamo hinaus bis Nan Chao, im Süden wahrscheinlich bis Mergui, die angrenzenden Shan-Staaten und Arakan waren tributpflichtig. Durch den Besitz der wichtigen Hafenstädte kontrollierte der König von Pagan den Überseehandel zwischen Indien und China, aber auch im Landesinneren entfaltete sich ein reger Handelsverkehr. Hochentwickelte Bewässerungssysteme ermöglichten große landwirtschaftliche Erträge, und die burmesische Pferdezucht war bei den Zeitgenossen berühmt.

Ihren Reichtum verwendeten die Könige zur Ausschmückung der Hauptstadt mit großartigen Bauten. Bedenkt man, daß das Reich nur zweihundert Jahre bestand, so überrascht die Menge der Monumente. Ungeheure Summen müssen die Herrscher für die Manifestation ihrer tiefen Frömmigkeit investiert haben, denn mit dem Bau der Tempel allein war es ja nicht getan, Donationen und Stiftungen mußten die Versorgung des Tempelpersonals sicherstellen. Hierin scheint denn auch einer der Gründe für den Verfall des Staates zu liegen. Der Grundbesitz der religiösen Institutionen hatte sich derart vermehrt, daß sich Kyawswa, einer der letzten Könige, genötigt sah, Tempelgüter wieder einzuziehen, um die Einkünfte der Staatskasse aufzubessern.

Das Ende Pagans besiegelten zwei militärische Niederlagen, die den feindlichen Heeren den Weg in die Stadt öffneten. 1287 drangen Kublai Khans Truppen plündernd und brandschatzend in Pagan ein, und 1299 brachte der Einfall der Shan-Fürsten, die den letzten, von den Chinesen eingesetzten Schattenkönig beseitigten, den endgültigen Untergang.

Von den Palästen und Profanbauten der Stadt sind nur noch Spuren von Fundamenten nachweisbar, sie waren, wie fast immer zu jener Zeit, aus Holz konstruiert, das im Laufe der Zeit vollständig verschwunden ist. Ziegel oder Stein verwendete man in der Regel nur für Sakralbauten, so kommt es, daß beinahe ausschließlich Tempel und Pagoden die Jahrhunderte überdauerte haben. Ungefähr fünftausend Monumente hat man gezählt, von denen noch etwa tausend mehr oder weniger aufrecht stehen, einige sind noch heute in Gebrauch.

Für den Besucher bietet das riesige Ruinengebiet (ca. 20 km^2) der alten Stadt, die sich weit über ihren ursprünglichen Kern nach Süden, Osten und Norden ausgebreitet hatte, einen überwältigenden Eindruck (Farbt. 41). Die weite Ebene, sich im Dunst der Randberge verlierend, ist mit den grünen Farbtupfen der Bäume übersät, rotgolden leuchten im Abendlicht unzählige Tempel und Pagoden daraus hervor. Ananda- und Thatbyinnyu setzen mit ihren weiß getünchten Mauern helle Akzente. Friedliche Stille verleiht der Szenerie fast märchenhaften Charakter.

Bei dem Erdbeben vom 8. Juli 1975, dessen Epizentrum in Pagan lag, haben die Tempel und Pagoden des Ruinenfeldes schwere Schäden erlitten, aber gleichzeitig hat das Unglück das Augenmerk der Regierung auf Pagan gelenkt. Mit Unterstützung von vielen Seiten, nicht zuletzt der Kulturhilfe der Bundesrepublik Deutschland, wurde ein großangelegtes Restaurierungsprogamm in Angriff genommen. Inzwischen sind nicht nur die wichtigsten Monumente wiederhergestellt worden, man hat auch ein neues Museum gebaut, dem eine Abteilung für Denkmalpflege angegliedert ist.

Als Baumaterial wurden in Pagan in der Hauptsache Backsteine verwendet, für deren Herstellung die anstehende Tonerde hervorragend geeignet war. Gelegentlich wurde ein weicher Sandstein, in kleine Blöcke geschnitten, verbaut. Nur die Steingitterfenster, ›Jalis‹, wurden in Durchbruchtechnik aus großen Blöcken herausgearbeitet. Bemerkenswert ist die Sorgfalt, die auf die Fabrikation der Ziegel und die Mauertechnik verwendet wurde. Dabei ist besonders die Konstruktion der Gewölbe interessant, die sich vollkommen von der indischen unterscheidet: dort herrscht das sogenannte falsche Gewölbe aus vorkragenden Steinen vor, während in Pagan sehr kleine Ziegel, strahlenförmig angeordnet, aus ineinandergreifenden, flachen Bögen bestehende Spitzbogen bilden. Die Herkunft dieser Bautechnik gibt Rätsel auf. Frédéric glaubt nicht, daß die Mon Erfinder der Methode waren, dann wäre sie auch bei den Mon im Menambecken üblich gewesen und wohl mit Sicherheit von den Thai übernommen worden. Das ist aber nicht der Fall, dagegen finden sich ähnliche Gewölbe bei den Pyu. Vielleicht hat man den Anteil des Pyu-Erbes an der künstlerischen Entwicklung Pagans unterschätzt, indem man jegliche Inspiration dem Mon-Einfluß zuschrieb. Wenn die geistige Grundlage der burmesischen Zivilisation auch der von den Mönchen aus Thaton eingeführte Theravada-Buddhismus war, so mag doch das Stilempfinden der Burmesen dem der Pyu, die wie sie zu den tibeto-burmanischen Stämmen gehörten, verwandt gewesen sein.

Wie in Thailand wurde der Bauschmuck in einer Art grobem Stuck aus Sand und Kalk ausgeführt. Auch die Technik war im Prinzip gleich. Man trug die Masse auf das Mauerwerk auf, um sie an Ort und Stelle zu bearbeiten. Dabei wurden auch in Modeln vorgeformte Teile verwendet, die man in halbfestem Zustand an den Wänden befestigte.

Typisch für die Architektur Pagans ist das Zusammenspiel glatter Flächen mit Dekorbändern, die sich an Simsen, Sockeln, Pilastern entlang ziehen sowie Türen und Fenster umrahmen. Die Motive weisen Verwandtschaft mit indischen Vorbildern auf. Stark stilisierte florale Formen wechseln mit geometrischen Gebilden ab, dazwischen tauchen figürliche Szenen, phantastische Tiere und Dämonengesichter auf. An den Simsen reihen sich in endloser Folge Makara-Masken, aus deren Mäulern, rechts und links der zum Ornament verfremdeten Zunge, bogige Perlenschnüre hängen. Spitzbogen und Giebel werden gern von ›Clec‹–Bögen gekrönt, deren Charakteristikum die an den Seiten wieder nach oben gezogenen Enden sind. Auf den Bögen sitzen fast immer flammen- oder lanzenförmige Spitzen. Die Herkunft des Clec-Bogens hat zu manchen Überlegungen Anlaß gegeben, Pyu und Mon wurden als Urheber ins Spiel gebracht, ohne daß letztendlich überzeugende Argumente dafür angeführt werden konnten. Am wahrscheinlichsten ist ein indischer Ursprung.

Als modernes Attribut krönt viele Monumente der typisch burmesische Hti, eine Pyramide von Ehrenschirmen aus vergoldetem Schmiedeeisen.

Bei den Bauwerken Pagans kann man eine chronologische Einordnung nach dem Erscheinungsbild nur bedingt vornehmen, weil neben den jüngeren auch die älteren Typen weiterhin gebaut wurden. Generell kann man sagen, daß zu den älteren Gebäuden diejenigen mit einfachem Grundriß, Steingitterfenstern und schwach beleuchteten Innenräumen zu rechnen sind. In ihren Grundzügen gehen sie zweifellos auf die Pyu zurück, aber Inschriften in Mon-Buchstaben sowie ornamentale Einzelheiten zeigen mehr oder minder starke Mon-Tendenzen. Von der Mitte des 12. Jahrhunderts an sind die Inschriften ausschließlich burmesisch. Hohe Fenster lassen nun Licht in Korridore und Sanktuarien ein, eine Vorliebe für komplizierte Grundrisse zeichnet sich ab. Die Tempel werden auf hohe Unterbauten gestellt, wodurch sie die charakteristisch burmesische, annähernd pyramidenförmige Silhouette bekommen.

Die große Menge der Monumente läßt sich ihrem Zweck bzw. Erscheinungsbild entsprechend grob in folgende Kategorien einteilen:

1 Massive Stupas
2 Tempel mit Innenräumen
3 Nachbildungen von Holzbauten
4 Klöster
5 Höhlentempel

Davon fallen zwei, weil sie ins Gigantische gesteigert sind, als bezeichnend für Pagan ins Auge: der Großstupa auf mehrstufiger Terrasse und der Korridortempel auf mehrstufigem

Bupaya-Pagode

Sapada-Pagode

Klassische burmesische Pagode

Sockel. Beide stellen Weiterentwicklungen einfacher Bauten dar, die auf dem Ruinenfeld ebenfalls in großer Zahl vertreten sind.

Sowohl Stupa wie Umgangstempel haben ihre Wurzeln in nordindischen (Pala-) Bautypen, die dem Stilgefühl der Mon und der Burmesen angeglichen und weiterentwickelt wurden. In allen Monumenten Pagans wird einem Bedürfnis des buddhistischen Kultus, dem Umwandeln des Heiligtums, Rechnung getragen. Beim Stupa kann der Gläubige auf offenen Terrassen das Kultmal umschreiten; beim Tempel dienen gedeckte Korridore dem nämlichen Anliegen. Ein anderer Gedanke, der in die Architektur sowohl des Stupa wie des Tempels Eingang gefunden hat, ist die Vorstellung vom mythischen Berg Meru, die aus der Kosmologie des Hinduismus stammt. In der Mitte der scheibenförmigen Welt aufragend, galt er als Wohnort aller Lebewesen, von Menschen, Geistern, Göttern und Dämonen. Man glaubte, daß die Wesen um so höher am Berg angesiedelt seien, je weiter sie auf dem Weg zur Buddhaschaft fortgeschritten wären. So wünschte sich der Fromme aus den niederen Lebenssphären in die höheren Regionen der göttlichen Wesen und schließlich der Buddhas aufsteigen zu können. Besonders in den Großbauten kommt diese Idee zum Tragen. Gleichzeitig wird durch abgestufte Unterbauten und auf den Terrassenecken errichtete Stupas der Eindruck eines mythischen Gebirges mit vielen Bergspitzen erweckt.

Unter den Stupas, die im Detail große Vielfalt aufweisen, sind drei Grundformen zu unterscheiden. Der wahrscheinlich älteste Typ, am klarsten repräsentiert in der Bupaya-Pagode aus dem 8. oder 9. Jahrhundert, ähnelt mit seinem zwiebelförmigen Umriß dem tibetanischen Tschorten (Flaschenpagode). Man führt ihn deshalb auf den Einfluß der tantrischen Ari-Sekte zurück, die von Norden über Assam kommend in Burma Fuß faßte.

Der zweite Typ zeichnet sich durch einen glockenförmigen Baukörper aus. Urahn könnte der zylindrische Stupa der Pyu gewesen sein; die hochgezogene Glocke der Lawkananda-

Pagode, eines der ältesten Stupas in Pagan, legt den Gedanken nahe. Je nach der Ausbildung des Sockels und der oberen Bauglieder (Harmika, Ehrenschirme) läßt sich dieser Typ in mehrere Untergruppen gliedern. Im Rahmen dieses Führers genügt es festzustellen, das der glockenförmige Stupa zur beliebtesten Stupaform Pagans avancierte. Auch in einer neuartigen Konzeption, die sicher von der Vorstellung des Berges Meru inspiriert wurde, dem mehrstufigen Terrassenstupa, finden wir den glockenförmigen Stupa. Indem man ihn auf einen Unterbau von drei oder fünf Terrassen plaziert, wird das Ganze zum Symbol des mythischen Berges. Treppen und Umgänge ermöglichen dem Gläubigen nun das Umschreiten des Heiligtums und gleichzeitig das reale Erlebnis des Aufsteigens in höhere Zonen auf dem Wege zur Erleuchtung. Der mehrstufige Terrassenstupa bildet die Ausgangsform des eigentlichen ›burmesischen‹ Stupas oder Chedis, das sich seit der Mitte des 12. Jahrhunderts durchsetzt, und dessen charakteristische Silhouette einen mehrmals gestuften Sockel zeigt, der ohne deutlichen Absatz in die an der Basis ausgeweitete Glocke des Kernbaus übergeht. Die oberen Teile mit den Ehrenschirmen wurden zu umlaufenden Gesimsen und Wülsten abstrahiert.

Als dritter Typ findet sich eine Variante des glockenförmigen Stupas, die auf ein ceylonesisches Modell zurückgeht. Anda, Harmika und Ehrenschirme werden dabei wieder klar gegeneinander abgesetzt. Zweifellos als Reaktion auf die pyramidenförmigen Riesenstupas wurde dieser Typ Ende des 12. Jahrhunderts von der orthodoxen, singhalesischen Sekte in Pagan eingeführt.

Die einfachste Tempelform, die bei den kleinen Heiligtümern die Regel bildet, besteht nur aus der Cella mit einem oder mehreren, häufig vorgezogenen Eingängen (z. B. Lokahteikpan-Tempel).

Sobald der Bau größer angelegt ist, wird ein Umgang eingeplant. Dabei sind zwei Modelle zu unterscheiden.

1 Tempel mit massivem, quadratischem Kern, in dem manchmal Nischen für Figuren ausgespart sind, und umlaufenden Gängen (z. B. Nat Hlaung Kyaung- und Schwegugyi-Tempel).

2 Tempel mit zentraler Cella und umlaufenden Gängen (z. B. Nagayon-, Abeyadana-, Pathothamya-Tempel).

Eine dritte Variante realisiert der Nanpaya-Tempel, wo die Cella an allen vier Seiten durchbrochen ist, so daß der Eindruck eines Vierpfeilerraumes entsteht.

Bei allen Typen wird die Eingangsseite durch eine Vorhalle betont. Die größten Tempel besitzen solche Vorhallen an jeder der vier Seiten. Als Bekrönung tragen die Tempel einen Turm in Gestalt eines Stupas (z. B. Abeyadana-Tempel) oder eines Shikaras, des granatförmigen, quergerippten indischen Tempelturmes, auf dem ein kleiner Stupa aufsitzt (z. B. Ananda-Tempel). In einigen Fällen diente der Turm des Bodhgaya-Heiligtums mit seinen geraden Kanten zum Vorbild (z. B. Kubyaukgyi-Tempel in Wetkyiin).

Eine architektonische Neuschöpfung der Baumeister Pagans ist die Verbindung von vielstufigem Terrassenstupa und Umgangstempel mit Vorhalle, die es dem Gläubigen ermöglicht, beim Umwandeln des Heiligtums schrittweise höher zu steigen.

Den ersten Ansatz zu dieser Kombination zeigt der Schwegugyi-Tempel. Dort wurde auf dem Umgangstempel eine Folge von drei Terrassen mit Brüstungen und Eckpagoden plaziert, die pyramidenartig zum zentralen Shikara-Turm ansteigen. Weiter ausgestaltet wurde diese Konzeption, indem man einen solcherart gebauten Tempel auf einem mehrstufigen Unterbau errichtete, der selbst von stufenweise angeordneten Umgangskorridoren durchzogen ist. Als großartigstes Beispiel dieser Konstruktion kann der Thatbyinnyu-Tempel gelten. Rundgänge in zwei Etagen sind in dem massiven Sockelbau angelegt; darüber führen drei offene Terrassen weiter nach oben bis zur Cella mit dem heiligsten Buddhabild. Im Tempeldach, dem abgestufte Scheinterrassen die bezeichnende Silhouette verleihen, ist ein zusätzlicher Umgang eingerichtet.

Das Erscheinungsbild der Großbauten, sowohl der Tempel wie der Stupas, beschwört das Bild eines mythischen Gebirges. Eckpavillons, Pforten, Fenster und Ziergiebel versinnbildlichen Paläste, die an den Hängen des Berges – der schweren Masse der Backsteinbauten – verteilt sind. Den höchsten Gipfel, auf dem der Stupa aufragt, symbolisiert der Shikara.

Den Stil zeitgenössischer Holzbauten widerspiegeln die Lang- oder Ordinationshallen – Shinbinthalyaung (angeblich 11. Jh.), Upali Thein (Mitte 13. Jh.) – und Bibliotheksgebäude – Pitakat Taik (1058), Mimalaung Kyaung (1174). Charakteristisch für die letzteren sind die, den Holzstrukturen nachempfundenen, geschweiften Staffeldächer. Gebäude dieses Typs gelten gemeinhin als Vertreter der Mon-Architektur und Urbild des thailändischen Mondop.

Die Klöster wurden nach zwei Grundmustern angelegt, entweder mit Hof, um den sich die Zellen gruppieren (Somingyi; Abb. 124) oder ohne Mittelhof (Schinbome, Theynpie).

Ganz anders als die indischen bestehen die Höhlentempel Pagans nur aus verzweigten Gängen. Größere Hallen, wie sie in Indien üblich sind, fehlen. In der Kyanzittha Umin sind die Gänge, von denen die Mönchszellen abzweigen, wieder konzentrisch um einen kleinen, zentralen Schrein angeordnet.

Um den Gläubigen das Leben Buddhas und seine früheren Existenzen ins Gedächtnis zu rufen, wurden gern Reliefplatten, die die wichtigen Episoden der Buddha-Biographie und die Jatakas illustrieren, an den Wänden der offenen oder gedeckten Wandelgänge angebracht. In einer Art Stenogrammtechnik wurde jede Geschichte in einem charakteristischen Bild angedeutet, so daß im Geiste des Betrachters, dem die Legenden ja geläufig waren, sogleich die ganze Handlung abrollte. Die Terrakotta-Platten am Ananda-Tempel, an der Schwezigon-Pagode, den beiden Petleik-Pagoden u.a. beeindrucken durch Originalität und lebendige Gestaltung. Zur Aufstellung in den Nischen der gedeckten Gänge im Innern der Tempel bevorzugte man Steinreliefs. Berühmt sind diejenigen des Ananda-Tempels; aber da sie in den dunklen Korridoren außerordentlich schlecht beleuchtet sind, kann man ihre künstlerischen Qualitäten nur schwer würdigen. Unverkennbar ist der starke Pala-Einfluß.

Hauptsächlich zur Erbauung der Besucher, erst in zweiter Linie zum Schmuck der Räume waren die Gebäude mit Malereien ausgestattet worden. Viele Tempel Pagans haben große Teile davon bewahrt. Die Fülle und Pracht der Bilder wird jeden Betrachter in Bann ziehen.

Alle Malereien sind al secco auf den trockenen Putz gemalt. Zunächst legte man einen weißen Untergrund an, auf den die Konturen mit Schwarz, gelegentlich mit Rot, aufgetragen und zuletzt mit anderen Farben ausgemalt wurden. Das Dekorationsprogramm kennt wenig Varianten, meistens ist die Decke gleichmäßig in kleine Felder aufgeteilt, in denen Buddhas oder göttliche Wesen sitzen. An den Wänden werden gern die achtundzwanzig letzten Buddhas dargestellt; die Hauptbilder illustrieren Szenen aus dem Leben des Erleuchteten, kleinere, oft in Reihen von Quadraten angeordnet, Episoden der fünfhundertfünfzig Jatakas. Figuren und figürliche Motive sind eingesponnen in ein Netz pflanzlicher, seltener geometrischer Ornamente, so daß die Flächen vollkommen mit Malereien bedeckt sind.

Stilistisch zeigt die Malerei in der frühen Phase starken Einfluß des westlichen Indien, später überwiegend Anregungen von Bengalen und Nepal. Die Themen entstammen hauptsächlich dem Theravada, weniger dem Mahayana und den brahmanischen Glaubensvorstellungen. Mitunter erläutern Beischriften die Bilder.

Über die Rundplastik Pagans ist wenig zu sagen, sie umfaßt im wesentlichen Buddha-Bildnisse, die in den zweihundert Jahren seiner Geschichte kaum eine Fortentwicklung erkennen lassen. Ihre große Ähnlichkeit mit Buddha-Figuren der Pala-Schule legt die Vermutung nahe, daß der Typ der Bildnisse von Mönchen aus Nalanda (Nordindien), die vor den einfallenden Mohammedanern geflüchtet waren, nach Burma gebracht wurde.

Bronze-Buddha aus der Schwesandaw-Pagode, Pagan

Bevorzugt wird die Bhumisparsa-Mudra, beide Fußsohlen sind im vjrâsana (Diamant-Sitz) nach oben gewendet. Kleine knötchenartige Locken bedecken Kopf und Ushnisha, aus dem eine Ketumala in Form einer ›Lotosknospe‹ herauswächst. Die Augenbrauen bilden, an der Nasenwurzel entspringend, hohe Bögen. Gewellte Lider überschatten die nach unten gerichteten Augen. Verstärkt wird der Eindruck verinnerlichter Meditation durch eine leichte Neigung des Kopfes, eines der auffallendsten Merkmale burmesischer Buddha-Figuren. Ein feines Lächeln umspielt den klar gezeichneten Mund. Sehr oft hängt ein Zipfel des Gewandes, in kräftigem Zickzack endend, über die linke Schulter bis zur Brustwarze herab. Zwei für die modernen burmesischen Buddha-Figuren typische Merkmale, gleichlange Finger und bis auf die Schultern herabhängende Ohrläppchen, finden sich bei den Skulpturen Pagans noch nicht.

In der Regel ist der Thron in Gestalt eines Doppellotos gebildet. Neben den vier klassischen Posen Buddhas begegnet auch das Motiv ›Gautama, sich das Haar abschneidend‹. Es zeigt den Prinzen, wie er, nachdem er den väterlichen Palast auf der Suche nach Wahrheit verlassen hat, sein langes Haar mit dem Schwert abschneidet.

Bemerkenswert sind schließlich die Statuen des Königs Kyanzittha und des Mönchs Shin Arahan im Ananda-Tempel, obwohl sie sich nicht durch besonders hohe künstlerische Qualität auszeichnen. Im selben Bau befindet sich ein berühmtes Relief, die ›Geburt Gautamas‹, dessen Pala-Ursprung nicht zu übersehen ist.

Fast alle in situ befindlichen Buddha-Statuen wurden aus Ziegeln und Stuck aufgebaut, manchmal, wenn die erste Fassung zu klein erschien, in mehreren Schichten vergrößert. Da es üblich war, im Körper der Figuren Kleinodien einzumauern, sind sie oft von Plünderern aufgebrochen und zerstört worden.

Kyaukku Umin (1)

Teile dieses Höhlentempels ca. 3 km östlich von Nyaung U gehören vermutlich zu den ältesten Monumenten Pagans. In seiner heutigen Gestalt geht er auf Narapatisithu (1173–1210) zurück, der die beiden oberen Terrassen des dreistufigen Ziegelbaues errichtete. Er lehnt sich an die Steilwand einer Schlucht an, so daß nur drei Seiten frei stehen. Das Gebäude enthält einen einzigen Raum, in dessen von vier dicken Pfeilern getragenem Deckengewölbe in regelmäßigen Abständen Nischen für Buddhafiguren eingelassen sind. Rings um den zentralen Raum, der eine Kolossalstatue Buddhas enthält, läuft ein Gang mit einem halben Tonnengewölbe. Auch seine Wände unterbrechen Nischen für Buddha-Statuen und Votivtafeln. Reste von Fresken sind an Wänden und Decken noch zu erkennen. Der Innenraum empfängt nur durch den Eingang und zwei, rechts und links daneben angeordnete Steingitterfenster Licht. Umlaufende, reliefierte Gesimse, der vorspringende Torbau und die beiden Fenster gliedern die glatten Flächen der Außenwände. Das Mauerwerk des Baues ist mit ungewöhnlicher Sorgfalt ausgeführt.

Thamiwhet Umin und Hmyathat Umin (2)

Ein kurzes Stück südöstlich von Nyaung U befinden sich diese unterirdischen Gänge, die wohl Anfang des 13. Jahrhunderts in die Flanke eines Hügels gegraben wurden. Sie boten

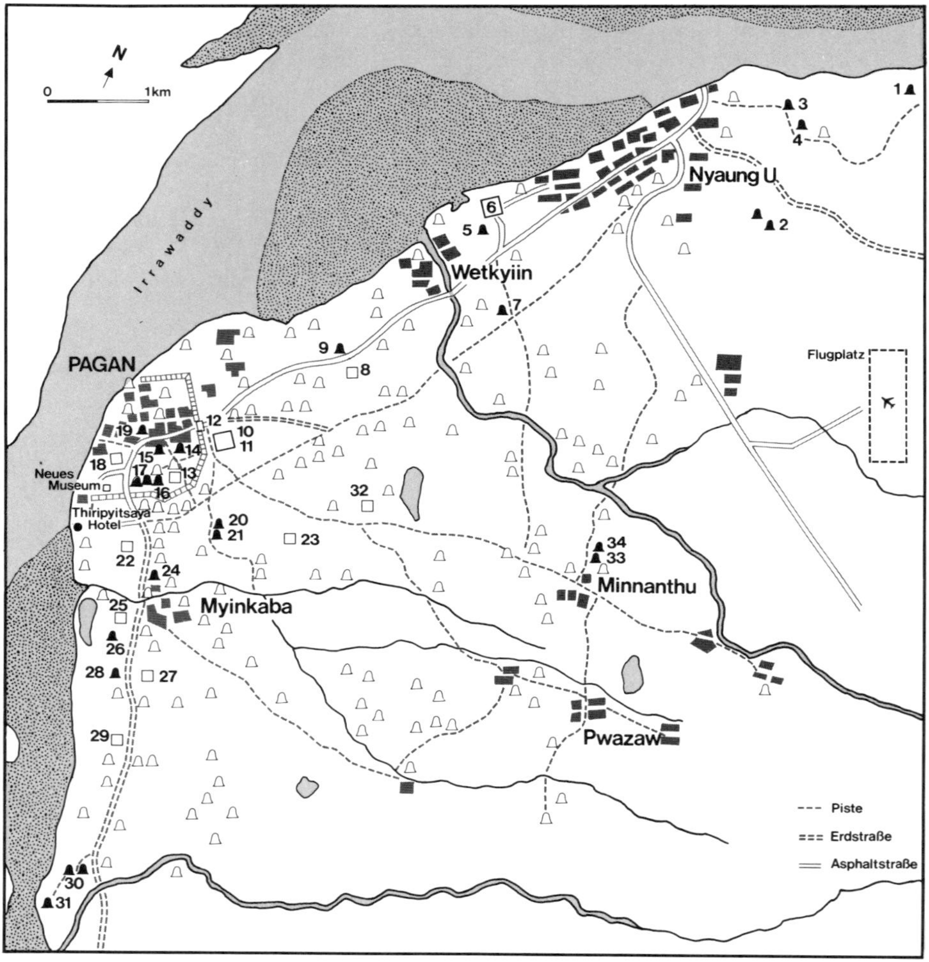

Pagan 1 Kyaukku Umin 2 Thamiwhet Umin und Hmyathat Umin 3 Thetkyamuni-Tempel 4 Kondawgyi-Tempel 5 Kyanzittha Umin 6 Schwezigon-Pagode 7 Kubyaukgyi-Tempel (Wetkyin) 8 Htilominlo-Tempel 9 Upali Thein 10 Ananda-Tempel 11 Ananda Okkyaung 12 Sarabha-Tor 13 Thatbyinnyu-Tempel 14 Pitakat Taik 15 Schwegugyi-Tempel 16 Nathlaung-kyaung-Tempel 17 Patothamya-Tempel 17a Mimalaung-kyaung 18 Gawdawpalin-Tempel 19 Mahabodhi-Tempel 20 Schwesandaw-Pagode 21 Shinbinthalyaung-Halle 22 Mingalazedi-Pagode 23 Dhammayangyi-Tempel 24 Kubyaukgyi-Tempel (Myinkaba) 25 Manuha-Tempel 26 Nanpaya-Tempel 27 Nagayon-Tempel 28 Abeyadana-Tempel 29 Somingyi-Kloster 30 Östliche und westliche Petleik-Pagode 31 Lawkananda-Pagode 32 Sulamani-Tempel 33 Payathonzu-Tempel 34 Thambulla-Tempel

buddhistischen Mönchen kühle Unterkünfte im heißen Klima Pagans. Besonders bei den Hmyathat Umin deutlich erkennbare Pfostenlöcher über den Eingängen zeigen, daß vor den Höhlen Lauben oder andere Holzkonstruktionen gestanden haben.

Thetkyamuni-Tempel (3)
Der Tempel ist wahrscheinlich im 12. Jahrhundert entstanden. Seinen besonderen Reiz machen wunderschöne Stuckreliefs aus, die sich an den Simsen und Pilastern der Außenwände entlangziehen. Im Inneren schildern schöne Malereien Begebenheiten aus dem Leben des großen indischen Kaisers und Förderers des Buddhismus, Ashoka.

Kondawgyi-Tempel (4)
Wie der Thetkyamuni-Tempel ist der in der Nähe liegende Kondawgyi über einem einfachen Grundriß errichtet, wird aber nicht von einem Shikara, sondern von einem Stupa gekrönt. Große Teile der außerordentlich feinen Stuckdekorationen schmücken noch heute die reich gegliederten Außenwände. Schöne Wandmalereien im Innern illustrieren Jatakas.

Kyanzittha Umin (5)
Als Gründer des niedrigen Ziegelbaues, der halb im Felsen steckt, gilt der Überlieferung nach, wie der Name sagt, Kyanzittha. Ein dunkler Korridor, an den Schmalseiten verdoppelt, umgibt rechtwinklig das quadratische Zentralheiligtum. Vom Korridor aus sind Mönchszellen in die Felswände gebrochen. Gänge und Schrein schmücken Malereien des 11.–13. Jahrhunderts. Merkwürdige Bilder von mongolischen Edlen, Feldherrn und Kriegern sind wohl der mongolischen Besatzungszeit zuzuschreiben.

Schwezigon-Pagode (6)
Weil man glaubt, daß sie unschätzbare Buddha-Reliquien enthält (ein Schlüsselbein, einen Stirnknochen und einen Zahn), steht die Schwezigon-Pagode in hohem Ansehen. Mit ihrem Bau wurde der Überlieferung zufolge unter Anawrahta begonnen, aber erst Kyanzittha vollendete das Monument (Farbt. 45). Der massive Baukörper erhebt sich auf einem dreistufigen Unterbau und einer rechteckigen Basis, an allen vier Seiten führen Treppen bis zur dritten Terrasse hinauf. Von den glasierten Terrakottatafeln ringsum an den Terrassenwänden, die Szenen aus den Jatakas darstellten, sind die meisten bis zur Unkenntlichkeit verwittert. Vier Pavillons, in denen über 4 m hohe Bronzebuddhas stehen, flankieren die Pagode.

Ein Kuriosum des Heiligtums ist eine Halle in der Nordostecke, in der die Figuren von siebenunddreißig Nats aufgereiht sind. Diesen vorbuddhistischen Geistern zollen die Gläubigen heute noch Ehrerbietung.

Kubyaukgyi-Tempel (Wetkyiin) (7)
Nach der Tradition ist Kyanzittha (1084–1112) der Gründer dieses kleinen Heiligtums, ein Graffito im Inneren berichtet von einer Restauration im Jahre 1468. Wandmalereien in den

Innenräumen machen den besonderen Reiz des Tempels aus. Es sind in kleinen Feldern angeordnete Szenen aus den Jatakas, die Beischriften in Pali- und altburmesischen Buchstaben erläutern. Der Turm (Abb. 116) des Gebäudes zeigt mit seinen geraden Linien Anklänge an den Mahabodhi-Tempel von Bodhgaya, während in Pagan sonst konvex geschwungene Shikaras üblich sind.

Htilominlo-Tempel (8)

1218 ließ König Nandaungmya (Htilominlo) den Tempel zum Gedenken an das Wunder seiner Wahl zum Kronprinzen (ein weißer Schirm, um den die fünf Bewerber Aufstellung genommen hatten, neigte sich zu ihm) errichten. Den zweistöckigen Bau krönt ein Shikara, die Treppen liegen in der Dicke der Wände. An Stelle von Terrakottaziegeln wurden zur Dekoration grün glasierte Sandsteinplatten verwendet. Der Htilominlo-Tempel ist der letzte große Tempel, der in Pagan gebaut wurde, seine Konzeption entspricht im wesentlichen den älteren Heiligtümern dieser Größenordnung.

Upali Thein (9)

Schräg gegenüber dem Htilominlo-Tempel liegt die Ordinationshalle ›Upali Thein‹, die nach einem hochverehrten Mönch benannt ist, der in der ersten Hälfte des 13. Jahrhunderts lebte. Vermutlich ist sie um diese Zeit gebaut worden. Man glaubt, daß das Upali Thein den Stil zeitgenössischer Holzkonstruktionen nachahmt. Recht gut erhaltene, schöne Gemälde im Inneren stammen aus dem späten 17. oder frühen 18. Jahrhundert, damals wurden auch die Zackenreihen entlang den Dachtraufen und die Ziergiebel angebracht.

Ananda-Tempel (10)

Das berühmteste und am meisten verehrte Heiligtum von Pagan ist heute der Ananda-Tempel (Abb. 120). Sein Name bedeutet ›Unendliche Weisheit‹ (Ananta Pañña), mit der Zeit

Pagan, Ananda-Tempel, Grundriß

wurde er aber umgedeutet als ›Ananda‹, dem Namen von Buddhas Vetter und treuem Schüler. Alte Chroniken berichten, daß Kyanzittha den Bau auf Anregung indischer Mönche entwerfen ließ.

Über dem quadratischen Zentralbau (60 m Seitenlänge), erheben sich sechs nach oben kleiner werdende Terrassen, darüber ein eleganter Shikara, der in einem schlanken, birmanischen Stupa ausläuft, den Anschluß bildet ein vergoldeter Hti (Gesamthöhe 55 m). An allen vier Seiten sind niedrige Vorhallen den Eingängen zugeordnet. Der Grundriß zeigt die typischen Merkmale eines Tempels mit Mittelpfeiler und umlaufenden Gängen. Kleine, tunnelartige Fenster verbinden die beiden schmalen, aber hohen, konzentrischen Korridore untereinander und lassen Licht von außen herein. Für die Beleuchtung der vier Kolossalbuddhas (10 m hoch) in den Nischen des Mittelpfeilers sorgen Öffnungen zur Dachterrasse. Die Figuren stellen die vier Buddhas dar, die bisher erschienen sind: Kakusanda (im Norden), Konagamana (Osten), Kassapa (Süden) und Gautama (Westen); nur die im Norden und Süden stammen aus der Gründungszeit des Tempels. In den zahlreichen Nischen der Gangwände stehen ebenfalls Buddha-Figuren. Bemerkenswert sind achtzig Reliefs im äußeren Korridor, die Szenen aus dem Leben Gautamas von der Geburt bis zur Erleuchtung illustrieren. Bekannt sind die beiden Statuen Kyanzitthas und seines geistlichen Lehrers Shin Arahan im westlichen Schrein rechts und links vom Buddha-Bild. Die Vorhalle des Westportals birgt zwei Fußspuren Buddhas, deren Relief jedoch ziemlich verwittert ist. Als Schmuck der Außenwände sind am Sockel und den Terrassen Reihen von glasierten Terrakottaplatten eingefügt, die Motive verschiedener Jatakas wiedergeben (Abb. 122). Trotz seiner beachtlichen Ausmaße wirkt der Tempel dank seiner vollkommenen Proportionen leicht und elegant; er gilt als eins der architektonischen Meisterwerke Pagans.

Ananda Okkyaung (11)

Neben dem Ananda-Tempel befindet sich innerhalb der alten Klosteranlage ein interessantes Gebäude, als dessen Baujahr 1775 angegeben wird. Es steht auf einer Terrasse, zu der zwei Treppen hinaufführen. Seine Innenräume sind vollständig mit Bildern ausgemalt, die sich noch in recht gutem Zustand befinden. Im Gegensatz zu den Dekorationsthemen der Pagan-Periode finden sich in diesen späten Wandgemälden neben lebendigen Jataka-Szenen auch Episoden des weltlichen Lebens.

An den Holzhäusern im Hintergrund kann man hübsche Schnitzereien, vermutlich aus dem 19. Jahrhundert, bewundern (Farbt. 40).

Sarabha-Tor (12)

Zu den ältesten Bauwerken Pagans gehört das Sarabha-Tor, das Osttor der alten Stadtmauer, von der nur Spuren erhalten sind. Zwei kleine, an die Außenmauern angebaute Kapellen beherbergen die Statuen der Schutzgeister der Stadt, eines Geschwisterpaares, dessen Orakel berühmt gewesen ist. Als Wohnsitz der beiden ›Nats‹ gilt der Popa-Berg (ca. 50 km von Pagan). Noch heute werden die Geister verehrt, wobei dem weiblichen älteren Nat, der auf dem höheren Sockel rechts vom Eingang steht, mehr Reverenz erwiesen wird.

Pagan, Thatbyinnyu-Tempel, Ost-West-Querschnitt

Thatbyinnyu-Tempel (13)

Dieser Tempel stellt eine einzigartige Verschmelzung von Kloster und Heiligtum dar. Der Unterbau, rund 20 m hoch, ist in zwei Stockwerken von Gängen durchzogen, die den Mönchen als Unterkunft dienten. Dem Haupteingang ist eine Halle vorgelagert, aus der eine Treppe zur Plattform hinaufsteigt. Der eigentliche Tempel erhebt sich auf drei schmalen Terrassen, auch er besitzt eine Vorhalle, die sich zum Sanktuarium, einem überwölbten Raum im Zentrum des Monuments, öffnet. Hier thront das heiligste Bildnis, eine sehr große Sitzfigur des Erleuchteten. Kleinere Räume im vierten Geschoß wurden als Bibliothek und zur Aufbewahrung sakraler Gegenstände benutzt. Das Ganze krönt, auf der fünften Etage, ein Stupa, in dem Reliquien eingeschlossen sind. Mit einer Gesamthöhe von fast 86 m überragt der Thatbyinnyu alle anderen Monumente des Ruinenfeldes. Er wurde 1144 von Alaungsithu erbaut.

Pitakat Taik (14)

Das Gebäude wurde von Anawrahta erstellt (1058), um die Menge der heiligen buddhistischen Schriften – dreißig Elefantenlasten! – aufzunehmen, die er aus dem geschlagenen Thaton in seine Hauptstadt überführen ließ. Es ist das älteste Beispiel der sogenannten ›leichten‹ Architektur, bei der offensichtlich die allgemein üblichen Holzkonstruktionen in Stein umgesetzt worden sind. Sicherlich sind die wesentlichen Elemente des ursprünglichen Baues, gestuftes Dach und kleine, quadratische Fenster, bewahrt, wenn auch die Dachreiter und das krönende ›Dubika‹ der Restauration von 1783 zuzuschreiben sein dürften.

Schwegugyi-Tempel (15)

Auf einer rechteckigen, ummauerten Plattform, die nur über eine schmale Treppe zugänglich ist, erhebt sich der zierliche Schwegugyi (Farbt. 44). Verglichen mit früheren Bauten wirkt der Tempel hell, vier Türen und sechs Fenster spenden dem ziemlich breiten Gang um den Kernbau Licht. Von der quadratischen Vorhalle aus kann man über eine innerhalb der Mauer angelegte Treppe die dreifache Dachterrasse erreichen.

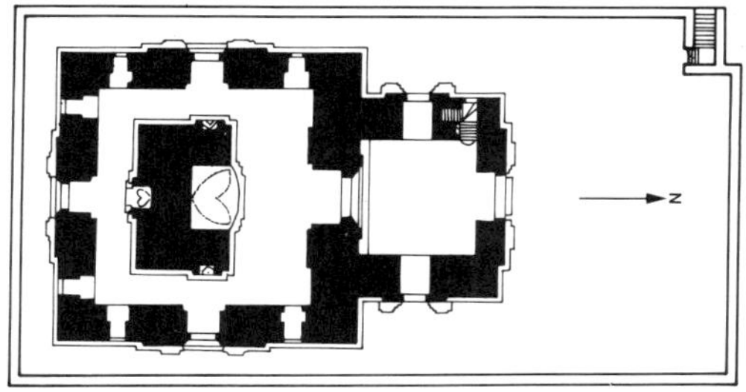

Pagan, Schwegugyi-Tempel, Grundriß

König Alaungsithu, der den Tempel 1131 erbaut hatte, zog sich, schwer erkrankt, hierhin zurück, wo er (1167) von seinem machtgierigen Sohn Narathu erstickt wurde.

Nat-hlaung-kyaung-Tempel (16)
Der einzige Hindutempel Pagans, der Nat-hlaung-kyaung-Tempel, befindet sich in recht ruinösem Zustand. Die Vorhalle ist gänzlich verschwunden, manche Wissenschaftler nehmen zudem an, daß die heutige Außenwand ursprünglich die Innenwand eines zweiten Umgangs gewesen ist. Als Gründungsdatum wird 931 angegeben, König Taungthugyi soll der Initiator des Baues gewesen sein.

Aus den Überresten der Skulpturen ist ersichtlich, daß der Tempel Vishnu geweiht war. So enthielt z. B. die Hauptnische (Osten) des massiven Mittelpfeilers eine Darstellung des auf der Weltschlange ruhenden Vishnu, aus dessen Körper Lotosblüten entspringen, auf denen Vishnu, Brahma und Shiva sitzen. In den Nischen der jetzigen Außenwand standen einst Statuen der zehn Avatars (Inkarnationen) Vishnus, von denen noch einige vorhanden sind.

Patothamya-Tempel (17)
Die Überlieferung verlegt die Gründung des Patothamya ins 10. Jahrhundert, aber der fortgeschrittene Architekturstil, der deutliche Mon-Elemente aufweist, spricht für die

Pagan, Pathothamya-Tempel, Längsschnitt

Regierungszeit Kyanzitthas (1084–1112). Der Tempel gehört zum Typ mit zentraler Kammer und umlaufenden Gängen. Eine langgestreckte Vorhalle leitet zum quadratischen Hauptbau über, dessen Dach ein ungewöhnlicher Stupa krönt. Seine Anda ist nicht rund, sondern zwölfeckig, und die Kanten akzentuieren breite Ornamentbänder. Fünf Steingitterfenster in jeder Seitenwand lassen diffuses Licht in den inneren Umgang fallen. Qualitätvolle Malerei schmückt die Innenwände, ihr Stil ist stark von indischen Vorbildern geprägt.

Mimalaung-kyaung-Tempel (17a)
Der zierliche Mimalaung-kyaung-Tempel ist in der Grundform dem Pitakat Taik verwandt. Der quadratische Bau steht auf einer sehr hohen Terrasse, zu der nur auf einer Seite eine von mythischen Löwen bewachte Treppe hinaufführt. Das dreistufige Dach zeichnet sich durch ornamental hochgezogenen Ecken aus und ist von einem sehr schlanken Stupa gekrönt. Narapatisithu ließ das ungewöhnliche Bauwerk 1174 errichten.

Gawdawpalin-Tempel (18)
Beim Erdbeben von 1975 hat der Gawdawpalin erhebliche Schäden erlitten, so daß 1980 noch an seiner Restauration gearbeitet wurde (Abb. 123). Gründer des Tempels war Narapatisithu, aber erst sein Nachfolger Htilominlo (1210–1234) stellte ihn fertig. In der Konzeption entspricht er im wesentlichen dem Ananda- und dem Thatbyinnyu-Tempel.

Mahabodhi-Tempel (19)
Htilominlo ließ den Mahabodhi-Tempel nach dem Vorbild des Heiligtums von Bodhgaya in Bihar (Indien) bauen, in seiner Art ist er einmalig in Burma (Abb. 121). Auf dem kubischen Unterbau erhebt sich der mächtige Shikara, den vier kleine, ähnliche Türme flankieren. Kleine Stupas sitzen auf den vorgezogenen Außenwänden der Frontseite. Ringsum sind die Seitenwände in drei Registern mit Nischen gegliedert, in denen Buddha-Figuren thronen (Abb. 119). Vielleicht diente Htilominlos Bau seinerseits als Vorbild für Wat Jet Yot in Chieng Mai, das im 15. Jahrhundert entstand.

Schwesandaw-Pagode (20)
Angeblich war die Schwesandaw die erste Pagode, die Anawrahta nach seinem siegreichen Feldzug gegen Thaton in Pagan errichtete (1057). Ein Haar Buddhas, eine wertvolle Reliquie, die er dort erbeutet hatte, wurde im Kern des Monuments eingeschlossen. Trotz seiner Schlichtheit wirkt der Stupa auf seinen fünf Terrassen imponierend.

Shinbinthalyaung-Halle (21)
Unmittelbar neben der Schwesandaw-Pagode steht die lange Shinbinthalyaung-Halle, die einen fast 18 m langen, liegenden Buddha beherbergt. Die Entstehungszeit der Kolossalfigur kennt man nicht, Stilmerkmale sprechen für das 11. Jahrhundert. Durch Fenster und Türen fällt genügend Licht in den Raum, um die Figur sowie die Reste der Malerei, die ursprünglich alle Wände bedeckte, würdigen zu können.

Pagan, Dhammayangyi-Tempel, Querschnitt

Mingalazedi-Pagode (22)
Als klassisches Beispiel burmesischer Sakralarchitektur präsentiert sich die Mingalazedi-Pagode (Farbt. 43). Mit ihren vollkommenen Proportionen zählt sie zu den schönsten Bauwerken burmesischer Kunst. 1284, wenige Jahre vor der Eroberung Pagans durch die Mongolen (1287), war sie unter König Narathihapati fertiggestellt worden. Besondere Beachtung verdienen die reizvollen, unglasierten Terrakottaplatten an den Terrassen, die Episoden aus den Jatakas zeigen.

Dhammayangyi-Tempel (23)
Der despotische König Narathu soll, so berichtet die Legende, den riesenhaften Bau als Sühne für die Ermordung seines Vaters geplant haben, doch noch vor Abschluß der Arbeiten wurde er selbst Opfer eines Mordanschlages. Dank der sorgfältigen Bauweise, die der König gefordert hatte, befindet sich der Tempel in erstaunlich gutem Zustand, aber nur die vier Vestibüle und der äußere Umgang sind zugänglich (Farbt. 42). Ob ein massiver Kern beabsichtigt gewesen ist oder die Innenräume später vermauert wurden, ist umstritten. In der Anlage entspricht der Dhammayangyi dem Ananda-Tempel.

Kubyaukkyi-Tempel (Myinkaba)(24)
Zu den schönsten, frühen Bauwerken Pagans zählt der Kubyaukkyi, den Rajakumar, ein Sohn Kyanzitthas, 1113 errichtete. Er gehört zum Typ mit zentralem Schrein und umlaufendem Gang; den quadratischen Hauptbau krönt ein Shikara, im Osten ist eine Vorhalle angebaut. Fein gearbeitete Stuckornamente umgeben die Fenster, deren Steingitter das Innere mit Licht versorgen (Abb. 118). Alle Wände bedecken interessante Malereien; da sie aus der Gründungszeit des Tempels stammen, rechnen sie zu den ältesten in Pagan. Themen des Theravada dominieren. Im Schrein sind Szenen der 547 Jatakas in neun Reihen angeordnet, alle mit Beischriften in altertümlichen Mon-Lettern versehen, die ihre Zuord-

nung zu den einzelnen Legenden erleichtert. An der Eingangsseite zum Schrein ist der ›Abstieg vom Tavatimsa-Himmel‹ dargestellt. Aber im Vestibül findet sich auch ein zehnarmiger Bodhisattva, eine Figur, die zum Mahayana-Buddhismus gehört.

Außerordentlich wichtig für die Forschung ist der Myazedi-Pfeiler, auf dem Rajakumar in 4 Sprachen – Mon, Pali, Burmesisch und Pyu – seine Verdienste um das Bauwerk verewigt hat.

Manuha-Tempel (25)
Manuha, der gefangene Mon-König von Thaton, hat den Tempel, der außen unruhig und innend bedrückend wirkt, 1059 erbaut. Drei sehr große Buddha-Figuren, den Blick nach Osten gerichtet, thronen im Hauptbau. Die lange Halle, die im Westen ziemlich unorganisch angesetzt ist, enthält einen liegenden Buddha ›beim Hinübergleiten ins Nirwana‹.

Nanpaya-Tempel (26)
Die Legende behauptet, daß der Nanpaya-Tempel die Residenz des verschleppten Mon-Königs Manuha gewesen sei, ob dies zutrifft, ist freilich zweifelhaft. Anders als bei den meisten Tempeln Pagans ist der Ziegelbau hier mit Stein verkleidet worden, auch die außerordentlich sorgfältig ausgeführten Dekorationen sind in Stein gearbeitet, nicht mit Stuck aufgesetzt. Trotz der drei Fenster jeder Wand und vier zusätzlicher Lichtöffnungen unter dem Shikara liegt der Innenraum im Halbdunkel, so daß man die wunderbaren Reliefs der vier Pfeiler, die das Dach über dem Mittelraum stützen, nicht von allen Seiten gut erkennen kann. Jeder Pfeiler trägt auf zwei Seiten das Bildnis einer Hindugottheit, vielleicht Brahmas, die beiden anderen schmücken hängende Pflanzenornamente.

Nagayon-Tempel (27)
König Kyanzittha hat den Tempel, so berichtet die Sage, zur Erinnerung an ein Erlebnis auf seiner Flucht vor Sawlu, seinem Vorgänger auf dem Thron, gestiftet. An dieser Stelle soll ihn, der vom Schlaf übermannt worden war, eine Naga beschützt haben. Der elegante Bau kann als Prototyp des Ananda-Tempels angesprochen werden, obgleich die Konzeption der Mon-Tempel mit quadratischem Hauptbau und langer Vorhalle deutlich zu erkennen ist. Im Inneren schmücken Malereien die Wände der Korridore, ihre Mon- oder Pali-Beischriften erleichtern das Verständnis der einzelnen Episoden aus dem Buddhaleben und den Jatakas.

Die Cella enthält eine Statue Buddhas im Schutze der Naga, ihre Wände Nischen, in denen Steinreliefs Stationen des Buddhalebens wiedergeben. Nischen in den Gängen bergen Bildnisse der Buddhas, die vor Gautama Buddha erschienen sind. Über der Cella hat sich ein skulptierter Holzbalken erhalten, auf dem man Nats erkennen kann. Ähnliche Holzbalken finden sich auch in den Portalbauten.

Abeyadana-Tempel (28)
Die Gründungsgeschichte verknüpft den Abeyadana eng mit dem Nagayon-Tempel, er soll an der Stelle erbaut worden sein, an der Kyanzitthas Gemahlin Abeyadana auf ihn wartete,

Wandmalerei im Abeyadana-Tempel, Pagan (Umzeichnung)

während er im Schutze der Naga an dem Platz schlief, wo heute der Nagayon steht. Nachweisbar ist diese Sage nicht, aber der Stil beider Bauten weist sie der Regierungszeit Kyanzitthas zu. Der quadratische Bau mit langer Vorhalle hat im Inneren einen massiven Mittelpfeiler, dessen tiefe, nach Norden ausgerichtete Nische ein großes Buddha-Bild einrahmt. Auf dem Dach, das ähnlich gestuft ist wie das des Nagayon, erhebt sich anders als dort ein glockenförmiger Stupa, dessen Harmika deutlich hervorgehoben ist.

Wegen ihrer Schönheit und interessanten Thematik sind die Wandgemälde des Umgangs berühmt. Bodhisattvas des Mahayana sind auf den äußeren Wänden zu erkennen, aber, da sie keine Beischriften haben, schwer zu identifizieren. Auf den inneren Wänden sieht man zwischen den Nischen, die für Plastiken bestimmt waren, brahmanische Gottheiten. In der Vorhalle erläutern Mon-Legenden die dargestellten Jatakas.

Somingyi-Kloster (29)

Die Ruinen des Somingyi-Klosters vermitteln eine Vorstellung vom Aussehen der Klöster in der Pagan-Periode. Im Mittelpunkt befindet sich eine Plattform, die auf zwei Seiten von Mönchszellen eingerahmt wird. Auf der Ostseite lag die Eingangshalle, ihr gegenüber im Westen das Sanktuarium. Dieser zweistöckige Bau bestand im Erdgeschoß aus Cella und Umgang. Alle Räume sowie der Umgang besaßen nach außen viereckige Fenster in gewölbten Mauernischen. Vielleicht war der Zentralraum, der jetzt als Hof erscheint, einst mit einer Holzkonstruktion abgedeckt (Abb. 124).

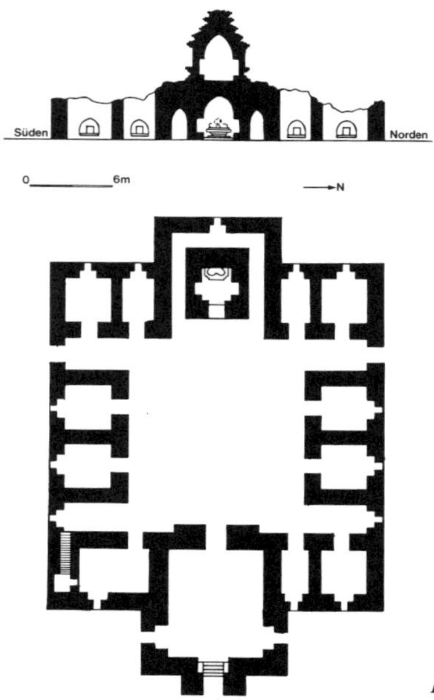

Pagan, Somingyi-Kloster, Schnitt und Grundriß

Östliche und westliche Petleik-Pagode (30)
Aus der Regierungszeit Anawrahtas stammen die beiden, sehr verfallenen Petleik-Pagoden. Als vor Jahren der Schutt, der ihre unteren Teile bedeckte, fortgeräumt wurde, kamen an beiden Bauten zwei Reihen unglasierter Terrakottareliefplatten zum Vorschein. Jede stellt eine Szene aus einem der 547 Jatakas dar; ursprünglich besaß jede Pagode eine vollständige Serie, aber inzwischen fehlen viele. Rings um die Pagoden lief einst ein überwölbter Gang mit einer breiten Halle an der Ostseite. Zum Schutz der Terrakotten hat man jetzt eine Betonkonstruktion angebracht.

Lawkananda-Pagode (31)
Eins der frühen Monumente Pagans ist die 1059 von Anawrahta über der Replik einer Zahnreliquie erbaute Lawkananda-Pagode. Die hochgezogene Glocke des Baukörpers zeigt noch Verwandtschaft mit den zylindrischen Stupen der Pyu, wie sie z. B. in Sri Ksetra vorkommen. Der achteckige Unterbau hat fünf Stufen, bis zur zweiten reichen die Treppen, die an vier Seiten hinaufführen. Wegen ihrer Lage am Flußufer war die Pagode in der Blütezeit des Reiches ein Wahrzeichen für die Schiffe, die, von weit her kommend, hier vor Anker gingen.

Sulamani-Tempel (32)
Mit dem Sulamani-Tempel (Abb. 125), 1183 von Narapatisithu errichtet, beginnt die Spätphase der monumentalen Tempelarchitektur, die vor allem durch das Verschwinden düsterer Kammern und tiefer Nischen gekennzeichnet ist. Weitere Merkmale sind die Verwendung kleinerer Backsteine, die Vervollkommnung des Gewölbebaus und die komplizierte Ausarbeitung des Stuckdekors. Der Sulamani besitzt zwei Stockwerke, die in der Anlage gleich sind, beide bestehen aus einem massiven Kern mit einer Nische für ein Buddha-Bild auf der Ostseite, um den ein gewölbter Gang läuft. Vier vorgezogene Portale an den Kardinalpunkten, das östliche zur Vorhalle erweitert, und große Fenster sorgen für gute Beleuchtung. Drei schmale Terrassen, deren Ecken Miniaturstupas schmücken, krönen jedes Geschoß. Die Treppen sind zum überwiegenden Teil in die Mauern verlegt, nur auf der Ostseite betont eine zweiteilige Treppenflucht von der zweiten zur dritten Dachterrasse den Aufgang zum oberen Stockwerk. Reste zeigen, daß die Wände mit Malerei dekoriert waren, zum Teil haben vor etwa hundertfünfzig Jahren Mönche aus der Umgebung die alten Bilder übermalt.

Payathonzu-Tempel (33)
Ein kleiner Tempel, vor allem wegen seiner Wandmalerei sehenswert, ist der Payathonzu-Tempel. Seine Architektur fällt aus dem Rahmen des in Pagan üblichen, besteht er doch aus drei gleichartigen, in einer Reihe nebeneinander stehenden Heiligtümern, die durch überwölbte Gänge verbunden sind. Jedes besitzt Vorhalle und krönenden Shikara. Anscheinend ist der Tempel nicht fertiggestellt worden, denn an den Außenwänden fehlen die Stuckverzierungen und im westlichen Bau auch die Innendekoration. Die Wände der beiden

anderen Kammern sind vollständig bemalt, zum Teil mit barock anmutendem Rankenwerk, in das Monster, Tiere, Vögel und menschliche Figuren, vermutlich niedere Gottheiten, die der Mahayana-Buddhismus als Bodhisattvas bezeichnet, hineinkomponiert sind. An anderen Stellen ist die Fläche in Rechtecke oder Sechsecke aufgeteilt, die je einen sitzenden Buddha umrahmen; es gibt auch größere Tableaus, auf denen Episoden aus dem Buddha-Leben zu sehen sind. Im ganzen sind die Darstellungen vom Mahayana bestimmt.

Thambulla-Tempel (34)
Wenige Schritte vom Payathonzu entfernt steht der Thambulla-Tempel, den 1255 Thambulla, eine Gemahlin König Uzanas, stiftete. Dem quadratischen Tempelhaus ist eine Vorhalle angefügt, im Inneren trägt ein massiver Mittelblock den mächtigen Shikara. Schöne, teilweise gut erhaltene Malereien schmücken Umgang und Vorhalle.

Mandalay
1856–1857 ließ König Mindon Mandalay (s. auch S. 397) als neue Hauptstadt seines Reiches anlegen, um eine uralte Prophezeiung zu erfüllen, derzufolge Buddha bei einem Besuch des schon damals verehrten Mandalay-Berges die Gründung einer Metropole des Buddhismus an diesem Platz im Jahre 2400 der buddhistischen Ära (1857) angekündigt hatte.

Ratanapunja, die ›königliche, goldene Stadt‹, wie die Neugründung nach klassischem Vorbild benannt wurde, liegt an der Nordost-Ecke der heutigen Stadt. Ihren Mittelpunkt bildet der Königspalast, dessen Verteidigungsanlagen ihm den Charakter einer Festung verliehen. Während des Zweiten Weltkrieges fielen die Baulichkeiten der Anlage, traditionelle Holzkonstruktionen, fast vollständig einer Brandkatastrophe zum Opfer. Geblieben ist die zinnengekrönte Befestigungsmauer aus Backstein und Adobe, die mit einer Höhe von 9 m ein Quadrat von ca. 1,5 km Seitenlänge umschließt. Vier Brücken überspannen den zur zusätzlichen Verteidigung vor der Mauer angelegten Wassergraben an den Kardinalpunkten, jede einem Palasttor zugeordnet. Eine fünfte an der Westseite war den Begräbnisprozessionen vorbehalten.

Im Inneren entsprach die Anordnung der Gebäude dem allgemein üblichen asiatischen Plan von Stadt- und Palastanlagen, der letztendlich auf kosmologischen Vorstellungen beruht. Das Hauptensemble der königlichen Räume, prachtvoll geschnitzte und vergoldete Gebäude, stand auf einer hohen Plattform. Heute hat man darauf ein kleines Museum eingerichtet, in dem ein Modell das Aussehen des alten Palastes veranschaulicht. Als einziges Überbleibsel vergangener Pracht thront ein Holzpavillon auf der Mauer, eines von dreizehn Wachhäuschen, die einst ringsum verteilt waren; ein schönes Beispiel burmesischer Holzbauweise.

Eine Vorstellung vom Prunk der Palastbauten vermittelt das *Schwenandaw-Kloster*. Das Hauptgebäude dieses Wat ist ein Wohnhaus König Mindons, das sein Nachfolger aus dem Palast entfernen und hier als Teil eines Klosters wieder aufstellen ließ. Trotz seines ziemlich heruntergekommenen Zustandes bezaubert der Bau durch seine ausgewogenen Proportionen, ganz besonders aber durch die phantasievollen, geschnitzten Schmuckpartien der

Mandalay
1 Mandalay-Hügel
2 Kyauk Tawgyi-Pagode
3 Sandamini-Pagode
4 Atumashi-Kloster
5 Kuthodaw-Pagode
6 Shwenandaw-Kloster
7 Königspalast (Mandalay-Palace)
8 Südtor
9 Mahamuni-Pagode
10 Shwe In Bin-Kloster
11 Set Kya Thiha-Pagode
12 Eindawya-Pagode
13 Zegyo-Markt
14 Schwekyimyin-Pagode
15 Museum
16 Bahnhof
17 Burma Airways (BAC)
18 Hauptpost
19 Haltestelle der Busse nach Sagaing
20 Mandalay-Hotel
21 Tun Hla-Hotel

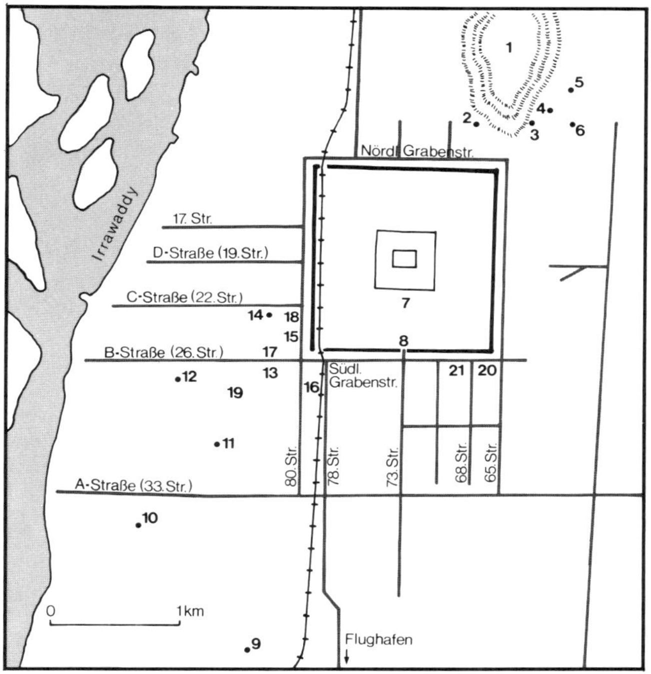

Außen- und Innenwände. Relativ gut erhalten sind die Paneele mit Szenen der Zehn Großen Jatakas. Ursprünglich waren die Schnitzerein bunt bemalt, vergoldet und mit Glasmosaik versehen.

Von den vielen Heiligtümern in und um Mandalay verdient die *Kuthodaw-* oder *Maha Lawkamarazein-Pagode* spezielles Interesse (Farbt. 46, 47). König Mindon errichtete sie nach dem Muster der Schwezigon-Pagode (Pagan) anläßlich der 5. Großen Buddhistischen Synode, die er 1857 nach Mandalay einberufen hatte. 729 weiße Marmorplatten, jede in einem eigenen kleinen Schrein, umgeben den zentralen Stupa. Auf ihnen ist in schönen burmesischen Lettern der kanonische, von der Versammlung autorisierte Text des Tripitaka eingemeißelt.

Im Bezirk der nicht weit entfernten *Sandamani-Pagode* sind in ähnlicher Weise auf 1774 Steintafeln Kommentare zu den Tripitakas dauerhaft aufgezeichnet. Die Pagode selbst wurde als Denkmal für Kronprinz Kanaung und einige andere Prinzen, die bei einer Palastrevolte 1866 ums Leben kamen, errichtet.

Zwischen diesen beiden Heiligtümern stand einst das *Atumashi-Kloster,* das sein Gründer, König Mindon, mit unvergleichlicher Pracht ausstatten ließ (gegr. 1857). Bereits 1890 fiel der Holzbau einem Großbrand zum Opfer, allein die Terrasse, auf der sich das Gebäude

Marmorskulptur des Buddha im Stil des 19. Jahrhunderts

erhob, ist übriggeblieben. Ihre Aufgänge und Portale mit reichen Stuckverzierungen sind gut erhalten.

Im südöstlichen Teil der Stadt, ungefähr 1,5 km nordwestlich des Flugplatzes, liegt die *Mahamuni-Pagode*, auch Payagyi (Große Pagode) oder Arakan-Pagode genannt. Ihren Namen hat sie nach dem großen Mahamuni-Buddha (ca. 3,80 m), den König Bodawpaya 1784 von einem Feldzug gegen Arakan aus Mrohaung mitbrachte. Wegen des hohen Alters und ihrer, von der Legende belegten, besonderen Heiligkeit wird die Statue hoch verehrt, ja, den Hochland-Burmesen gilt die Pagode kaum weniger als die berühmte Schwedagon in Rangun. 1884 war der originale Tempel abgebrannt, der heutige Bau mit dem gestuften Dach aus vergoldetem Stuck ist also neueren Datums.

Hunderte von Steinstelen im inneren Hof sind mit Kopien religiöser Schenkungsurkunden beschriftet. Nicht weit vom westlichen Eingang steht eine Gruppe von sechs Bronzefiguren, zwei männliche Gottheiten, drei Löwen und ein dreiköpfiger Elefant, Erawan, Indras Reittier. Ursprünglich sollen sie in Ayuthia beheimatet gewesen sein; von dort als Kriegsbeute unter Bodawpaya nach Pegu verschleppt, wurden sie dann von den Arakanesen erbeutet. Gleichzeitig mit der großen Buddha-Statue kamen sie schließlich von Mrohaung nach Mandalay. Frédéric[18] macht darauf aufmerksam, daß es sich um künstlerisch wertvolle Bildwerke, vermutlich aus dem Ende des 11. Jahrhunderts, handelt.

Wegen seiner Sammlung wertvoller Buddha-Bildnisse aus verschiedenen Epochen ist der Tempel der *Schwekyimyin-Pagode* berühmt. Als sein Gründer wird Minshinsaw, ein Sohn Alaungsithus von Pagan (1114–67) angesehen; das von ihm gestiftete Kultbild befindet sich in der Kollektion des Tempels. Die übrigen Figuren, teilweise reich mit Edelsteinen inkrustiert, stammen aus dem Palast. Es sind Bildnisse aus dem Besitz mehrerer Könige, die sie als ihre persönlichen Schutzheiligen verehrten.

Der *Mandalay-Berg*, eine isolierte Erhebung, die abrupt ca. 235 m aus der weiten Flußebene aufragt, trägt eine Menge großer und kleiner religiöser Bauten. Nicht enden wollende Treppenfluchten, streckenweise von Sonnendächern beschattet, führen zur Plattform und auf den Gipfel. Von oben bietet sich ein umfassender Blick auf Stadt und Landschaft.

Am Fuß des Berges ließ König Mindon 1878 die *Kyauk Tawgyi-Pagode* erbauen. Der Tempel beherbergt ein monumentales Buddha-Bild, das 1865 aus einem einzigen Marmorblock gehauen worden war. Ringsum sind Figuren der 80 Jünger des Erleuchteten aufgestellt.

Im Umkreis von Mandalay liegen die alten burmesischen Königsstädte Amarapura, Sagaing, Ava und Mingun, die alle eine große Zahl buddhistischer Heiligtümer bergen, aber nur wenige Reste ihrer historischen Vergangenheit.

Auf dem Weg nach Sagaing passiert man ca. 9 km südlich Mandalay die Ruinen von **Amarapura** (s. auch S. 395), das von 1783–1857 politische Bedeutung hatte. Von den zahlreichen Heiligtümern dieser Zeit sind die meisten verfallen, nur einige aus dem beginnenden 19. Jahrhundert noch einigermaßen intakt, jedoch nicht von besonderem kunsthistorischen Wert. Die Patogawgyi-Pagode ist bei einer neueren Instandsetzung mit modernen, hochwertigen Malereien ausgestattet worden.

Über einen mehr als 100 m langen, schmalen Holzsteg, der den Thaung Thama-See überbrückt, ist die im Stil des Ananda-Tempels von Pagan 1847 errichtete Kyauktawgyi-Pagode zu erreichen. Einen bizarren Bau von barocker Üppigkeit stellt der Nagayon-Tempel dar, der die Gestalt einer riesigen Schlange hat.

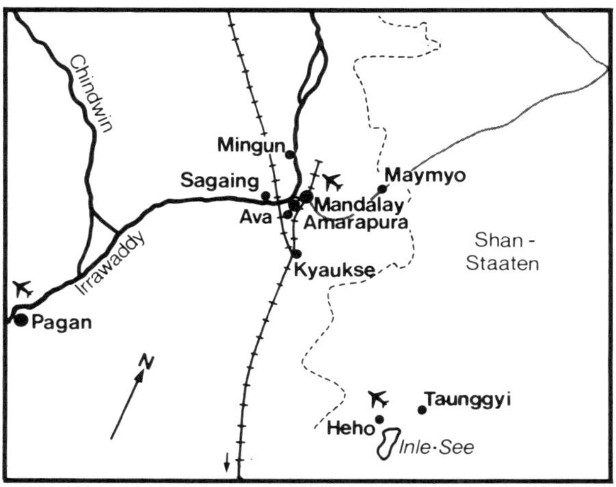

Die für Touristen zugänglichen Orte Zentralburmas

Die Zwillingsstädte **Ava** und **Sagaing** (s. auch S. 395, 398) liegen sich ca. 20 km südwestlich von Mandalay am Irrawaddy gegenüber. Fast zweihundert Jahre, von 1636–1837, war hier mit kurzen Unterbrechungen der Regierungssitz. In Ava steht vom Palast König Bagyidaws nur noch ein Wachtturm, ein rechteckiger, massiver Backsteinbau, der vom Erdbeben 1838 stark in Mitleidenschaft gezogen worden ist. Interessantestes Monument in Sagaing ist die Kaunghmudaw-Pagode; 1636 von König Thalon gestiftet, liegt sie ca. 9 km nördlich der Stadt. Als Modell für den riesenhaften, halbkugelförmigen Bau diente das Mahachedi von Anuradhapura auf Ceylon. Natürlich ist es keine originalgetreue Kopie des Vorbildes, sondern durchaus burmesisch in seinem Äußeren. Der Sockel aus drei runden, konzentrischen, nach oben kleiner werdenden Terrassen und der Fuß der Anda sind sparsam mit Ornamentketten verziert. Ein Hti krönt die leicht spitz zulaufende, hochgewölbte Anda, Harmika und Chatras fehlen. Wie oft bei burmesischen buddhistischen Heiligtümern ist auch hier der alten animistischen Religion Rechnung getragen: Hundertzwanzig Nischen ringsum in der Basis des Stupa bewohnen die Standbilder von Nats! Achthundertzwölf Steinpfosten, deren obere, ausgehöhlte Enden als Öllampen dienten, bilden den Umgang um den Stupa, der bei einem Basisumfang von 274 m ca. 50 m hoch aufragt.

Bemerkenswert ist die unvollendete Tupayon-Pagode König Narapatis von Ava (1444 begonnen) wegen ihres ungewöhnlichen Dekors. Der dreistufige, kreisrunde Unterbau sollte wohl einen burmesischen Stupa tragen. Jede seiner Etagen schmückt eine umlaufende Reihe fensterartig vorkragender Nischen, in denen vermutlich Buddha-Figuren Platz finden sollten.

Mingun (s. auch S. 397), ca. 15 km nördlich von Mandalay, ist wegen seiner kolossalen, unvollendeten Pagode, der Mingun- oder Mantaragyi-Pagode, von Interesse. König Bodawpaya hatte den Ehrgeiz, das größte buddhistische Monument der Welt zu stiften, deshalb begann er 1790 mit dem Bau einer gigantischen Pagode. Ungefähr 160 m hoch sollten die Backsteinmassen aufgetürmt werden, aber nur fünf Sockelterrassen von etwa 150 m Seitenlänge und der Unterbau mit ca. 65 m Seitenlänge wurden ausgeführt. Nach fünfzehn Jahren ließ der König die Arbeit einstellen, weil eine Prophezeiung den Untergang der Dynastie vorausgesagt hatte, falls der Bau vollendet würde. Schwere Schäden erlitt der Torso der Pagode beim Erdbeben von 1838.

Am Ufer des Irrawaddy zeigt ein 5 m hohes Modell, die sogenannte Pondaw-Pagode, wie der Riesenbau König Bodawpayas nach seiner Fertigstellung aussehen sollte.

Eine weitere Sehenswürdigkeit Minguns ist die größte Glocke Burmas, eine der größten der Welt, die in einer Halle in der Nähe untergebracht ist. Ursprünglich für die Mingun-Pagode vorgesehen, entspricht sie in ihren Maßen der Monumentalität des Heiligtums: Gewicht ca. 87 Tonnen, Höhe fast 3,70 Meter.

Für seine frühverstorbene Hauptgemahlin Sinbyume errichtete Bagidaw, noch ehe er König wurde, 1816 die reizvolle Myatheindaw- oder Sinbyume-Pagode. Der runde Bau symbolisiert den Berg Meru, seine Bekrönung bildet ein klassischer burmesischer Stupa, auf dessen Spitze ein Hti sitzt. Wellenförmige Abgrenzungen säumen die Außenränder der

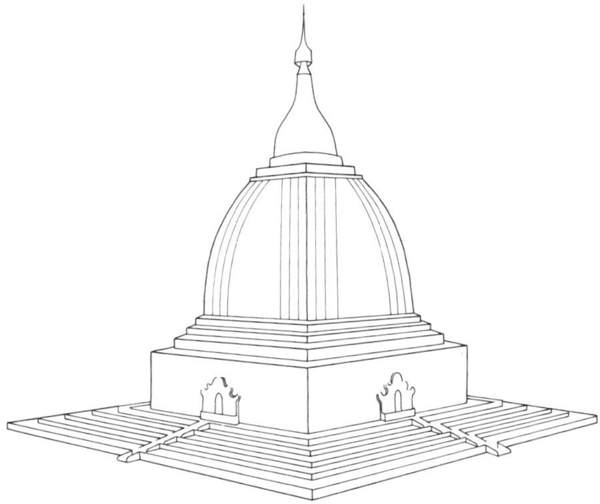

Mingun, Pondaw-Pagode, ein Modell der unvollendeten Mantaragyi-Pagode

sieben konzentrischen Terrassen, die die sieben Bergketten versinnbildlichen, von denen der Berg Meru umgeben ist. Durch zwölf hintereinander gestaffelte Tore mit reich verzierten Giebeln erhält der Hauptaufgang seinen typisch burmesischen Akzent. König Mindon ließ die Schäden des Erdbebens von 1838 beheben.

Rangun (Yangon)

Wenn man, vom Flugplatz kommend, in die Stadt Rangun hineinfährt, durchquert man zunächst weite Stadtteile mit aufgelockerter Bebauung, in denen die meist einstöckigen Häuser in großen Grundstücken liegen bzw. zwischen Gartenflächen verstreut sind. Erst der von den Engländern angelegte Stadtkern zwischen der Bahnlinie und dem Fluß macht mit den sich rechtwinklig kreuzenden Straßen und mehrstöckigen Häuserzeilen einen städtischen Eindruck.

Den heutigen Namen erhielt die Stadt 1755, als König Alaungpaya neben der alten Siedlung Dagon, die ihre Bedeutung der hochverehrten Pagode verdankte, eine neue Stadt gründete. Sie sollte als Seehafen die Aufgaben der 1756 zerstörten Stadt Syriam übernehmen. Die Entwicklung entsprach dieser Erwartung, dank der günstigen Lage wuchs Rangun zum blühenden Handelszentrum heran und wurde schließlich als wichtigste Stadt des Landes Regierungssitz. Bei der letzten Volkszählung wurden in Rangun bereits über 3 Millionen Einwohner registriert (1973), mittlerweile dürfte die Zahl weit überschritten sein.

Abgesehen davon, daß die Anlage der Innenstadt als typische Kolonialstadt nicht ohne Interesse ist, bietet Rangun wenig Sehenswürdigkeiten. Keines der religiösen Bauwerke ist in seiner ursprünglichen Gestalt erhalten; alle sind immer wieder, bis in jüngste Zeit hinein,

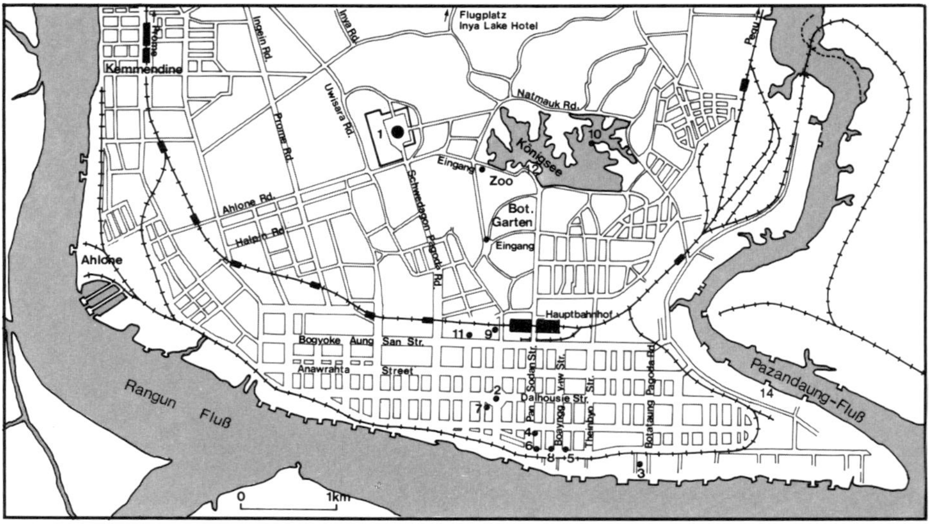

Rangun (Yangon) 1 Schwedagon-Pagode 2 Sule-Pagode 3 Botataung-Pagode 4 National-Museum 5 Hauptpost 6 Burma Airways Corporation (BAC) 7 Tourist Burma 8 Strand Hotel 9 Thamada Hotel 10 Karaweik-Restaurant 11 Bogyoke Aung San (Scott)-Markt 12 Kan Dawgyi Royal Lake Hotel 13 Prome-Fähre 14 Syriam-Fähre

überbaut und erweitert worden, da sie für die Bevölkerung keine Denkmäler darstellen, sondern Mittelpunkte des lebendigen, religiösen Alltags sind. Besonders eindringlich empfindet man das bei einem Besuch der Schwedagon-Pagode, wo gerade das selbstverständliche Nebeneinander von religiöser Inbrunst und unbekümmertem Vergnügen für uns einen wesentlichen Teil der Faszination ausmacht.

Bei weitem die höchste Verehrung von allen Pagoden Burmas genießt die *Schwedagon-Pagode* (Farbt. 50). Sie ist der religiöse Mittelpunkt des Landes, Pilger aus allen Provinzen zieht sie an, früher kamen viele Gläubige auch aus anderen buddhistischen Staaten, aus Ceylon, Thailand und Kambodscha.

Die Überlieferung fixiert die Gründung der Pagode auf 588 v. Chr. In diesem Jahr sollen zwei Kaufmannssöhne von einem Besuch bei dem Buddha in Indien acht Barthaare des Erleuchteten, als dessen persönliches Geschenk, nach Okkala (dem heutigen Rangun) gebracht haben. Als geeigneten Ort, um eine würdige Stätte für die Reliquie zu bauen, wurde ein Hügel in der Nähe der Stadt gewählt, auf dem bereits die Reliquien von drei vorangegangenen Buddhas verehrt wurden. Alle Reliquien wurden zusammen in einer Kammer verwahrt; durch diese Vereinigung der Reliquien von vier Buddhas erhält die Schwedagon-Pagode ihre überragende, einmalige Bedeutung für die Anhänger der Lehre in Südostasien.

»Über der Reliquienkammer wurde eine goldene Pagode errichtet, die von einer silbernen eingeschlossen wurde; diese wiederum umgaben nacheinander Pagoden aus Zinn, Kupfer, Blei, Marmor und Eisen. Zum Schluß wurde eine Pagode aus Backstein gebaut, die diese Serie von kleineren Pagoden vollständig einschloß.«[19]

Dieser erste Stupa soll nur etwa 10 m hoch gewesen sein. Erst durch wiederholte Überbauungen mit Backsteinschichten, die sich wie Zwiebelschalen um den originalen Kern legen, erlangte das Monument seine heutige, imponierende Größe. Viele Herrscher Burmas trugen zur Vergrößerung, Instandhaltung und Ausschmückung der Pagode bei. 1460 ließ Königin Shinsawbu von Pegu die Pagode vergrößern und die Terrasse erweitern, 1564 erhielt der Komplex unter König Shinbyushin seine heutige Gestalt. Spätere Herrscher beschränkten sich auf die Verschönerung der Bauteile mit Gold und Edelsteinen und machten dem Heiligtum enorme Stiftungen. König Mindon (1853–1878) z. B. spendete einen Hti von 11 m Höhe, dessen Sockel aus Gold und Silber gearbeitet und mit 5440 Diamanten sowie 1317 sonstigen Edelsteinen geschmückt war. (1930 wurde er von einem Erdbeben zerstört und im folgenden Jahr durch den jetzigen, nicht weniger kostbaren ersetzt.)

Die Pagode hat die klassische burmesische Form, ihre Höhe beträgt 116 m, ihr Umfang an der Basis 450 m. Sie steht auf einem 50 m hohen, teilweise künstlichem Hügel, der in zwei übereinander liegende, rechteckige Terrassen geschnitten wurde; beide sind genau nach den Himmelsrichtungen orientiert. Kolossale, sitzende Löwen, die wegen ihrer bunten Bemalung gar nicht grimmig wirken, bewachen die Tore zu den vier breiten Treppenfluchten, die auf die obere Plattform führen und von reich geschnitzten Staffeldächern überdeckt sind. Teile der mächtigen Dachbalken und der Wandverkleidungen schmücken Malereien, von denen einige Szenen aus dem Buddha-Leben schildern. Andere Stellen zeigen kuriose Darstellungen der Torturen, die den Verworfenen nach dem Tode erwarten.

Zahllose Verkaufsbuden, die Goldplättchen, Blumen, Räucherstäbchen, alle Arten von Opfergaben und Devotionalien anbieten, haben sich am Rand dieser Treppenaufgänge angesiedelt. Man kann aber auch Souvenirs und Schmuck, Einrichtungsgegenstände, Spielzeug, Antiquitäten und Marionetten, ja sogar Erfrischungen kaufen, kurz, alles was das Herz begehrt.

Wer den Aufstieg über die von Millionen Füßen arg abgenutzten Stufen scheut, findet an der West-Seite einen Lift, der ihn nach oben befördert. Seit 1921 dürfen Besucher aller Nationen das Heiligtum nur barfuß betreten.

Die obere Plattform, ca. 275 m lang und 208 m breit, die im Zentrum die große goldene Pagode trägt, bietet Raum für zahlreiche Gebäude und einen breiten Wandelgang. Sein poliertes Steinpflaster heizt sich in der Sonne so stark auf, daß man dankbar die ausgelegten Läufer benutzt. Den äußeren Rand der Terrasse säumt eine Überfülle von Gebetshallen, Miniaturstupas, Denkmälern und Andachtsstätten in den abenteuerlichsten Stilmischungen. Buddha-Figuren in allen Variationen, stehende, sitzende, liegende, häufen sich in den Tempelchen. Als Schützer des Heiligtums fletschen allenthalben Löwen ihre Zähne. All diese Figuren und Gebäude faszinieren mehr durch Naivität als durch künstlerische

Qualität, wenn auch die Schnitzereien an den Dächern der Tempel oft sehr kunstvoll gearbeitet sind.

Zwischen den Gebäuden, unter denen sich eine Bibliothek und eine Brunnenhalle befinden, trifft man auf viele Merkwürdigkeiten, die zur religiösen Praxis der Burmesen gehören.

An langen Balken hängen Hunderte von Glocken aller Größen, die von den Gläubigen mit bereitliegenden Stöcken angeschlagen werden, um die Aufmerksamkeit der Nats (Geister) auf eine verdienstvolle Tat – eine Opfergabe oder ein Almosen – zu lenken. In derselben Absicht stößt man mit Stöcken auf den Boden, damit ›die Erdgöttin zum Zeugen anrufend‹.

Ein üppig dekorierter Holzbau in der Nordost-Ecke, birgt eine riesige Glocke, in der ein halbes Dutzend Leute Platz findet, ein Geschenk König Tharrawaddys aus dem Jahre 1840.

Ganz eigenartig muten hohe Pfosten (tagundaing) an, von denen lange, zylindrische Schläuche herunterhängen, die aus einem mit Papier oder Stoff überspannten Bambusgerippe bestehen. Sie sind mit Bildern der Heiligenlegende oder frommen Inschriften bemalt; manche krönt die brahmanische Gans, das Emblem der Talaing oder der Kranich der Burmesen.

Am inneren Rand des Freiraums sind zu Füßen des Stupa zweiundsiebzig gleichartige Kapellchen aufgereiht, vor denen stets Hunderte von Kerzen und Räucherstäbchen brennen. Dahinter umgrenzt ein vergoldeter Staketenzaun den Sockel des großen Stupa, auf dem zwischen dem mächtigen Baukörper und einem Kranz kleiner Stupas der Gang für das rituelle Umschreiten des Heiligtums verläuft. Dieser heilige Bezirk darf nur von Männern betreten werden. Wenn man Glück hat, findet man eine Tür offen und kann die vierundsechzig Miniaturpagoden, die die achteckige Basis des großen Stupa umgeben, aus der Nähe betrachten. Von den warmen Tönungen des Goldes, das alle Bauten dieser Etage gleichmäßig überzieht, geht eine feierlich-würdige Stimmung aus, die in schroffem Gegensatz steht zu der in allen Regenbogenfarben schillernden, von Spiegelmosaik glitzernden Welt der breiten Plattform.

Zu jeder Tageszeit bringen Andächtige ihre Gaben auf den Altären dar, man hört Musikanten und sieht orangefarbig gekleidete Mönche Schwärme weißer Tauben füttern. Am Nachmittag finden sich jugendliche Flaneure ein, Burschen und Mädchen wandern lachend und schwatzend umher. Es ist eine Atmosphäre voll Andacht und Sorglosigkeit, die den Fremden gefangen nimmt, die den Charme dieses berühmten buddhistischen Monuments ausmacht.

Um den Fuß des Hügels gruppieren sich zwischen Palmen und Blütenbäumen mehrere Klöster, dort steht auch eine Herberge, die der thailändische König für die Pilger seines Landes erbauen ließ.

Mitten in der Stadt liegt die *Sule-Pagode,* in der sich zu allen Tageszeiten viele Gläubige einfinden. Mannigfache Restaurierungen haben das Aussehen des Monuments im Laufe der Jahrhunderte verändert; seine achteckige Grundform, ein Kennzeichen der Mon-Architektur Südburmas, läßt jedoch darauf schließen, daß sie aus dem 1. Jahrhundert n. Chr. stammt. Eine genaue Datierung ist nicht möglich.

Die dritte wichtige Pagode Ranguns, die *Botataung-Pagode,* wurde 1943 bei einem Bombenangriff zerstört. Spenden aus allen Schichten des Volkes ermöglichten ihren Wiederaufbau; im Verlauf der Arbeiten kamen im Schutt des alten Heiligtums wertvolle Funde aus Gold, Silber und Terrakotta zutage.

Kunsthistorisch interessante Objekte bietet das 1952 eröffnete *National Museum,* das zur Zeit renoviert wird. Den Prunk der königlichen Hofhaltung im 19. Jahrhundert spiegeln die kostbaren Gegenstände aus dem Besitz der letzten burmesischen Könige, die achtzig Jahre lang im Viktoria und Albert Museum (London) verwahrt worden waren, bis sie 1964 wieder nach Burma kamen. Glanzstück ist einer der acht Throne, die im Palast von Mandalay gestanden hatten, er soll aus dem Gebäude des Obersten Gerichtshofes (Hluttaw) stammen.

Pegu (s. auch S. 398), 80 km von Rangun entfernt, läßt sich in einer Tagestour besuchen. Obwohl die Stadt schon 825 gegründet wurde und lange Zeit zu den bedeutendsten Zentren Burmas gehörte, sind kaum Baudenkmäler aus alter Zeit erhalten. Was Kriege und Verwüstungen übrig ließen, wurde zumeist von schweren Erdbeben (1912, 1917, 1930) vernichtet.

Der Stolz Pegus ist die *Schwemadaw-Pagode,* die ein Haar Buddhas bergen soll. Der Überlieferung zufolge wurde sie 825 an der Stelle eines älteren Heiligtums erbaut. Nach wiederholten Vergrößerungen ließ sie König Bodampaya auf 90 m erhöhen. Von diesem alten Bau sind heute nur noch die achteckigen Sockelterrassen vorhanden. Der beim Erdbeben von 1930 völlig zusammengestürzte Oberbau wurde nach dem Zweiten Weltkrieg in leicht veränderter Form neu errichtet (1954 vollendet). Die Pagode ist 125 m hoch und in Form und Anlage der Schwedagon-Pagode in Rangun sehr ähnlich.

Die zweite berühmte Pagode Pegus ist die *Schwegule.* In das achteckige Sockelgeschoß dieser Pagode ist ein enger, von kreuzförmigen Lichteinlässen schwach erhellter Umgang eingefügt, an dessen Innenwand 64 Buddhafiguren aufgestellt sind.

Beim Erdbeben von 1930 stürzte auch die im 16. Jahrhundert erbaute *Mahazedi-Pagode* vollständig zusammen. Zur Zeit wird am Neubau gearbeitet, der bereits weit fortgeschritten ist.

Wegen seiner künstlerischen Qualität ist der riesige (55 m lang, 16 m hoch), liegende *Schwethalyaung-Buddha* bekannt. Schon 994 soll er aufgemauert worden sein, geriet aber in den letzten Jahrhunderten in Vergessenheit. Erst 1881 wurde er beim Eisenbahnbau zufällig wiederentdeckt. 1906 baute man über die Figur aus Backstein und Stuck eine gußeiserne Schutzkonstruktion; 1948 ist der Buddha frisch bemalt worden.

Etwa 4 km südlich Pegu liegt etwas abseits der Straße die *Kyaikpun-Pagode,* die 1476 von König Dhammazedi gestiftet wurde. Sie besteht aus einem gewaltigen quadratischen Pfeiler, an dessen vier Seiten sich ca. 30 m hohe Sitzbildnisse anlehnen. Sie stellen Buddha und seine drei Vorgänger dar.

Anmerkungen

1 A. B. Griswold, *Towards a History of Sukhodaya Art.* Bangkok 1967
2 O. W. Wolters, *A Western Teacher Looks at the History of Early Ayudhya.* SSR Juni 1966
3 R. Le May, *The Culture of South-East Asia.* London 1956
4 H. von Glasenapp, *Die nichtchristlichen Religionen.* Frankfurt 1957
5 D. K. Swearer, *Wat Haripunjaya.* Montana 1976
6 A. B. Griswold, *The Arts of Thailand.* Bloomington 1960
7 – *Towards a History of Sukhodaya Art.* Bangkok 1967
8 zuerst publiziert in ›*Art Styles in Thailand*‹, Bangkok 1977
9 P. Krairiksh, *Das heilige Bildnis.* (Ausstellungskatalog). Köln 1979
10 siehe Anm. 9
11 R. Le May, *The Culture of South-East Asia.* London 1956
12 vergl. Griswold ›lotus-bud‹ in *Towards a History of Sukhodaya Art*
13 R. Le May, *The Culture of South-East Asia.* London 1956
14 J. Boisselier, *Malerei in Thailand.* Stuttgart 1976
15 A. B. Griswold, *Towards a History of Sukhodaya Art.* Bangkok 1967
16 P. Krairiksh, *Das heilige Bildnis.* (Ausstellungskatalog). Köln 1979
17 Die fünfzehn Jahre, in denen Thonburi Regierungssitz war, werden manchmal als ›Thonburi-Periode‹ bezeichnet, obwohl kein spezifischer Kunststil erkennbar ist.
18 Frédéric, *Südost-Asien.* Essen 1968
19 Aung Thaw, *Historical Sites in Burma.* Rangun 1978 (reprint von 1972)

Glossar

Abhaya-mudra Geste der ›Furchtlosigkeit‹ oder der ›Schutzgewährung‹. Erhobene Hand mit offen nach vorn gekehrtem Handteller. In Thailand hat die Geste verschiedene Bedeutungen, je nachdem, ob sie von der rechten Hand, der linken Hand oder beiden Händen ausgeführt wird.

Amitabha ›Unendlicher Glanz‹. Im Mahayana einer der großen transzendenten Buddhas.

Apsara Himmlische Nymphe

Ashoka Indischer Herrscher (ca. 273–236 v. Chr.) Vereinigte fast ganz Vorderindien in einem Großreich. Bedeutender Förderer des Buddhismus.

Asura Dämon, Gegner der Götter

Avalokitesvara Der ›Herr, der (mitleidvoll) herabblickt‹. Einer der großen Bodhisattvas des Mahayana. Im Haar trägt er ein Bildnis des Amitabha-Buddha. Als Erlöser und Gnadenspender verehrt.

Bai Sema Grenzsteine, die den heiligen Bezirk begrenzen und böse Geister fernhalten sollen.

Bhumisparsa-mudra Geste der ›Erdanrufung‹ bzw. des ›Sieges über Mara‹. Rechter Arm auf dem Knie; rechte, ausgestreckte Hand berührt mit den Fingerspitzen den Boden.

Bodhi Erleuchtung, vollkommene Erkenntnis

Bodhi-Baum (Bo-Baum) Baum, unter dem Buddha die Erleuchtung empfing. Ficus religiosus.

Bot (oder Ubosoth) Wichtigstes Gebäude im Klosterbezirk, in dem die Mönchsweihe und andere Zeremonien des Mönchslebens stattfinden.

Bodhisattva Für die Erleuchtung bestimmtes Wesen, zukünftiger Buddha.

Brahma Eine der drei hinduistischen Hauptgottheiten. Als Symbol seiner Macht mit vier Gesichtern dargestellt.

Buddha Der Erleuchtete. Mensch, der die Erleuchtung erreicht hat und frei vom Zyklus der Wiedergeburten ist. Erster und ursprünglich einziger Buddha war Shakyamuni.

Cakra Rad, Scheibe, Attribut Vishnus. Im Buddhismus Symbol der Lehre und der ersten Predigt.

Cakrastambha Pfeiler mit Rad. Sehr altes buddhistisches Symbol.

Chedi Thailändische Form des Stupa

Dagoba Ceylonesischer Stupa

Devi Weibliche Gottheit, meist Gemahlin Shivas

Dharma (Dhamma) Das Gesetz, die rechte Lehre des Buddhismus

Dharmacakra-mudra Geste des ›Ingangsetzens des Rades‹. Symbolisiert die erste Predigt Buddhas im Gazellenhain zu Sarnath, deshalb auch ›Predigtgeste‹.

Dvarapala Türwächter

Erawan Dreiköpfiger, weißer Reitelefant Indras

Fußspur Buddhas Symbol für den Besuch des Buddha an einem bestimmten Ort. Die ›Fußspuren‹, die meistens sehr groß sind (bis 2 m lang), genießen die Verehrung der Gläubigen.

Ganesha Gott der Weisheit, Beseitiger von Hindernissen. Sohn Shivas und Parvatis. Dargestellt als kleiner Mann mit dickem Bauch, vier Armen und Elefantenkopf mit nur einem Stoßzahn. Die Attribute in seinen Händen sind Muschel, Scheibe, Keule und Lotosblüte.

Garuda Mythischer Vogel, Reittier Vishnus, Feind der Schlangen.

Gautama ›Abkomme des Gotama‹. Bezeichnung für den historischen Buddha

Gopura Torturm bei Tempelanlagen nach indischem Vorbild

Hamsa Mythischer Vogel, heilige Gans. Reittier Brahmas und Varunas

Hanuman Feldherr der weißen Affen, eine Hauptgestalt des Ramayana

Harihara Brahmanische Gottheit, bei der Vishnu (Hari = der Wilde) und Shiva (Hara = der Erfreuende) in einer Person dargestellt werden. Die linke Hälfte trägt Mitra und Attribute Vishnus, die rechte diejenigen Shivas.

Hinayana ›Das kleine Fahrzeug (zum Heil)‹. Ältere Form des Buddhismus, von seinen Anhängern Theravada genannt.

Hti Mehrstufige schmiedeeiserne Bekrönung, meist vergoldet, der birmanischen Pagoden. Symbol der Ehrenschirme

Indra König der Dreiunddreißig Götter, die auf dem Berg Meru wohnen. Ihm unterstehen die vier Großkönige der Himmelsrichtungen. Als Anhänger Buddhas trägt er den Namen Sakra (Sakka).

Jataka ›Geburten‹. Buddhistische Legenden. Behandeln Erlebnisse aus Buddhas früheren Existenzen. Nach den Namen der Hauptperson benannt (z. B. Vessantarajataka).

Khon Klassische Form des Thai-Theaters mit maskierten Darstellern, Chor und Orchester

Kinnara (Kinnari) Mythologische Mischwesen, halb Mensch, halb Vogel

Kirtimukha ›Ruhmesmaske‹, Symbol der Wohlfahrt, Gehörnter Löwenkopf, der Laubgirlanden ausspeit.

Krishna Achte Inkarnation des Gottes Vishnu. Der ›Dunkelhäutige‹. Hauptgestalt des indischen Mahabharata

Kuti Mönchswohnung

Lakshana Zeichen, übernatürliches Merkmal, von denen der ›große Mensch‹ zweiunddreißig besitzt.

Lakshmi Göttin des Glücks und der Schönheit. Gemahlin Vishnus

Linga Phallisches Symbol Shivas

Mahayana Das ›Große Fahrzeug (zum Heil)‹. Jüngere Richtung des Buddhismus

Maitreya Im Mahayana der Buddha der Zukunft. Mit einem Stupa im Haar dargestellt

Makara Mythologisches Tier. Ein Wasserungeheuer mit Krokodilkörper und Rüssel

Mara ›Tod‹, ›Vernichtung‹. Verkörperung des Bösen, Versucher

Maravijaya ›Siegreich über Mara‹, Bezeichnung Buddhas nach dem Sieg über Mara. Symbolisiert durch die Bhumisparsa-mudra

Meru Mythischer Berg. Mittelpunkt des Kosmos, Wohnsitz der Götter

Mondop Quadratischer Bau mit gestuftem Dach

Mucalinda Naga-König, der den meditierenden Buddha während eines Unwetters beschützte.

Mudra Symbolische Geste der Hände in der buddhistischen Kunst

Naga Mythische Schlange. Die Nagas wohnen unter der Erde und im Wasser, sie können Menschengestalt annehmen. Manche sind treue Anhänger Buddhas.

Nirvana Das Erlöschen des individuellen Daseins. Befreiung vom Kreislauf der Wiedergeburten

Padmasana ›Lotossitz‹. Sitz in Form einer Lotosblüte. Auch Bezeichnung für die Vajrasana-Haltung

Palankin Kastenartige Sänfte mit seitlicher Öffnung

Pali Sprache des buddhistischen Kanons.

Phra Ausdruck der Ehrfurcht erweckenden Erhabenheit

Prajnaparamita Im Mahayana Göttin, die die Mutter aller Buddhas symbolisiert. Göttin des vollkommenen Wissens

Prang Typ des thailändischen Stupa, entwickelt aus dem Tempelturm der Khmer.

Prasat Palast, Tempel, Heiligtum

Rahu Nach thailändischem Volksglauben ein Ungeheuer, das bei Sonnen- und Mondfinsternissen diese Gestirne verschlucken will

Rakshasa Dämon

Ramakien Thailändische Form des altindischen Ramayana, der ›Geschichte Ramas‹

Rasmi Der Lichtschein, der den Buddha umgibt

Ravana König von Sri Lanka, Anführer der Rakshasas

Rishi Einsiedler, oft ›Arzt‹, ›Weiser‹

Sala Kleine offene Halle, die verschiedenen Zwecken dient.

Samadhi-mudra ›Meditationsgeste‹. Beide Hände offen im Schoß liegend.

Shakti Gemahlin oder weibliches Prinzip einer Gottheit

Shakyamuni ›Einsiedler aus dem Geschlecht der Shakya‹. Der historische Buddha.

Shikara Tempelturm, typisch für Nordindien

Shiva Einer der drei Hauptgötter des Hinduismus. Zugleich Zerstörer und Schöpfer

Siddhartha ›Der sein Ziel erreicht hat‹. Persönlicher Name des historischen Buddha

Song krüang ›Das Königsornat tragend‹. Thailändische Bezeichnung für den geschmückten Buddha

Stupa Aus einem Begräbnishügel entwickeltes buddhistisches Erinnerungsmal, häufig mit Reliquien in der Basis. Thailändische Formen sind Chedi und Prang

Tavatimsa Die ›Dreiunddreißig Götter‹, die auf dem Gipfel des Berges Meru wohnen. Unter ihrem König Indra wachen sie über die Ordnung in der Welt.

Theravada ›Lehre der alten Mönche‹. Älteste Form des Buddhismus

Thorani Die Erdgöttin

Uma Gemahlin Shivas im gnädigen Aspekt

Urna Eines der körperlichen Merkmale Buddhas: Kreisförmiges Zeichen oder Haarlocke über der Nasenwurzel

Ushnisha Eines der körperlichen Merkmale Buddhas: etwa halbkugelige Erhebung auf dem Kopfe

Vajrasana ›Diamantsitz‹. Sitzhaltung mit gekreuzten Beinen, beide Fußsohlen nach oben gekehrt. Auch vajraparyanka oder padmasana genannt

Varadha-mudra Geste der ›Barmherzigkeit‹ oder ›Gnadenerweisung‹. Rechte Hand mit der Handfläche nach außen abwärts gekehrt.

Vihan Gebäude im Tempelbezirk, in dem Andachten und Feierlichkeiten, an denen Laien teilnehmen können, abgehalten werden. Manche Tempel besitzen mehrere Vihan, oft sind sie für bestimmte Buddha-Bildnisse errichtet worden.

Virasana ›Heldensitz‹. Sitzhaltung mit übereinandergelegten Beinen

Vitarka-mudra Geste der ›Argumentation‹. Erhobene rechte Hand, Zeigefinger und Daumen berühren sich und bilden einen Kreis.

Wat Der Tempel. Gesamte Anlage mit allen Kultgebäuden

Yaksha, Yakshini Geister im Gefolge Kuveras, manchmal bösartig, im Buddhismus meist als Schutzgeister

Yoni Weibliches Gegenstück des Linga

Bibliographie

Aung Thaw, *Historical Sites in Burma.* Rangun 1972

J. J. Boeles / L. Sternstein (Hrsg.), *The Kamthieng House.* Bangkok 1966

Jean Boisselier, *Malerei in Thailand,* Stuttgart 1976

Jean Boisselier / Jean-Michel Beurdeley, *Kunst in Thailand.* Stuttgart 1974

Luang Boribal Buribhand / A. B. Griswold, *Sculpture of Peninsular Siam in the Ayudhya Period.* JSS, Bd. XXXVIII, S. 1 ff.

R. M. Brown / O. Karow u. a., *Legend and Reality. Early Ceramics form South-East Asia.* Köln 1977

H. Bruce, *Nine Temples of Bangkok.* Bangkok 1960

M. Campbell, *From the hands of the hills,* Hongkong 1978

P. Chaturabhawd, *People of the hills,* Bangkok 1980

Nusit Chindarsi, *The religion of the Hmong Njua,* Bangkok 1976

M. C. Subhadradis Diskul, *Art in Thailand: A Brief History.* Bangkok 1970

– *L'art Sukhothai.* Bangkok 1978

– *Le pavillon de laque du palais de Suan Pakkad.* AA VII, 1961

Ayudhya Art. Bangkok 1956

– *Mueng Fa Daed. An Ancient Town in North-East Thailand,* Art. Asiæ, Bd. XIX (1956), S. 362 ff.

– *A Dated Buddha Image from Thailand,* Art. Asiæ, Bd. XXIV (1961), S. 409 ff.

– *Guide to the Ram Khamheng National Museum Sukhothai.* Bangkok 1964

K. Döhring, *Buddhistische Tempelanlagen in Siam,* 3 Bde. Berlin 1920

– *Kunst und Kunstgewerbe in Siam.* Berlin o. J.; englische Ausgabe o. J.

P. Dupont, *Le Buddha de Grahi et l'école de Chaiya,* Befeo, Bd. XLII (1942), S. 105 ff.

– *L'archéologie mône de Dváravatī,* Publ. EFEO, Bd. XLI (1959)

Fine Arts Department, *Plan and Report of the Survey and Excavations of Ancient Monuments in North-Eastern Thailand,* 2 Teile. Bangkok 1959–1961

H. G. Franz, *Von Gandhara bis Pagan.* Graz 1979

Lucien Fournereau, *Les ruines Khmères, Cambodge et Siam.* Paris 1890

– *Le Siam ancien,* 2 Bde. AMG Paris 1895–1908

Louis Frédéric, *Südost-Asien.* Essen 1968

Alexander B. Griswold, *Kunst der Welt: Burma, Korea, Tibet. Kapitel Burma.* Baden-Baden, 1979

Alexander B. Griswold, *Towards a History of Sukhodaya Art.* Bangkok 1967

A. B. Griswold, E. Lyons, S. Diskul, *The Arts of Thailand, a Handbook ...* Bloomington 1960

Herbert Härtel / Jeannine Auboyer, *Indien und Südostasien,* Propyläen Kunstgeschichte Bd. 16. Berlin 1971

J. Hohnholz (Hrsg.), *Thailand.* Tübingen 1980

Piriya Krairiksh, *Provisional classification of painted pottery from Ban Chieng,* in Artibus Asiae XXXV, 1/2. Ascona 1973

– *Das heilige Bildnis.* Köln 1979

P. und E. Lewis, *Völker im Goldenen Dreieck,* Stuttgart 1984

John Lowry, *Burmese Art.* London 1974

Gordon H. Luce, *Old Burma – Early Pagan,* Artibus Asiae, Supplementum 25, 3 Bde. New York 1970

E. Lunet de Lajonquière, *L'inventaire descriptif des monuments du Cambodge.* Publications de l'Ecole francaise d'Extrême-Orient, Vol. VIII

Elizabeth Lyons, *Guide to the National Museum, Bangkok.* Bangkok 1967

Maung Htin Aung, *A History of Burma.* New York 1967

H. Marchal, *L'architecture comparée dans l'Inde et en Extrême-Orient.* Paris 1944

V. C. Scott O'Connor, *Mandalay and Other Cities of the Past in Burma.* London 1907

H. Parmentier, *L'art architectural hindou dans L'Inde et en Extrême-Orient.* Paris 1948

Erik Seidenfaden, *Guide to Nakon Patom.* Bangkok 1929

Donald K. Swearer, *Wat Haripunjaya.* Montana 1976

Tri Amatyakul, *Guide to Ayudhya.* Bangkok 1957

U Lu Pe Win, *Pictoral Guide to Pagan.* Rangun 1955

Manit Vallibhotama, *Guide to Pimai and Antiquities in the Province of Nagara Rajasima* (übers.). Bangkok 1962

Klaus Wenk, *Murals of Burma.* Zürich 1978

– *Wandmalereien in Thailand,* 3 Bde. Zürich 1976

H. G. Quaritch Wales, *Dvāravatī. The Earliest Kingdom of Siam.* London 1969

H. W. Woodward Jr., *The Art and Architecture of the Ayudhya Period.* Bangkok 1971

Dhanit Yupho, *Khon Masks.* Bangkok 1962

– *Some recently discovered Sites of Dvāravatī Period* (übers.). Bangkok 1965

– *Dharmacakra or the Wheel of the Law.* Bangkok 1965

Abbildungsnachweis

Farbtafeln und Schwarzweiß-Abbildungen

Hans Dittmar, Leinfelden Umschlagrückseite, Farbt. 4, 6, 7, 14–16, 20, 22, 23, 26–29, 31, 32, 34–38, 40, 42–44, 48–50 sowie die Schwarzweiß-Aufnahmen (mit Ausnahme der Abbildungen 1, 3, 6, 7, 11 und 12)
Günter Heil, Berlin Farbt. 33, 41, 45–47, 51, Abb. 1
Joachim Kinkelin, Worms Farbt. 17
Gisela Kunitsch, Münster/Altheim Abb. 6
Rolf Kunitsch, Münster/Altheim Farbt. 5, Abb. 3, 7
Linden-Museum, Stuttgart Abb. 11, 12
Manfred Mehlig, Lauf Farbt. 13
Inge und Arved von der Ropp, Köln Umschlagvorderseite, Umschlagklappe vorn, Farbt. 1, 9, 10, 18, 19, 25, 39
Urs Schweizer, Nürnberg Farbt. 2, 8, 12, 21
ZEFA, Düsseldorf (Haasch, nt, Praedel, Starfoto) Farbt. 3, 11, 24, 30

L. Frédéric, Südost-Asien, Burkhard-Verlag Ernst Heyer, Essen 1968 11, 346, 348, 349, 351
P. Krairiksh, Das heilige Bildnis, Köln 1979 75
Les ruines Khmères, Cambodge et Siam, Paris 1890 96
Report of the Survey an Excavation of Ancient Monuments in North-Eastern Thailand. Part two: 1960–1961. Fine Arts Department, Bangkok 115
E. Seidenfaden, Guide to Nakhon Pathom, Bangkok 1929 284
Staatliche Museen Preußischer Kulturbesitz, Berlin:
Museum für Indische Kunst 76
Museum für Völkerkunde 247
Donald K. Swearer, Wat Haripuñjava, Scholars Press, Chico/USA 1976 133
Thai Cultures, New Series Nr. 23. Fine Arts Department, Bangkok 249
The Siam Society, Bangkok 233, 234
U Lu Pe Win, Pictorial Guide to Pagan, Rangun 1955 344, 353, 354

Zeichnungen und Pläne im Text

(Die Zahlen bezeichnen die Seiten im Buch)

Bildarchiv Preußischer Kulturbesitz, Berlin 24, 27, 28/29
Lucien Fournereau, Le Siam Ancien, Paris 1908 178, 205, 225

Johanna Dittmar zeichnete die Figuren auf den Seiten 2 (Frontispiz), 55,57, 58, 64, 66, 69, 72, 78, 83, 137, 140, 143, 192, 288, 289, 291, 293, 294, 296, 298, 300, 324, 339, 342, 358, 361

Karten und alle übrigen Pläne: DuMont Buchverlag

Autorin und Verlag bemühen sich darum, die ›Praktischen Reiseinformationen‹ aktuell zu halten, können aber keine Gewähr für die Richtigkeit jeder einzelnen Angabe übernehmen – Anschriften wie Telefonnummern, Öffnungszeiten wie Währungskurse etc. ändern sich oft kurzfristig. Wir bitten um Verständnis und werden Korrekturhinweise gerne aufgreifen (DuMont Buchverlag, Postfach 10 04 68, 5000 Köln 1).

Praktische Reisehinweise

Thailand

Paß- und Visumformalitäten
Für die Einreise nach Thailand ist ein Visum erforderlich, das von der thailändischen Botschaft oder einem Konsulat ausgestellt wird.

Botschaft des Königreichs Thailand mit Konsularabteilung
Ubierstr. 65, ✆ 0228/355065
5300 Bonn-Bad Godesberg

Kgl. Thail. Generalkonsulat
Podbielskiallee 1, ✆ 030/8312715
1000 Berlin 33

Kgl. Thail. Honorargeneralkonsulat
An der Alster 85, ✆ 040/24839118
2000 Hamburg 1

Kgl. Thail. Honorargeneralkonsulat
Meglingerstr. 19, ✆ 089/781997
8000 München 71

Kgl. Thail. Honorarkonsulat
Königsallee 27, ✆ 0211/8382247
4000 Düsseldorf

Kgl. Thail. Honorarkonsulat
Roßmarkt 14, ✆ 069/20110
6000 Frankfurt/M.

Thailändische Botschaft in der Schweiz
Eigerstr. 60, ✆ 031/462281
3007 Bern

Thailändisches Konsulat
Beethovenstr. 41
8002 Zürich

Thailändische Botschaft in Österreich
Peter-Jordan-Str. 8, ✆ 0222/348361
1190 Wien

Thailändisches Konsulat
Ahrenbergstr. 2
5020 Salzburg

Thailändisches Konsulat
Riedgasse 42
6820 Dornbirn

Touristenvisa bis zu 60 Tagen Aufenthalt kosten 30,– DM, Geschäftsvisa für einen Aufenthalt bis zu 60 Tagen 50,– DM pro Reisepaß. Die Antragsformulare für Touristen-, Geschäftsreise- und Besuchsvisa (sogenannte Non-Immigrant-Visa) werden von den thailändischen Vertretungen zugeschickt.

Dem Antrag müssen beigefügt werden: noch mindestens 6 Monate gültiger Reisepaß, drei Paßbilder, Nachweis der bezahlten Rück- oder Weiterreisepassage (Bescheinigung des Reisebüros), ein ausreichend frankierter Einschreiben-Freiumschlag für die Rücksendung des visierten Passes.

Die Visa sind vom Tag der Ausstellung an 3 Monate gültig, sie werden für einen Aufenthalt bis zu 60 Tagen erteilt. Verlängerungen sind in dringenden Fällen in Thailand möglich.

Falls während des Aufenthalts in Thailand ein Besuch in einem anderen Staat (z. B. Burma/Myanmar) geplant ist, muß das Visum für mehrmalige Einreise ausgestellt werden.

Kein Visum benötigen:
Deutsche Touristen mit gültigem Reisepaß der Bundesrepublik Deutschland, die nicht länger als 14 Tage (Abflug am 15. Aufenthaltstag) im Land bleiben (keine Verlängerung möglich!). Sie müssen mit dem Flugzeug oder Schiff (mit mehr als 500 BRT) in Thailand ankommen und fest gebuchte und bestätigte Flug- oder Schiffspassage für Rück- oder Weiterreise vorweisen können.

Impfbestimmungen

Für Reisende aus Europa sind zur Zeit keine Impfungen zwingend vorgeschrieben. Nur für Personen, die aus Infektions- oder Endemiegebieten kommen bzw. sich vor ihrer Ankunft in Thailand dort aufgehalten haben, ist eine Gelbfieberimpfung obligatorisch. Empfehlenswert ist die Cholera-Impfung und für Reisen in die ländlichen, besonders die bewaldeten Gebiete Thailands ein Malariaschutz.

Zollbestimmungen

Neben den Gegenständen für den persönlichen Bedarf der Reisenden dürfen zollfrei eingeführt werden: 1 Fotoapparat und 1 Schmalfilmkamera mit einer angemessenen Anzahl von Filmen, 1 Fernglas, 1 tragbares Musikinstrument, 1 Plattenspieler mit einer angemessenen Anzahl von Platten, 1 Tonbandgerät, 1 Reiseschreibmaschine, 1 Kofferradio, 1 Kinderwagen, 1 Zelt und andere Campingausrüstung, Sportgeräte.

Jeder Reisepaßbesitzer kann außerdem 200 Zigaretten oder 250 g Zigarren oder 250 g Rauchtabak, 1 l Spirituosen und eine angemessene Menge Toilettenwasser und Parfüm zollfrei einführen.

Einfuhrverbot besteht für Narkotika, Zitrusfrüchten und Bananen, für Waffen, Munition und Feuerwerkskörper. Schmuck und besonders wertvolle Gegenstände werden u. U. im Reisepaß eingetragen oder müssen schriftlich in einem Formular deklariert werden.

Buddhafiguren oder Teile davon, gleichgültig ob antik oder neu, dürfen nicht ausgeführt werden, ebensowenig Ban-Chieng-Keramiken.

Devisenbestimmungen

Thailändische Noten und Münzen dürfen bei der Einreise nur bis zum Betrag von 2000 Baht mitgeführt werden, Fremdwährung in beliebiger Höhe. Nur wenn die mitgebrachten Zahlungsmittel den Gegenwert von 10000 US-Dollar überschreiten, ist eine Deklaration erforderlich. Ausländer dürfen ohne Deklaration Fremdwährung (Bargeld, Reiseschecks usw.) im Wert bis zu 10000 US-Dollar ausführen. Es ist nicht erlaubt, einen höheren Betrag auszuführen als bei der Einreise deklariert worden ist. Die Ausfuhr bis 500 Baht ist frei; für höhere Beträge muß ein Antrag bei der Zoll- und Ausreisebehörde gestellt werden.

Da die Einreisebestimmungen gelegentlich Änderungen unterworfen sind, ist es ratsam, sich rechtzeitig vor Antritt der Reise bei der Botschaft oder einem Reisebüro genau zu informieren.

Einreise – Ausreise

Ausländer müssen bei der Ankunft nachweisen können, daß sie im Besitz von Zahlungsmitteln (Bargeld, Reiseschecks oder letters of credit, international anerkannte Kreditkarten, Buchungsgutscheine/Vouchers) sind: Bei Transitreisen oder visumfreier Einreise bis zu 14 Tagen im Gegenwert von 5000 Baht (= 250 US-Dollar) pro Person bzw. 10000 Baht pro Familie; bei Einreise mit Touristen- oder Non Immigrant-Visum 10000 Baht pro Person bzw. 20000 pro Familie.

Die Reisepässe müssen bei der Einreise noch mindestens 6 Monate gültig sein. Reisenden mit saloppem, ungepflegtem Äußeren kann die Einreise verweigert werden.

Bei Ankunft muß eine ›arrival card‹ ausgefüllt werden, in der die Wohnadresse in Thailand angegeben wird. Adressenänderungen sind innerhalb von 24 Stunden den Immigration Authorities (oder der örtlichen Polizei) zu melden. In der Regel besorgt dies das Hotel.

Bei weitem die meisten Besucher kommen mit dem Flugzeug nach Thailand und landen auf Bangkoks *Flugplatz Don Muang*, der von ca. dreißig internationalen Fluggesellschaften regelmäßig oder im Charterverkehr angeflogen wird.

Da er etwa 30 km nördlich der Stadt liegt, benötigt ein Taxi mindestens 45 Min. bis zu den meisten Bezirken Bangkoks, in den Hauptverkehrszeiten ca. 2 Stunden. Am Transportation Desk im Flughafen sind Tickets für den Minibus der Thai Airways (ca. 80 Baht) und für Limousinen zu den Hotels (ca. 280 Baht) erhältlich. Die Einreise mit dem Flugzeug ist auch über *Hat Yai* und *Phuket* möglich. Bei der Ausreise in Bangkok wird eine Flughafengebühr von 200 Baht erhoben.

Straßen- und Eisenbahnverbindungen bestehen z. Z. nur mit dem südlichen Nachbarn Thailands, Malaysia. Drei Hauptstraßen kreuzen die thailändisch-malaysische Grenze; die wichtigste führt von Hat Yai nach Alor 'Star und weiter nach Butterworth, die beiden anderen von Yala nach Butterworth bzw. von Narathiwat nach Kota Baru. Zwischen den größeren Orten beiderseits der Grenze verkehren regelmäßig Sammeltaxis und Minibusse, deren Fahrpreise niedrig sind.

Ein Erlebnis besonderer Art ist die *Bahnreise* von Thailand durch Malaysia über Butterworth und Kuala Lumpur nach Singapur. Der internationale Expreßzug, der 3. Klasse (Sitze), 2. Klasse (Liegen) und 1. Klasse (klimatisierte Schlafabteile) bietet, überquert die Grenze dreimal wöchentlich in beiden Richtungen.

Klima

Obwohl ganz Thailand innerhalb der Tropen liegt, gibt es zwischen den einzelnen Landesteilen klimatische Unterschiede, die allerdings nicht sehr ins Gewicht fallen. Im Bergland des Nordens steigen die Temperaturen nicht ganz so hoch wie im übrigen Land; außerdem sind die Temperaturunterschiede zwischen Tag und Nacht größer als im Süden. Die drei Klimazeiten Thailands-

	Regenzeit	kühle Zeit	wärmster Monat	kältester Monat
Chieng Mai	Juli–September	November –März	April max. 36° – min. 22°	Januar max. 29° – min. 13°
Bangkok	Juni–September	Dezember –März	April max. 35° – min. 25°	Dezember max. 30° – min. 20°
Süd-Thailand	Mai–November/ Dezember	Januar–März	März/April Küste 35°–24° Binnenland 37°–24/25°	Januar max. 31° – min. 23°

die kühle, die heiße und die Regenzeit – verschieben sich regional um einige Wochen.

Gegen Ende der Regenzeit muß man im Menambecken mit großen Überschwemmungen rechnen, auch Bangkok bleibt selten davon verschont.

Kleidung

Am besten geeignet ist das ganze Jahr über leichte, gut waschbare Sommerkleidung. Für die Abende, besonders beim Besuch Nordthailands, empfiehlt es sich leichte Wollsachen mitzunehmen. Leichte Wolljacken, Pullover oder Schals erweisen sich auch in den klimatisierten Hotels, Taxen und Bussen, die meistens viel zu kalt eingestellt sind, als sehr nützlich.

In der Regenzeit ist ein Regenschutz erforderlich. Gegen direkte Sonnenbestrahlung und die außerordentliche Helligkeit sollte man sich mit Kopfbedeckung und Sonnenbrille schützen. Wichtig sind bequeme Schuhe und Sandalen.

Wäschereien arbeiten in Thailand preiswert und rasch, in den Hotels wird die Wäsche innerhalb von 24 Stunden gewaschen.

Gesundheitsvorsorge

Wie in allen tropischen Ländern sollte man kein Leitungswasser trinken. Besser hält man sich an Bier, Limonade oder Mineralwasser, die in Flaschen abgefüllt überall erhältlich sind. Außerhalb der größeren Städte ist man gewöhnlich auf einheimische Kost angewiesen, die wegen ihrer scharfen Gewürze manchmal Magen- und Darmbeschwerden verursacht. Bekömmlicher als die Thaigerichte sind im allgemeinen chinesische Speisen. Die Amöbenruhr ist in den letzten Jahrzehnten selten geworden.

Oft wird die Kraft der tropischen Sonne von Unerfahrenen unterschätzt: Um die Mittagszeit kann man sich schon in 15 Minuten einen schweren Sonnenbrand zuziehen (auch beim Schwimmen!).

Infolge des Wechsels zwischen übermäßig kühl gehaltenen Innenräumen und hohen Außentemperaturen sind Erkältungskrankheiten auch unter den Einheimischen in den Städten häufig.

Seit neuestem muß der Einreisende keine Pocken- und Cholera-Impfung mehr nachweisen, da beide Krankheiten schon lange nicht mehr epidemisch in Thailand aufgetreten sind. Malaria ist in Bangkok und den

Küstenregionen nicht zu befürchten; wenn man aber die Waldgebiete an der Grenze zu Burma (River Kwai) oder den Nationalpark von Khao Yai und Nakhon Nayok aufsuchen will, ist eine *Malaria-Prophylaxe* dringend zu empfehlen.

Währung

Die thailändische Währungseinheit ist der Baht, 1 Baht hat 100 Satang. Es gibt keinen schwarzen Markt für Geld. Dollar- und DM-Reiseschecks werden bei Banken und in größeren Hotels ohne Schwierigkeiten gewechselt. Erfahrungsgemäß ist der Wechselkurs in den Hotels am ungünstigsten, am besten auf den Flugplätzen. Oft, besonders in Bangkok, Pattaya und Chieng Mai, kann man in Hotels und Geschäften direkt mit US-Dollars zahlen. Neuerdings akzeptieren viele Banken auch Euroschecks.

Unterkunft

Bangkok besitzt viele Hotels internationalen Stils, vom Luxus- bis hin zum Standardhotel bietet sich eine große Auswahl. Die Zimmer sind auch in der mittleren Kategorie fast immer klimatisiert und mit eigenem Bad oder Dusche ausgestattet. Ein ähnlich breites Angebot findet man in Chieng Mai und Pattaya. Andere Orte besitzen oft nur ein Hotel internationalen Stils, in vielen Städtchen, namentlich in den vom Tourismus wenig berührten Gebieten, ist man auf chinesische oder Thai-Hotels angewiesen.

Die Preise verstehen sich immer auf Übernachtung ohne Frühstück, dazu kommen 10 % Bedienung und manchmal 8,25 % Steuer. In der Regel zahlt man niedrigere Preise, wenn man die Hotelzimmer über ein Bangkoker Reisebüro reservieren läßt, als bei direkter Buchung.

Restaurants

Internationale Hotels servieren im allgemeinen sowohl einheimische als auch westliche Speisen. In Bangkok und Pattaya gibt es darüber hinaus Restaurants, die sich auf chinesische, japanische, deutsche, italienische, französische o. a. Küche spezialisiert haben. Mehrere Restaurants in Bangkok bieten in Räumen, die im klassisch thailändischen Stil dekoriert sind, während eines typisch thailändischen Essens Vorführungen thailändischer Tänze.

Thailändische Gerichte sind in der Regel pikant, oft sehr scharf gewürzt, in der Konsistenz meist weich oder suppig, als Beilage wird Reis gereicht. Man ißt mit Löffel und Gabel. Auch in der Provinz stehen überall neben thailändischen chinesische Speisen zur Wahl; da sie im allgemeinen weniger scharf sind, werden sie von Europäern, die nicht an derart kräftig gewürztes Essen gewöhnt sind, oft bevorzugt.

In Bangkok existieren einige Supermärkte, in denen man sich mit westlichen Lebensmitteln – Brot, Keks, Haferfloken, Cornflakes usw. – versorgen kann. Die Restaurants dieser Geschäfte sind preiswerter, z. T. sogar besser als die der internationalen Hotels.

Verkehrsmittel

Schnellstes und bequemstes Fortbewegungsmittel für Touristen ist in Bangkok das *Taxi.* Man erkennt die lizensierten Taxen an gelben bzw. grünen Nummernschildern, die gelb beschilderten Wagen sollten billiger sein. Vor den internationalen Hotels stehen gut ausgestattete, meist mit Klimaanlagen versehene Taxen bereit, für die man allerdings oft erheblich mehr bezahlen muß als für die in den Straßen pendelnden, die man mit Handzeichen heranruft. Am billigsten sind die offenen, dreirädrigen Motor-Samlors, deren Fahrer jedoch nur selten etwas Englisch verstehen, so daß es schwer fällt, ihnen das Fahrziel begreiflich zu machen.

Generell ist es nützlich, sich Namen und Adresse des Platzes, den man besuchen möchte, an der Hotelrezeption in Thai aufschreiben zu lassen; ebenso sollte man eine Hotelkarte in Thai stets mit sich führen.

In den Provinzstädten kann man gut die Sammeltaxen benutzen, die regelmäßig bestimmte Strecken abfahren.

In allen Fällen muß der Fahrpreis unbedingt vor Fahrtantritt ausgehandelt werden! Am besten man erkundigt sich vorher im Hotel, was die Fahrt in einem ›Normal taxi‹ ungefähr kosten darf.

Die Verkehrsverbindungen innerhalb Thailands sind überall gut ausgebaut. Alle touristisch interessanten Orte sind auf guten Straßen zu erreichen. In Thailand herrscht *Linksverkehr;* die Straßenschilder sind, abgesehen von Hinweisen auf die wichtigsten Sehenswürdigkeiten, nur in Thai beschriftet, und die Fahrweise der Einheimischen ist, besonders beim Überholen, oft sehr leichtsinnig. *Aus diesen Gründen muß Besuchern, die nicht längere Zeit im Lande zubringen, vom Selbstfahren abgeraten werden.*

Für Exkursionen in die nähere Umgebung Bangkoks nimmt man am besten ein Taxi oder einen Mietwagen mit Fahrer. Letztere sind auch bei größeren Touren mit Übernachtungen nicht übermäßig teuer, wenn man zu mehreren Personen reist. Auf jeden Fall sollte man von verschiedenen Seiten Angebote einholen und den Preis aushandeln.

Von Bangkok aus wird nach allen Richtungen ein lebhafter, sehr billiger *Omnibusliniendienst* unterhalten. Zum Teil sind die Busse klimatisiert, der Komfort ist nach Preisklasse unterschiedlich. Ausgangspunkt der einzelnen Linien sind die Busbahnhöfe weit außerhalb des Stadtzentrums:

Northern Route Terminal, Phahol Yodin Road
Eastern Route Terminal, Sukhumvit Road
Northeastern Route wie Northern Route Terminal
Southern Route Terminal, Charan Sanitwong Road, Bangkok-Thonburi.

Zusätzlich zu den staatlichen Buslinien gibt es zahlreiche private Firmen, die regelmäßig Busfahrten oder Ausflugsfahrten und Rundfahrten nach vielen Orten durchführen.

Ein preiswertes Verkehrsmittel ist die pünktliche und zuverlässige thailändische *Staatseisenbahn.* Vom Hauptknotenpunkt Bangkok gehen vier wichtige Linien nach Norden, Nordosten, Osten und Süden aus. Bangkok hat zwei Bahnhöfe, der bedeutendere ist der *Hauptbahnhof Hua Lampong;* die Station *Bangkok-Noi* ist hauptsächlich für die Südlinie zuständig.

Auskünfte, Fahrpläne, Fahr- und Platzkarten erhält man beim *Advance Booking Office* (Bangkok, Railway Station, Rongmuang Road), in den Reisebüros oder bei TAT.

Für den Touristen sind vor allem die Nord- und die Südlinie interessant. Auf diesen Strecken – nach Chieng Mai bzw. Hat Yai – führen die täglich verkehrenden Expreßzüge klimatisierte Schlafwagen. Dreimal in der Woche fährt der internationale

Expreß über Hat Yai weiter bis Butterworth und schließlich Singapur.

Den *inländischen Flugverkehr* besorgt die *Thai Airways* zentral von Bangkok aus. Chieng Mai, Phitsanulok, Hat Yai und Phuket werden mehrmals täglich angeflogen. Khon Khaen, Udon Thani, Ubon Ratchathani einmal am Tage. Von Chieng Mai kann man Chieng Rai (zweimal tgl.), Lampang (viermal wöchentl.), Mai Hong Son (2–3 mal tgl.), Mae Sot (5mal wöchentl.), Nan (tgl.), Phrae (tgl.) und Tak (5mal wöchentl.) erreichen. Verspätungen im Flugverkehr sind selten.

Reisebüros

Bei der Zusammenstellung von Rundreisen und der Reservierung von Hotelzimmern, Bahn-, Bus- oder Flugpassagen sind viele Reisebüros in Bangkok behilflich; so z. B. Dits Travel (Diethelm International Transport Services Ltd.), Kian Gwan House, 140 Wireless Road, Bangkok 10330.

Prospekte, Stadtpläne, Fahrpläne und Auskünfte erhält man beim *staatlichen Reisebüro TAT* (Tourism Authority of Thailand), Ratchadamnoen Nok Rd., Bangkok 2. Nebenstellen in Chieng Mai, Hat Yai, Kanchanaburi, Pattaya und Phuket. Samstags, sonntags und feiertags ist nur der Information Service dienstbereit.

Trinkgelder

In den Hotel- bzw. Restaurantrechnungen sind gewöhnlich 10% Bedienung eingeschlossen; dazu wird ein weiteres Trinkgeld erwartet. Taxifahrern gibt man nur, wenn sie sich als besonders hilfsbereit, z. B. beim Tragen von Gepäckstücken, gezeigt haben. Träger am Bahnhof erhalten pro Gepäckstück 3 Baht, am Flugplatz 5 Baht. Trinkgelder unter 2 Baht sind nicht üblich.

Geschäftszeiten

Die meisten Regierungsbüros haben montags bis freitags 8.30–12 und 13–16.30 Uhr Dienststunden, doch sollte man sie tunlichst nicht nach 15 Uhr aufsuchen.

Banken sind montags bis freitags 9–12 und 13–15.30 Uhr geöffnet, das Hauptpostamt (Bangkok, New Road) montags bis freitags 8–18 Uhr; samstags, sonntags und feiertags 9–13 Uhr. Telegramm- und Telefondienst haben täglichen 24-Stunden-Service. In der Provinz schließen die Postämter 16.30 Uhr.

Die Museen des Fine Art Departments in den Provinzstädten sind einheitlich mittwochs bis sonntags von 9–12 und von 13–16 Uhr geöffnet, außer an Feiertagen. Läden werden allgemein montags bis samstags 10–19 Uhr offen gehalten, kleinere oft 8–20/21 Uhr.

Auskunftstellen

Thailändisches Fremdenverkehrsbüro
Bethmannstr. 58
6000 Frankfurt a. M. 1
✆ 0 69/29 57 04 und 29 58 04

Tourism Authority of Thailand
Ratchadamnoen Nok Rd., Bangkok 2
✆ 2 21 81 51–7

Botschaft der Bundesrepublik Deutschland
9 Sathorn Tai Road (South Sathorn Rd.), P.O. Box 2595, Bangkok
✆ 2 13 23 31–6
Mo–Fr 8–13 Uhr

Schweizer Botschaft
35 North Wireless Road (off Ploenchit Road), Bangkok
✆ 2 52 89 92–4
Mo–Fr 9–12 Uhr

Österreichische Botschaft
14 Soi Nandha, Sathorn Tai Road, Bangkok
✆ 2863011
Mo-Fr 8–13 Uhr

Schreibweise thailändischer Wörter

Bisher gibt es für die Schreibung des Thai in lateinischen Buchstaben noch keine Übereinkunft. Die verschiedenen Schreibweisen thailändischer Bezeichnungen erklären sich aus drei unterschiedlichen Methoden der Umschreibung.

1 Wiedergabe der modernen Aussprache, ohne Rücksicht auf thailändische Rechtschreibung.
2 Thai-Buchstaben durch lateinische Buchstaben ersetzt, ohne Rücksicht auf Aussprache.
3 Sanskrit- und Pali-Wörter in ursprünglicher Schreibweise, ohne Rücksicht auf Thai-Rechtschreibung u. -Aussprache.

Weitere Unterschiede entstehen bei der Transkription der Vokale durch die unterschiedliche Aussprache der Buchstaben in den europäischen Sprachen. So steht neben dem kontinentalen ›Lamphun‹ das englische ›Lampoon‹. Manchmal variiert die Schreibweise eines Namens so stark, daß es dem Ungeübten schwer fällt, darunter ein und dasselbe Wort zu erkennen: Nagara Pathama – Nakorn Pathom – Nakhon Pathom – Nakon Btom.

Einige häufige Variationen sind:

j kann wechseln mit ch (tch): raja (König) = ratcha, racha, rat.

ph wechselt mit bh; th mit dh : Thonburi = Dhonburi.

r oder l am Wortende wird n gesprochen und oft auch so geschrieben.

s, j, ch am Wortende wird t gesprochen. Der Titel somdej oder somdech klingt also somdet.

Sanskrit- und Paliwörter haben oft den Endvokal verloren und sich dem Thai angepaßt: vihara – vihan, Phra Meru – Phra Men.

Zur Aussprache sei angemerkt, daß ph, th, kh wie im Deutschen p, t, k klingen, aber mit einem deutlichen nachfolgenden Hauch, P, t, k ähneln den deutschen b, d, g. Zusammenstellungen zweier Vokale werden ineinander übergehend gesprochen: u-a, i-a usw. Die Diphtonge au und ai klingen wie im Deutschen.

Schreibweisen thailändischer Ortsnamen

Ayuthia	Ayuttaya/Ayudhya
Bangkok	Phra Nakhon/Krung Thep
Buriram	Puriramya
Chainat	Jayanada
Chaiya	Jaiya/Xaiya
Chaiyaphum	Jayabhumi
Chantaburi	Candapuri/Jantaburi
Chonburi	Cholburi/Jalaburi
Hat Yai	Haadyai
Kamphaeng Phet	Gampeng Pet/ Kambeng Bejra
Kanchanaburi	Ganburi
Nakhon Phanom	Nakon Phom/ Nagara Bnam
Nakhon Pathom	Nakon Btom/ Nagara Pathama
Nakhon Ratchasima	Nagara Rajasima/Khorat
Nakhon Sawan	Nagara Svarga
Nakhon Si Thammarat	Nagara Sri Dharmaraja/ Lakorn/Ligor
Narathiwat	Naradhivas/Bandara
Phetchaburi	Petburi/Bejrapuri
Phichit	Pijit/Bicitra/Vicitrapura
Phimai	Pimai/Bimaya
Phitsanulok	Pitsnulok/Bishnuloka
Prachinburi	Brajinburi/Pracinapuri

Ratchaburi	Rajaburi/Ratburi
Sakon Nakhon	Sgon Nakon/Sakalanagara
Saraburi	Sraburi/Srapburi
Sawankhalok	Svargaloka
Singburi	Sinhapuri
Sisaket	Si Sget/Sri Sakesha
Si Satchanalai	Sri Sajjanalaya
Sukhothai	Sukhodaya
(Neu Sukhothai)	Ratchathani
Sung Noen	Sung Nön
Suphanburi	Subarnapuri
Surat Thani	Surashtradhani/Bandon
Surin	Surindra
Tak	Dak
Thonburi	Dhonburi/Dhanaburi
Ubon Ratchathani	Ubon/Ubol/Upalarajadhani
Udon Thani	Udorn/Uttaradhani
Uttaradit	Uttaratittha

Routenbeschreibungen

Ayuthia

(Farbt. 24, Abb. 86–95)

Der Besuch Ayuthias ist von Bangkok aus in einer bequemen Tagestour leicht zu bewerkstelligen. Ayuthia liegt nur 72 km von der Hauptstadt entfernt, und die Straßen sind sehr gut ausgebaut; mit dem Auto benötigt man etwa 1½ Stunden für die Strekke. Wenn man keinen Mietwagen oder Taxi nehmen will, kann man Bus oder Bahn benutzen, die Fahrzeit beträgt in beiden Fällen ca. 1½ Stunden. Schließlich besteht die Möglichkeit, von Bangkok aus mit dem Boot zu fahren, dafür braucht man allerdings einen halben Tag, so daß für die Besichtigung der Stadt zu wenig Zeit bleibt. Selbst bei den Ausflugsfahrten, bei denen die Hinreise mit dem klimatisierten Bus, die Rückreise mit einem gut ausgestatteten Boot erfolgt, ist der Aufenthalt in Ayuthia für den interessierten Besucher zu kurz.

Das Ruinenfeld der alten Hauptstadt ist so ausgedehnt, daß es unmöglich ist, die weiten Entfernungen zu Fuß zurückzulegen; daher braucht man für die Besichtigung unbedingt ein Auto.

Organisierte Busfahrten nach Ayuthia, bei denen in der Regel auch *Bang Pa In* eingeschlossen ist, bieten viele Reiseagenturen an.

Falls man genügend Zeit hat, und die Kanäle um Ayuthia ausreichend Wasser führen, kann man eine abwechslungsreiche Bootsfahrt rund um die alte Stadt machen. Dazu mietet man ein Schnellboot an der Anlegestelle gegenüber dem Chandrakasem-Palast. Unterwegs lassen sich dabei leicht die Sehenswürdigkeiten am anderen Ufer (Wat Phana Choeng, Wat Buddhaisawan, Wat Chai Wattanaram) aufsuchen. Ohne größeren Aufenthalt nimmt die Rundfahrt etwa eine Stunde in Anspruch.

Bangkok

(Umschlagvorderseite, Umschlagklappe vorn, Farbt. 1–10, 14, 15, Abb. 97–110)

Bangkok, der kulturelle und wirtschaftliche Mittelpunkt Thailands, ist Ausgangspunkt für alle Reisen im Lande. Innerhalb der letzten Jahrzehnte hat sich die Stadt weit über ihre ursprünglichen Grenzen hin ausgedehnt, die Bevölkerung ist von ca. 500000 auf mehr als 4 Millionen angewachsen. Aus dem ›Venedig des Ostens‹, dessen Verkehrswege die Klongs (Kanäle) waren, ist eine moderne Metropole geworden, deren breite Avenuen von Hochhäusern gesäumt sind. In den Hauptstraßen reißt die Schlange der

Automobile, die mit Lärm und Abgasen die Luft erfüllen, nicht ab. Unmittelbar neben und zwischen den westlichen Bürohäusern, Supermärkten oder Hotels findet man jedoch überall einheimisches, orientalisches Leben.

Im alten Stadtkern, der, in der Schleife des Menam gelegen, ein verhältnismäßig kleines Areal umfaßt, liegen die wichtigsten Sehenswürdigkeiten. Als Ausgangspunkt für die Besichtigung bietet sich der *Sanam Luang* oder *Phra Men-Platz* (Pra Mane Ground) an, auf dem einst die Einäscherungszeremonien für die Mitglieder des Königshauses stattfanden. An den Wochenenden, von Samstag bis Sonntagabend, wird hier ein Markt abgehalten, der wegen seines vielfältigen Warenangebots zu den Attraktionen der Hauptstadt zählt.

An der Westseite des Platzes reihen sich das National-Museum, das Wat Mahathat, die National-Bibliothek und die Universität der Schönen Künste (Silpakorn Universität) aneinander. Nach Süden blickt man auf das Wat Phra Keo und den Großen Palast. An der Verbindungsstraße vom südöstlichen Ende des Sanam Luang zum Klong Lod steht der Tempel des Schutzgeistes der Stadt, Lak Muang, der als Mittelpunkt der alten Stadt galt.

Wat Rajapradit, Wat Rajabopit und Wat Jetubon (Wat Po) sind gut zu Fuß erreichbar.

Für die größeren Entfernungen ist man auf Taxis angewiesen, denn die Fahrer der Motor-Samlos verstehen in der Regel kein Englisch.

Außer den im Hauptteil besprochenen Tempeln gibt es in Bangkok viele, z.T. recht sehenswerte Klosteranlagen. Am auffallendsten ist der *Goldene Berg,* der einzige, künstlich aufgeschüttete Hügel im Stadtgebiet. Das Heiligtum auf seiner Spitze gehört zum Wat Saket, dessen schöne, alte Gebäude 1980 restauriert wurden.

Westlich davon, jenseits des Klong Banglampoe, erhebt sich im Bezirk des Wat Rajanadda der eigenartige *Loha Prasat.* Sein quadratischer Unterbau aus drei Stockwerken trägt einen von einem Chedi gekrönten Pavillon. Im Hof hat sich ein Devotionalienmarkt etabliert; Amulette, Buddha-Bildchen und Figürchen von Hindu-Göttern werden in reicher Auswahl feilgehalten.

Hohe Bedeutung für die Geschichte des Buddhismus hat *Wat Bovornivet,* in dem der spätere König Mongkut vierzehn Jahre als Abt lebte und die Dhammayuttika-Sekte gründete. Im Bot, der leider fast immer verschlossen ist, thront der berühmte Phra Buddha Jinasiha, eine der schönsten Statuen des Sukhothai-Stiles.

Wat Trimitr, wenig östlich der Abzweigung der Yaowaraj Road von der Charoen Krung Road, ist durch seine 3,5 m hohe, goldene Buddha-Statue bekannt geworden. Jahrhundertelang hatte eine dicke Stuckschicht den Kern der Figur verborgen, bis sie dann infolge eines Transportunfalls zersprang und der ca. 5½ Tonnen schwere, goldene Buddha ans Licht kam. Der Hochglanz des Metalls läßt die Schönheit der Sukhothai-Statue nicht voll zur Wirkung kommen.

In nächster Nähe des Siam Intercontinental Hotels bildet der Bereich des Wat Pathum Wan eine Oase der Ruhe.

Zu den Sehenswürdigkeiten Bangkoks gehört die *Chinesenstadt.* Auch dort sind die Hauptstraßen von Gebäuden westlichen

Stiles eingefaßt, aber in den Nebengassen herrscht das ursprüngliche Getriebe. Einen Teil des alten Viertels bildet Nakhon Kasem, der Diebesmarkt, wo die Gebrauchtwarenhändler ihre Läden haben. Aber das Angebot an Antiquitäten, das den Touristen anlockt, ist nicht mehr so groß und preisgünstig wie früher.

Die internationalen Hotels konzentrieren sich hauptsächlich in zwei Zonen, in denen man die besten Geschäfte und zahlreiche Andenkenläden findet. Zwischen Menam und Rama IV. Road, rings um Silom- und Suriwong Road liegt das ältere Touristenzentrum mit dem an den Fluß angrenzenden, traditionsreichen ›Oriental Hotel‹.

Mittelpunkt des zweiten Touristen- und Einkaufsgebietes, das nach zwei Nebenstraßen Rajprasong- oder Gaysorn-Area genannt wird, ist die Kreuzung von Ploenchit Road und Rajadamri Avenue. Dort befindet sich im Hof des Erawan Hotels der mit Blumenspenden überhäufte Schrein einer Hindugottheit, die im Rufe steht, alle Wünsche zu erfüllen.

Nördlich von Rajprasong, jenseits des Klong Saen Sap, trifft man auf den Pratunam-Markt, der bei den Einheimischen sehr beliebt ist. Für den Besucher dürfte der Bangrak-Markt am interessantesten sein. Nicht weit vom Oriental Hotel direkt am Menam gelegen, bietet er vor allem Obst, Gemüse, Fisch und Blumen, die mit Booten täglich frisch geliefert werden.

Pflanzenfreunde wird der Blumenmarkt in Thevet am Klong Krung Kasem bei der Samsen Road entzücken, Hunderte von Orchideen und andere tropische Pflanzen stehen dort zur Wahl.

Etwa 30 km südwestlich von Bangkok kann man eine Krokodil-Farm besuchen und wenige Kilometer weiter das ›Ancient City‹. Eine Freilandanlage, die von einem kunstbegeisterten Privatmann unter Mitarbeit von Experten des National Museums geschaffen wurde. Mehr als 70 Gebäude wurden als Repliken oder Rekonstruktionen historischer Monumente aus allen Teilen des Landes maßstabgerecht in einem weitläufigen Park aufgebaut.

Chieng Mai

Chieng Mai wird mehrmals täglich von Thai Airways angeflogen. Zwei Schnellzüge, von denen einer Schlafwagen führt, verbinden Bangkok täglich direkt mit Chieng Mai, die Fahrtzeit beträgt 12–13 Stunden. Klimatisierte Busse der staatlichen Transportation Co. fahren täglich zweimal am Vormittag und viermal am späten Abend vom Air-Coach City Terminal (Bangkok, Si Ayuthia Road, gegenüber Santiraj School) ab. Fahrtzeit 8 Stunden.

Die Auswahl an Hotels ist in Chieng Mai groß, neben mehreren Luxushotels gibt es Hotels der Mittelklasse und einfache, aber ordentliche Unterkünfte in Gästehäusern.

Bei zahlreichen Reisebüros oder der Nebenstelle von TAT kann man Ausflüge zu den Sehenswürdigkeiten der näheren und weiteren Umgebung buchen. Falls man auf eigene Faust Touren machen will, nimmt man am besten ein Taxi.

Interessant sind die Werkstätten der Handwerker, die nach den traditionellen Verfahren arbeiten. Am südlichen Stadtrand, entlang der Raj Chieng Sen Road entstehen in einer Reihe von Läden vielerlei Holzschnitzereien. In der Wang Lai Road findet man die Silberschmiede, etwas weiter östlich werden Lackgegenstände hergestellt. Celadon-Keramik nach alten Vorbildern produzieren mehrere Brennereien in der Umgebung von Chieng Mai. Im ca. 13 km westlich von Chieng Mai gelegenen San Kampheng kann man den Frauen bei der Arbeit an den Handwebstühlen zusehen, Seiden- und Baumwollstoffe werden angefertigt. Ungefähr 5 km vor San Kampheng zweigt links die Straße nach Bo San ab, dessen Einwohner sich auf die Herstellung von Papierschirmen spezialisiert haben. Mit großer Geschicklichkeit werden die Schirme mit Blumen oder figürlichen Szenen bunt bemalt (Abb. 3).

Im Elefanten Trainings Camp ca. 22 km nördlich Chieng Mai werden täglich Vorführungen für Besucher geboten. Man fährt auf der Straße 107 (Richtung Fang) bis Mae Rim und biegt dann links ab, eine kurze Strecke nach der Abzweigung zum Mae Sa-Wasserfall erreicht man das Camp. Das Abschrubben der Elefanten im Dschungelbach ist nicht weniger sehenswert als die Präzisionsarbeit der Tiere beim Transport der mächtigen Baumstämme (Farbt. 23).

Nach Lamphun und Lampang verkehren Linienbusse, für die Besichtigung von Wat Phra That Lampang Luang muß man von Lampang jedoch ein Taxi benutzen. In Chieng Mai existieren auch noch Fahrradrikschas für kürzere Strecken. Bei allen Unternehmungen müssen Fahrpreis und Route *vor* Fahrtantritt ausgehandelt werden.

Von Chieng Mai aus führt die Straße 11 in südöstlicher Richtung nach *Lampang* (ca. 100 km; Abb. 53), wenige Kilometer vor dieser Stadt trifft sie auf die Fernstraße 1. Wenn man *Wat Phra That Lampang Luang*

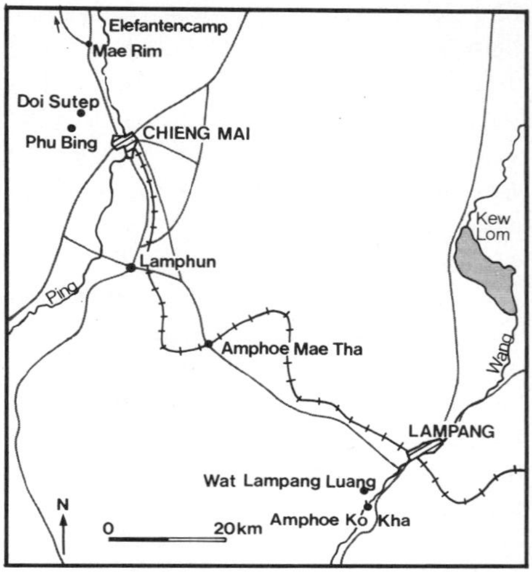

Das Gebiet von Chieng Mai und Lampang

(Farbt. 36, 37, Abb. 54–56) besuchen will, biegt man hier nach rechts ab und fährt ca. 24 km weit bis zur Abzweigung nach Ko Kha. Hinter der Ortschaft kreuzt man den Mae Wang und erreicht, sich links haltend, nach etwa 1 km den schönen alten Tempel, der auf einem Hügel erbaut ist.

Auf dem Hin- oder Rückweg wird gern die Besichtigung von *Wat Haripunchai* (Farbt. 31, Abb. 52) und *Wat Kukut* (Wat Chama Thevi; Abb. 15) in *Lamphun,* 26 km südlich Chieng Mai, angeschlossen.

Khorat

Khorat (amtlicher Name *Nakhon Ratchasima),* die größte Stadt in Nordostthailand, liegt 288 km von Bangkok entfernt. Die Stadt selbst bietet keine Attraktionen, ist aber als Standquartier für den Besuch mehrerer Tempel im Khmer-Stil vorzüglich geeignet. Sie verfügt über einige Hotels mit klimatisierten Zimmern. Khorat hat keinen Flugplatz, man ist also auf Bus, Bahn oder Privatwagen angewiesen.

Von den Tempeln, die man von Khorat aus besichtigt, ist Phimai der bekannteste; auf dem Wege dorthin kann man einen Abstecher zu dem kleinen Heiligtum *Prasat Phanom Wan* machen (Abb. 31). Man verläßt Khorat auf der Straße 2 in Richtung Khon Khaen, nach ca. 14 km steht rechts an der Straße ein wenig auffälliges Hinweisschild, das in lateinischen Buchstaben die Abzweigung zum Prasat Phanom Wan anzeigt. Eine ungefähr 4 km lange, befahrbare Piste führt durch ein Dorf zu den Ruinen des Heiligtums.

Um nach *Phimai* (Farbt. 26, Abb. 29, 30) zu gelangen, bleibt man 44 km auf der Straße 2 und biegt dann bei einer Ortschaft rechts in Straße 206 ein (die Kreuzung ist lesbar beschildert). 10 km weiter erreicht man eine Brücke, über die man in die Stadt Phimai hineinfährt. Links am Fluß Mun, unmittelbar hinter der Brücke, ist ein Freilandmuseum eingerichtet worden. Die Straße läuft geradeaus weiter an der östlichen Umzäunung der archäologischen Zone entlang, an deren Südseite sich der Eingang befindet.

Der Besuch von *Prasat Phanom Rung* (Farbt. 27, Abb. 32–36) und *Prasat Muang Tam* (Farbt. 28, Abb. 37) läßt sich von Khorat aus gut an einem Tag durchführen. Man fährt auf der Fernstraße 24 (nach Ubon Ratchatani) zunächst in südlicher Richtung. Nur wenige Kilometer hinter Khorat werden in Verkaufsständen neben der Straße die charakteristischen Keramikerzeugnisse des Dorfes *Ban Dan Kwian* angeboten. Das Dekor ist in den rostroten Ton eingeschnitten

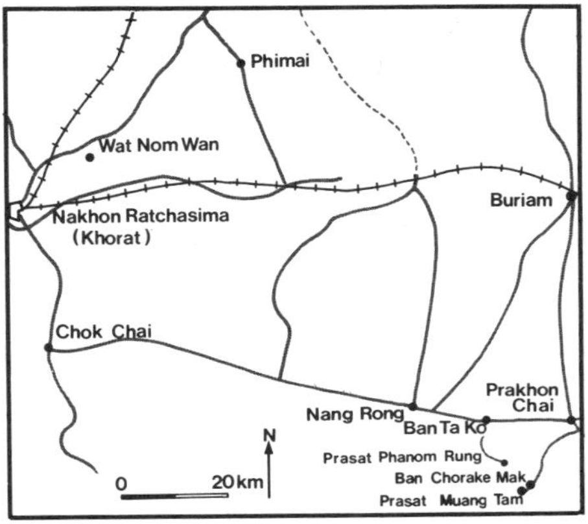

Lageplan der Khmer-Tempel

oder eingedrückt. Neben traditionellen Flecht- und Bandmustern verwenden die Töpfer jetzt auch, nicht immer glücklich, modernere Motive.

Nach 27 km, 2 km vor der Ortschaft Chok Chai, biegt die Straße dann scharf nach Osten um. Nach weiteren 70 km kreuzt man die Unterpräfektur Nang Rong; kurz danach zweigt die Straße 218 nach Buriram ab, die man links liegen läßt. Im nächsten größeren Ort, Ban Ta Ko, zeigt ein Schild mit lateinischen Buchstaben die Zufahrtsstraße zum Prasat Phanom Rung an. Die ist bis hinauf zur großen Treppe des Heiligtums tadellos ausgebaut (ca. 11 km).

Wenn man die Ruinen besichtigt hat, kehrt man zur Straße 24 zurück, passiert Ban Ta Ko und fährt weiter in östlicher Richtung bis Prakhon Chai (ca. 14 km). Gleich am Eingang des Ortes, bei einer Polizeistation, zweigt nach Süden die Straße 2075 ab. Man folgt ihr bis zu den letzten Häusern von Prakhon Chai, von dort folgt man einer Piste, die bei einem modernen

Wat nach rechts führt. Auch hier gibt es einen Wegweiser in lateinischer Schrift. Bis zum Dorf Ban Chorake Mak, hinter dem der Prasat Muang Tam liegt, sind es ungefähr 13 km.

Lopburi

Die Straßen nach Lopburi sind gut, teilweise als Schnellstraßen, ausgebaut, so daß man die Stadt, die 155 km nördlich von Bangkok liegt, in einem Tag besuchen kann. Auf dem Wege sollte man zwischen Saraburi und Lopburi das Heiligtum von *Phra Buddha Bath* (29 km hinter Saraburi) besichtigen.

Da es von Bangkok nach Lopburi zwei gleichwertige Strecken gibt, eine über Ayuthia, die andere über Saraburi, kann man für Hin- und Rückfahrt verschiedene Wege wählen. Falls man die Besichtigungsfahrt nach Khorat mit einem Privat- oder Mietwagen unternimmt, empfiehlt es sich Lopburi in diese Tour einzubeziehen.

Lopburi ist von Bangkok mit der Bahn in ca. 2¾ Stunden zu erreichen, mit dem Bus in ungefähr dergleichen Zeit. Einheimische Hotels in Lopburi bieten einfache Unterkunft, komfortabler ist das ›Asia Hotel‹ etwas außerhalb der Stadt.

Nakhon Pathom

(Farbt. 25, Abb. 115)

Die 54 km lange Strecke Bangkok – Nakhon Pathom legt man mit dem Auto in einer Stunde zurück, ungefähr ebensoviel Zeit benötigt man für die Bahnfahrt. An den Wochenenden werden Sonderzüge nach Nam Tok eingesetzt, die in Nakhon Pathom einen Aufenthalt von 40 Min. vorsehen. *Nam Tok* ist die Endstation der Eisenbahn am Menam Kwai Noi (River Kwai), von hier hatten die Japaner während des Zweiten Weltkrieges die Bahnlinie unter größten Schwierigkeiten bis nach Burma vorgetrieben. Der Reiz der Gegend liegt in der noch ziemlich unberührten tropischen Landschaft.

Organisierte Busausflüge nach Nakhon Pathom bieten viele Reisebüros an, sie unterbrechen die Fahrt gewöhnlich im ›Rose Garden‹ (Suan Sam Phran, 30 km von Bangkok). Dieses Hotel- und Bungalowareal am Tachin-Fluß umgeben gepflegte Gartenanlagen. Nachmittags finden in einem mitten im Park aufgebauten Thai-Dorf folkloristische Vorführungen statt.

Nakhon Si Thammarat

Nakhon Si Thammarat, das in alter Zeit ein bedeutendes Kulturzentrum gewesen ist, liegt heute abseits der großen Verkehrsverbindungen. So geht die Südlinie der Eisenbahn über Thung Song, von wo nur wenige Züge Anschluß nach Nakhon Si Thammarat haben. Meistens ist man auf Bus oder Taxi für die ca. 60 km lange Strecke angewiesen. Auch die relativ neue Straße 41, die Chum Phon mit Surat Tani und weiter mit Phattalung verbindet, läuft über Thung Song.

An der Küste entlang nach Süden ist die Straße über die Landzunge zwischen Meer und Binnensee durchgehend bis Songkhla asphaltiert. Auf der Strecke verkehren Minibusse und Sammeltaxen. Wenn man aber unterwegs, z. B. in Sating Phra, einen Halt einlegen will, muß man ein Taxi nehmen. Das 30 km südwestlich von Songkhla gelegene Hat Yai hat gute Flugverbindung mit Bangkok.

Phitsanulok

Phitsanulok, das günstige Verkehrsverbindungen nach allen Richtungen hat, zudem über ein gut geführtes, modernes Hotel, ›Amarind Nakorn Hotel‹, verfügt, bietet sich als Standquartier für den Besuch der Ruinen von Sukhothai, Si Satchanalai und Kampheng Phet an.

Einige Flugzeuge von Bangkok nach Chieng Mai haben vormittags in Phitsanulok Zwischenlandungen, ebenso beim Rückflug am Nachmittag. Die Züge der Eisenbahn-Nordlinie halten alle in Phitsanulok.

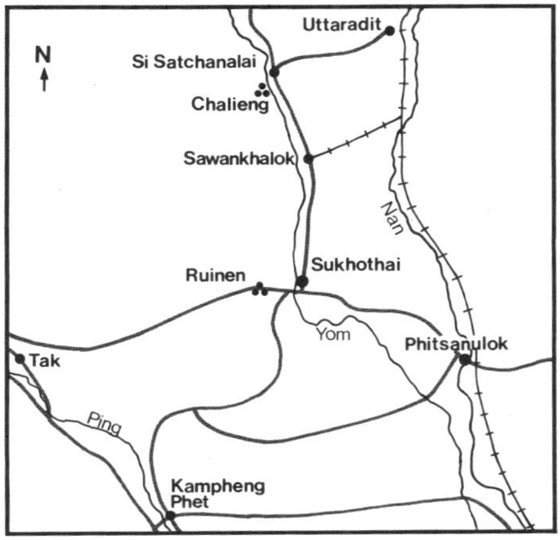

Das Gebiet von Si Satchanalai, Sukhothai, Kampheng Phet und Phitsanulok

In der Stadt, die vor wenigen Jahren von einer Feuersbrunst fast gänzlich zerstört worden war, sollte man dem alten *Wat Mahathat*, das, abseits der Innenstadt gelegen, der Katastrophe entging, einen Besuch abstatten. Der Eingang zum Tempel befindet sich an der Flußpromenade, nicht weit von der Brücke, über die die Straße nach Sukhothai führt. Im Mittelpunkt der Klosteranlage überragt ein vergoldeter Prang (unter Boroma Trailokanat 1482 vollendet) alle anderen Gebäude. Der Vihan, der direkt dem Tempeleingang gegenüber liegt, birgt den berühmten Phra Buddha Jinarai (= ›der siegreiche König‹). Dieses hochverehrte Bronzebildnis gilt als ein Meisterwerk der späten Sukhothai-Periode, vermutlich ist es in der Regierungszeit König Lü Tais von Sukhothai (ca. 1347–1368) gegossen worden. Eine Kopie der Figur steht im Wat Benchamabopit in Bangkok.

Wenn man die Ruinen der drei bedeutenden Städte der Sukhothai-Zeit – Sukhothai, Si Satchanalai und Kampheng Phet – von Phitsanulok aus besuchen will, sollte man für jede einen vollen Tag einplanen. Der Hotelmanager vermittelt ein Taxi, dessen Fahrer sich in den Ruinengebieten auskennt. Man kann auch den Bus bis Sukhothai bzw. Sawankalok und Kampheng Phet nehmen, hat dann aber möglicherweise Schwierigkeiten dort ein Taxi für die Besichtigungen zu finden.

In allen drei archäologischen Zonen liegen die Tempel weit auseinander, so daß man, will man mehr als die zentral gelegenen ansehen, unbedingt ein Fahrzeug benötigt. Für einige Tempelruinen Sukhothais und Kampheng Phets, die im Waldgebiet liegen, schreiben die Behörden zum Schutz der Touristen Polizeibegleitung vor (Kosten 50 Baht). Ein freundlicher Beamter fährt mit seinem Motorrad voran, auf diese Weise zugleich als Führer fungierend.

Die Entfernung beträgt von Phitsanulok bis *Neu-Sukhothai* (Ratchatani) 60 km. Kurz vor dem Ort gabelt sich die Straße. Nach *Alt-Sukhothai* (Farbt. 29, Abb. 61–68) geht es auf der Straße 12 (nach Tak) in westlicher Richtung 13 km weiter. Etwa auf halber Strecke zwischen Neu- und Alt-Sukhothai zweigt links nach Süden die Straße 101 ab, die dann nach 77 km direkt auf den alten Stadtkern von *Kampheng Phet* (Abb. 76–78) trifft.

Will man nach *Si Satchanalai* (Farbt. 30, Abb. 69–75), so biegt man vor Neu-Sukhothai rechts auf die Fernstraße 101 nach Sawankhalok ein. Man durchquert diese Kleinstadt nach ungefähr 38 km. Etwa 30 km weiter führt links eine Straßenbrücke über den Yom, so daß man mit dem Auto bis zu den Ruinen Si Satchanalais fahren kann. Wendet man sich jenseits des Flusses nach links, so kommt man zum Wat Phra Si Ratana Mahadat in Chalieng; nach rechts hin, stromaufwärts erreicht man die alte Stadt Si Satchanalai.

Songkhla und Hat Yai

Die schnellste Möglichkeit in den Süden Thailands und nach Nakhon Si Thammarat zu gelangen, bietet das Flugzeug. Man fliegt bis *Hat Yai* (täglich mehrere Flüge Bangkok – Hat Yai und umgekehrt), von wo die seit kurzem ausgebaute Straße 408, die von Songkhla ausgehend an der Küste entlangführt, die günstigste Verbindung mit Nakhon Si Thammarat herstellt.

Songkhla, 30 km von Hat Yai entfernt, bietet mit dem ›Samila‹ ein Hotel internationalen Ranges, das mit ruhiger Strandlage, klimatisierten Zimmern und guter Küche einen erholsamen Urlaub verspricht.

Die Stadt breitet sich am Ufer des Thale Sap aus, an der Stelle, wo der Binnensee ins offene Meer übergeht. Da die Fahrrinne eng und sehr flach ist, können nur kleine Küstenfahrzeuge den Hafen benutzen, größere Schiffe müssen zwischen der Küste und den beiden vorgelagerten Inseln ankern.

Kunsthistorisch interessant ist das *Wat Klang* im Zentrum der Stadt. In der Mitte der Anlage erhebt sich der Bot, ein Bauwerk im klassischen Stil, das aus der Zeit Ramas' III. und Ramas' IV. stammt. Die Basis schmücken außen Flachreliefs im chinesischen Stil. Recht hübsche Malereien vom Ende des 19. Jahrhunderts finden sich im

Das Gebiet von Nakhon Si Thammarat und Songkhla

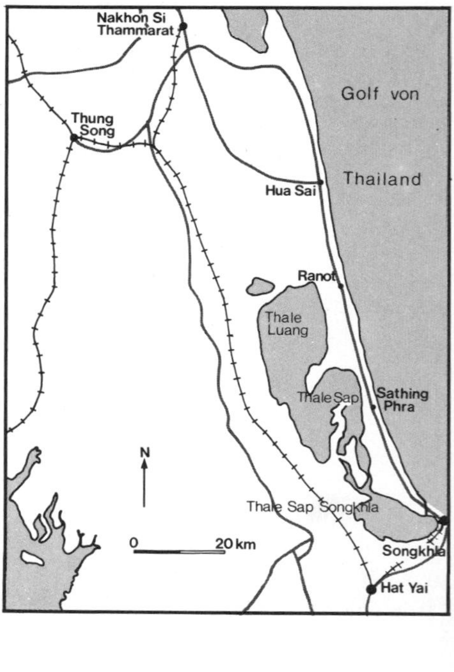

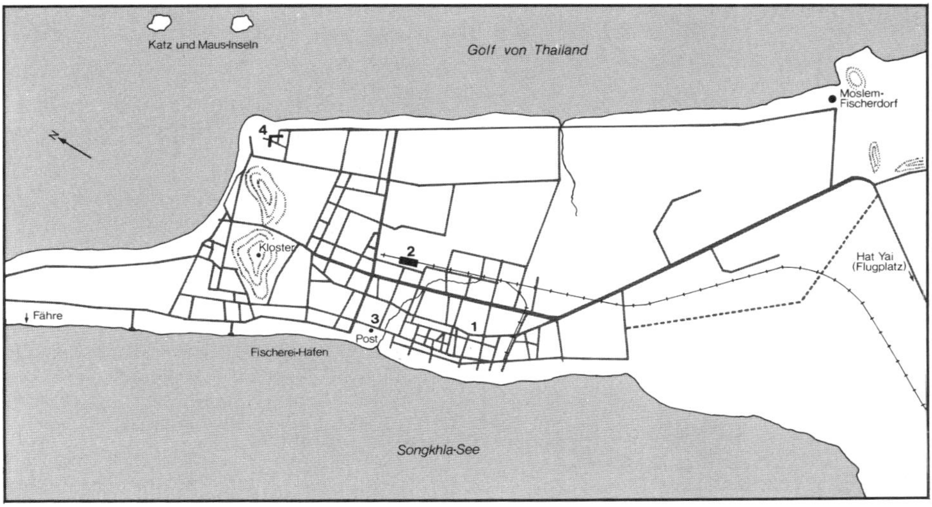

Songkhla 1 Wat Klang 2 Bahnhof 3 Markt 4 Samila Hotel

Innenraum, sie bestechen durch Farben und Komposition, besonders bemerkenswert sind eingestreute Genreszenen. Links vom Bot steht eine lange, offene Halle, die sogenannte Sala Reussi, in der innen über den Arkaden Malereien aus der Zeit Ramas' IV. erhalten sind. Sie zeigen Eremiten bei Yogaübungen. Voll Stolz führen die Mönche durch ihr Tempelmuseum, in dem stilistisch vom Srivijaya-Reich beeinflußte Fundstükke aus Sathing Phra zu sehen sind. Ansonsten ist das Ausgestellte von recht unterschiedlichem Wert.

Ein Dorf mohammedanischer Fischer, *Ban Kao Seng,* am Strand südwestlich der Stadt wird wegen seiner malerischen Lage gern besucht. Beachtung verdienen dort die phantasievoll bemalten Boote (Farbt. 20, Abb. 4).

Thonburi

(Farbt. 11–13, Abb. 111–114)

Seitdem der berühmte ›Schwimmende Markt‹ Thonburis zur Touristen-Attraktion geworden ist, hat der Verkauf von Boot zu Boot manches von seiner Ursprünglichkeit eingebüßt. Die Ansammlung der kleinen, vollbeladenen Sampangs ist trotzdem noch immer reizvoll (Farbt. 19, Abb. 5). Ebenso bleibt eine Bootsfahrt durch die Klongs ein unvergeßliches Erlebnis.

Organisierte Fahrten zum Schwimmenden Markt gehen frühmorgens von der Landungsstelle beim Oriental Hotel (Bangkok) ab, auf dem Rückweg werden gewöhnlich bei den königlichen Barken und beim Wat Arun Besichtigungspausen eingelegt.

Thonburi besitzt eine Menge alter Tempel, die größtenteils an den Kanälen liegen; viele von ihnen lohnen einen Besuch.

Burma (Myanmar)

Paß- und Visumformalitäten

Besucher Burmas benötigen ein Touristen- oder Geschäftsreisevisum, das von der Botschaft der Union Myanmar (Schumannstr. 112, 5300 Bonn) ausgestellt wird. Die Gebühren von DM 60,– sind bar zu entrichten. Antrags- und Arrivalreportformulare werden von der Botschaft verschickt; dem Antrag müssen drei Paßbilder, die Bescheinigung eines Reisebüros über Hin- und Rückflug oder die Kopie des Flugscheins mit fester Buchung des Reisetages und ein Einschreib-Freiumschlag für die Rücksendung des visierten Passes beigefügt werden.

Für Geschäftsreisevisa gibt es andere Formulare als für Touristenvisa.

Alle Visa berechtigen nur zu einem Aufenthalt von 14mal 24 Stunden. Journalisten erhalten in der Regel keine Visa, Geistliche u. ä. nur mit Sondergenehmigung aus Myanmar.

Impfbestimmungen

Von Reisenden, die innerhalb der letzten 9 Tage infizierte Gebiete durchquert haben, wird die Impfung gegen Gelbfieber bzw. Cholera verlangt. Andere Impfungen sind zur Zeit nicht zwingend vorgeschrieben.

Zollbestimmungen

Gegenstände des persönlichen Bedarfs können zollfrei eingeführt werden; alle Wertgegenstände wie Foto- und Filmkameras, Radio- und Tonbandgeräte, Schreibmaschinen, Taschenrechner, Feldstecher und Schmuck müssen deklariert und beim Verlassen des Landes wieder ausgeführt werden. Videokameras dürfen nicht mitgebracht werden.

Zollfrei sind außerdem 200 Zigaretten oder 50 Zigarren oder 225 g Tabak, 1 l alkoholische Getränke, ½ l Parfüm oder Kölnisch Wasser.

Für Waffen und Munition wird in der Regel keine Einfuhrerlaubnis erteilt. Die Ausfuhr von Kunstgegenständen, die älter als siebzig Jahre sind, ist verboten.

Ohne Schwierigkeiten können in den Gift Shops der Hotels oder den Diplomatic Stores gekaufte Gegenstände ausgeführt werden; die quittierte Rechnung enthält die Ausfuhrgenehmigung.

Devisenbestimmungen

Weder bei der Ein- noch bei der Ausreise dürfen Noten und Münzen der Landeswährung mitgeführt werden. Für die Einfuhr von Fremdwährungen bestehen keine Beschränkungen, alle Zahlungsmittel müssen aber deklariert werden. Ausländer müssen Hotelunterkunft und Flugscheine mit Devisen, meistens US-Dollar, bezahlen. Ausländer, die nicht im Rahmen einer vorausbezahlten Gruppenreise unterwegs sind, müssen bei der Ankunft einen Mindestumtausch in Höhe von 100 US-Dollar vornehmen. Kyats aus diesem Mindestumtausch sind nicht rücktauschbar.

Um Ärger bei der Ausreise zu vermeiden, sollte man darauf achten, daß jeder Geldumtausch sowie jede Hotelbezahlung in der Devisendeklaration eingetragen wird. Der Rücktausch nicht verbrauchter Kyat in Auslandswährung ist oft nicht möglich. Zudem wird höchstens ¼ des eingetauschten Betrages bzw. des letzten eingelösten Reiseschecks zurückgewechselt. Der Rücktauschkurs ist ungünstig.

Einreise – Ausreise

Ein- und Ausreise sind nur mit dem Flugzeug oder mit dem Schiff möglich, da alle Landesgrenzen geschlossen sind. 99% der Besucher landen heute auf dem *Flughafen Mingaladon*, 19 km vor Rangun, dem einzigen Flugplatz Burmas mit internationalem Verkehr. Regelmäßige Flugverbindungen – meistens mehrmals in der Woche – bestehen mit Bangkok (BAC, Thai International, Biman), Dhaka (BAC, Biman), Kalkutta (BAC), Kathmandu (BAC), Singapur (BAC), Kunming (CAAC), Tiflis/Moskau (Aeroflot) und Vientiane/Ho Chi Minh Stadt (Aeroflot).

Adressen der in Rangun vertretenen Fluggesellschaften:

Aeroflot
104 Strand Road, ✆ 10293

Burma Airways Corporation (BAC)
104 Strand Road, ✆ 14566, 17013 und 14840

CAAC
104 Strand Road, ✆ 15714

Thai International
636 Merchant Street, ✆ 15936/88

Bei der Einreise sind mehrere Formulare auszufüllen (Einreiseformular, Besucherformblatt, Zollerklärung, Devisenerklärung), die bei der Ausreise, um ein Ausreiseformular vermehrt, wieder vorgewiesen werden müssen.

Da die Kontrollen gründlich durchgeführt werden, dauert die Abfertigung meistens mehr als eine Stunde, man wappne sich also mit Geduld. Trotz aller Genauigkeit sind die Beamten freundlich und höflich. Bei der Abreise wird eine Flughafensteuer von 15 Kyat kassiert.

Die Verbindung vom Flugplatz zur Stadt besorgen Uralttaxis für einen Fahrpreis von höchstens 30 Kyat. Man kann auch ca. 1 km zur Hauptstraße laufen und von da für 1 Kyat den öffentlichen Bus benutzen. Auf den Zubringerbus der BAC, der ankommende Reisende zur Stadt bringen sollte, wartet man in der Regel vergeblich. Abreisende Gäste werden dagegen vom BAC-Bus 3 Stunden vor Abflug der Morgenmaschine nacheinander von den verschiedenen Hotels abgeholt. Verspätungen sind im Flugverkehr nicht selten.

Klima

Burma hat tropisches Monsunklima mit drei unterschiedlichen Jahreszeiten. Die trockene, kühle Periode dauert von November bis Mitte Februar (mittlere Tagestemperatur in Rangun und dem Delta 23°). In Mandalay, besonders aber im Bergland (Taunggyi) kann es abends recht kühl werden. Darauf folgt im März bis Mitte Mai die heiße Zeit, in der das Thermometer oft über 40° klettert. Mitte Mai setzt die Regenperiode ein, die bis Ende Oktober anhält. Diese Zeit hat hohe Luftfeuchtigkeit bei immer noch großer Hitze. November bis Mitte Februar ist für den Europäer auf jeden Fall die angenehmste Reisezeit.

Kleidung

Sehr leichte, gut waschbare Sommerkleidung ist für das ganze Jahr erforderlich. Für die kühle Periode ist es zweckmäßig eine leichte Wolljacke oder einen Pullover mitzunehmen. Beim Betreten der Pagoden muß man die Schuhe, oft auch die Strümpfe ausziehen, deshalb empfiehlt es sich Slipper oder Sandalen zu tragen. Allzu legere Kleidung wird als anstößig empfunden, kann sogar zu unnötigen Ärgernissen Anlaß geben. Namentlich für die heiße Jahreszeit ist eine Kopfbedeckung anzuraten, eine gute Sonnenbrille ist während des ganzen Jahres notwendig.

Gesundheitsvorsorge

Empfohlen wird die Impfung gegen Gelbfieber und Cholera sowie für ländliche Gebiete unter 1000 m Höhe Malariaprophylaxe. Stadtgebiete sind hingegen weniger gefährdet.

Da man in Burma fast keine Medikamente bekommt, sollte man eine *gut sortierte Reiseapotheke* mitnehmen. Es empfiehlt sich kein Wasser zu trinken, es sei denn man ist sicher, das es 20 Min. abgekocht wurde. Besser beschränkt man sich auf abgefüllte Markengetränke. Salate, Eis und auch Milch (wegen der TBC-Gefahr) sollte man meiden.

Bei plötzlich auftretenden schweren Erkrankungen sollte man sich nach Bangkok begeben, weil die ärztliche Versorgung und die technische Ausstattung der Kliniken in Burma nicht ausreichend ist.

Währung

Die burmesische Währungseinheit ist der Kyat (gesprochen tschatt), 1 K hat 100 Pyas (P). Jeder offizielle Umtausch von Fremdwährung wird in ein Formblatt eingetragen. Auf dem schwarzen Markt erhält man für US-Dollar ungefähr das Doppelte des amtlichen Wechselkurses, aber der Handel ist, weil verboten, äußerst riskant. Alle größeren Touristenhotels haben Geldwechselschalter.

Unterkunft

Der Mangel an geeigneten Hotels bringt es mit sich, daß während der Saison die Zimmer oft im voraus ausgebucht sind. Es ist also ratsam, über Tourist Burma rechtzeitig eine Reservierung zu veranlassen. Um die Kapazität zu vergrößern, sollen in Mandalay (Mya Mandalay Hotel), Maymyo (Nan Myaing Hotel) und am Inle-See (Yaunghwe Sakhanth-Hotel) neue Hotels eröffnet werden.

Hotelrechnungen müssen in US-Dollar bezahlt werden, sie schließen 10% Steuer und 10% Bedienung ein.

Die folgende Liste gibt nur die gemeinhin von Touristen benutzten Hotels an, darüberhinaus existieren einige andere für bescheidene Ansprüche.

Rangun/Yangon
Kan Dawgyi Royal Lake-Hotel, am Südufer des Königsees. Inya Lake-Hotel, ca. 12 km von der Stadtmitte entfernt. Strand-Hotel, zentral gelegen, nahe am Rangunfluß. Thamada-Hotel, in der Nähe des Bahnhofs.
Mandalay
Mandalay-Hotel, Tun Hla-Hotel
Pagan
Thiripyitsaya-Hotel. Irra Inn, in der Nähe der Bupaya-Pagode
Taunggyi
Taunggyi-Hotel
Maymyo Candacraig-Hotel (= Maymyo Government Rest House)
Sandoway
Strand-Hotel

Restaurants

Die Gewürze der burmesischen Küche sind dem europäischen Gaumen sehr fremd, aber man bekommt im ganzen Land auch chinesische, indische und europäische Gerichte. Auf das Essen in kleinen Straßenrestaurants sollte man mit Rücksicht auf die Gesundheit verzichten.

Inlandverkehr

Innerhalb des Landes sind die Reisemöglichkeiten für Touristen begrenzt. Verboten ist der Besuch der Rebellengebiete im Norden, Nordosten und Süden Burmas wegen der dort herrschenden Unsicherheit.

Reisen nach Pagan, Mandalay und Umgebung sowie dem Inle-See mit Taunggyi werden von der staatlichen Hotel and Tourist Corporation (kurz Tourist Burma genannt) unterstützt. Sie hält Prospektmaterial für diese Orte bereit, gibt bereitwillig Auskünfte und organisiert Rundreisen, die immer, auch bei kleinsten Gruppen (2 Personen) von einheimischen Führern mit englischen oder sogar deutschen Sprachkenntnissen begleitet werden. In der Regel sind diese Reiseleiter unaufdringlich und freundlich; da sie für Flugscheine, Taxen, Hotelunterkünfte verantwortlich sind, entlasten sie den Besucher, dem dadurch für die Besichtigung mehr Zeit bleibt.

Von Rangun aus veranstaltet Tourist Burma Tagesfahrten nach Syriam und Pegu; von November bis April werden auch Badeferien am Strand von Sandoway am Golf von Bengalen vermittelt.

Hotelreservierungen, Flugbuchungen und Fahrkartenausgabe für Ausländer liegen allein in Händen von Tourist Burma. Private Reisebüros existieren nicht. Da die Transport- und Unterkunftsmöglichkeiten sehr beschränkt sind, gibt es oft Schwierigkeiten. Mit Vorausbuchungen vom Ausland sind unterschiedliche Erfahrungen gemacht worden. Schaltet man ein renommiertes Reisebüro ein, so kann man von Tourist Burma durchaus zuverlässige Arrangements erhalten; private Anfragen werden meist nicht beantwortet.

Trotz aller Behinderungen können Reisende mit Eigeniniative, die unbequeme Transportmittel und primitive Herbergen nicht scheuen, noch eine Reihe interessanter Orte besuchen, die, obgleich nicht auf der Verbotsliste, von Tourist Burma nicht angeboten werden.

Um die wenigen in Burma zur Verfügung stehenden Tage ausgiebig zu nutzen, wird man versuchen, längere Strecken mit dem *Flugzeug* zurückzulegen. Ausländer erhalten Flugscheine ausschließlich über Tourist Burma und nur für die Strecken von Rangun nach Heho, Mandalay, Pagan (Nyaung U), Sandoway und selten nach Moulmein sowie von Mandalay nach Heho und Pagan. Weil die BAC nicht Mitglied der IATA ist, muß sie im Ausland gekaufte Tickets nicht akzeptieren. Meistens werden solche Flugscheine gegen inländische umgetauscht, wobei der bereits bezahlte Betrag gutgeschrieben wird; ein evtl. Preisvorteil geht dabei verloren. Die Vorankündigung der Abflüge ist auf den Flugplätzen sehr mangelhaft, am besten schließt man sich anderen Reisenden an.

Bei der Ankunft muß man sich sofort in das örtliche Tourist Burma-Büro begeben, um einen Flugschein für den Rückflug zu erwerben, denn als Einzelreisender bekommt man in Rangun kein Rückflugticket. Trotz allem kann es passieren, daß man beim bestätigten Flug nicht mitgenommen wird, weil andere Personen, die auf der inoffiziellen Prioritätsliste weiter oben rangieren, vorgezogen wurden.

Die Flugpläne werden oft geändert, Verspätungen sind an der Tagesordnung. Zu den Flugplätzen besteht in der Regel nur Taxiverkehr.

Nach Mandalay, Pagan, Shwenyaung (Inle-See), Prome, Pegu und Moulmein kann man die *Eisenbahn* benutzen (Fahrkarten bei Tourist Burma). Wagen- und Stationsbezeichnungen gibt es aber nur in der Landessprache, so daß Umsteigefahrten schwierig sind. Die Züge führen zwei Klassen, nur wenige Plätze sind für die 1. Klasse vorgesehen. In den Wagen gibt es kein Licht, deshalb sollte man für Nachtfahrten eine Taschenlampe mitnehmen; für längere Reisen ist es ratsam, sich mit Getränken und Proviant zu versorgen. Unterwegs ist die Diebstahlgefahr groß, Gepäck darf nicht unbeaufsichtigt gelassen werden. Fahrpläne und -preise unterliegen häufigen Änderungen, mit großen Verspätungen muß man rechnen.

Sehr wichtig für den Personen- und Güterverkehr ist in Burma die *Schiffahrt*. Von den zahlreichen, regelmäßigen Verbindungen sind für Touristen zur Zeit infolge der begrenzten Aufenthaltsdauer nur die Strecken Mandalay – Pagan und Rangun – Bassein von Interesse.

Die öffentlichen *Busse*, die stets überfüllt sind, können nicht empfohlen werden. Taxen und Sammeltaxen bedienen auch den Überlandverkehr. Sie sind in der Regel nur vor Hotels und im Stadtzentrum zu finden. In den Ortschaften kann man Pferdedroschken, für manche Strecken auch Jeeps mieten. Auf jeden Fall müssen die Fahrpreise vor Antritt der Fahrt ausgehandelt werden. Mietwagen für Selbstfahrer sind angeblich manchmal über Hotels erhältlich.

Geschäftszeiten

Regierungsbüros: montags bis freitags 9.30–16 Uhr.

Banken: montags bis freitags 10–14 Uhr.

Büros: montags bis freitags 9–17 Uhr.

Regierungsläden: an einem Tag der Woche geschlossen. Geöffnet abwechselnd von 8–15 oder 10–17 oder 14–20 Uhr.

Privatgeschäfte: meist montags bis samstags 8–22 Uhr.

Nationalmuseum Rangun: sonntags bis donnerstags 10–15 Uhr, samstags 13–15 Uhr, freitags und an Feiertagen geschlossen.

Auskunftsstellen

Myanmar Hotel and Tourist Service
(= Tourist Burma/Myanmar)
77–81 Sule Pagoda Road, P.O. Box 559
Yangon/Myanmar
✆ 75328 und 80321
Mo–Fr 9.30–16 Uhr, Sa 9.30–13 Uhr

Burma Airways Corporation
Tourist Information Service

104 Strand Road
Yangon/Myanmar
✆ 70799 und 73842

Deutsche Botschaft
32 Nat Mauk Street, P.O. Box 12
General Post Office
Yangon/Myanmar
✆ 50477 und 50603
Mo–Mi, Fr 7.30–14 Uhr, Do 7.30–12.30 und 14–17 Uhr

Schreibweise burmesischer Wörter

Für die Umschreibung burmesischer Namen hat sich die englische Methode eingebürgert, die auch in diesem Buch hauptsächlich verwendet wird. Die einzelnen Buchstaben werden folgendermaßen ausgesprochen:

ai	wie Mai im Deutschen
aw	wie o mit anschließend anklingendem r
ay und ei	wie ei im Deutschen
gy	wie dsch
ky	wie tsch
ht	wie t
th	wie englisches ›th‹
kh	wie k
sh	wie sch
yi	wie ji

Im deutschen Sprachgebrauch werden überwiegend die Ausdrücke ›Burma‹ – ›Burmese‹ – ›burmesisch‹ benutzt analog den englischen Bezeichnungen ›Burma‹ – ›burmese‹ usw.

Die Sprachregelung des Auswärtigen Amtes der Bundesrepublik Deutschland schreibt allerdings ›Birma‹ – ›Birmane‹ – ›birmanisch‹ vor.

Routenbeschreibungen

Amarapura und Ava

Amarapura, 12 km südlich Mandalay, wird immer mehr zum Vorort dieser rasch wachsenden Stadt. Der Bus Nr. 8 bedient die Strecke nach Amarapura.

Will man nach *Ava,* so fährt man weiter bis Ava- (oder Sagain-)Brücke, die den Irrawaddy überspannt (ca. 15 km von Mandalay). Dort zweigt eine Erdstraße zur Fähre nach Ava ab. Auf der gegenüberliegenden Seite des Myitn-Flusses bringen Pferdedroschken die Besucher zur Stadt.

Bassein

Bassein, Zentrum des Reis- und Jutehandels, ist die größte Stadt im Irrawaddy-Delta. In ihrer Mitte erhebt sich die *Schwemoktaw-Pagode,* zu der im Mai Gläubige aus dem ganzen Deltagebiet pilgern. Die Fahrt mit dem Schnellboot von Rangun nach Bassein nimmt ca. 12 Stunden in Anspruch. Man fährt 16.30 Uhr von der Mawtin Street Jetty ab und kommt morgens gegen 8 Uhr in Bassein an (zurück 16.30 Uhr ab Bassein, an 8 Uhr in Rangun). Ordentliche Kabinen (2–4 Betten) erlauben eine angenehme Reise.

Inle-See und Taunggyi

Am schnellsten erreicht man den Inle-See, wenn man bis Heho fliegt und mit Bus oder Taxi nach Yaunghwe (35 km) fährt. Nimmt man die Eisenbahn, so muß man in Thazi umsteigen und bis zur Endstation Shwenyaung weiterfahren; von dort dann mit Bus oder Taxi nach Yaunghwe. Der See liegt auf ca. 900 m Höhe in reizvoller Landschaft, bis zu 1700 m aufragende Berge rahmen ihn ein. Wasserhyazinthen, Schilf und Schlamm bilden einen breiten Saum um die offene Wasserfläche, so daß die Ufer nicht zu erkennen sind. Ein Charakteristikum des Inle-Sees sind die schwimmenden, mit Stangen am Seegrund verankerten Beete, auf denen Gemüse angebaut wird. Auf natürliche Weise entstehen sie aus dem Hyazinthendickicht, auf dem sich im Laufe der Zeit eine Humusschicht bildet; künstlich erzeugt man sie, indem man Schlamm vom Seeboden auf Schilfmatten aufbringt. Typisch sind auch die Beinruderer, Fischer, die ein Beim beim Rudern zu Hilfe nehmen, um eine Hand zum Bedienen der Netze frei zu halten.

In *Yaunghwe* mietet man eins der langen, schmalen Boote mit Außenbordmotor, in dem man den See bis Ywama überquert (Regenhaut gegen Spritzwasser empfehlenswert!). Im Ort findet ein ursprünglicher ›schwimmender Markt‹ statt. Die Phaungdaw-Pagode im Nachbardorf mit ihren fünf Buddhafiguren, die Alaungsithu im 12. Jahrhundert nach Burma gebracht haben soll, ist sehenswert.

Yaunghwe bietet die einzige, sehr einfache Unterkunft am See, besser fährt man zum Übernachten nach *Taunggyi* (40 km von Heho). Der 1450 m hoch gelegene Ort war einst britischer Verwaltungssitz. Aus dieser Zeit stammt das ›Taunggyi-Hotel‹ (früher Strand-Hotel) in einem Park am Rande der Stadt. Das Taunggyi-Museum gibt einen Überblick über die Trachten der zahlreichen Volksstämme des Shan-Hochlandes. Auf dem Markt, der alle fünf Tage abgehalten wird, kann man am frühen Morgen Angehörige vieler Bergvölker antreffen. Bus Taunggyi – Mandalay und Taunggyi – Pagan jeweils ca. 12 Stunden (nicht empfehlenswert).

Kalaw

Kalaw, ca. 30 km westlich von Heho war einst als Sommerfrische bei den englischen Verwaltungsbeamten beliebt. Heute ist es Ausgangspunkt für den Besuch der *Pindaya-Höhlen*. In einem sehr einfachen Hotel kann man übernachten.

Wenn man an einem Markttag nach Kalaw kommt, bietet sich Gelegenheit, die Trachten verschiedener Stammesgruppen, die in der Umgebung siedeln (Shan, Pao, Palaung) zu bewundern. Allerdings sind die berühmten, durch allmähliches aufeinandersetzen von Ringen entstandenen ›Giraffenhälse‹ bei den jüngeren Palaung-Frauen kaum noch anzutreffen.

Etwa 40 km zieht sich die Straße nach *Pindaya* durch eine sehr schöne, bergige, dichtbewaldete Landschaft. Die Höhle hinter der Shwe Ohn Hmin-Pagode beeindruckt durch ihre Größe. Fast 100 m, stellenweise 10 m hoch, erstreckt sie sich in den Berg. Hunderte von Buddhastatuen wurden im Laufe der Jahrhunderte an dem heiligen Ort aufgestellt. In der Nähe von Pindaya sind in der *Padah-Höhle* wichtige neolithische Funde gemacht worden.

Kyaik-To

15 km hinter Kyaik-To im Dorf Kinpu beginnt der Aufstieg zur 1200 m hoch gelegenen *Kyaiktiyo-Pagode* (Farbt. 51). Es ist ein anstrengender Fußmarsch auf einem Pil-

gerpfad durch dichten Dschungel, der 5 bis 6 Stunden über sieben Berge führt. Ab und zu findet man Rasthäuser am Wege, auf dem Plateau bei der Pagode eine Anzahl einfacher Pilgerherbergen. In Kyaik-To halten alle Züge, die zwischen Rangun und Martaban verkehren. Schneller legt man den Weg mit einem Taxi, das man in Rangun für 2 bis 3 Tage mieten kann, zurück.

Mandalay
Mandalay wird mehrmals täglich von Rangun aus angeflogen. Erhält man kein Flugticket, so kann man auf die Bahn ausweichen, die täglich mit drei Zügen die 621 km lange Strecke von Rangun aus befährt. Der Expreß verläßt Rangun um 7 Uhr und benötigt etwa 12½ Stunden bis Mandalay mit Halt in Pegu, Toungoo, Pyinmana und Thazi. 11.45 und 19 Uhr fahren die beiden anderen Züge in Rangun ab, sie erreichen Mandalay um 4.45 bzw. 9 Uhr am nächsten Morgen. Die Gegenzüge haben ähnliche Fahrzeiten. Es existiert auch eine Busverbindung Rangun–Mandalay, die jedoch wegen der langen Fahrzeit für Touristen irrelevant ist.

Maymyo (Pyinulwin)
Maymyo, als Sommersitz der britischen Verwaltung gegründet, hat das Flair der Kolonialzeit bewahrt. Üppige Vegetation zeichnet die Landschaft um den 1070 m hoch gelegenen Ort aus. Der besonders schöne botanische Garten, der 18-Loch-Golfplatz und das im altenglischen Stil gehaltene ›Candacraig-Hotel‹ sind Hinterlassenschaften der englischen Periode. Zwei Wasserfälle (Anikasan 11 km und Wetwun 21 km) in den umgebenden Shanbergen sind lohnende Ausflugsziele. Mit dem Mietjeep kommt man von Mandalay aus in ca. 2½ Stunden nach Maymyo, während die Eisenbahn 5 Stunden braucht.

Mingun
Die Stadt ist nur mit dem Boot zu erreichen. Es fährt zwischen 7.30 und 8.30 Uhr an der B-Road in Mandalay ab und benötigt etwas über eine Stunde für die 11 km lange Strekke. Rückfahrt ca. 15 Uhr.

Moulmein
Die drittgrößte Stadt Burmas (ca. 70 km südlich Rangun) ist mit der Hauptstadt durch regelmäßigen Luft- und Eisenbahnverkehr verbunden. Täglich fahren außer dem Expreßzug zwei Züge bis Martaban, wo die Eisenbahnfähre nach Moulmein übersetzt. Der Expreß braucht 6 Stunden bis Martaban (ab 6 – an 12.30 Uhr; Rückfahrt ab Martaban 13.50 – an Rangun 20.10 Uhr), die beiden Lokalzüge ca. 10 Stunden (ab 6.33 – an 15.45 Uhr und ab 7.20 – an 17 Uhr).

Moulmein besitzt zwei sehenswerte Pagoden; die auf einem Hügel gelegene *Kyaikthanlan-Pagode,* von der sich ein weiter Blick über die Stadt bietet, und die *Uzina-Pagode.* In ihr sind in Lebensgröße die vier Erscheinungen dargestellt, welche den entscheidenden Wandel im Leben des Prinzen Siddharta herbeiführten: Der Sieche, der Greis, der Einsiedler und der Tote.

Zwei Höhlen in der Nähe der Stadt beeindrucken durch die Menge der Buddhafiguren, die in ihrem mystischen Halbdunkel aufgestellt sind (Kawgaun- und Hpayon-Höhle).

Pagan

Obwohl täglich mehrere Maschinen Pagan (Flugplatz Nyaung U) mit Mandalay und Rangun verbinden, sind manchmal keine Flugscheine zu erhalten. Als Alternative bleibt dann die Bahnfahrt von Rangun oder Mandalay bis Thazi, von wo mit dem Bus bis Pagan weitergefahren wird. Die Reise nimmt in jedem Fall einen ganzen Tag in Anspruch. Der direkte Bus Mandalay – Pagan benötigt ca. 10 Stunden für die Strekke über Myingyan, er fährt morgens gegen 4 Uhr an der Ecke 29. Road/82. Street ab.

Von Mandalay fährt täglich außer montags ein Schiff den Irrawaddy hinunter, mit dem man in ca. 24 Stunden nach Pagan gelangen kann (Abfahrt 5 Uhr an der A-Road). Die 1. Klasse hat nicht immer Schlafkabinen. Da das Boot in Nyaung U über Nacht bleibt, gewinnt man einige Stunden, wenn man dort von Bord geht. Von Rangun nach Pagan ist der Bus 16 Stunden unterwegs.

Pegu

Tourist Burma veranstaltet Tagesausflüge nach dem 80 km nördlich von Rangun liegenden Pegu. Eisenbahnzüge verkehren stündlich, Busse gehen alle halbe Stunde an der 18. Straße beim Chinesenviertel ab. Am bequemsten ist die Fahrt mit einem Taxi.

Prome

Zu den ältesten Städten Burmas gehört das 287 km von Rangun entfernte Prome. Nimmt man das Schiff von Mandalay über Pagan nach Prome, so muß man wenigstens zwei Tage für die Reise veranschlagen. Von Prome bis Rangun kann man dann die Eisenbahn benutzen (Fahrzeit ca. 6 Stunden).

Die einzige bedeutende Pagode Promes ist die *Schwesandaw-Pagode;* beim Tempelfest im November strömen hier Pilger aus allen Landesteilen zusammen.

Für archäologisch Interessierte ist das Ruinenfeld der alten Pyu-Stadt *Sri Ksetra* sehenswert, das 8 km südöstlich der Stadt beim Dorf Hmawza am linken Ufer des Irrawaddy liegt, obwohl die Überreste der einstigen Pracht bescheiden sind. Kunstgeschichtliche Bedeutung haben die *Payagyi-* und die *Bawpawgyi-Pagode* (s. Fig. S. 322) die *Bebepaya-Pagode,* ebenso der *Payataung-* und der *Lemyethna-Tempel.* Das Museum beherbergt bemerkenswerte Grabungsfunde.

Sagaing

Von Mandalay nach Sagaing benutzt man am besten eins der Sammeltaxis, die an der Ecke 28. Road/83. Street abfahren. Im Ort gibt es Pferdedroschken; will man die *Kaunghmudaw-Pagode* aufsuchen, die 11 km außerhalb steht, empfiehlt es sich, einen Jeep zu mieten.

Syriam

In Syriam lagen einst die Handelsmissionen der europäischen Nationen. Vor allem die portugiesische Siedlung blühte im 16. und zu Anfang des 17. Jahrhunderts, wovon noch einige Ruinen portugiesischer Barockbauten zeugen. Die Fähre von Rangun legt stündlich von der Htinboseik Jetty ab und kreuzt in 45 Minuten den Rangun-Fluß. Das Boot hat keine Sitzgelegenheiten, so daß man auf dem Boden sitzen muß. Die letzte Fahrt zurück geht gegen 18 Uhr.

Register

Orte und Länder

Burma (Myanmar)

Personen und Völker

Bitte beachten Sie auch folgende DuMont Kunst-Reiseführer:

»Richtig reisen«: Thailand

Von Renate Ramb und Stefan Loose. 359 Seiten mit 59 farbigen und 285 einfarbigen Abbildungen, 9 Karten und Plänen, 55 Seiten praktischen Reisehinweisen, Register

Du Mont Reise-Taschenbuch Bangkok und Südthailand

Von Rainer Krack. 237 Seiten mit 10 farbigen und 30 einfarbigen Abbildungen, 12 Karten und Plänen, 39 Seiten praktischen Reisehinweisen, Register

»Richtig reisen«: Von Bangkok nach Bali

Thailand – Malaysia – Singapur – Indonesien
Reise-Handbuch

Von Manfred Auer. 310 Seiten mit 50 farbigen und 153 einfarbigen Abbildungen sowie 53 Karten und Plänen, 30 Seiten praktischen Reisehinweisen, Register

Indonesien

Ein Reisebegleiter nach Java, Sumatra, Bali und Sulawesi (Celebes)

Von Hans Helfritz. 328 Seiten mit 35 farbigen und 100 einfarbigen Abbildungen, 48 Zeichnungen, Karten und Plänen, 35 Seiten praktischen Reisehinweisen, Literaturhinweisen, Zeittafel, Personen- und Ortsregister (DuMont Kunst-Reiseführer)

»Richtig reisen«: Indonesien

Reise-Handbuch

Von Roland Dusik. 600 Seiten mit 30 farbigen und 110 einfarbigen Abbildungen, 88 Karten und Plänen, 63 Seiten praktischen Reisehinweisen, Register

Bali

Tempel, Mythen und Volkskunst auf der tropischen Insel zwischen Indischem und Pazifischem Ozean

Von Günter Spitzing. 410 Seiten mit 34 farbigen und 101 einfarbigen Abbildungen, 125 Zeichnungen und Plänen, 19 Seiten praktischen Reisehinweisen, Register (DuMont Kunst-Reiseführer)

DuMont Reise-Taschenbuch Bali

Java – Lombok

Von Roland Dusik. 264 Seiten mit 9 farbigen und 75 einfarbigen Abbildungen, 21 Karten und Plänen, 31 Seiten praktischen Reisehinweisen, Register

Malaysia und Singapur

Dschungelvölker, Moscheen, Hindutempel, chinesische Heiligtümer und moderne Stadtkulturen im Herzen Südostasiens

Von Anita Rolf. 408 Seiten mit 38 farbigen und 85 einfarbigen Abbildungen, 129 Plänen und Zeichnungen, 28 Seiten praktischen Reisehinweisen, Glossar, Literaturhinweisen, Register (DuMont Kunst-Reiseführer)